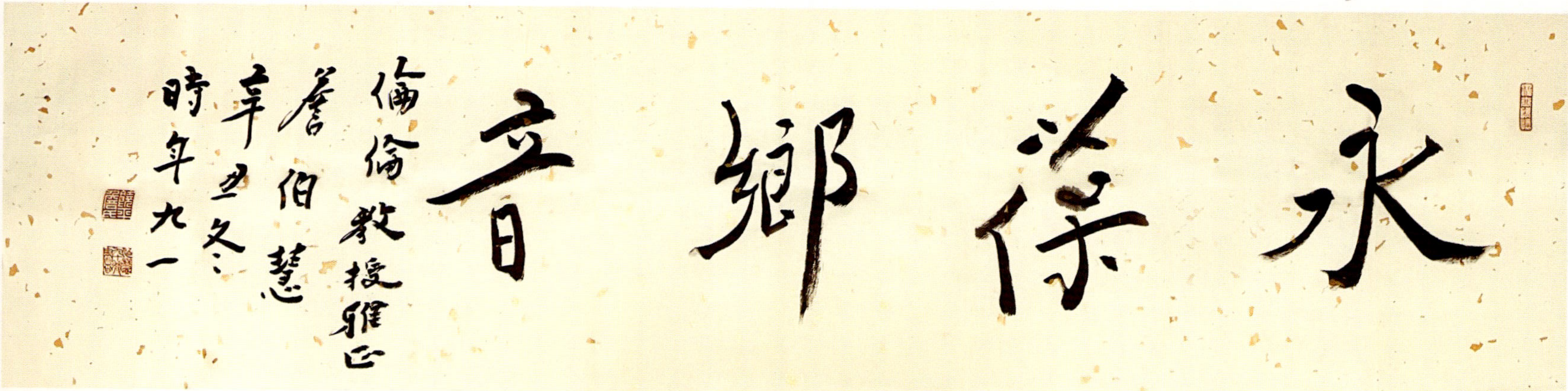
永保鄉音
倫倫教授雅正
詹伯慧
辛丑冬
時年九一

乡音萦耳

林伦伦 著

广东高等教育出版社
Guangdong Higher Education Press
·广州·

图书在版编目（CIP）数据

乡音萦耳/林伦伦著．—广州：广东高等教育出版社，2023.6
ISBN 978－7－5361－7421－4

Ⅰ.①乡…　Ⅱ.①林…　Ⅲ.①地方文化—潮汕地区　Ⅳ.①K296.52

中国版本图书馆CIP数据核字（2022）第253411号

封面题字：林伦伦
封面国画：鄞　珊
封底篆刻：池浩波

乡音萦耳　XIANGYIN YING'ER
林伦伦　著

出版发行：广东高等教育出版社
地址：广州市天河区林和西横路
邮编：510500　营销电话：（020）87554153　87551436
网址：www.gdgjs.com.cn
印　　刷：广东海洋印刷有限公司
开　　本：787毫米×1092毫米
印　　张：25.75
字　　数：402千
版　　次：2023年5月第1版
印　　次：2023年6月第2次印刷
定　　价：72.00元

老骥奋蹄趁春风

——“林伦伦方言茶话”四周岁感怀（代序）

2017 年重阳节，余开办“林伦伦方言茶话”，旨在普及潮汕方言知识，把艰深难懂的语音问题、生僻难考的词语问题以及方言俗字的书写难题等，用深入浅出的文笔，再伴以自己低沉的配音，给读者普及些方言常识。

很高兴的是，没曾想，一直追着读的人慢慢增加，总数已达 18000 多人。让人心情尤为愉快的是，其中不少是“后生团”（年轻人），还有不少是在广州、深圳、上海、北京等地的打拼者。离乡背井越远，“独在异乡为异客”的时候，想家想得越是厉害，乡愁“缒缒重”（沉重）。虽不至于“问君能有几多愁，恰似一江春水向东流”，但随着年龄的增长，说是“双溪舴艋舟，载不动许多愁”也不为过。闲暇时能找到几位老乡朋友，上潮汕牛肉火锅店，一边焯（涮）牛肉，一边用潮汕话“从暹罗诐到猪槽”，不亦乐乎！

另一种乐趣是传承潮语，从我做起。我在小区里的儿童游戏场所，经常碰到一些爷爷奶奶、外公外婆，带着自己的孙子孙女、外孙外孙女玩，能用潮汕话跟孩子们对话的都很自豪：“听，我孙子（孙女）、外孙（外孙女），也能说潮汕话哩！”偶尔碰到孩子们能用潮汕话念童谣的，那简直是骄傲了！“听，那是我教的！”有一次，他们交流“教学”心得时，其中有一位跟别的大妈大叔说：“你们不懂的，可以上‘林伦伦方言茶话’公众号看看，里面的土话多。”好吧，就算是传播土话的，不亦乐乎！

乡音是一缕思乡曲，招你回家；
乡音是一叶扁舟，渡你过思乡的河。

公众号里，偶尔也兼佮（兼及）一些乡土文化的散文，望梅止渴解解馋，也解解郁结的乡愁。想起家乡美食时常常画饼充饥，垂涎三尺，咂巴咂巴舌头也能过把瘾，还引起了读者们的一片呼应声，读者动辄成千上万。还是潮汕美食最诱人！用美食来普及潮汕方言、潮人文化，效果奇佳，不亦宜乎！

乡愁是一碗潮州糜，越吃越想吃，哪管血糖高不高；
乡愁是一只老鹅头，越啃越想啃，哪管牙口好不好！

睱下目（一眨眼）四年就过去了。我也不知道读者满意度如何，因为未做过调查和数据统计，但我自己做得挺开心的，自以为“老有所为”“老有所乐”，而且“乐此不疲”。不亦兴乎！

2021 年重阳节前夕，在从潮汕回广州的高铁上，闲着无事，闭目养神，天马行空，遂有了下面这首行数不限、平仄不论，但却押韵的四不像的“长短句”：

来亦匆匆，去亦匆匆，
广州潮汕两头蹽（dong^5，跑）；
只因一念执着，
此生掉落罗网中。

树根深扎乡愁重，
初心不忘乡音浓。
半百年华耕乡土，
回眸已是白头翁。

莫问前程晴与雨，
老骥奋蹄趁春风。
只图个，活得开心有意思，
青山绿水夕阳红。

2021 年重阳节前夕草于潮汕至广州高铁上
冬至改定于广州南村

MULU 目录

一、声声化石

二、词词典雅

三、 句句智慧

一 声声化石

何谓“方言”

“方言”一词最早出现于汉字的文献之中，指的是“一方之言”。汉代的扬雄（前53—18）编著了一本很特殊又很有意思的著作，叫作《輶轩使者绝代语释别国方言》。当时的所谓“别国方言”，其实就是指来自于其他地域的“一方之言”，不同于汉代京都者的都归为“方言”。据文献记载，汉代以前，每年8月，官府派遣“輶轩使者”（乘坐轻车的使者）到各地搜集“异方之言”，并记录整理之，可惜这些材料由于战乱而绝大部分散失了。幸亏扬雄的老师严君平还收集、保存了1000多字，扬雄家的亲戚也有人做过搜集工作，保存了一些词条。扬雄对此很感兴趣，自己也跟着搜集、整理了很长时间，历经27年之久，才编著成了这部书。现在存留的版本，凡13卷，675条，10000多字。以晋朝郭璞注本最为著名。

后来，“方言”一词就这样用开了。如晋代葛洪《抱朴子·钧世》云：“古书之多隐，未必昔人故欲难晓，或世异语变，或方言不同。”唐代皇甫冉《同诸公有怀绝句》云：“移家南渡久，童稚解方言。”

19世纪时欧洲的比较语言学兴起，其关注的焦点是语言的历史来源及其亲属关系。于是，有了语言的谱系分类法，也叫“发生学分类法”，是语言亲属分类法之一。它根据语言间的亲属关系分为若干个语系，语系之下又按亲属关系的远近分为若干个语族，语族之下分为若干个语支，语支之下是语种。

于是，有了汉藏语系，有了汉语族，汉语有了方言，方言下面有了次方言，次方言下面有了土语。《现代汉语词典》给“方言”下的定义是：“一种语言中跟标准语言有区别的、只在一个地区使用的话，如汉语的粤方言、吴方言等。”换句话说，方言是某个地域范围内、某个族群内共同使用的某种语言的一个特殊的分支。形象地说，汉语方言就是汉语这棵树上的丫杈，有多少方言就有多少丫杈，丫杈上面再长小丫杈。

民俗学家或民间文艺学家说：方言是民间文艺的载体，是民俗文化的表现，是群众智慧的集大成。

没有方言，就不会有地方戏曲，就不会有红线女、姚璇秋；

没有方言，就不会有各地的民间歌谣和说唱文学作品，如粤语的木鱼歌、客家山歌和潮州歌册；

没有方言，就不会有民间故事，就不会有粤语的“七十二家房客”和潮语的“夏雨来”；

没有方言，就不会有方言相声、小品和讲古（学古），就不会有粤语的张悦楷和潮语的陈世文；

没有方言，就不会有每种方言数以万计的熟语，那里面可都是各地人民群众的智慧结晶……

社会人类学家也有话说：方言是一个族群的母语，是这个群体的有声Logo。乡音认同也就是身份认同，语言是一个人自我意识认知与社会身份认同的关键因素。文学家会诗意地说：美不美，家乡水；亲不亲，故乡人。社会学家则还要理性地补充一句：方言是交际工具，是亲情的纽带，是亲和力，也是生产力。甜不甜，看方言。用相同的母语方言交谈起来，亲切感、亲和力油然而生。

更重要的是，世界上有些东西，只能意会不能言传，具有地方性或者民族性文化内涵的东西，就只能用母语来“言传”，而难以用第二种语言（方言）来传译。不同文化底蕴造就了语言中某些东西的“不可翻译性”。有时候，没有了母语方言，词不达意，话不传神；没有了母语方言，沟通不畅，交流困难。就连交朋友、做生意，首选者还是“谈得来”的“同语”者。因为，人们可以通过说话者的语音、语调等来判断对方的身份，还可以通过言语沟通建立社交群落，获得社会资源的有效连通，还可以获取外部支持。而相同方言之间的个体容易形成文化认同，从而能够更有效地沟通，更易构建社会网络，提高了合作的可能性。

说得比较玄乎的是哲学家，德国哲学家马丁·海德格尔（Martin

Heidegger，1889—1976）在《存在与时间》里说："人栖居在语言构筑之居所中。"学者钱冠连在《语言：人类最后的家园》一书中写道："人活在语言中、人不得不活在语言中、人活在程式性语言行为中。"语言是人类发展的基本条件之一，甚至整个人类社会都蕴含在语言之中。人们需要通过语言沟通，将经验、知识、信仰用语言保存下来，代代相传。这些都是保障人类生存、社会发展以及人类和平共存必不可少的要素。所以说，母语（方言）是人类存在的居所，是最后的家园。

总之，方言是一方之人的母语，它跟周边其他区域的群体所使用的方言是亲戚，是一棵树上的不同丫杈；方言是区域文化的载体，也是某地人民群众智慧的结晶；方言是一种符号，是族群的有声标志；有了这个标志，就有了乡音认同和文化认同；作为交际的母语方言，它具有其他交际工具所没有的亲和力和沟通力；我们只有在母语方言的这个家园里，才能诗意栖居，生活才有滋有味。

当然，我们主张学好普通话，甚至学好外语。因为，普通话能让我们走遍全国，而外语，可以帮助我们走向世界。

潮汕方言：潮人的有声标识和文化载体

潮汕方言，也叫潮州方言、潮汕话、潮州话，简称潮语，学术性的名称则严尔：粤东闽南方言，隶属于汉语七大方言之一的闽方言下属的闽南次方言，与泉州话、漳州话、厦门话、台湾话、雷州话、海南话等属于同一层次。

讲潮汕话的人数，在全球约有四个1000万：在粤东的潮汕本土，有近1500万人；在广州、深圳、珠海和港澳等大湾区城市有近1000万人，加上在北京、上海、海南等全国各地城市的几百万人，也是1000多万人；在东南亚、欧美和澳大利亚、新西兰等地区和国家，也有1000多万人的华侨华人是讲潮州话的（在海外，绝大部分华侨华人保留"潮州话"的名称，不论是何地口音）。

潮汕方言因为保留了较多的古汉语的语音、词汇特色而受到知名专家学者的青睐。瑞典著名汉学家高本汉（Bernhard Johannes Karlgren）在他的《中国语言学研究》一书中，指出"汕头音是现今中国方音中最古远、最特殊的。"[①] 当然，他写的"汕头音"，就像菲姑娘（A. M. Fielde）和威廉·耶士摩牧师（Sev. William Ashmore）等传教士的著作一样，其实指的是那时候的潮州话口音，因为当时的汕头市话音系尚未形成。

据著名方志编撰学者吴珏先生的后人回忆，清华国学四大导师之一、著名语言学家赵元任教授也曾经来潮汕调查过方言，在其日记中有在潮州火车站试着用刚刚学来的潮州话买票去汕头的记录。赵元任先生也是

① 高本汉：《中国语言学研究》，贺昌群译，商务印书馆1934年版，第151页。

把粤东闽南话标识为“潮汕方言”的语言地图的三位主编者之一。陈凌千先生把他编著的潮音字典叫作《潮汕字典》，翁辉东先生把他的词语考释大作称作《潮汕方言》，都明显是受到这类地图集的影响所致。翁辉东先生在《潮汕方言自序》中就说：“纪元之廿二年（1933 年），上海申报六十周年纪念，印行……分省地图，有言语区域一页，题曰‘潮汕方言区’。审潮汕方言，于国家版图，占一位置，且海内学者，肯定古音存于潮州。”

而为年长者熟知的潮音工具书，应该是那一批数量在几十种、发行量数百万之巨的潮音字典。第一类是“十五音”类同音字典。正式出版的第一本是澄海张世珍的《潮声十五音》（1913），其后有自署江夏懋亭氏的《汇集雅俗通十五音（击木知音）》（1915）和蒋儒林的《潮语十五音》（1921），在潮汕本土和东南亚一带，发行量很大。第二类是偏旁部首字典。民国时期有陈凌千的《潮汕字典》（1935），中华人民共和国建立之后有吴华重等的《北京语音潮州方音新字典》（1957）、李新魁的《普通话潮汕方言常用字典》（1979）、林伦伦的《新编潮州音字典（普通话对照）》（1995）和张晓山的《新潮汕字典（普通话潮州话对照）》（2005）等。

潮汕方言的熟语（包括成语、俗语、谚语、歇后语、格言等）有近万条之多，形象生动又富有生活哲理，蕴藏着潮人的幽默和智慧，搜集和解释这些熟语的著作也很多。

潮汕方言还是一种文化载体，没有潮汕方言，就不会有潮剧、潮州音乐、潮州歌册、潮语歌谣、相声、小品和最近由凤凰传奇组合演唱的《我爱潮汕小吃》而大火的潮语歌曲……

俗语说：“有潮声的地方就有潮人。”我加一句：“有潮人的地方就有潮汕话。”

潮汕方言是潮人的有声 Logo（标识）。不管潮人的足迹去到世界的哪一个角落，它让我们知道，我们是从什么地方出发的，知道我们的根在哪里！

潮汕话，究竟还能讲多久？

最近一段时间，经常有乡亲问我：现在能用标准潮汕话完整表述的年轻人似乎越来越少了，许多青少年似乎习惯用“潮汕话＋普通话＋英语”的“杂交”方式来交流。这对于潮汕方言来说，是没落的“先兆”吗？在不久的将来，潮汕话会不会成为“语言文物”？潮汕话，究竟还能讲多久？

要回答这样的问题，得先看看究竟讲潮汕话的人还有多少。因为，方言群体是方言存在的最主要条件，就如土壤之于植物：没有土壤，植物何以生长？

我们都知道，潮汕方言是广东省三大方言之一，属于汉语七大方言的闽方言的闽南次方言的一种土语，主要分布在粤东的汕头、潮州、揭阳三市和汕尾市的汕尾、海丰等部分地区，梅州市的丰顺、大埔也有一部分地区的人讲潮汕方言。粤东地区的潮汕方言人口约有1500万人。广东省内的广州和深圳、东莞等珠江三角洲城市粤语地区，以及全国其他城市地区，还有1000多万的潮汕方言人口。如果以通常所说的“海内一个潮汕、海外一个潮汕”来计算的话，全世界使用潮汕方言的人口有四五千万人。但国外的祖籍潮汕人口和能讲潮汕方言的人口实在难以准确统计，粤东本地的潮语人口与广东省内外的潮语人口也有重复计算的可能，所以四五千万人只是一个大概的数字。

根据方言的生存条件，有这么多人口使用的汉语方言继续存活下去应该是没有问题的。那么，乡亲们还为什么会发出上面的担忧呢？我认为，乡亲们的担心，是一种文化焦虑。但在我看来，这种焦虑目前还是没有必要的，潮汕话是在发生着一些变化，但暂时还不应该看作“没落”，甚至行将“消亡”的先兆。

我们知道，语言是人们的交际工具，而人的生活特征之一就是群体性和社会性，因而语言也具有社会性的特点，语言是随着社会的发展而发展的。所以，潮汕方言发生变化并不值得我们大惊小怪。我们不能因为过去的一些词语今天不说了，现在的潮汕话里又增加了普通话词语或者英语单词就认为它要“没落”了。

我们来看看潮汕话变化发展的历史，就能懂得这个道理。

20世纪30年代以来，汕头话里面就有了不少英语单词和马来语词，例如“啰哩”（lorry，汽车，原指卡车）、“羽”（wool，毛料布料，俗语说“真羽不缀涂”）、“士巴拿”（spanner，扳手）、“术球”（shoot，投篮）、“肉”（net，触网，打球的土规则：“二肉当一”）等是来自英语。而“五脚砌”（骑楼下）、“躲隆”（饶恕、保佑）、“动角”（拐杖）、“糕啤”（咖啡）、“沙茶”（一种作料）、“沓团”（鳄鱼）、“罗的”（一种上带彩色砂糖的小饼干，马来语里是小面包的意思。有说来自于印度语）等则来自马来语（个别是东南亚的其他语言）。这些外来语借词大约流行到20世纪70年代才慢慢“淡出”潮汕话的江湖。今天的潮汕话里新借进一些英语单词或者粤语词语，只不过是新一拨外来语的借入而已，不值得我们大惊小怪。而另外一些词语的“消亡”，代之以新的词语，也是正常的新陈代谢。例如不叫“学堂”“书斋”叫“学校”，不叫“书册”叫“课本”，不叫“上堂”“落堂”叫“上课”“落课”，不叫“先生”叫“老师”，不说“偷走书”叫“逃课”或者“翘课”，不叫“放下［hê^{6}］”叫“放学”，等等。

值得注意的是另外一种变化：方言的书面语交际和文学功能的退化。笔者这代人，可以用方言来朗读课文、报纸、古典诗词，语文老师教读古诗文的时候多数是用方言作为教学语言的。所以民歌民谣、潮州歌册曾经大行其道。但今天不行了，潮州歌册能看懂的人很少，能唱的就是非物质文化遗产的传承人了。今天的青少年也很少有能用方言诵读古典诗词的了，用潮语吟诵古诗词也成为“非遗”项目了。孩子们跟家长用潮汕话交流，说着说着，书面化一点的词语用潮汕话说不上来，就改用普通话了，或者用普通话语音折合成潮汕话来说。这说明，潮汕话的书面语功能、文学功能确实是退化了，值得我们重视，我们得想办法及时采取有效的措施来减缓这种方言书面语功能和文学功能的弱化，但还没有到要担心潮汕方言作为潮汕地区老百姓的生活语言能否继续存活下去的严重地步。

方言是地方文化的载体，诸如潮剧、话剧、歌谣（童谣）、方言曲艺（相声、小品）等，没有了方言，也就会消亡。此所谓“皮之不存，毛将焉附”？我个人的建议是：在积极推广普通话的同时，幼儿园可以教读一些方言童谣，生活语言也不必强求只能讲普通话。小学生可以教读方言歌谣，阅读并学会用方言讲述一些民间故事。中学里要鼓励在课外学习中普及潮汕方言及潮汕文化知识，鼓励教师运用方言教读古诗文、用方言知识来讲平仄和押韵的知识等。家庭中，如果学校里的普通话环境已经很强势，应鼓励家长跟孩子讲母语方言，以保持普通话和方言的平衡发展，营造有利于社会和谐发展和个人身心发展的双语环境。

2017 年，中共中央办公厅、国务院办公厅发布了《关于实施中华优秀传统文化传承发展工程的意见》，在指出继续“大力推广和规范使用国家通用语言文字”的同时，强调要“保护和传承方言文化”。中央文件的精神，既是我们做好方言及其文化的保护和传承工作的指路明灯，同时也为我们制定具体措施并加以落实提供了政策依据和法律保障。通俗点说，就是让我们干起来胆子更大、腰板更硬。

生逢其时，此时不干，更待何时?!

潮州九县，县县有语

有一句潮汕旧俗语说："潮州九县，县县有语。"

"九县"说的是旧潮州府的9个县，是指明代崇祯六年（1633年）至清朝康熙八年（1669年），潮州府下辖11个县：潮安、饶平、澄海、揭阳、普宁、惠来、潮阳、程乡、大埔、平远、镇平。

清雍正十一年（1733年）划潮州府的程乡、平远、镇平三县，合惠州府兴宁、长乐二县，设嘉应州，治所驻程乡县。

这样，潮州府就剩下8个县，史称"潮州八邑"。现在新马泰各地的潮州会馆，还有不少叫"潮州八邑会馆"的。

清乾隆三年（1738年）潮州府析海阳、揭阳、大埔三县之一部分，置丰顺县，属潮州府。潮州府下辖9个县，变成"潮州九邑"或者"潮州九县"。

"县县有语"的"语"是口音、语音特点的意思，英文叫accent。口音很浓重的，叫"个语过重"。那么，整句俗语的意思就是：旧潮州府的9个县，每个县都有自己不同的口音。

《广州日报》等报纸曾经报道过，有人认为潮阳话是潮汕方言中最古老的、最标准的（见《广州日报》2008年8月22日相关报道）。因为观点新奇，其他报纸和网络上也多有转载，所以影响不小。

不少读者以前只知道潮阳话口音比较"重"，但没有想到，这种特点竟然成了"标准"和"古老"。

我们知道，潮阳2017年12月经过有关部门组织的专家评审，被确认为"千年古县"，但不能以此类推说其方言土语是"最古老"的。一种方言土语是否"最古老"或曰"最接近古汉语"，要看它是否保留了古汉语的更多的成分，或者保留的古汉语的成分比其他方言土语更加早期。显然，我们无法做出这种论证，或者说，没有证据可以用来证明潮阳话里有比其他方言点更加古老的发音特点和某些特征词。我们都知道，粤东闽语区（或曰潮汕方言区）的人民，其主流是从福建闽方言区迁移而来的，所以同样操着大同小异的闽南话。所谓“潮州九县，县县有语”，一是形成语音不同特点的最主要原因是移民的来源地和移民群体不同，也即是说，来自福建的不同地方（也许更早可以追溯到河南的来源地不同）；二是西迁入潮的时间不同，有些方言点的移民可能是明代甚至更早就入潮了，有的可能是清代时才来的；三是移民创祖居留地不同，也就是说，福建移民到了潮州府各地之后，选择的创业、居住地不同。由于山川隔绝造成交通不便、交流不畅的原因，一地方言土语经过几百年的自身演变发展，也形成了自个儿的特点。

民间有这样的说法：喝韩江水的，就说潮州、澄海、饶平话（所谓的“潮澄饶”腔）和后来的汕头话；喝榕江水的，就说揭阳话；喝练江水的，就说潮阳、普宁、惠来话（所谓的“潮普惠”腔）。这些说法如果从交通不便造成居民之间的交际、交流不便，甚至隔绝，从而形成方言的不同特点来看，是对的。但绝对不是因为喝了什么水就讲什么话这种近似于童话故事的说法那么简单。

根据我们的研究，潮汕话中保留了汉魏六朝时期的语音特点和词语最多，当然也有更早的先秦汉语的语音沉积层和词语存在，也保留了唐宋元明不同历史层次的一些词语和语音特点。[①] 据移民史研究的成果和民间族谱研究的成果来看，潮阳人的祖先与海陆丰说“鹤佬话”的居民一样，从福建移民入潮的时间较晚，居住区也与潮州府城中心地带距离较远，且有练江、榕江和韩江三江与山脉之隔绝，所以没有与潮州音融合，保留了自己的语音特点。但从潮阳话的语音特点来看，没有证据可以说明它比潮州话等其他方言点更古老些。我们不能拿一首唐诗用何种方言来诵读是否押韵来判断一种方言是否最古老，因为另一种方言完全可以找到《诗经》或者《汉乐府民歌》里的另外一首诗来念。不能说用我的方言念很押韵，用你的方言念就不押韵，由此说明我这种方言比你的更古老。

---

① 参阅林伦伦：《潮汕方言历时研究》第 1 章“潮汕方言形成的历史过程”，暨南大学出版社 2015 年版。

如果表述为“潮阳话是潮汕方言土语中最有特点的”那就一点也没有问题了。

常常听人说，潮阳话语音特点又“硬”又“重”，潮州话、澄海话“软”。所以，民间有“好听潮州人相骂，孬听潮阳人呾话”的说法。别的地方也有这种现象，江浙一带就说：“宁听苏州人吵架，不听宁波人说话。”吴侬软语听起来非常轻柔婉转，听听苏州评弹就知道了，即使是在吵架，听起来也是嗲嗲的。而宁波话就不同了，生硬而粗重，即使是一般的谈话，外地人听起来也感觉像是在吵架。

为什么会有这种说法呢？

其实，这是由各地方言语音特点不同造成的。从语音特点来看，潮阳话的声调多是降调，尤其是连读变调以后，高降调、低降调都有，听起来直觉是比较“硬”一些，好像是一个一个音节往下砸，所以“重”。例如，“你要去哪里”这个问句，潮州话和澄海话说：“你爱去底块?”除了“你”之外，其他四字潮州话、澄海话都是阴去调，调值是213，先降后升的曲调（√），四个音节如果慢点说出来，简直像唱歌。而潮阳话说成“你爱去底囝”，“你、去、囝”都是降调，每个音节说出来都“掷地有声”。又例如，用来修饰形容词、表示程度的副词，潮州话、澄海话用“怪”［guê^{3}（过）］，也是个阴去调213，如说“怪好”“怪重”；但潮阳话用“野”［iɑ^{2}］，阴上调，调值51，从最高降到最低，“野好”“野重”，听觉上给人以物体降落的“沉重”感。或者如“太死”，“死”也是降调，听觉效果也一样的“重”。

从方言研究的角度来看，我倒是对潮阳话与众不同的语音特点很感兴趣。中国社会科学院语言研究所有一位原籍潮阳的研究员张盛裕先生就写过不少关于潮阳话的文章，发表在中国社会科学院语言研究所的权威杂志《方言》上。香港科技大学朱晓农教授的好几位博士也都专门到潮阳来录音，做过方言田野调查。2018年的中国语言资源保护工程项目也专门为潮阳棉城话立项，主持人就是朱晓农教授的学生张静芬博士（现为佛山科学技术学院教授）。最近，还有一个年轻的导演拍了一部原汁原味的潮阳话电影《老爸，我一定行》，主角和几位演员也是潮阳的，我看过原片，觉得挺有风格的。我还鼓励汕头电视台的潮汕风节目组去做一期专门的潮阳话节目，介绍潮阳话。

潮汕话，好恶学

网络上有一个令人忍俊不禁的笑话：一位外地人问一位潮汕籍的朋友：“潮汕话难学不?”潮汕朋友说：“很难学啊!”外地朋友问：“那‘很难学’用潮汕话怎么说?”潮汕朋友说：“嗬喔喔。”外地朋友听后就放弃了……第二天，又有一位外地朋友来问这位潮汕朋友：“潮汕话是不是很难学啊?”这回潮汕朋友怕又把外地朋友吓跑，便说：“很好学啊。”外地朋友问：“那‘很好学’用潮汕话怎么说?”潮汕朋友说：“嗬嗬喔。”这位外地朋友听了也放弃了……

类似的笑话被编成一道笑死人不偿命的潮语六级考题：潮汕话“很难学”说 hoh^{4} oh^{4-8} oh^{8}，“很好学”说 hoh^{4} ho^{2-6} oh^{8}，请你跟着读。几个连续的喉塞音入声韵母，差点没把外地初学者给噎坏了。

这个故事还被搬上了中央电视台第三套文艺频道的节目里，两位汕头姑娘组成的 TEN 组合在表演了一首歌之后，主持人朱军和小尼跟她们学起了潮汕话。两位姑娘就让朱军和小尼学说 hoh^{4} oh^{4-8} oh^{8} 和 hoh^{4} ho^{2-6} oh^{8}，逗得小尼说：“好像公鸡打鸣似的。”（2016 年 11 月 1 日晚 9：45节目）

“hoh^{4} oh^{4-8} oh^{8}”应该写作“好恶学”。“恶”就是难的意思，是从险恶一义引申出来的。又如“件事恶物（这件事难办）”“条生理恶做（这笔生意难做）”“只个人恶剃头（这个人难对付）”等，伤口化脓等叫“做恶”[zoh^{4} oh^{4}]。

恶，潮音一读 ag^{4}（抑），“恶霸”“恶毒”“积恶”（干坏事，“积”读 $zêg^{4}$，叔）等读此音，众人皆知；一读 oh^{4}（窝^{4}），意思是难，不容易。如说：“今年高考个数学题恶死（今年高考的数学题很难）。”上面的各个例子也都是这个意思。脓疮溃烂发作叫“做恶”，音 zoh^{4} oh^{4}，“恶”字也读 oh^{4}。

主要元音 o 和 a 的文白异读，属于中古音的“宕、通”两摄入声字的文白异读，如：“落拓”，潮音 log^{4} tog^{4}（录^{4} 拓^{4}），也作 lag^{4} tag^{4}（狼^{4} 踼），意为潦倒不羁。log^{4} tog^{4}、lag^{4} tag^{4}，都是入声叠韵联绵词。“落”，单音节一读为 loh^{8}（罗^{8}），塞音韵尾 –g 弱化变为喉塞音韵尾 –h，如“落雨”“落车”等；一读为 lag^{4}，如“落色”（掉颜色）、“落皮”（皮肤脱落）、“落齿”（牙齿掉落）等。

这也就是说，“宕、通”两摄的字文白异读可以有这样整齐的对应规律：– ang/ – ag/ – ah（氨/抑/鸭），– ong/ – og/ – oh（翁/屋/窝^{4}）。所以，“恶”可以读 ag^{4}（抑），也可以读 oh^{4}（窝^{4}）。

“学”字也跟“恶”字有同样的文白异读，文读 hag^{8}（瞎^{8}），如“学习”“学校”“大学”等；白读为 oh^{8}，如俗语“未学行先学飞”（意思是基础还没有打好就想学更高深的技术）等，“学话”则指鹦鹉学舌、打小报告，讲故事叫“学古”，乡村的学校，旧时叫“学堂”。

“好”作为形容词时，潮音读阴上 ho^{2}；但做副词，表示程度“很”“非常”时读阴入声 hoh^{4}（河^{4}），可能是变调别义的内部屈折使然，如“好大”“好重”等。“好好”的前一音节是副词，就得读入声 hoh^{4}，第二个音节是形容词，就读阴上 ho^{2}，加上前一音节的连读音变，阴入变阳入，就读成 hoh$^{4-8}$ ho^{2} 了。

“好恶学”这三个音节之所以难学，是因为它们都是圆唇元音 o 之后带一个喉塞音韵尾 –h（国际音标写作［ –ʔ］）。其发音特点是喉部的发音器官紧张，声门闭塞，然后再从喉壁里挤出缝儿发出嘶哑而短促的声音，就像一个人跑了好几千米后突然停下来大口大口地喘气发出来的急促的声音。一个音节不明显，三个塞音韵母的音节连在一起，一字一顿接连着发，就有喘不过气来的感觉，潮汕话形容之为“会呼猪，袂啈火”，这就让外地人觉得太难学了。

其实，每一种语言的语音没有哪个最难的绝对道理，音理上再难发音的音素，如颤音、闪音、嘎裂音等，只要你母语里有，自小就习得过的，就一点都不觉得难。如果母语没有的音素，就是再简单，学起来也会难一些，就如潮汕人就发不好唇齿音声母 f- 和翘舌音声母 zh－/ch－/sh－/r－一样。但只要你想学习、掌握它，就想办法搞清楚它的发音部位和发音方法，学起来也就不难了，潮汕话也一样。

潮汕话，好好学

上文《潮汕话，好恶学》举了不少常用字的例子来说明中古音的“宕、通”两摄入声字的文白异－ag/－og/－oh 对应的规律。这类常用字还有不少，其白读音往往连潮人自己都不懂。下面再举几个例子：

谷：文读为 gog^{4}（国），“稻谷”“五谷丰登”等读此音；但节庆民俗中农历十月有“五谷母生（日）”，其中的“谷”字读 gag^{4}（角）。有民俗学家认为这是祭祀神农氏的节日。gog^{4}（国）/gag^{4}（角）文白异读，整齐对应。

族：文读为 zog^{8}（足^{8}），“民族”“族群”等读此音；一读为 zag^{8}（扎^{8}），“种族”一词文读为 $zêng^{2}$ zog^{8}，但口语中说 $zêng^{2}$ zag^{8}。如：“伊家人个种族好，撮孥囝个个会读书”（他们家族的基因好，孩子们都会读书）。成语也有“好种好族”“沤种沤族”之褒贬说法。zog^{8}（足^{8}）/zag^{8}（扎^{8}）也是文白异读对应。

独：文读为 dog^{8}（逐），“独立”“孤独”等读此音；白读为 dag^{8}（达），口语中形容人性格孤僻、不容易与人相处为“孤 dag^{8}”，“dag^{8}”的本字正是“独”。民间文学作品中多写作“孤毒”，是错误的写法。“孤独”的比较级形容词叫“孤生独死”，“独”也读 dag^{8}（达）。

“种族”“孤独”这两个例子正是“文白别义”（利用文白异读来区别词义）的典型例子。

沃：文读为 og^{4}（屋），“肥沃”“沃土”等词读此音。一音为 ag^{4}（恶），有两个义项：一是植物枝叶茂盛。《诗·国风·氓》：“桑之未落，其叶沃若。”《诗·小雅·隰桑》：“其叶有沃。”《诗·桧风·隰有苌楚》：“隰有苌楚，猗傩其枝。夭之沃沃……”引申为肥沃，所谓“沃土”，就是“肥沃的土地”。另一个义项是浇灌，《左传·僖公二十三年》：“奉匜沃盥。”唐·孔颖达疏：“沃，谓浇水也。”《说文解字·水部》：“沃，溉灌也。”清·段玉裁注：“自上浇下曰沃。”潮汕话施肥浇水都叫“沃”，“沃肥”“沃水”都说。被雨淋也叫“沃雨”。由此可知，鲁迅《无题》诗中的“血沃中原肥劲草”的“沃”潮汕话也应该读 ag^{4}（恶）才是正确的。

最后说说本文标题，两个“好”字读音不同：第一个读阴入声 hoh^{4}（贺^{4}），第二个读阴上声 ho^{2}。第二个读音大家都知道，其文读对应的读音是 hao^{2}（吼），如“好汉”、“好巧”［hao^{2} kao^{2}（吼考）］（幸亏）、“好佬”［hao^{2} lao^{2}］（出手大方，有土豪气）。受喉音声母 h－的影响后产生鼻化作用，则读成阴去声的 haon^{3}，意思是喜欢，如“爱好”“喜好”等普通话词语。还如潮汕话的“好脸”（死要面子）、“好食”（贪吃）、“大舌好啼”（爱唠叨，喜欢说话）等。

中古“豪”韵母字－ao/－o 对应的是普遍规律。问题是“好”字在中古音中没有入声的反切，怎么在潮汕话中就变成入声了？笔者认为：这不是字音自身的发展问题了，而是连读使其读音发生变异，也就是 ho^{2} 与 hoh^{4} 相连，后一读音前面有 h－声母，前面的音节就很容易在后面也带上－h 而变成喉塞音了。而后，这个带－h 韵尾的“好”就独立成为表示程度的副词，不但“好好”（很好）这样读，“好大”（很大）、“好重”（很重）、“好贵”（很贵）的“好”也都读成入声。所以，“好好”读成 hoh^{4} ho^{2}，意思是不错、颇好；读成 ho$^{2-6}$ ho^{2}，就是“好好学习”“这东西好好的”。本文的标题“好好学”如果读成 hoh^{4} ho$^{2-6}$ oh^{8}，意思就是“潮汕话好容易学”（不难学）；读成 ho$^{2-6}$ ho^{2} oh^{8} 就是“潮汕话，要好好（认真）学”。还有，“好食”的“好”如果读成 ho^{2} 就是指“能吃的，味道好的”；如果韵母读成带鼻化音的 haon^{3}，就是喜欢吃、贪吃。

一个“好”字的不同读音和音变，就会难倒一大片外地学潮汕话者，真的太难啦！

嘎落·嘎廊

——谈谈潮汕话中的上古汉语复辅音残留痕迹

复辅音，指两个或者两个以上辅音连在一起的情况，这在外语中是很普遍的语音现象，如英语“brought”（带）中的“br”、“people”中的“pl”都是复辅音。大部分专家认为，现代汉语中的音节没有类似的复辅音，像“zh－/ch－/sh－”声母和“－ng”韵尾这类音中的“zh－”“－ng”只是两个字母（符号）表示一个音素而已。

复辅音声母指的是两个或者两个以上辅音连在一起作为声母，这在汉藏语系的不少语言中都存在，中国的少数民族语言中就有不少。大部分专家认为，现代汉语中的音节没有类似的复辅音，所以也就不存在复辅音声母。但是，现代汉语没有，古代汉语中有没有呢？语言学家们大概可以分为两派：①存在；②不存在。

争论到现在，“存在派”基本占了上风，论文可能超过百篇，代表人物有李方桂、周祖谟、马学良、邢公畹、方孝岳、李思敬、李新魁等，他们主要是汉藏语、汉语音韵学和汉语方言学的研究专家，主要依据是：第一，汉藏语语言在当代存在复辅音声母；第二，汉字的声符在当代存在一符两读甚至两个以上读音的现象，汉字的通假字现象；第三，语多双声叠韵联绵词现象；第四，外语译音的多声母现象。

“不存在派”人数和论文较少，主要代表人物是王力先生，他在《汉语语音史》（1985）中说：“从谐音系统看，似乎有复辅音，但是，现代汉语为什么没有复辅音的痕迹？”他门下的弟子也多持此观点。

关于复辅音声母有无的争论，有兴趣的读者可以参阅《上古音复辅音声母研究综述》等文章。我这里就不赘述了。

我的恩师李新魁教授是上古复辅音声母存在派，他的《汉语音韵学》第四编专门有“复辅音声母的问题”一节。他说：“我们认为，上古汉语很可能有复辅音。……上古时期的复辅音，主要存在于第二个音素为 l 的结构中，即主要表现为 kl－、pl－、bl－、gl－……”接着他从谐声的互谐、古籍的注音及古字的异读、古籍的异文、古书中的训诂材料、汉字偏旁互换及分化字五个方面罗列了可以证明“古有复辅音”观点的例子。

笔者作为学生，跟星桥师（李新魁字星桥）学汉语音韵学时受到启发，就开始积累与复辅音声母相关的方言资料。下面把这些资料分享给大家，希望能引起大家的兴趣而参阅讨论，更加欢迎大家提供相关的新资料。

（1）双音节词的复辅音痕迹。

潮汕话有几个词，现在是双音节词，但我怀疑是上古复辅音残留遗迹。如：

嘎落［ga^1 lag^8］：掉下来/去的意思。例：“苹果树顶个苹果熟到家己嘎落落来”（苹果树上的苹果熟到自己掉地上了）。“落”字从“各”得声，从“各”得声的字读声母 g－的有各、格、胳等，读声母 l－的有洛、落等。

嘎廊［ga^1 $lang^7$］：小胡同，应该是“巷”字的双音节化。“巷”字从“共”得声，上古汉语有可能是 gl－声母。电白闽语就把小巷叫作 lang 仔，写作“弄”。吴语里的“里弄”的“弄”也应该与此同源。

嘎擺［ga^1 $lê^3$］：架，架起来。应该是“架”字的双音节化，“架”字从“加”得声，也有可能上古是复辅音声母 gl－。有个俗语叫“竹篙擎 ga^1 $lê^1$ 横”（形容人之蛮横不讲道理），我怀疑 ga^1 $lê^1$，也是由 ga^1 $lê^3$ 的连读变调而形成，就是把竹竿横着拿的意思。

嘎筶［ga^1 lo^2］：一种竹编或藤编的筐篓。我曾经考证为“栲栳”，“栲栳”也是声母 kl－的复辅音声母来的。

嘎啰［ga^1 lo^5］：距离……很远，差得远。至今我不知道应该怎么写这两个字。还可以加进嵌词作“嘎里啰”“嘎里十啰”，很无厘头，没个说法。

嘎撩［ga^1 $liao^1$］：用吉祥物在人身上轻轻刮过的象征性动作。

（2）同义词中可替换音素的复辅音痕迹。

①d－与l－声母互换。

寮：$diao^5$—$liao^5$：鸡母徛 $diao^5$（母鸡司晨），鸡 $liao^5$ 无隔夜蚯蚓。

吊：$diao^3$—$liao^3$：个篮 $diao^3$/$liao^3$ 在墙顶块（篮子挂在墙上）。

蒂：dih^4—lih^4：撮红柿熟到 lug^4 lih^4（那些柿熟得都快掉地上了）。

灱：da^1—la^1：撮兰花叶 da^1/la^1 尾，水沃较少（这些兰花的叶梢枯萎了，水浇得太少）。

正：$ding^3$—$ling^3$：坐在 $ding^3$/$ling^3$ 个物就是伊（坐在正中间那位就是他）。

在：do^6—lo^6：伊 do^6/lo^6 看书（他在看书）。

②d－与n－声母互换

点：$diam^2$—$niam^2$：$diam^2$/$niam^2$ 火、$diam^2$/$niam^2$ 灯。

吊：$diao^3$—$niao^3$：$diao^3$/$niao^3$ 灯 $diao^3$/$niao^3$ 双畔，看戏坐头前（打趣眼皮有伤疤的人）。

召：$diao^6$—$niao^6$：个人寤 $diao^6$ 寤 $diao^6$（瘦高瘦高的样子）；$niao^6$ 裤（把裤子往上提）。“召”只是同音字，可能不是本字。

③t－与l－声母互换。

te^1—le^1：te^1/le^1 跋落去（滑到了）。

te^3—le^3：te^3/le^3 垢堺（洗澡时搓去身上的泥垢）。

ti^3—li^3：ti^3/li^3 破面皮（撕破脸皮）

$tang^3$—$lang^3$：个拏团穿个 $tang^3$/$lang^3$ 底裤。

tug^4—lug^4：熟到 lug^4 蒂（水果等熟透了，果子脱蒂而掉到地上）；个衫 lug^4 色（这件衣服掉色了）。

（3）普通话读l－声母而潮汕话读d－/t－声母。

隶：普音 lì；潮音 di^6（弟），隶书、奴隶。

鹿：普音 lù；潮音 $dêg^8$（敌），长颈鹿、鹿茸。

癞：普音 lài；潮音 tai^2（台^2），癞哥拍作糜。

赖：普音 lài；潮音 tai^2（台^2），博蹰赖（耍赖）。

其实，从“赖”得声的“獭”字，普通话读 tǎ，也读t－声母（潮音tuah[4]）。

我所搜集记录的例子就这些了，只能说明 gl－/dl－（dn－）/tl－复辅音声母的残迹（d—n 应该只是 d—l 的变体而已）。本文只是抛砖引玉，希望大家能提供更多这方面的例子来共同证实上古汉语复辅音声母的存在，尤其是潮汕各地不同的读音：一地读 g－/k－/h－或者 d－/t－，另一地读 l－的，对比起来就是宝贵的材料。

先生先死·先死先生

汉字在潮汕方言中，就有很多多音字，几乎过半（粗略估计）的汉字都有文白异读现象。换句话说，潮汕话的语音特点之一就是文白异读现象突出，很多字都可能出现文白异读两个读音，甚至多个读音。举几个常用的例子：

差：文读 ca^{1}，落差［loh^{8} ca^{1}］；白读 cê^{1}，出差［cug^{4} cê^{1}］。

马：文读 ma^{2}，马上［ma^{2} siang^{6}］（立即）；白读 bhê^{2} 马上［bhê^{2} zion^{7}］（在马背上）。

树：文读 su^{6}，树立［su^{6} lib^{8}］；白读 ciu^{7}，种树［zêng^{3} ciu^{7}］。

衣：文读 i^{1}，衣服［i^{1} hog^{8}］；白读 ui^{1}，烧衣［sio^{1} ui^{1}］（烧冥器给死人）。

染：文读 riam^{2}，染色［riam^{2} sêg^{4}］；白读 nin^{2}，染衫［nin^{2} san^{1}］（染衣服）。

淋：文读 lim^{5}，淋漓［lim^{5} li^{5}］；白读 nam^{5}，淋豉油［nam^{5} si^{7} iu^{5}］（浇上酱油）。

堂：文读 tang^{5}，堂堂［tang^{5} tang^{5}］；白读 dêng^{5}，祠堂［sê^{5} dêng^{5}］。

香：文读 hiang^{1}，香港［hiang^{1} gang^{2}］；白读 hion^{1}，烧香［sio^{1} hion^{1}］。

客：文读 kêh^{4}，客厅［kêh^{4} tian^{1}］（新式）；白读 kah^{4}，客厅［kah^{4}tian^{1}］（旧式）。

那么，凭什么认为有两个读音就是文白异读，而不是古音保留下来的有两个反切的不同读音呢？那就得了解一下什么叫作“文白异读”了。

“文白异读与（语音的历史）层次叠加相关。权威语言通过书面语音系统不断影响方言，形成了方言的文读音系统，与方言自身的口语系统相互竞争，并存于方言内部。同一个字的（文白）异读可能是声母、韵母和声调的全部异读，也可能是三者一类或两类异读。”①

这也就是说，一种方言中有着自己说话时的口语系统的同时，存在着读书吟诗时的书面语诵读系统。而且，由于自身的发展年代久远和移民的时间不同，还存在着语音的历史层次不同的叠加现象。事实上，潮汕方言的语音的历史层次，按照李新魁先生的研究，主流是汉魏六朝的层次，往上追溯有先秦古音的遗存，往下跟踪有唐宋、明清的层次。这就使得潮汕方言的语音层次非常复杂，尤其是白读音系统。除了上面举例中的一字两音现象之外，有不少字有三个甚至四个读音的。例如：

下：文读 hia^{6}，上下/下流/下风。

白读①hê^{6}，下老爷/下神下鬼/下种/下粘下秫；

白读②ê^{6}，下落溪/下级/上下；

白读③gê^{6}，岜下，矮下。

成：文读 sêng^{5}，成功/落成/一事无成。

白读①zian^{5}，做成/成人成鬼/成模成样；

白读②cian^{5}，成伊好/件事做成/匏屎放成；

白读③sian^{5}，三成人七成打扮/无成。

呼：文读 hu^{1}，呼喊/呼口号。

白读①u^{1}，呼喊/呼口号；

白读②hou^{1}，招呼/爱去呼我一句；

白读③kou^{1}，呼猪/呼鸡/呼狗。

这些文白异读多音字如果本身还是有两个以上反切的字的古音，那就更多音了。例如：

笼：第一个音（古平声字）文读 long^{5}，手笼（袖套）。白读①lang^{5}/nang^{5}，灯笼/鸟笼；白读②lêng^{5}，笼床（蒸屉）。

第二个音（古上声字）文读 long^{2}，笼罩/笼盖四野；白读 lang^{2}，戏

---

① 詹伯慧、张振兴：《汉语方言学大词典》上卷，广东教育出版社 2017 年版，第 553 页。

笼/笼椅。

晕，这个“笼”字居然有6个读音。这当然是比较特殊的，但有两三个读音的字多了去了。

文白异读可以区别词义，例如：

初三：文读 co^1 san^1，指读书的年级；

白读 ciu^1 san^1，指农历每月的第三天。

种族：文读 zêng^2 zog^8，指人种，种族歧视；

白读 zêng^2 zag^8，指家族、血缘关系，伊家人种族好。

东西：文读 dong^1 si^1，指物件；

白读 dang^1 sai^1，指方向。

有时候，还可以区别不同的感情色彩，或者体现一定的语用差别。例如“唱歌”文读 ciang^3 go^1，书面语或有文化者说话，都说此音。但老人、文化低或文盲常用 cio^3 gua^1 这个白读音。又如“和尚”，文读 hua^5 siang^6，如“花和尚鲁智深”中的“和尚”读此音。但路上见到一个和尚，通常可能说 huê^5 sion^7。

文白异读有时也可以用来作为一种修辞手段，达到语意双关的效果。民间传说潮汕某前贤读私塾时，上课经常挠痒痒。教师先生见了，很不高兴，便口吟一上联云：

痒［zion^6］痒爬爬，爬爬痒痒，愈痒愈爬，愈爬愈痒。

某前贤年纪虽小，但天资聪颖，知先生既是在制止他搔痒，也是在考他，于是脱口而出，答出了下联：

生生死死，死死生生，先生先死，先死先生。

先生闻言，大惊失色，与人云：“此子今后必成大器。”然后自愧不如，挂鞭而去。下联中之“先生先死，先死先生”即利用文白异读作双关解：一解为“先出生的便会先死，先死去的便先轮回出世”；另一解为“先生（老师）先死去，先死去的是先生（老师）”。如此之妙，确实令人拍案叫绝，难怪先生挨了骂还要大加夸奖一番。

四方≠四方·开方≠开方

前面《先生先死，先死先生》一文，谈了潮汕话的文白异读问题。下面再分两篇文章，一篇谈声母、声调的文白异读，一篇谈韵母、复合性文白异读问题，试图更加具体地分析潮汕话的文白异读规律。这两篇文章比较专业，所以也会比较难读懂。

（1）声母的文白异读。

①h－：b－/p－规律。即声母文读 h－声母，白读 b－/p－声母。这些字，基本上是古代的“非敷奉”轻唇音组声母字，普通话多读 f－声母。如：

飞：文读 hui^1，岳飞/张飞；白读 $buê^1$，飞机/飞行。

妇：文读 hu^6，妇女/妇幼；白读 bu^6，新妇（儿媳妇）。

方：文读 $huang^1$，四方、四面/方面；白读 $bang^1$，四方斗底/开方 kui^1/kai^1 $bang^1$（数学术语）。

芳：文读 $huang^1$，芳香/芬芳；白读 $pang^1$，芳饭（炒饭）/芳水（香水）。

分：文读 $hung^1$，分别/分开；白读 $bung^1$，分开 $bung^1$ kui^1/分你。

②z－/c－：d－/t－规律。即文读 z－声母或 c－声母，白读为 d－声母或 t－声母。这些字大部分是古代的“知彻澄”母字，普通话多念翘舌音 zh－/ch－。如：

张：文读 $ziang^1$，开张/张力；白读 $dion^1$，张样做相/张力（姓名）。

知：文读 zai^1，知道/唔知；白读 di^1，知县/知事。

长：文读 $ziang^2$，家长（学生家长）；白读 $dion^2$，家长（行铺经理）。

场：文读 ciang^{5}，排场；白读 dion^{5}，剧场。

陈：文读 cing^{5}，陈皮；白读 ting^{5}，陈旧/铺陈。

长：文读 ciang^{5}，长征；白读 deng^{5}，长裿衫/长拖拖长箩箩。

③h-：零声母/g-规律。即文读 h-声母，白读零声母或 g-声母。这些字基本上是古代的“晓匣”声母字，普通话念 h-或 x-声母。如：

学：文读 hag^{8}，学习/大学；白读 oh^{8}，学好/学古。

换：文读 huang^{3} 金不换（植物名）；白读 uan^{7}，换人。

汗：文读 hang^{2} 流汗/汗颜；白读 guan^{7}，流汗/汗流汁滴。

寒：文读 hang^{5} 寒冷/寒假；白读 guan^{5}，一月寒死人，二月寒死马。

下：文读 hia^{6} 不分高下/下棋；白读 gê^{6}，寮下/矮下。

文读 hê^{6} 下物食/下种（播种）；白读 ê^{6} 下落水，楼下。

(2) 声调的异读。

文白异读字中，有一类是属于声调的异读（当然也可能伴随着韵母或声母的异读）。其中尤以阳上（第6声）和阳去（第7声）两个调类的异读为最多，也可总结为：阳上—阳去文白异读规律。如：

匠：文读 ziang^{6}，三个臭皮匠；白读 cion^{7}，工匠精神。

状：文读 zuang^{6}，状况/zo^{6}，状元；白读 zeng^{7}，奖状，委任状。

浪：文读 lang^{6}，大风大浪；白读 neng^{7}，恬风静浪。

赖：文读 lai^{6}，信赖，依赖；白读 lua^{7}，诬赖/倚赖。

住：文读 zu^{6}，住房；白读 diu^{7}，住在老厝。

树：文读 su^{6}，树立；白读 ciu^{7}，种树/榕树。

大：文读 dai^{6}，大家/老大；白读 dua^{7}，大号/惜大惜细。

让：文读 riang^{6}，转让/让步；白读 nion^{7}，让伊/让你粒车（象棋术语）。

饭：文读 huang^{6}，吃饭；白读 bung^{7}，食饭。

易：文读 i^{6}，白居易；白读 goi^{7}，轻易。

望：文读 bhuang^{6}，威望；白读 mo^{7}，渴望。

其他声调也有个别异读现象，主要是阴上和阳上/阳去的异读。但例子太少，似乎还不能总结成为规律。如：

想：文读 siang^{2}，思想；白读 sion^{6}，想一想。

远：文读 iong^{2}，永远；白读 hng^{6}，路远。

汗：文读 hang^{2}，汗颜；白读 guan^{7}，流汗。

最后，再谈谈姓名与文白异读的问题。除了“陈张杨王许”等常用姓氏之外，姓氏白读的还有如下一些（根据我收集的资料与微友们提供的资料）：

唐：文读 tang^{5}；白读 deng^{5}，唐国强。

颜：文读 nguang^{5}；白读 ngang^{5}/hian^{5}，颜真卿。

费：文读 hui^{3}；白读 bi^{3}，费孝通。

翁：文读 ong^{1}；白读 êng^{1}，翁万达。

高：文读 gao^{1}；白读 go^{1}，高绳之。

戴：文读 dai^{3}；白读 do^{3}，戴平万。

傅：文读 hu^{6}；白读 bou^{3}，傅作义、傅雷。

蓝：文读 lam^{5}；白读 nan^{5}，蓝金生。

邝：文读 kuang^{3}；白读 keng^{3}（老揭阳音）。

方：文读 huang^{1}；白读 bung^{1}，方志敏。

于：文读 i^{1}；白读 u^{1}，于成敏。

丘：文读 kiu^{1}；白读 ku^{1}，丘逢甲、丘成桐。

从基本资料看来，姓氏因其强大的遗传性而基本上保留白读古音，但也不排除个别例外，例如“林”读 lim^{5}（临）不读 nan^{5}（篮），是文读。微友“猪爹”留言说：“潮剧中多数读正音，如王（袁）莽篡位，王（袁）金龙求乞。王金龙在 20 世纪七八十年代后慢慢改为王（形）金龙，但王（袁）莽就一直没有改过来，而潮汕俗语一般也是说‘俏过王（袁）莽’。”

不少人对这些古老的形式读音原先都不知道，微友“老辜”就说：知道“连”“颜”和“邢”姓皆读 hia（上平）是因为潮安龙湖、浮洋和凤塘三镇有此姓氏村落，相传“颜”“邢”二姓还是同祖宗亲。我知道“戴”“费”姓则完全是巧合。我非常喜欢金庸先生的《笑傲江湖》，也多次听讲古人林江先生的《笑傲江湖》，当时听到华山派的四师兄叫

“施戴子”，嵩山派的大嵩阳手叫“费彬”，林江先生在“戴”和“费”上的读法，当时我第一次听，查证之后，才得以确认。

与姓氏相反，名字则通常读文读音，如“树人”读 su$^{6-7}$ ring^{5}，不读 ciu^{7} nang^{5} 等。那么问题来了，大家知道不知道，普宁市洪阳镇人、曾任全国侨联副主席的革命家方（姓）方（名），他的尊姓大名用他的家乡话是怎么念的呢？

担柑担去，存副柑担

潮汕话有句谐音的俏皮话，叫：“担柑担去，存副柑担。”意思落在最后两个字——柑担，谐音“敢呾”，意思是“敢说”，讽刺人脸皮厚，敢说胡要。

这句俏皮话中有三个“担”字，或者说，“担”字出现了三次：第一个“担”字是量词，一担（挑）柑橘的意思；第二个“担”字是动词，挑的意思；第三个“担”字是名词，担子的意思。

普通话的“担”字有两读：做量词和名词用时读去声 dàn，做动词用时读阴平声 dān。但潮汕话做量词和名词用时都读阴去声 dan^3（呾），这是“担”字的白读音。

这类字属于《广韵》的“谈”韵字，白读音韵母为 – an，但文读音是完整的 – am，也即是闭口韵尾 – m。潮汕话地区除了澄海、潮安（庵埠等地）等一些地方失去闭口韵尾之外，大部分地方都保留了闭口韵尾 – m/ – b。

“谈”韵字文读为 – am（庵），如“庵谈毯惭甘蚶酣喊滥览揽缆憨”等；白读闭口韵尾 – m 弱化，只剩下鼻化音成分。《潮州话拼音方案》用 – n 来表示，因为在潮汕话流行的中心地区，没有这个 – n 韵尾（在潮州市潮安区凤凰镇、汕头市南澳县的云澳镇和青澳镇、揭阳的半山客地区、丰顺的半山客地区等仍然还保留前鼻音 – n 韵尾）。如“篮柑胆敢橄淡”等。一些字则有文白两读，如：

担：在上面标题说到的三个词中，都白读为 dan^1 或者 dan^3；但文读为 dam^1（耽），如“担贷”等。

三：做基数用时白读 san^1（衫），童谣云：“一二三，洗浴免穿衫。”

“三”和“衫”同音押韵。潮剧《柴房会》中的男主角李老三，“三”则读 sam¹（杉），就是文读了。

蓝：通常读文读音 lam⁵ 或者 nam⁵，如“蓝色”“蓝天白云”等；但白读为 nan⁵（篮），做姓氏用，如“蓝鼎元”等。“蓝”姓是潮安凤凰镇畲族两大姓“蓝”和“雷”之一。

榄：在“乌榄”“榄核”（“核”音 hug⁸，佛）等词中文读为 lam² 或者 nam²（览），但在“橄榄”“橄榄菜”“橄榄核”等词中，白读为 nan²（拿）。

从这个对应规律来看，我怀疑潮汕话中表示说话、方言字写作“呾”的 dan³ 这个音节的本字可能是“谈话”的“谈”字。词义上没有问题，语音上也可通，同是“炎”做声旁的“淡”潮音就是 dan⁶。“谈”文读 tam、白读 dan，符合文白异读对应规律。声母 t－变 d－也没有问题，“谈”是古代的“定”声母字，属于浊声母字，浊声母字在潮汕话中有读送气的 t－，也有读不送气的 d－的。例如同属于“定”声母字的“图”，“图画”读 dou⁵（屠），d－声母；“奋发图强”读 tu⁵（途），声母是 t－；“子弹”的“弹”读 tang⁵（虫），t－声母；“弹鸟”的“弹”读 duan⁷（单⁷），d－声母。唯一不太有把握的就是声调：“谈”是阳平调，表示说话的“dan³”是阴去调。不过不管 dan³ 的本字是不是“谈”，今天我们都不会再使用它了，因为前人已经创造出一个在老百姓中用开了的方言字——呾。

说话是人的日常生活动作之一，所以“呾”也是潮汕话中使用频率最高、构词能力最强的词（素）之一。常听到的熟语如：

呾破无酒食：它原本说的是老师父教徒弟的故事。旧时师父教徒弟本领，徒弟每天晚餐要执弟子礼、带酒来孝敬师父。师父教徒弟的“潜规则”是“留一手”。“留一手”一是防止徒弟水平超过师父；二是担心徒弟不再孝敬自己了，就像北方话所谓的“教会徒弟，饿死师父”，如果什么都教给徒弟了，就没酒喝了。这是旧时师徒关系的写照，现在多引申以表示“道理讲清楚了，其实没什么（深奥）的”。

老丑呾白话：这本来是潮剧谚语，说的是生旦净末丑不同行当的不同语言表演特色。丑角的道白以土话为主，“白话”就是土话的意思。

现在引申指“跟你讲白了吧”“打开天窗说亮话”。

其他的还如“呾开呾磨”“呾出呾入”（一会说是，一会说不是，反复无常）、“呾有呾无”（说东说西，胡侃一气）、“先呾就赢，慢呾输八成”（先说就抢了先机，后说的失去了机会。多用以讽刺恶人先告状者）。

末了，我呾句潮汕话来煞尾，看你有能呾做普通话抑无：

只篇文章呾来呾去、呾有呾无，呾到嘴边二堆呸［puêh^{8}（皮^{8}）］，拢总是在呾个“呾”字。

宽宽行·鼻流涎滴

在《担柑担去，存副柑担》一文中，我们讲了潮汕话－ang/－an韵母的文白异读对应规律，这篇文章再讲讲－uang/uan的文白异读对应规律。－ang/an是中古音“山”摄开口韵字的文白异读对应，－uang/uan是“山”摄合口字的文白异读对应，韵母的前面多了一个合口的－u－介音而已。

先举个大家耳熟能详的例子。送别客人时，主人通常会对客人说：“kuan^{1}行。”干活时叫人悠着点干说：“kuan^{1} kuan^{1}来。”有外地朋友跟我说：“你们潮汕话真文雅哦。”我说：“何出此言？”他说：“送客时说‘款款行’啊，‘款款而行’，还不文雅吗？”我闻之笑倒。其实，“kuan^{1}行”不是“款款行”，而是“宽宽行”，因为“kuan^{1}”是阴平声，用“宽”字比用阴上声的“款”字好。还有“宽时物，紧时用”的谚语，“宽”也读kuan^{1}，可作佐证。

符合－uang/－uan文白异读对应规律的潮汕方言常用字如下：

判：文读为puang^{3}（胖），如“批判”“判刑”等；但“判卷子”“判作业”潮汕话叫“puan^{3}”（潘^{3}）。另外，旧时农村里的水果或者其他农作物成批卖给买家，也叫作“puan^{3}”，就是“估价而卖”（判卖）的意思。

换：“交换”“变换”等词都读uan^{7}（案^{7}），属于白读；但一种可以作为香味作料的植物九层塔潮汕话叫“金不换”，“换”读成huang^{3}（焕），则属于文读。

还：“还是”“回还”等词读huang^{5}（环），属文读；但作副词、用于在否定句中表示时间上还没有到时，口语经常说成huan^{1}（欢）。如：

“伊还未来”（他还没回来）、“我还未食”（我还没吃）。这两个读音大概与普通话的 hái 对应。“还债”“还贷”的“还”读 hoin^{5}（蚬^{5}），是另一个层次的白读音。

栓：文读为 cuang^{5}（全），不少书面用语，包括医学和医药用语，如“防火栓”“脑血栓”等读此音；但口语中竹子或者木头的刺儿叫作 cuan^{1}（蔡^{1}，鼻化），如：“只手乞支栓凿着”（手被刺儿刺到了）。从手、足中把刺儿挑出来，叫作“挑栓”tio^{1} cuan^{1}（粜^{1} 蔡^{1}）。此字还可以读作 seng^{1}（酸），如“竹栓”（竹子做的楔子），又是另一个层次的白读音。

串：文读为 cuang^{3}（川^{3}），“串门”“羊肉串”等读此音；但“门栓”叫作“门 cuan^{3}”，“cuan^{3}”（蔡，鼻化）应该就是“串”。其实，“串”字在金文中就是用一长物把他物串起来，像钱串子，应该是“贯”字的古字，后来加“贝”做“贯”，所以“贯”与“串”同义。“串”可视为“门栓”的象形字：两口为门关，一竖为横穿门关之“串”也。

烂漫：这是个常用的书面语，文读为 lang^{6} bhuang$^{2-6}$（浪漫），如“山花烂漫”等。表示东西多，甚至过多，潮汕话叫 nan^{7} muan^{7}，（篮瞒^{7}）。如说：“只下个米粟过烂漫，食唔了”（现在的粮食太多了，吃不完）。

幔：文读为 bhuang^{2}（谩），指一种可以盖头或者围身的巾，如“纱幔”等；口语中澄海有些地方把一种具有潮汕特色的格子布浴巾叫作“番 muan^{1}”（大部分地区叫作“浴布”），其实“muan^{1}”（麻^{1}）的本字就是“幔”。经常用作动词，有遮盖、掩盖的意思。如说：“只撮箱头着挈塑料布来幔好，勿乞雨沃着”（这些箱子得用塑料布遮盖好，别让雨淋了）。知道了“幔”可以读 muan^{1}，你也就知道“鳗鱼”不叫“慢鱼”而叫 muan^{5}（麻，如“乌耳鳗”等）的道理了。

鳝：除了“鳗鱼”不叫“慢鱼”而叫 muan^{5}（麻）之外，还有一些地方“鳝鱼”不叫“善鱼”而叫 cuan^{6}（蔡^{6}，鼻化），如澄海等地。物体滑溜溜的，形容之“滑过条 cuan^{6}”，“cuan^{6}”的本字就是“鳝”。siang^{6}/cuan^{6} 也是文白异读。这是“山”摄开口韵母字的另一条文白异读规律——iang/uan 对应规律。“鳝”还有个异体字作“䱇”，声旁是

"单"，潮音韵母也是 duan[1]，可作佐证。这条规律涉及的字虽不多，但有些在潮汕话中却是常用字。例如：

煎：文读为 ziang[1]（笺），如"煎鱼""煎馃"等；但煮青草水叫"zuan[1] 水"，"zuan[1]"（泉[1]）的本字就是"煎"，煎熬、煮的意思。

涎：文读为 iang[6]（延），是"秀才读字读半边"的误读，与中古音相对应的、正确的文读音应该是 siang[5]（仙[5]）或者 hiang[5]（贤），如"垂涎三尺"等；口语中把口水叫"嘴 suan[5]"，"suan[5]"（山[5]）的本字就是"涎"。这个字更早的时候，还可能是表示口水的"nuan[6]"（烂[6]）的本字。"垂涎"就是"流 nuan[6]"，"垂涎三尺"就是"涎流流"的样子。

鸡蛋·花旦·黄弹

鸡蛋、鸭蛋潮汕话都叫“卵”，但有一种“卵”，潮汕话却偏偏叫“蛋”，不过潮音是duan^{1}（单），不是dang^{3}（诞），这种叫“鸡duan^{1}”的蛋是专门指留在母鸡体内、还未来得及下的蛋，杀母鸡时经常会见到它们。母鸡每一轮下蛋之最后的一两只蛋，也有“埍［duan^{1}］卵”的叫法。

那么，为什么说这个duan^{1}（单）字就是“蛋”字呢？

道理很简单，“蛋”字与“旦弹炭摊瘫坛滩干拦安烂鞍伞杆案鼾”等字属于《广韵》里的“寒”韵字，中古这个韵母里的字，在潮汕话里的对应规律是文读为－ang（氨），白读为－uan（鞍）。有些字是只有文读音－ang（氨）韵母，如“汉檀难栏餐韩珊罕赞灿翰按”等；有些字只有白读音－uan（鞍）韵母，如“单瘫滩坛肝散伞鼾”等；有些字则文、白两读都有，如“蛋旦丹弹干寒安烂”等。有些字的读音大家未必懂得，有些字还被误会为“有音无字”，其实都有字。下面就举例给大家讲一讲。

旦：文读dang^{3}（诞），如“元旦”“旦夕”等；白读duan^{3}，如“花旦”、“乌衫旦”（青衣旦）、“老旦”等。

丹：文读dang^{1}（东），如“丹心”“丹参”等；白读duan^{1}（单），如“牡丹”等。

寒：文读hang^{5}（韩），如“寒假”“一曝十寒”等；白读guan^{5}（肝^{5}），如“着北寒”（着凉）、“生清寒”（发冷）、“寒死人”（冻死人）等。节候谚语有：“正月寒死牛，二月寒死马，三月寒死老仂枷”（正月冻死牛，二月冻死马，三月冻死身体瘦弱者）。“寒”也指冬天，天寒地冻的节气，吃鱼的季节俗语有“寒乌热鲈”（冬天吃乌鱼，夏天吃鲈鱼）。

焊：文读 hang^2（罕），如“电焊”“焊条”等；白读 huan^7（鼾^7），如“焊接”等。

垾：由“焊”而推出另一个不常见的同音字——“垾”。《玉篇·土部》：“垾，胡肝切，小堤也。”《广韵》去声翰韵：“垾，小堤。”侯旰切。宋·叶适《庐山钱公墓志铭》：“沟垾牛犁，逾月皆具。”“垾”意思是“小堤”，田园里的“小堤”就是田埂，潮汕话叫“田垾”。气候谚语有：“风时雨落唔过田垾。”（夏天的雷阵雨田埂这边下，那边晴。）其实，其更早的本字是“岸”，中古音《广韵》是“五旰切”，声母是“疑”母 ng－，属于上古音的喉音声母，完全可以读 h－；韵母跟“垾”一样，属于“寒”韵字，则可以读－uan 韵母。现在潮音把它读成 ngai^6（艾^6），huan^7（鼾^7）的读音就丢失了。不过有了“垾”字，我们也没必要再“回头是岸”，去找回“岸”字了。

捍：文读为 hang^2（韩^2），如“捍卫”等；白读为 huan^7（垾），用手按着、扶着，如说：“只手着捍紧墙，宽宽行”（手要紧紧扶着墙壁，慢慢走）。有可能“huan^7 家”（掌家）、“huan^7 盘”（掌门）的 huan^7 也是这个“捍”字。

旰：潮音 gua^3，这个字也与“垾捍”是同音字，声母是中古音的“匣”母 h－，上古音属于喉音字，可以读成 g－，像上面的“寒”字一样。按文白异读对应规律，应该读成 guan^3（官^3），但鼻音韵尾－n 丢掉了，剩下 gua^3（挂）。半日为“一旰”，引申指很久，如说：“你做呢去一旰还无转来？”（你怎么去了那么久还不回来？）“旰”字也可以写作“盰”。

弹：文读为 tang^5（虫），如“弹弓”“子弹”等；白读为 duan^7（单^7），如“弹鸟”（用弹弓或者气枪射鸟）、“弹枪”（打枪），用手指头弹击人的头壳，也叫“弹头壳”。这是古汉语词语，如《左传·宣公二年》：“晋灵公不君，……从台上弹人，而观其辟丸也。”又如《汉书·宣帝纪》：“其令三辅毋得以春夏擿巢探卵、弹射飞鸟。”黄皮，一种水果名，潮汕话叫“黄 duain^7”，本字也应该是“弹”，白读音 duan^7

稍转而已。查《中华植物志》，黄皮正好也有“黄弹”“黄弹子”的别称。可能黄皮的果子色黄而形似弹丸，故有“黄弹”“黄弹子”之称。

最后，说说“山”与“汕”。“山”字白读 suan^{1}，大部分词语都是读此音。但可以文读为 sang^{1}（双），如潮剧中薛丁山的“山”就是文读的。“山”“汕”两个字声母、韵母相同，但声调不同：“山”是平声字，而“汕”字中古音是“所简切”，去声字，潮音应该读阴去声 suan^{3}（散），音同“散”。“汕头”“汕尾”本都应读此音，但现实中有点奇怪：“汕头”之“汕”读阴平同“山”，“汕尾”之“汕”就保留了正确的去声读音。当然，还有个别老人也保留了“汕头”的“汕”读阴去同“散”的读音。普通话中，大部分也读了去声，这是正确的。但有人还是读成平声，与“山”同音，这就读错了。但也有人认为，“汕头”作为行政港口名称和行政区域名称之前，原名“沙汕头”，可能“沙”字丢掉以后，其平声的读音影响了“汕”字读音。可另一说。

老爷保护·里外平安

潮汕方言中有些高频率常用词，也是其本字经常被写错的高频词，像与粤语、客家话很接近的“家己人”，就常常被写作“胶己人”或者更加无厘头的“交己人”，“鼠麯粿”被写作“鼠壳粿”，“莲薮”被写作“莲厚”，“菠稜”被写成“飞龙”等。本文标题里的“老爷保护”中的“保护”，最常见的写法是“保贺”“保号”等。在本字（正字）未明的情况下，找个同音字来写，这是最常见的方言写作方法，无可厚非，我们可以从潮州歌册和潮州戏文（剧本）里找到很多很多例子，证明这是古已有之的写法。①

但其实，这些用同音字来代替书写的字，其本字有些是不难找到的，而且本身就是常用字，不过是由于移民的迁徙、语音的发展造成其读音的历史层次的叠加，早期的读音只保留在口语中而与该字分离了，较晚层次的读音则一直与该字紧紧联系在一起。

如上面举例的“家己人”的“家”，其实粤语、客家话都读 ga^{1}，潮汕话也在“哀家”（潮剧戏文常见）中读 gia^{1}，在“私家”一词中读“sai^{1} kia^{1}”，ga^{1} 应该是福建闽南带来的读音，查《普通话闽南方言词典》，“家”字文读为 ga，白读为 gê②。“家严、家慈、家产、家小、家规、家学”等词中的“家”都读 ga。

---

① 参阅林伦伦：《粤东闽语方言俗字研究》，载陈春声、林伦伦主编《潮学研究》第 1 辑，社会科学文献出版社 2020 年版。

② 厦门大学中国语言文学研究所汉语方言研究室：《普通话闽南方言词典》，福建人民出版社 1982 年版，第 367 页。

“鼠麯粿”的“麯”（也写作“麴粬”）本来就应该读 kag⁴（壳），酒麯、大麯（头麯）、二麯潮汕话一直读 kag⁴（壳）。但“麴”简写后与“曲”字相同，歌曲的“曲”、曲折的“曲”都读 kêg⁴（刻）。所以，“鼠麯粿”大家就忘记了这个酒麯的“kag⁴”（壳）而写成“壳”了。至于“飞龙”，真的怪不了市场卖菜的商贩，因为那是汉代的译音词，“菠薐”二字在1500年前的南朝·梁·顾野王（519—581）的字书《玉篇》中就有了①，非专业人士真的不知道其早期用字。

“莲蕅”（藕根）的“蕅”，《尔雅·释草》：“蕅，株根也。”《玉篇·艸部》：“蕅，江东呼藕根为蕅也。”音义皆与潮汕话相吻合。这个字在汉魏南北朝时期也与“茭”字相通用。《尔雅·释草》：“䓊，茭。”晋·郭璞注：“今江东呼藕绍绪如指空中可啖者为茭。”清·郝懿行疏：“茭，又作蕅。”“蕅”字音“古鲍切”，潮音 gao⁶，与“厚”字同音，通常不知道其本字是“蕅”，所以就写个同音字“厚”。

同理，“老爷保贺/号”的“贺/号”也是潮语同音字而已，本字是“保护”的“护”。“护”字在福建闽南话中基本都读 ho②，潮州人的祖先从闽南移民入潮时，一定还是把“护”字读作 ho⁷ 的。但到了潮州府之后，语音逐渐发生了变化，“护”读作 hu⁶（辅）了，十分明显这是文读音，如“保护”“护士”“护卫”等书面语词，只有在对“老爷”（诸路神仙）或者“老公”（祖先）“说话”（祈祷）时，才保留了“古早音”bo² ho⁷。“护”字属于《广韵》遇摄一等“模”韵字，大部分字文读 -u 韵母，白读 -ou 韵母，如“呼狐布涂图孤”等字都是文、白两读齐全。但也有少部分字保留了较早层次的 -o 韵母读音，如“模 mo⁵”“悟 ngo⁶”“梧 ngo⁵”“做 zo³”“错 co³”“怒 no³”等字。所以，“护”读 ho⁷ 是符合与古音的对应关系的，是保留了福建闽南话的读音。希望大家以后都能写作“保护”，“老爷保护”，就是祈求诸路神仙佑护我们。

对老爷“说话”时，要老爷保护的内容，最高频次的就是“里外平

---

① 李新魁、林伦伦：《潮汕方言词考释》，广东人民出版社 1992 年版，第 164 页。

② 厦门大学中国语言文学研究所汉语方言研究室：《普通话闽南方言词典》，福建人民出版社 1982 年版，第 26 页。

安”。这个“里外平安”的“里”，文读为 li² （李），老少咸知。但口语说“lai⁶ 外平安”，则写成“内外”，认为“内”字才读“lai⁶”。

其实，这是大错特错的认知。“lai⁶”的本字就是“里”，道理简单到不能再简单。“里”字属《广韵》之韵字，文读为 -i 韵母，白读为 -ai 韵母，对应规律再整齐不过。白读 -ai 韵母的字如：

狸［hou⁵ lai⁵］：狐狸。俗语：狐狸勿笑猫/狐狸合（gab⁴）鸡无会久。

柹［sai⁶］：红柹，青柹，柹饼。

滓［zai²/dai⁶］：渣滓/尿桶滓。

使［sai²］：使用，使钱。俗语：艰苦趁，快活使。

驶［sai²］：驾驶，驶牛，驶车。俗语：张公辖犁张公驶。

治［tai⁵］：《广韵》平声之韵音“持之切”，治鹅、治鸡、治人放火。

止［zai⁶］：下会止（水不过头，能蹚过去）。

事［tai⁷］：关你乜事（跟你有什么关系）。

所以，“里”字完全可以读“lai⁶”。《诗·秦风·无衣》：“岂曰无衣？与子同泽。”宋·朱熹集传：“泽，里衣也。以其亲肤，近于垢泽，故谓之泽。”“里衣”，潮汕话之“lai⁶ 衣”，也叫“里衫”。这个“里”字繁体字一定要写成“裏”，从“衣”（上下）“里”声。公里、华里的“里”繁体字一定不能写成“裏”，但我们经常看到写错的例子。把“内”字读“lai⁶”是张冠李戴的训读。“内”字《广韵》音“奴对切”，不可能有 lai⁶ 的读音。

小结之：“家”字读 ga¹，“护”字读 ho⁷，乃是保留福建闽南话读音；写“内”读 lai⁶ 乃是训读了“里”的读音，张冠李戴了；“菠薐”写作“飞龙”，“鼠麯”写作“鼠壳”，“莲蔎”写作“莲厚”乃是借用同音字书写。

生理大趁

通常，普通话老百姓拜老爷拜神佛“说话”（祈祷）时，或者新年说祝福语时，都会祝愿对方“生理大趁”（生意大赚，就是发财的意思）。这个词说起来容易，要搞清楚其词义、本字却得费一番工夫。

先说说“生理”，潮语如果读 sên[1] li[2]（些李），那就是科学术语，指生理学的“生理”。但口语中用得最多的是 sêng[1] li[2]（升李），指生意，如俗语“生理细细会发家”（生意虽小能致富），“生理做输穷一时，老婆娶错误一世”（生意亏了穷一阵子，老婆娶错了耽误一辈子）等。

“生理”一词，唐宋时期作“生计”解。唐·杜甫《春日江村》诗之一：“艰难昧生理，漂泊到如今。”宋·苏轼《闲居五咏·买宅》：“生理付儿曹，老幸食且眠。”又，苏轼《次韵高要令刘湜峡山寺见寄》：“陋邦真可老，生理亦粗足。”

“生理”引申用来指买卖，做生意，如宋·龚明之《中吴纪闻·朱氏盛衰》：“朱冲微时以常卖为业，后其家稍温，易为药肆，生理日益进。”后代就变成常用词了，还可以用为动词，如明·浮白主人《笑林·看镜》：“有出外生理者，妻嘱回时买牙梳。”《古今小说·新桥市韩五卖春情》：“吴山将息半年，依旧在新桥市上生理。”但更多的是用作名词，如《古今小说·沈小官一鸟害七命》：“（张公）不上街做生理，一直奔回家去。”《醒世恒言·两县令竞义婚孤女》：“贾昌意思要密访个好主儿，嫁他出去了，方才放心，自家好出门做生理。”《警世通言·宋小官团圆破毡笠》：“（宋敦）夫妻两口不做生理，靠着祖遗田地，见

（现）成收些租课为活。”“做生理”的说法，潮汕话一脉相承。①

“做生理”者，即商人，潮汕话叫“做生理人”，如说：“阮做生理人，相请无论，买卖算分。”（我们是生意人，在商言商，请客吃饭不计所费，但做起生意来，肯定会锱铢必较，账目分明）。有经验的商人，人称“生理脚”，如说：“你唔是生理脚，落海不一定就有能趁着钱，还是教做书底模。”（你不是会做生意的料，下海不一定就能发财，还是教书保险吧。）

再说“趁”字，“赚钱”潮语叫“tang^{3} 钱”，通常大家不知道“tang^{3}”字怎么写，就写同义字“赚”。“赚”字是个闭口韵尾的字，根本不可能读“tang^{3}”，写“赚”读“tang^{3}”是训读。“大趁”，口语说成“dua^{7} tang^{3}”，平时写作“大赚”，但“tang^{3}”的本字是“趁”不是“赚”。

“趁”字汕头话文读为“ziang^{2}”，如“趁热打铁”等。但潮汕不少地方的方言点，“趁热吃”叫“tang^{3} 烧食”，这个“tang^{3}”就是“趁”的白读音。“趁”字《广韵》一音“丑展切”，属“彻”母字，潮汕话白读保留舌尖音声母 t－，是再正常不过的对应规律；韵母属“真/震”韵字，大部分字文读－ing 韵母，小部分字读－iang，如“珍趁诊肾衅吝敏”等，但有个别字还保留着古早层次、没有－i－介音的－ang 韵母，如“闽鳞（鱼鳞 he$^{5-7}$ lang^{5}，巴鳞 ba^{1} lang^{1}，硬鳞 ngên$^{6-7}$ lang^{1}）陈（姓氏）”等。所以“趁”字潮音读 tang^{3} 没有问题。在福建闽南话中，“趁”字文读 tin，白读 tan，《普通话闽南方言词典》解释云：“得到；趁食，趁食人”，“趁钱，赚钱”，“趁早，抓紧时机或提前时间”，② 如同潮汕话说“赶早”。“趁食”潮汕话也说，如说：“只撮趁食家伙你着个伊囥好”（这些赚钱养家糊口的工具你得保管好）。“唔诩僻（语），趁无食”（不懂行业语，混不进行业里，就赚不到钱糊口）。

---

① 参阅李新魁、林伦伦：《潮汕方言词考释》，广东人民出版社 1992 年版，第 138 页。

② 厦门大学中国语言文学研究所汉语方言研究室：《普通话闽南方言词典》，福建人民出版社 1982 年版，第 90 页。

所以，把“赚钱”说成“趁［$tang^3$］钱”，其实就是保留了入潮之前福建闽南话的说法（口音）而已。

至于“趁钱”指赚钱的词义，在明清时代常见。明·邵璨《香囊记·问卜》：“这般趁得钱来，家里并无积蓄。”《水浒传》第三十一回：“为是他有一座酒肉店，在城东快活林内，甚是趁钱。”《二刻拍案惊奇》卷三十二：“这女子也可怜，他缝衣补裳，趁钱过日。”

“趁食”的例子更早，宋·周密《癸辛杂识续集·湖翻》：“农人皆相与结队往淮南趁食。”《警世通言·桂员外途穷忏悔》：“家世衣冠，羞在故乡出丑，只得往他方外郡，佣工趁食。”

无论是“趁钱”还是“趁食”的“趁”，都是从追逐、谋取的词义引申来的。

小结之：“生理”文白异读指不同的词义，这叫“文白别义”。像这样的例子潮汕话还有不少，如：

东西 $dong^1$ si^1（物件）≠ $dang^1$ sai^1（方向）

四方 si^3 $huang^1$（四面）≠ si^3 $bang^1$（正方）

流水 liu^5 zui^2（流淌着的水）≠ lao^5 zui^2（潮汐）

初一 ciu^1 ig^4（农历每月第一日）≠ co^1 ig^4（初中一年）

“大 $tang^3$”的“$tang^3$”写成“赚”，则是训读了“趁”的读音。像这样的例子，潮汕话中也有不少，除了上一篇文章写到的“内”训读“里”之外，还有“人”训读“侬”、“脚”训读“骹”、“二”训读“两”、“丸”训读“圆”等。

一 hiaon^{6} 当三弯，三 hiaon^{6} 一灶前

去年暑假，在南澳岛租民宿度假消暑，与常住南澳岛的原籍澄海樟林的朋友黄立群兄比邻而居。常去立群兄家里蹭茶蹭咖啡喝，也聊些南澳的风景名胜、名人特产。他常在饶平、澄海和南澳等地海滨和海岛之间探险旅游，是个“海墘通”。神聊间，无意间听立群兄念了两句押韵的顺口溜：“上湾下湾，柘林神前。”“湾”读 oin^{1}，与“前”字读“zoin^{5}”押韵。

他说者无意，我听者有心。我感兴趣的是“湾”字居然读 oin^{1}（闲^{1}）。于是，就把这则资料记了下来。

说来也巧，前不久，饶平籍的微信朋友陈焕群兄转发了吴汉谋先生的一篇大作《东里乡村——龙行之乡浪拍潮头》，对上湾、下湾有详细的描写介绍：龙湾村位于距离饶平县所城镇镇区南边三公里，西、南、北三面环山，东南濒临南海东北部。全村由上湾和下湾两个自然村组成。……本地因临近南海，近有海岸湾口，故得名“龙湾”。

后来，陈焕群兄又转发了阿鹿去年十月发在“大城所城传统文化”公众号上的文章《“龙湾”乡名探究》，文中说：东门港水路经赤坎山南侧向西弯行，再向东弯流，形成向上、向下两个大弯，上方叫上弯村即上湾村，下方叫下弯村即下湾村，弯中有水，当然就成湾了。

关于“湾”字的读音，该文也专门做了解说：

> 为什么东界门内乃至潮汕人都叫我们乡名为“上闲（闲第一声）”“下闲”，而不是上弯、下弯。……“湾”字潮州话发音有二：一读弯，

如海湾、台湾；二读闲（第一声），如饶平浮山镇有个岭湾村，读成岭闲村。

无独有偶，发现这个特殊读音的还有潮州市党校的吴构松常务副校长。构松兄业余坚持研究潮汕方言和地名，多所发现，集腋成裘，编著成《潮州方言与潮汕地名》一书，请我作序。其实，他在《潮州日报》上连载的专栏文章我基本上都阅读过了，其中刚好有一篇《田中央的草弯》①，就从浮山镇的“岭湾”、所城的“下湾”两个地名读 oin^1，推论出“草 oin^1”的 oin^1 可能就是“弯”字。他的这个推论，我觉得是对的。

“弯、湾、泉”字属于《广韵》山摄二等删韵合口字，除了“弯湾”俩字之外，还有“还”字也白读音 hoin^5，也是 - oin 韵母。删韵开口字读 - oin 韵母就更多了，如“斑（面斑斑）、板（球板）”等。开口四等先韵字读 - oin 韵母就更是常见的白读音了，如“莲、千、先、肩、研（研磨）、殿、楝（苦楝）、佃、茧”等。因此，“弯湾”两个字读 - oin 韵母是符合与古音的对应规律的。再查阅《普通话闽南方言词典》，“弯湾”字有 wnai 读音（国际音标记作［uāi］）②。突然想起我的澄海话中，“伊弯缺曲”有时也说成“i^1 uain^1 kih^4 kêg^4”，这个“uain^1”其实就是保留下来的福建闽南话的读音。

再看看“弯”［oin^1（闲^1）］字的词义：“弯”字从“弓”，本来是“弯弓射箭”的意思，引申指使……弯曲，做动词用。潮汕话“弯”［oin^1（闲^1）］字的常用义就是动词，把东西弯曲、缠绕、揉成小团，如：“张纸弯了点火烧掉”（把这张纸揉成团后烧了），“个衫折好囥起，勿弯皱去”（把这件衣服叠好放起来，别揉皱了）。有时候，吃东西一手抓起来就胡乱塞进口里，也叫作“弯”，如说：“个卵糕伊弯做一嘴就食落去”（一只蛋糕他一口就胡乱塞进去吃了）。

---

① 吴构松：《田中央的草弯》，《潮州日报》2021 年 3 月 14 日。

② 厦门大学中国语言学研究所汉语方言研究室主：《普通适闽南方言词典》，福建人民出版 1982 年版，第 797 页。

其次是指弯曲缠绕起来的小草团，做名词用，通常是稻草团，叫“草弯”［oin^{1}］，还有甘蔗叶团绕起来的称“蔗壳弯”等。团绕草弯的动词叫“缠”［din^{5}］，动宾结构就是“缠弯”。

我查阅了一下百度百科，居然有“缠埃”词条云：“缠埃是一项家务劳动，全由妇女们担承。过去大家大户，煮食炒菜于大釜大灶，燃料多用稻草。但稻草必须捆成一小束，才能入灶，这小束稻草，潮语叫‘埃’。把稻草扎成‘埃’，便叫‘缠埃’。”还有《稻草在潮汕农村的作用》一文说：“在农村，稻草的最广泛作用是烧火做饭。农村老人有空闲时间，会扎成一个个的稻草团，称为‘缠闲^{1}’。”

由于用“弯”煮食、炊粿是过去农村里日常生活中不可或缺的“节目”，所以有时也被总结成经验，编成谚语。如：“一 hiaon^{6} 当三弯，三 hiaon^{6} 一灶前”［烧饭菜时如果心急，水没有烧开就去揭开盖子，走漏了气（消耗了热量），就等于要多烧三只小草团；揭开三次，就要把灶前的“草弯”都烧光了。比喻欲速则不达，有时反而多费了人力物力］。

说饭、菜差一点火候，可以说：“燃绌个弯”［hian$^{5-7}$ zuah$^{8-4}$ gai$^{5-7}$ oin^{1}］。进一步引申，指人的智商低，有点傻，会说：“个物燃绌个弯，炸黍熟”（那个人脑子有点问题，傻乎乎的）。

遗憾的是，这句俗语中的动词“hiaon^{6}”（揭开锅盖）本字我还未能考证出来，标题也只能用拼音书写。我原来考虑用“掀”字，潮音一读 heng^{1}（欣），如“掀起”等；一读 hiang^{1}（香），变异读为 hiaon^{1}，如“掀书”。但“hiaon^{6}”声调又有异，难道是由阴平声由异读为阳上？未敢断定。这个 hiaon^{6}，有些地方还失去 h－声母，读 iaon^{6}。

关于文章上面所说“上湾下湾，柘林神泉”，微信朋友“四等大管轮”留言讲了一个很有意思的民间故事。顺便也附录如下，以博读者一粲，并向“四等大管轮”“丑庵”“陈宏钊”等留言的朋友致谢！

古时饶平沿海有一个好食惰作的女子，到了许嫁之年，总嫌人家家境不好（这山望着那山高），一再易地改嫁。到了最后一户人家，厌其德行，就问："你到底改嫁了多少处地方？"不料女子随口而出："顶（上）湾下湾，柘林神泉，新村（仙春）下寮尾，黄冈张铺前。"

那家人一听都傻了。那女子所言，正是饶平东部的八个地方名。（"神泉"是饶平县所城镇神泉村委会，非揭阳市惠来县的神泉）

转来·断气·钻空

“卵”字指蛋类时读 neng^{6}（郎^{6}）。“卵”字在中古音中属于“山”摄合口字，这类字大多数文读韵母是 – uang（汪），如“宽端关惯宣传饭”等；白读音韵母是 – eng（恩）。

知道了这类字的文白异读对应规律，可以帮助我们解决不少字的读音疑难问题。例如：

传：在“宣传”“传单”等词中读 tuang^{5}（团），但“传球”口语中叫“deng^{5} 球”。其实，“deng^{5} 球”就是“传球”，“传”用的是白读音。传记、《水浒传》、《白蛇传》等，其“传”字也读白读音 deng^{7}（段）。

转：文读音 zuang^{2}（专^{2}），如“转弯”“转变”等；但在口语中有个词语，回来叫“deng^{2} 来”，市井多写作“返来”，把“返”字读作 deng^{2}（肠^{2}），是张冠李戴的训读。“deng^{2}”的本字是“转”，是白读音，完全符合上文所说的文白异读规律。

古代文献中也有“转”的意思为回来的用例。如《初刻拍案惊奇》卷一：“有的不带钱在身边，老大懊悔，急忙取了钱转来，文若虚已所剩不多了。”《醒世恒言·刘小官雌雄兄弟》：“刘公穿了木屐，出街头望了一望，复身进门。小厮看刘公转进来，只道不去了。”“转来”之说，与潮汕话完全相同。其实，上古汉语中的“转”，本来就有“回”的意思。《诗·邶风·柏舟》：“我心匪石，不可转也。”《说文解字注·车部》：“转……还……还者，复也，复者，往来也。”“夫妻双双把家还”，“还”者，回也。思想上的转弯，潮汕话叫“deng^{2} 辚［ling^{3}］”，本字也是“转”也。“转辚”者，像车轮一样转也。新嫁娘回娘家则叫“转厝”，回自己娘家的意思也。话先说出口又收回，另说一套，叫作“转嘴”，谓“咀去咀转来”也。俗语云：“鸡嘴圆，鸭嘴扁，人嘴嘎枥横”，此之谓也。医生看病时根据患者病情发展的情况为患者调整处方，叫作“deng^{2} 方”，“deng^{2}”也是“转”字。

除了上面这几个字之外，符合［uang］/［eng^{1}］文白异读对应规律而不为人所常知的还有：

管：通常文读为 guang^{2}（馆），如“管理”“城管”等；但“灯管”“电管”等读 geng^{2}（卷）。

钻：通常文读为 zuang^{3}（专^{3}），如“钻石”“钻探”“钻研”等，各地也有白读为 zeng^{3}（砖^{3}）的。有一个有趣的对比：普通话词语“钻空子”，“钻”一定读 zuang^{3}（专^{3}），但口语词“钻空”则读为 zeng^{3} kang^{1}（砖^{3} 康），或者 neng^{3} kang^{1}。

全：大家都知道读 cuang^{5}（拴），如“全部”“安全”等，但澄海的乡下读 zeng^{5}（砖^{5}），“全部”、“全下”［zeng$^{5-7}$ ê^{7}］（也是“全部”的意思）都读此音。

穿：文读 cuang^{1}（川），如“穿梭”“穿戴”等；白读为 ceng^{1}（村），用绳子等把东西串起来，如“牛囝穿鼻”“穿针”等。

断：文读 duang^{6}（篆）或者 duang^{3}（端^{3}），如“果断”“断案”等；白读为 deng^{6}（肠^{6}），如“条索断去”（绳子断了），“断气”deng^{6} kui^{3}，“断气歇暇”（时断时续，如件事做了断气歇暇），“猫丝断颔”（比喻人极瘦、脖子都快断了的样子，如伊只段病到许底猫丝断颔）。

算：通常多白读为 seng^{3}（蒜），如“算术”“计算”等；但“算了”“算数了”，表示不再理会，则有些地方读 suang^{3}（宣^{3}）。普通话同音、潮汕话白读也同音的“蒜”字则没有相应的文读音。从这个字我们发现，有一个老是找不到本字的词——“seng^{3} 紧”，意思是把成捆的东西扎紧，有时候，把裤腰带勒紧也是这么说的。这个“seng^{3}”（蒜）可能是“拴”字，“拴”就是捆绑的意思，文读为 cuang^{5}（全），白读完全有可能是seng^{3}，普通话声母也是 sh－。

当然，有的字只有文读音，而没有白读音；有的字则只有白读音，没有文读音，如普通话同音的“专”“砖”两字在潮汕话中就有各自不同的读音：“专”字只读 zuang^{1}，而不读 zeng^{1}；而从“专”得声的“砖”字则只读白读音 zeng^{1}，而没有文读音 zuang^{1}。上文提到的“蒜”字，还有“酸”“瘦”等，也都只有白读音 seng^{3} 和 seng^{1}。

浪荡·狼㾧

潮汕人培养子女的办法，不仅仅是教孩子要老实、勤奋那么简单，跟“好生败家团，孬生髡眉儿”相近的，还有一句“布唔破，团豪像”。说的是儿女学剪裁缝衣服，不剪坏掉一定量的布料，就成不了好裁缝师傅。用以比喻舍不得下本钱培养孩子，孩子就学不成好本领、难以成才。像，潮音读 ghao^{5}（鹅喉切），意思是有本领、本事，聪明，如说：“个孥团读书过像”（这孩子很会读书）。

“像”字本来就是“豪”字，“豪”有“强”（潮音 kiang^{3}）、“厉害”的意思；但后来声母转读为同属喉音的 h—gh，ghao^{5}（鹅喉切）的读音就变成“无字可写”了。今天如果再要求大家把“豪”字读成 ghao^{5}（鹅喉切），恐怕读者也难以接受了，因为读者都知道“豪”音 hao^{5}（毫）。因而我从电脑字库中找了个带“亻”旁的“像”来，以示区别。

另外还有一句教孩子的俗语是：“家无浪荡子，官从何来？”它鼓励年轻人不要窝在家乡，躲在父母的大树下享受其荫庇，甚至啃老；而应该到外面去经风雨见世面，以获得丰富的生活经历，为以后的成才积累经验。从这个意义上讲，这个“浪荡”是褒义词，至少也是中性词，是到外面去闯荡江湖的意思。

“浪荡”在这句俗语中，读为 lang^{6} dang^{6}（狼^{6}冬^{6}）。但潮汕话口语中有另外一个词叫作 long^{6} dong^{7}（弄栋^{7}），则贬义的成分多一些，是四处漂流的意思，接近于现在普通话中“北漂”的“漂”。long^{6} dong^{7}（弄栋^{7}）的本字也是“浪荡”。如说：“伊去北京浪荡着四五年了无坞无堑”（他在北京漂了四五年却一事无成）。

“浪荡”书面语读为 lang^{6} dang^{6}，口语读为 long^{6} dong^{7}，是《广韵》中的“宕”摄“唐”韵字的一种文白异读规律。符合这种规律的字不多，只有下面几例：

人或者物体庞大、体积大而不容易搬动，澄海话形容为 lo^{5} ho^{1}（罗号^{1}），潮州府城话叫 la^{5} ha^{1}（膀哈）。例如：“老式眠床狼犺镇地”（老式的床又笨重又占地方）。（“镇地”的“地”字潮音 do^{3}，同“倒”）这是个近代词语，江浙方言也用。如《西游记》第二十四回：“自家身子又狼犺，不能够移动。”《二刻拍案惊奇》卷六：“把家中细软尽情藏过，狼犺家伙什物，多将来卖掉。”《初刻拍案惊奇》卷一：“若不是海船，也著不得这样狼犺东西。”《红楼梦》第八回：“胎中之儿，口中多大，怎得衔此狼犺蠢大之物。”也作“郎伉”，《西游记》第四十七回：“真个变过头来也像女孩儿面目，只是肚子胖大郎伉。”

“狼犺”也是《广韵》“唐”韵字。“唐”韵字今潮音文读韵母为 －ang，“狼犺”读 lang^{5} hang^{1}，今读为 la^{5} ha^{1} 或 lo^{5} ho^{1}，属阳阴对转（有鼻音韵尾的韵母转入没有鼻音韵尾的元音韵母）。而“唐”韵和“东”韵字在潮汕话中多有混读现象，音近的“江”摄“江”韵“庞”字文读为 pang^{5}（旁），如“庞大”“脸庞”等；但口语做单音节词用则叫作 bong^{5}（乓），如说：“你只块庞了就咀爱去考电影学院”（就你这副尊容还想去考电影学院）？李新魁老师对《广韵》“唐”韵“江”韵的主要元音拟音也是圆唇的 －a 和 －o，现在的粤语就读这类字为圆唇元音。所以，潮汕话读这类字保留了两个时间层次：一个层次读 －ang，一个层次读 －ong，就像“通”摄的“东”“冬”韵字（参阅本书《五月未食粽》一文）。

但是，为什么鼻音韵尾会丢了 －ang 剩下 －a 或 －ong 剩下 －o 呢？真正的原因无从验证，我们只能推测是在很长的时间里发生了从鼻音韵尾 －ang/ －ong→鼻化韵 －an/ －on→失去鼻化韵尾而成为元音韵母 －a/ －o 的演变过程。列为公式就是：

－ang→ －an→ －a，或者：－ong→ －on → －o

潮汕话像“狼犺”这样失去鼻音韵尾的字已经很少，同属于“宕”摄的“阳”韵字“望”读 mo^7（毛^7）几乎是孤证。但“宕”摄“阳”韵字白读为鼻化韵 - ion 则是普遍的规律，如“羊”读 ion^5，从“羊”得声的“养” ion^2（养鱼栽）、“洋” ion^5（海洋）、“样” ion^7（样子）、“痒” $zion^6$（爬痒）等。

如果与粤西的闽语雷州话对比一下，这个道理就更容易明白了。因为雷州闽语的“唐”韵字就多读为 - o 韵母，如“郎”读 lo^5，“康糠”读 ko^1，“糖”读 to^5，“唐”读 do^5 等。

由此可见，“狼犺”读为 la^5 ha^1 或 lo^5 ho^1 是没有问题的，只是其演变过程复杂了一些。

广东广西、广工广财怎么读？

广东、广西是两个省份的名称（广西的全称是“广西壮族自治区”），大家都叫熟了：“广”潮语读 geng^{2}（仅），很少有人（个别年轻人除外）读 guang^{2}（逛^{2}）。但是，广东工业大学、广东财经大学等带有“广东”俩字的大学或者其他单位名称的全称读音和简称就没有那么简单了：全称读的是 geng^{2}（仅），简称读的是 guang^{2}（逛^{2}），广工 guang^{2} gang^{1}、广财 guang^{2} cai^{5}。带“广州”的也一样，市名和广州大学、广州美术学院、广州进出口商品交易会等名称读 geng^{2}（仅），但简称读 guang^{2}（逛^{2}）：广大［guang^{2} dai^{6}］，广美［guang^{2} mui^{2}］、广交会［guang^{2} gao^{1} huê^{6}］。

总结起来，就是全称用白读 geng^{2}（仅），简称用文读 guang^{2}（逛^{2}）。为什么呢？绝大部分人会告诉你：不知道。只知道是约定俗成，符合社会语言学的潜规则。但你要是把它们颠倒过来念，老前辈们会跟你急，说你不懂潮汕话了！

但是，一个地名，全称用白读，简称用文读，一字两读，实在是不合理。那么，问题来了，是按白读音统一，还是按文读音统一？按白读音统一吧，年轻人觉得怪怪的；按文读音统一吧，老人家会骂娘的。所以，只能暂时把情况摸清楚，把道理讲清楚。然后，保持现状，以待来日。

我前年去了趟广西梧州，那里是苍梧古国的所在地。这里曾经设广信县（西汉元鼎六年，公元前 111 年），属苍梧郡，位于今广西苍梧县至广东封开县境。县名广信的意思是“初开粤地，宜广布恩信”。汉献帝建安八年（203）设交州，张津为交州牧，治所就在广信。陈椰博士《岭南学术思想》云："广信，位于今天广西梧州、贺州和广东封开一带，是两汉时岭南的学术中心。"① 建安十五年（210），吴国的孙权任命步骘为交州刺史，率兵抵番禺。建安二十二年（217），步骘把交州州治从广信东迁到番禺。三国东吴景帝永安七年（264）把南海、苍梧、郁林、高凉4个郡（今两广大部）从交州划出，另设广州，州治番禺，"广州"由此得名。随着对古西江流域文化的人类学、语言学等领域的研究成果的发表出版，不少学者认为"广府"原指"广信府"。古广信的主要区域是现在的粤语区域，其中西江流域是粤语的主要分布区域，而今梧州及西江中下游、粤西北地区应该是中原华夏语言与南越土著最早产生交流融合的地区，甚至也可以说，广西东南部与粤西北地区（西江流域）是粤语产生的源头。②

有人认为，广东、广西中的"广"字即源于此。但有些专家认为，可以前推至"广信"。即"广信"之东和"广信"之西。"东""西"作为行政地理名称之始，则可能源于唐代的岭南道，后来分为岭南东道和岭南西道。而"广东""广西"的名称，则大多数专家认为是源于宋代的"广南东道"和"广南西道"的简称。

我整理了上面这段文字，是为了给大家说明"广东""广西"名字的来源，同时也给大家说说这些名字读音给我带来的疑难问题：广信、广南东路、广南西路这三个古代地名中的"广"字潮汕话应该怎么读？读 $geng^2$（仅），还是 $guang^2$（逛^2）？如果按照现在对广东、广西的读法，我想，应该读 $geng^2$（仅）。我相信，$geng^2$（仅）这个白读音是从古代流传下来的，而 $guang^2$（逛^2）则是受官话影响而后产生的后起的文读音。

广信说完了，说说"番禺"。很多外省人可能会读错"番禺"这个地名，因为按现在普通话的读音，"番"字一般都读 fān。但广州粤语却说 pun，潮汕话 $puan^1$（潘），普通话也不得不遵守"姓名从主人、地名

① 陈椰：《岭南学术思想》，广东人民出版社 2019 年版，第 3 页。

② 郑佩瑗：《广府人与粤语》，《中国新闻周刊》2017 年 12 月 7 日。

随本地”的潜规则，跟着读 pān。番禺这个地名的“番”字读 p－声母（国际音标记为 ph－，是保留了“古无轻唇音”的特点）。这也就是说，番禺作为地名存在的时候，汉语中的 f－声母还没有出现呢。

“番”字用来作为地名用字，乃是借用，其原义为“兽足”，是个象形字。《说文解字》云：“番，兽足谓之番。从釆，田象其掌。”后来，“番”字被借用作他义，“荆州借久成已业”，兽足一义要加个足字旁作“蹯”来表示。“蹯”字普通话今读 fan，但古音读 b－声母，其词义也是兽类的足掌，潮汕话称脚掌为“骹 $buan^5$”，这个 $buan^5$（盘）本字应该就是“蹯”（番）。《左传·文公元年》：“王请吃熊蹯而死。”“熊蹯”即“熊掌”也。章太炎《新方言·释形体》：“《说文》释‘兽足谓之番，从釆，田象其掌。’移以言人，今谓脚掌曰脚番（蹯）。”又“番”古音同“盘”，《汉书·地理志》“番禺”。唐·颜师古注：“番也音盘。”

从“番”得声而读 p－声母的另一个例子是：洗米水潮汕话叫作 $pung^1$（奔），新鲜的洗米水叫作“鲜 $pung^1$ 水”，盛泔水、潲水的大水缸叫作“$pung^1$ 缸”：这个 $pung^1$（奔）的本字就是“潘”。《左传·哀公十四年》：“陈氏方睦，使疾，而遗之潘沐……”杜预注：“潘，米汁，可以沐头。”《礼记·内则》：“面垢，燂潘请靧。”郑玄注：“潘，米糊也。”《齐民要术·种蘘芹荷》：“芹、藘……尤忌潘泔及咸水。”《说文·水部》：“潘，淅米汁也。”《方言》卷三：“斟协，汁也。”郭璞注：“谓和协，或曰潘汁。”钱绎笺疏：“《众经音义》卷九云：‘江北名泔，江南曰潘’。”《广韵》平声桓韵：“潘，淅米汁。”

从“番”得声的字读 p－声母的还有如“蟠龙”“蟠桃”的“蟠”，以及作为姓氏的“潘”。

五月未食粽，破裘唔敢放

一年一度的端午节很快就过去了，但赛龙夺锦的鼓声，仍然在各地咚咚地响着。

这情景使我想起了两个潮汕俗语：一个是“五月五，龙船团，满溪撸”；另一个是“五月未食粽，破裘唔敢放”。前者说的是端午节各乡各里赛龙舟的民俗，河湖港汊，水面上都是一条条力争上游的龙船；后者说的是节候天气，端午节没过，破棉袄还不敢收藏起来，意思是天气还可能会冷。

前一个俗语中的“撸”字潮音 lou^6（卤^6），摇动（船桨）的意思。后一个俗语中的“粽”读 zang^3，“放”读 bang^3，两者押韵。这里涉及中古音在潮汕方言中的规律性很强的文白异读对应问题。“粽”字属于中古音的“通”摄“冬”韵字，潮汕话文读为 – ong，白读为 – ang。“粽”读 zang^3 属于白读。“粽”字从“宗”得声，潮汕话读 zong^1，则属于文读，如“宗教”“祖宗”等。从“宗”得声的字，有与“粽”一样读白读 – ang 的，如“鬃”（头毛鬃茾、打鬃）、“棕”（棕榈、棕油）等。一些则读文读为 – ong，如“踪”（跟踪、踪迹）、“综”（综合、综述）等。

“冬”韵字中像“宗”字系列这样的文白对应读音的字常见的有：农、哝、浓，均文读为 long^5，但“脓”白读为 lang^5（狼），如“伤口脯脓”“流脓”等；“侬”读 nang^5 是“人”的本字，也是白读音。

松：文读为 song^1，如“放松”“肉松”等；白读为 sang^1，如“轻松”“个芋/番薯会松”（芋头/红薯很面）等。

与“冬”韵同属“通”摄的“东”韵字也有这样的规律，例字更多。如“红、东、同、公、总、动、冻、桐、通、空”等。“红、东、同”三字有文白异读大家可能比较熟悉，容易懂，但后几个字的白读音属于常用而不为大家所知道的，有必要说一说。

公：文读为 gong^{1}，如“公公”“公司”“公私”等。它还可以白读为 gang^{1}（工），鸡蛋、鸭蛋受精而有胚胎的，叫作“有公”。从“公”得声的“蜈蚣”读 ghê^{5} gang^{1}（牙工），“蚣”读 gang^{1} 也是白读音。

总：文读 zong^{2}，如“总统”“拢总”等；白读为 zang^{2}，如“草总”（小稻草捆儿）、“总毛”（抓人家的头发，字也加“扌”旁做“揔”）等。

动：文读为 dong^{6}，如“跳动”“流动”等；白读为 dang^{6}（荡），“振动”读为 ding^{2} dang^{6}，也读 tang^{6}（趟^{6}），“别动它”说成“勿动伊”。

冻：文读为 dong^{3}，如“冰冻”“冷冻”；白读为 dang^{3}（铜^{3}），如“猪脚冻”“凝冻”（geng^{5} dang^{3}，猪油等凝结成固体）等。

桐：文读为 tong^{5}（童），如“梧桐”“桐花”等，但“桐油”的“桐”白读为 tang^{5}（虫）。

通：文读为 tong^{1}，如“通知”“中国通”等；白读为 tang^{1}（虫^{1}），如“龙空通虎空”（比喻人的关系网织得密，有很多门路），“通芯”（指米煮得烂熟）等。旧时有暖手用的工具“火熥”，“熥”字从火通声，也读白读音 tang^{1}。

空：文读为 kong^{1}，如“空空如也”“孙悟空”等；白读为 kang^{1}（康），如上例的“龙空通虎空”，还如“细空唔补，大空艰苦”等。

翁：文读为 ong^{1}，如“不倒翁”“笠翁”等；白读为 ang^{1}，指丈夫，“老翁”（年纪大的丈夫）、“翁姐”（夫妻）等。引申指鸡的雄性，如“鸡翁”（公鸡）。

功夫：这个词潮汕话真的不容易读对，如果与普通话相同的词义，指武术、技能，或者本事则应读 gong^{1} hu^{1}（公肤），如“功夫熊猫”“功夫了得”等。但如果指做事所花费的精力和时间，则读 gang^{1} hu^{1}（江肤），现在基本上写作“工夫”，如“踏破铁鞋无觅处，得来全不费工夫”。因而，平时我们所津津乐道的潮州茶道——工夫茶，就不能写成“功夫茶”了，因为“工夫茶”这个名字体现的是精工泡制、过程很费时间的内涵。但难的是“功夫”的“功”如果单独作为词素构成别的词，口语中则多数读为 gang^{1}（江），如潮剧界术语“唱功”“做功”等。有些词如何读，还真让人难以裁定，如“功底”，既可以读 gong^{1} di^{2}（攻抵），也可以读 gang^{1} doi^{2}（江堤^{2}）。

明白了“东”“冬”韵字上述的文白对应规律，你就可以找出不少你原来以为“无字可写”的字来。

兄弟囝着相好，孬相骂相拍

孩提时代，一起玩儿的小伙伴们如有吵嘴打架之事发生，常常被长辈们叫去“教示”：“兄弟囝着相好，孬相骂相拍。”自然，“相好”“相骂相拍”这些词就烂熟于心。但当我进入中山大学中文系，读了中国历史上的第一部诗集——《诗经》的时候，才吓了一跳：原来这流行于乡叟村妇口中的“相好”一词，居然源自《诗·小雅·斯干》：“兄及弟矣，适相好矣。”其他先秦典籍也有用例。如《左传·成公十三年》：“晋侯使吕相绝秦曰：‘昔逮我献公及穆公相好，勠力同心，申之以盟誓，重之以昏姻……’”由此可见，“相好”一词，乃是先秦古语。直至明清，江浙一带还使用之。如《古今小说·汪信之一死救全家》：“又将家财交结附近郡县官吏，若与他相好，酒杯往来。”《醒世恒言·金海陵纵欲亡身》：“女待诏道：‘这个是夫人得意的侍婢，与小妇人极是相好的。’”《警世通言·金令史美婢酬秀童》：“那新库吏也是新县人，与金令史平昔相好的。”

由“相好”一词，而想到，“相”这个再普通不过的汉字，在潮汕话里却很不简单。它光平声就有两个读音：文读音 siang¹（商）；白读音 sio¹（烧），是白读音 sion¹（箱）失去鼻化音成分之后而成。这两个音所管辖的词语有十来个，而每一个词读其中的哪一个音几乎没有道理可讲，只是千百年来的约定俗成。这倒也符合语言学上的语言音义结合的约定俗成性。下面就把与这两个音有关的词语跟大家说一说。

先说文读音 siang¹（商），除了上文说到的“相好”之外，还有其反义词“相孬”也读此音。“相敬（如宾）”“相信”等书面语词也读这个音。

第二个读音是白读音 sio[1]（烧）。粗略地想一下，就有“相请”（请客吃饭）、“相斗”（“斗”音 dao[3]，竞争、比赛的意思）、“相咬”（动物撕咬）、“相叫”（打招呼）、“相叫好”（相好）、“相贺”（祝贺）、“相辅”（辅助）、“相骂”（吵架）、“相悦”（恋爱）、“相拍”（打架）和“相争”等，还可以组成成语，如“相捶斗拍”“相骂相拍”“相争喇牙”等。而其中的有些词语，也是古汉语。例如：

相打：打架。《晋书·诸葛长民传》：“长民富贵之后，常一月中辄十数夜眠中惊起跳踉，如与人相打。”《南史·黄回传》：“（回）于宣阳门与人相打。”唐·王梵志《我有一方便》：“相打常伏弱，至死不入县。”《醒世恒言·乔太守乱点鸳鸯谱》：“丫鬟着了忙，奔到房中报与刘璞道：‘大官人，不好了！大爷大娘在新房中相打呢。’”潮汕话“打”训读为“拍”的读音。

相骂：吵架。潮谚云：“相骂无好嘴，相拍无好槌。”（吵架时恶语伤人，讲不出好话来；打架时棍棒不长眼睛，棒棒伤人）。《左传·僖公二十八年》：“晋侯梦与楚子搏，……是以惧。”唐·孔颖达疏引服虔云：“如俗语相骂云……”诸例皆与潮汕话相同。

相贺：祝贺、贺喜。如：“阿五后日结婚，买底个来去个伊相贺好？”（阿五后天结婚，买什么向他祝贺好呢？）潮汕话的“相贺”不是互相祝贺的意思，而是一方向另一方祝贺。唐·杜光庭《虬髯客传》：“此后十年，当东南数千里外有异事，是吾得事之秋也。一妹与李郎可沥酒东南相贺。”又《醒世恒言·马当神风送滕王阁》：“此时满船人相贺道：‘郎君奇才，能动江神，乃得获安。’”这些例子中的“相贺”都是祝贺的意思。

相辅：帮忙、扶持。如：“累你个我相辅一下”（劳驾你帮一下忙）。《警世通言·俞伯牙摔琴谢知音》：“子期道：‘实不相瞒，舍间上有年迈双亲，下无手足相辅。’”“下无手足相辅”，即没有兄弟辅助帮忙，与潮汕话完全一样。

相叫：见面时打招呼。如：“孥囝着先个老人相叫”（小孩子要先向老人打招呼）。“三言两拍”中多有用例。如《警世通言·一窟鬼癞道人除怪》："王七三官人道：'适来见教授，又不敢相叫，特地教量酒来相请。'"例子中的"相请"一词，也与潮汕话相同。

"相"还有去声的读音，白读 sion^3（箱^3），"面相"（唔上相，臭相）、"相片"、"相五行"（看相）等词读此音。"宰相""相机而行"等书面语词则读文读音 siang^3（商^3）。

这样加起来，"相"字一共有 4 个读音：文读 siang 有阴平声、阴去声两个读音，白读则有阴去带鼻化音"sion"和阴平不带鼻音"sio"两个读音。

相悦·相惜·相熟·相巡

上文我们说到“相”字的文白异读，这篇文章我们接着补充讲“相”读阴平声，表示“互相”的另外几个词。

“相”读阴平声，表示互相的词义，口语中也有两种读音：一是文读 siang[1]（商），作为口语词，最常用的是“相好”（关系好）和“相孬”（关系不好）这对反义词。文读 siang[1]（商）、表示互相的词。再有就是几个书面化的词语了，如“相敬”（尊敬）、“相信”等。更多的是表示互相的词语，白读 sio[1]（烧）。常见的俗语有：

买卖算分，相请无论。“相请”即请客（吃饭），这句俗语的意思是做起生意来，一分一厘都得算清楚；但朋友请客，花多少钱都不计较。

相依拖，食有剩。“依拖”，读 i[1] to[1]（衣胎），指互相辞让。面对着不多的食物或者别的东西，大家都互相辞让、不肯要，结果反而变得好像还有很多的样子，也指不肯接受上级分配、吩咐的工作，也简单作“相拖”。

以“相”作为前一语素构成的双音节词或者三音节词也很多。例如：

相悦：男女互相喜爱，对上眼儿了。这个“悦”潮音读 ruah[8]（而活切），指看上了、喜欢上了。“悦着伊”是看上他（她）了，“悦单畔”是单相思，歇后语有“某某地豆干——悦单畔”。“悦”也是很古老的心理动词。《诗·邶风·静女》有云：“彤管有炜，说怿女美。”“说怿”同“悦怿”，言被其美貌所迷。汉·司马迁《报任少卿书》有云：“士为知己者用，女为说己者容。”“说”通“悦”，悦己者，犹潮汕话言“悦着家己个”（喜欢自己的），词义与潮汕话完全相同。

相斗：潮音 sio^1 dao^3，争着去做某事。如说："撮人相斗凑钱去相辅伊"（大家争着去众筹帮助他）。互骂对方、吵成一团叫"相斗詈骂"。

相咬：互相咬着对方，多指动物的撕咬，偶尔也用在人身上。如说："二只狗相咬到血流流"（两条狗互相撕咬得血淋淋的）。

相隔：隔壁，相邻。如说："伊间厝在我相隔"（他的房子在我隔壁），"伊个内在我相隔乡里"（他的家在我隔壁村）。

相连通：潮音 sio^1 ling$^{5-7}$ tang^3（烧邻桶^3），相连，相通。如说："只个空佮许个空相连通"（这个洞和那个洞相通）。也作"相通"（sio^1 tang^3）。如说："只二套厝个后门相通"（这两套房子的后门可以相通）。

相熟：互相熟悉，多指关系好。如说："我佮伊会相熟，你有事我好个伊呾"（我跟他熟，你有事我可以跟他说说）。

相惜：指看得起、看重。如说："多谢撮人相惜相辅，我正有便发展到只生"（多谢大家看得起，给我以帮助，我才能发展到今天这个样子）。

相巡：指互相来往、探视。如说："伊过久无来相巡，唔知做呢"（他很久没来走动了，不知道为什么）。

相透：互相通透消息。如说："你有消息着知来相透，无我底个啰唔知，慝过只鸭"（你有消息要告诉我，不然的话我啥都不知道，像一只呆鸭子）。

相怨：互相埋怨。如说："汝勿相怨，二人都有责任"（你们俩就别互相责怨了，大家都有责任）。

人不可貌相，海水不可用斗量

“相”字除了上面两篇文章所介绍的音、义之外，还有其他一些词语的音、义比较特殊。下面再给大家介绍一下“相”读阴去声的另外两个读音及其所属的一些词语。

文读 siang^3（商^3）这个读音最简单的词义就是首相、宰相一义。潮剧里宰相的官帽两边有两支像大勺子的“匙”，叫作“阿相爷支匙”。第二个义项是相貌，人的面貌，如“人不可貌相”等。引申而指事情的真实情况，如“真相”等，做名词用。做动词用则有看、观察（情况）的意思，如“相亲”“相机而动”等。

白读 sion^3（伤^3），与阴平声 sio^1 不同的是阴去声保留了鼻化成分。最常用的词义是样子，普通话的词语如：照相、相机、相片等。潮汕话的例子如：样相、张样做相（或作“张样张相”）、龟样鳖相（也作“龟形鳖相”）、大无好样细无好相，等等。

单独用“相”构词的还有：无老相（老了以后身体不好叫作“食老无老相”），破相（生病），破相鬼（病鬼、总是病歪歪的人），臭相（不讲规则、好要小聪明占别人便宜的人），鼠鬼卵相（鼠头鼠脑的、小样儿），小相（“小”白读 sio^2，小样儿），唔上相（指下作、下流），清气相（讲究卫生、干净整洁的样子）、儠㒂相（不讲究卫生、脏兮兮的样子，也作“鏖糟儠㒂相”。儠㒂鼩，也作土字旁，是垃圾的繁体），可怜舐相（看着别人的东西很想要的、快流口水的样子），力相（勤快的样子），好团力相（孝敬老人、听话又勤快的样子），等等。“相”在这些词中，具有半后缀的性质，用它作为后缀组成的词都是形容词。

“相”读 sion^3（伤^3）还可以用作动词，如“相命”（算命，俗语云："生孬好 iam^2 镜，运孬好相命"），"相五行"（看脸相算命）等。仔细看、观察叫作"看相"。如说："二个孥囝双生儿，你看相会得出底块唔平样抑无？"（这俩孩子是孪生子，你看得出来他们有哪个地方长得不一样了没有）对别人评头品足做负面的议论叫作"鄙相"，如说："伊鄙相到我无滴囝好"（他把我损得一文不值）。

"相"作为动词，可能是最原始的义项。"相"字从木从目，古文字的"目"很大，是特写镜头，有可能是会从树上仔细观看的之意。《说文解字·目部》云："相，省视也。"清·段玉裁注："《释诂》《毛传》皆云：相，视也。"《史记·滑稽列传》："相马失之瘦，相士失之贫。"又《淮阴侯列传》："相君之面，不过封侯；……相君之背，贵乃不可言。"

做动词用在一些词语中也读文读音 siang^3，如"相机行事""相时而动"等。

奇怪的是，属相潮汕话叫"生相" sion^3，十二生肖叫"十二生相"；表示属相的动词，普通话用"属"，潮汕话则偏偏选择了"相"，如说："我相狗，今年 48 岁"（我属狗，今年 48 岁）。这个"相"［sion^3］的读音与"姓氏"的"姓"［sên^3］读音很相近，所以不少年轻人说潮汕话时分不清彼此。不信你问问你身边的年轻人，可能有 *N* 个会说："我相张""我相陈"，而又有 *N* 个会跟你说"我姓虎""我姓猪"。

另外，还有一个特殊的读音。在中国象棋中，不管是蓝（黑）方的将、士、象，还是红方的帅、仕、相，潮汕话通通叫"帝、士、象"，读为 di^3/se^6/cion^6。在这里，"相"就成了"象" cion^6 了。"象""相"这俩字有时候还真是很难分得清，例如"真相"一定是"相" siang^3，但"假相"好多时候就被写成了"假象"，因为潮汕话的声调也不一样了，"假象"的"象"读阳上调 siang^6（尚）。真的不知道为什么会这样！

末了，让我们回到标题，"人不可貌相，海水不可用斗量"应该怎么读？

我认为这个"相"是名词，是相貌的意思，可以文读 siang^3，也可以白读 sion^3；如果文读，后面的动词"量"就得跟着文读 liang^5（良）；如果白读，"量"就白读为 nion^5（娘），这样才押韵，因为民间谚语是讲究押韵的。

胀猪肥，胀狗瘖，胀人如纸囝

“胀猪肥，胀狗瘖，胀人如纸囝”是个讲饮食习惯与健康的俗语，其中的“胀”和“囝”两个字怎么读？

后一个字在很多例子中都使用过，如“走囝”（女儿）、“兜囝”（儿子）、“老师囝”（老师的孩子）等，读音是 gian²，平常作者大多跟着粤方言写作“仔”。但在“纸囝”（纸人儿）一词中，虽然意思还是小的意思，但这里押韵读 gang²，是“囝”的文读音。有一个旧词叫作“死囝囝”，指夭折的婴儿，其中第一个“囝”字就读文读 gang²，第二个白读 gian²。

难读的是“胀”，读 dion³（帐），作动词用时表示往里面装，作形容词用时是发胀、胀痛的意思。前者例如“猪肠胀秫米”（一种著名的潮汕小吃）、“胀滚水”（往开水壶里装开水）；后者例如“胀肚”（吃撑了，肚子发胀）、“胀屎”（肚子里面装满了屎，比喻人不通情理）。这是“胀”字的白读音，其文读音为 ziang³（涨），例如“膨胀”“发胀”等。用作声旁的“长”字也可以文白两读：“长大”“师长”等文读为 ziang²；“家长”（旧时指行铺的经理）等白读 dion²。

从“胀”这个字我们可以举一反 N，“胀”字从“月”“长”声，而从“长”得声的字，其文白异读都是有规律的。例如：“张”字文读 ziang¹，如“开张”“紧张”等；白读 dion¹，如“姓张”“张鸟”“张猫鼠”“张食人”等。有些字则只保留文读或者白读的一读，例如“涨”（高涨）、“怅”（惆怅）、“伥”（为虎作伥）等字读文读 ziang³，“帐”（蠓帐、帐篷）、“账”（账本、记账）等字白读 dion³。

其实，从“长”得声的字这种文白异读反映的是中古的“阳”韵一大批字在潮汕话中的规律性的读音。例如：

从“丈”可以读 ziang[6]（丈量、丈夫、方丈），也可以读 dion[6]（丈人、姑丈、姨丈）；“仗”“杖”则只文读为 ziang[6]。“昌”字文读 ciang[1]，从“昌”得声的“娼”（老娼、娼婆）、“倡”（倡议、提倡）文读 ciang。

“唱”字也可文、白两读：“唱歌”文读为 ciang[3] go[1]，白读为 cio[3] gua[1]。

“让”字也一样，文读为 riang[6]，白读为 nion[7]（让你粒车），都是礼让的意思。

“量”字文读为 liang 者，如“量力”“力量”“丈量”；白读为 nion 者，如“量米”（用竹筒等用具量出要煮饭的米），“量身做衫裤”（量体裁衣）等。

“强”字大部分地方读 kiang[5]，属于文读，但在揭阳和潮阳一些地方读 gion[5]，则属于白读。

像这样有统一规律的例字实在太多了，下面列出一个表来，让读者自己试着读读看：

例字	文读 iang 例词	白读 ion 例词
养	修养、培养	养猪崽、养金鲤
痒	七年之痒、痛痒	爬痒、手痒
相	宰相、相貌	照相、相机
想	思想、理想	想想、想开
香	香港、香味	香烛、沉香
场	排场	广场、球场
洋	喜气洋洋	海洋、南洋
杨	杨树、杨柳	姓杨
上	上好、上品	地上、上路

另外，还要说一说，这句谚语里的“瘖”字潮音 sang[2]，瘦的意思，如“瘖骨落肉”“瘖鹅大肝脘（geng[6]，近）”“瘖狗泻厝人”等。

家己人·私家钱

潮汕人有一句可以作为其有别于其他族群的明显标志的响亮口号，叫“家己人，拍死无相干！”“家己人”者，自己人也，犹如客家人讲“自家人”。由于这种为自己人而两肋插刀的侠义、团结精神之突出，使“家己人”成为潮汕人的标志性代名词。

家己，音读 ga¹ gi⁷（胶纪⁷），一些地方读作 ga¹ di⁷，是人称代词，相当于普通话的“自己”。在词义上没有什么特别的，但在语音上和用法上，却有必要跟大家说一说。

首先说说“家”的读音。“家”字在潮汕话中有 4 个读音：

①读 gê¹（价¹），普通话词语“国家”“大家”“家庭”等词均读此音；潮汕话的“大家（婆婆）”“家私（家具）”“家事（家财、家产）”“家后（家属）”等也读此音。

②读 gia¹（加），只在潮剧或者潮州歌册中使用，如“哀家”等。

③读 kia¹，如“私家”（食父兄，趁私家）等。

④读 ga¹（胶），与粤语、客家话同音。在“家己”这个词中，读的就是这个音。

后面三个读音许多人不知道。以至于说到这个词语时都认为“无字可写”，便写了同音字“胶己”。如《汕头特区晚报》2016 年 4 月 12 日头版有个大字标题，叫作《“胶己人”频频亮相央视大舞台》。涉“潮”的网上这个词就用得更多，百度百科都收录了“胶己人”条目。还有“胶己人”微信平台、“胶己人”影视等。“胶己人”显然已经被大家习非成是了。甚至有被写为“交己人”的，如：“看到家乡来客，老人咧嘴笑道，‘我是潮汕人，就是交已人，知道不？’”“交已人”的写法就更离谱了，因为潮汕话“自己”的说法 ga^1 gi^7，“胶已”的“胶”还可以读 ga^1，再以普通话“胶”的同音字“交”来替代，就更没谱了，因为“交”潮汕话不读 ga^1，只读 gao^1（高）。这样的写法真的连潮汕人自己都看不懂了。

其实，“家”字潮音读 ga^1（胶），非常符合古音与今音的对应规律。“家”字属于中古音的麻韵字，潮音文读为 – a/ – ia，白读为 – ê。除了读 g – 声母的上面 3 个音之外，还有一个读送气 k – 声母的 kia^1（骑^1），如“私家钱”（私房钱），俗语有：“食父兄，趁私家。”“私家”，音 sai^1 kia^1（狮骑^1），意思就是“私房钱”。但“私家车”“私家花园”这些后出的普通话词语，“私家”还读作 se^1 gê^1（斯价^1）。由此可知，一个再简单不过的“家”字，潮汕话就有 4 个读音。

“家已人”一词的用法，潮汕各地略有不同。在旧潮州府城，“家已人”等于“我自已”，而不是“自已人”“自家人”的用法。如说：“我家已人开车来去，你免来接我。”其意思是：“我自已开车去，你不用来接我。”在别的地方，则只用“家已”，不用“家已人”。因而，“家已人”的这种特殊用法，也就成了潮州府城话的特征词：把“家已人”当作“家已”（自已）用的就一定是潮州府城人，八九不离十。

上面说到“私家”一词，这里就顺便也讲讲这个“私”字。

“私”字有三个读音：

①读 se^1（斯），这是最普遍的读音，“私有制”“大公无私”等词语均读此音。“走私”的“私”也可以读这个音。

②读 sai^1（狮），如上面的“私家”“私家钱”，还有“走私”“私盐”等。

③读 si^1（丝），如“家私”（家具）的“私”（粤语区常常加个单人旁写作“俬”）。

“私”字三读的规律，“思”字也相同。“思”字第一读音也是 se^1（斯），“思想”“三思而行”等词语读此音；第二个读音是 si^1（丝），“相思”在“相思病”“病相思”等词语中读此音。“思”字单读无 sai^1

（狮）音，但加个“月”字旁的“腮”字就读 sai^1 了。

“私”和“思”字的三读音现象，反映了此一类字（古代韵书里是“支”“之”韵字）在潮汕话中保留了 -ai→ -e→ -i，即上古音—中古音—近代音三个不同历史层次的读音。这样复杂的叠床架屋的语音重叠现象，构成了潮汕话语音的复杂性，同时也正是汉语语音史研究的富矿。

上危落下

汉语舌根音声母在《广韵》的声部中叫“见、溪、群、疑”，潮汕话的对应读音是 g－/k－/ng－/gh－声母，另外还有“晓、匣”两个声母，潮汕话对应的声母是 h－或者零声母。在这发音部位相近的几个声母里，潮汕话就经常有声母的多音字出现。例如：

危，“上危落下”中的“危”字，属于《广韵》里的“疑”母字。今潮音读 $nguin^5$（伪^5），[ng－] 声母，“危险”“病危”的“危”读此音。但“疑”母与“见”母（g－声母）同属舌根音，“疑”母古音带有相同部位的塞音成分，可读成“见”母（g－声母）。所以，“危”字潮音也就可读 $guin^5$（县^5）。$guin^5$ 的本字，厦门大学已故著名闽语学者黄典诚教授等考证为“悬”字，从“心”“县（縣）”声，“悬”有高挂义，可引申为“高”，音义也可通。从潮汕方言来看，用“危”字可能更容易被老百姓接受些。

有人又写作“嵬”（高貌），也无不可。如果为了与“危险”义的“危”做区别，这也许更容易被接受一些。

“危”的词义不是“危险”吗？怎么又变成“高”了？

让我们来看看“危”字的造字原理。“危”字像“人在厂（厓）”上，原义就是形容高，再引申才是危险之义。人站在高高的山崖上，当然也就有危险了。《国语·晋语八》：“拱木不生危，松柏不生埤。”《庄子·盗跖》：“使子路去其危冠，解其长剑。”唐·陆德明释文：“李云：‘危，高也。’”“危”与“埤”（低）相对。又《史记·司马相如列传》：“陵三颙之危，下碛历之坻。”“危”与“坻”（低）互文见义，明显就是“高”的意思。

唐宋时代的诗词用“危”表示高的例子很多，如，唐·白居易《春日题乾元寺上方最高峰亭》诗：“危亭绝顶四无邻，见尽三千世界春。”李白《夜宿山寺》诗：“危楼高百尺，手可摘星辰。不敢高声语，恐惊天上人。”南宋·叶适《题严才元喜雪堂》诗：“平压龙山五尺危，堕鸢何处避阴威。”危亭、危楼是高高的亭子、高高的楼，可不是今天墙体上被画上一个大大的“拆”字的、要拆迁的“危楼”（危房）。诗仙李白的诗也极尽夸张、生动地描写了百尺楼之“高”。

再说“下”字，潮音 $gê^6$，意思是“低，矮”。如：“间厝下下（这间屋很低矮）。”又如：“个人矮下矮下（这人矮墩墩的）。”这也是古词语的留存。《礼记·乐记》：“天高地下。”《尉缭子·天官》：“然不能取者，城高池深，兵器备具，财谷多积……若城下池浅守弱，则取之矣。”“城下池浅”即“城墙低矮，护城河水浅”的意思，与“城高池深”相对而言。唐·韩愈《黄陵庙碑》云：“地之势，东南下。”“东南下”即“东南的地势低下”。北宋·王安石《即事十五首》诗之七：“纵横一川水，高下数家村。”“下”与“高”互文见义。又“下”，是《广韵》上声“匣”母“马”韵字。“匣”母字潮音多读 g－声母，如“糊峡挟黠滑猾”等；“马”韵字白读韵母为－ê，故“下”音可读 $gê^6$。

复杂的是，“下”一字四音，代表了不同的历史语音层次：除了读 $gê^6$ 之外，一音 $ê^6$，如“上下”“下级”“城下之盟”“下落水”；又音 $hê^6$，如“下物食”（分送糖果给邻居、亲友）、“下聘”（下聘礼）、“下老爷”（向神明祈祷许愿）、“下神下鬼”、“下粘下秫”（随意许愿）、“下种”（播种）；又文读 hia^6，如“下里巴人”“上山下乡”“下海”等。

奇数·徛起·[illegible]械

数字的单数，潮汕话叫“kia^{1}”（骑^{1}），如说：“春节个人拜年送大桔，好双孬奇”（春节给人家拜年送大桔，必须是双数，不能单数）。老百姓绝大多数不知道“kia^{1}”这个字怎么写。其实很简单，“kia^{1}”（骑^{1}）的本字就是“奇”字。现代汉语除了说“单数”之外，也保留了“奇数”的说法。不过“奇数”的“奇”普通话不读 qí（其），而读 jī（基），这就像“骑马”的“骑”字作名词用时（如“铁骑”等）普通话也不读 qí（其）而读 jì（寄）一样。“骑”作动词用，潮汕话读为 kia^{5}，阳平声；“骑”作名词用，读 kia^{3}，阴去声，与普通话相合。唐·白居易《琵琶行》：“铁骑突出刀枪鸣。”戎昱《从军行》：“半酣秋风起，铁骑门前嘶。”韦庄《和郑拾遗秋日感事一百韵》：“晨趋鸣铁骑，夜舞挹琼觞。”皆应该读此音。唐·杜牧《过华清宫绝句三首》其一：“一骑红尘妃子笑，无人知是荔枝来。”其中的“骑”也应该读去声 kia^{3}。

“奇”字表示奇怪、出奇等意思，潮汕话文读为 ki^{5}（其）；表示单数时读 kia^{1}（骑^{1}），声调与普通话相合。至于文读为 -i 韵母、白读为 -ia韵母，则符合《广韵》“止”摄“支”韵字在潮汕话中的文白异读规律。如上所述，“骑”韵母为 -ia，“寄”字潮音 gia^{3}（佳^{3}），韵母也是 -ia，皆为白读音。

“骑”“寄”（从“宀”“奇”声）皆从“奇”得声。除此之外，还有一个从“奇”得声的“徛”，《广韵》上声纸韵：“徛，立也。”渠绮切。《集韵》上声纸韵：“徛，立也。”巨绮切。“立”也，就是站立的意思。从“彳”“奇”声，“渠绮切”潮音切 kia^{6}（骑^{11}），十分吻合。我怀疑这个字就是“企”的异体字。“企”字是指事字，突出人的脚掌（止），人踮起脚跟儿站立之意。“企”字也属于《广韵》“止”摄“支”韵字，与“徛”字音近。从书写方便和普及性来看，我主张就选用“企”字来做代表。

“企”，本义是站立，引申为居住，如说：“尾团弟，企厝耳”（最小的儿子，只能分到小小的房屋居住）。居住，也叫作“企起”，如说：“我旧年搬去城内企起”（我去年搬到城里住了）。

表示数字很接近，八九不离十，澄海话叫作“kia^6脚”，如说：“伊看着六十岁kia^6脚”（他看起来接近六十岁）。“kia^6脚”的“kia^6”也应该就是“企”。“企脚”就是挨着站，也就是接近的意思了。

以前在商店里做伙计卖东西叫作“企铺”，“企铺”就是站在铺里（卖东西）。

家里太太当道，丈夫是“妻管严”，古代比喻为“母鸡司晨”，潮汕话则比喻作“鸡母企寮（条）”。鸡窝，叫作“鸡宊［dao^3（岛^3）］”“鸡寮”（“鸡条”之称估计是音转）。如说：“鸡寮无隔夜蚯蚓”（比喻有好吃的当晚就被吃了，不会留到明天）。“鸡母企寮”就是母鸡当了鸡窝的一把手，主宰鸡窝了，比喻家里或者单位里是女人当权。

潮汕农村里舀水的木制厨具叫作“匏檥”［bu^5 hia^1］，也即北方农家的瓢。瓢是用葫芦瓜制成的，所以北方俗语有“按下葫芦浮起瓢”的说法。潮汕话“匏檥”的“匏”原来指的就是匏瓜，也即是葫芦（后来所指有所不同了）。“檥”字也是“支”韵字，所以hia^1没有问题。这个字的异体字不少，有从“戏”（也是“支”韵字）得声的作“楗”。汉·扬雄《方言》卷五：“蠡，陈楚宋魏之间或谓之箪，或谓之楗，或谓之瓢。”晋·郭璞注：“今江东通呼勺为楗。”南朝·梁·顾野王《玉篇·木部》：“楗，杓也，蠡为楗也。”《集韵》平声支韵：“楗，蠡也。”《正字通·木部》：“楗，蠡也，即今瓢勺。”另一个异体字则是“桸”，其声旁“希”也是“止”摄字，不过不属于“支”韵，而属于“微”韵，音近。我的老家澄海有一种捕鱼的工具（一个铁丝制的圆圈围上网而成漏斗形，可用来捞鱼虾）叫作“撩”［hi^1］，原不知道“hi^1”字怎么写。从上文看来，也就是“桸”字了。因为“撩桸”从形状到用途都与瓢勺接近，只不过不是用于舀水，而是用于捞鱼虾。

《广韵》“止”摄“支”里与“奇”字声旁系列一样文读为 -i、白读为 -ia 韵母的还有从“支”得声的“岐”字，潮汕话读 gia^6，如汕头市地名“岐山”。但人名“王岐山”的“岐”则文读为 gi^1（枝）。从“义”ngi^6（宜^6）得声的“蚁”字，潮音 hia^6（霞^6），也属于白读。

治鸡教猴·治人放火

宰杀，潮汕话叫 tai⁵（台），从杀人到杀牲畜、海鲜。如“tai⁵ 人放火”、“tai⁵ 鸡教猴”（杀鸡儆猴）、“tai⁵ 猪倒羊”（杀猪宰羊）、“tai⁵ 鱼杀鳖”（把鱼、鳖杀了收拾干净）等。俗谓“无字可写”，生造了一个形声字——刣。歪打正着，我认为这个字造得好，从“刀（刂）台声”，音义皆明。

但从中古韵书《广韵》中，我们找到了一个有宰杀意思的常用字——“治”，中古音“澄”母“之”韵平声。“之”韵字（包括平上去 3 个声调的字）潮音有读 -ai 韵母者，如“滓柿梨使驶狸（狐狸 hou⁵ lai⁵）”等，故潮汕话正好切 -tai⁵ 这个读音。又“治”字从“台”得声，亦读 tai⁵ 也。

“治”的宰杀义，文献也多有用例。《说文解字·刀部》：“刈，楚人谓治鱼也。”北魏·贾思勰《齐民要术·炙法》第八十“做饼炙法”：“取好白鱼，净治，除骨取肉，……”此为“治鱼”。又《齐民要术·炙法》第八十“衔炙法”：“取极肥子鹅一只，净治，煮令半熟……”《古小说钩沉·祥异记》：“（元稚宗被缚至一寺）一僧曰：‘汝好猪，今应受报。’便取稚宗皮剥脔截，具如治诸牲兽之法。”此宰杀牲畜例也。又，客家方言也保留“治”的这个音义，可为佐证。

“治”一音 di⁷（地），“治理”“政治”等现代汉语词读此音，这属于中古音的另一个读音——直利切，“澄”母“止”韵去声，与读 tai⁵ 的阳平声调不同。由于“治”字常用于表示这个词义，所以不宜再用于表示宰杀的词义了。所以，我建议方言书写时，使用“刣”字来表示宰杀，而注明其本字是“治”就行了。

中古“之”韵字在潮汕话中文读为 -i 韵母，白读保留上古音读 -ai，除了“治”字之外，常用而不为人所知的还有一个“里”字。

里，文读为 li^2（李），尽人皆知，如“乡里”“故里”，但按文白异读规律，“里”还可以读 lai^6，其实即是平时潮汕人读“内”的读音。“家里”应该读 gê^1 lai^6，lai^6 i^1 应该写作“里衣”，而不是“内衣”。因为“内”字中古音是“奴对切”，不可能读成 lai^6。这又是一个张冠李戴的训读例子。“里衣”［lai^6 i^1］之名，古已有之。《诗·秦风·无衣》：“岂曰无衣，与子同泽。”宋·朱熹注：“泽，里衣也。以其亲肤，近于垢泽，故谓之泽。”《儿女英雄传》第二十七回：“梳妆已罢，舅太太便从外间箱子里拿出一个红包袱来，道：‘姑娘，把里衣换上。’”“里”lai^6（内），指家里，也是古语词。元·白朴《墙头马上》第三折：“老夫常是公差，多在外，少在里。”这个“里”潮音也应该是 lai^6，意思是家里，甚至指故乡，也即乡里，与潮汕话相同，如说：“你个里在底块？”（你的家在哪？）

此外，与中古“之”韵字很接近的“脂”韵字，也有不少 -i/ -ai 文白异读的对应。例如：

利：文读为 li^6（丽），白读为 lai^7（来^7）。如“钝刀出利手”（功夫好不怕武器落后）、“嘴尖舌团利”（伶牙俐齿）等。

姨：文读为 i^5（夷），如“姨妈”“阿姨”等；白读为 ai^5，指母亲，如“父姨”（父母）、“后姨”（后妈）等。后者很少有人知道这个 ai^5 就是“姨”字。其实“咀破无酒食”，易过食碗水。

怪无无怪少

潮汕人有个好风气，认为出钱或者食物、用物等帮助穷人，是积德行善的事，都是应该做的。一人有难、众人帮扶的义气，有点像现在网络众筹帮人解决危难的性质。而做上面说的这等善事，有句俗语说："怪无无怪少。"什么意思呢？把它断为"怪无，无怪少"就不难理解了。意思就是：你一点钱物都不出，大家就责怪你；你如果按照自己的家庭经济条件，多少出一些，哪怕比较少，大家也都不会嫌少的。用普通话翻译过来，就是："只责怪抠门不出钱物的，不怪家里穷出得少的。"但问题是，"怪无无怪少"中的"怪"字，口语中不是读大家都知道的读音 guai^3（乖^3），而应该读成 guê^3，潮音同"过"。

"怪"字不读 guai^3（乖^3），而读 guê^3（过），还有一些词，用得最多的词义就是用作副词来修饰形容词或者形容词性的短语，表示"很、非常"的意思，平时都写作"过"（因为多少含有"过分"的意思）。其实它就是北方话里的"怪"："怪好"就是很好，"怪好食"就是很好吃，"怪重"就是很重……不过大家不知道潮汕话的"怪"字可以读 guê^3（过），所以就把同音字"过"当成本字来用了。

另外还如"埋怨""批评"普通话叫"责怪"，潮汕话词序相反而成为"怪责"（"责"是入声 zêh^4，"怪"也被后同化读为入声 guêh^4，音同"郭"）。guêh^4（郭）又与"刮地皮"的"刮"的白读音同音，如"刮鼎"（刮铁锅底的灰）、"刮铜锅底"，所以批评人老是比喻为被人抓去"刮面皮"。这是由于"怪""刮"潮汕话谐音而造成的谐音双关修辞方式。

词义近于"怪责"的另外一个词是"怪示"。如说："伊啰是怪示我过年无去个伊拜年啵”（他肯定是怪我过年时没去给他拜年）。“怪示”语音稍转而在有些地方变成“叫示”。如说：“伊叫示我呾无先个伊呾”（他怪我没先告诉他）。

还有一个词——无怪，“难怪”的意思。如说：“伊今日生病啵，无怪无来上课”（他今天生病了，难怪没来上课）。

像“怪”字一样，韵母文读为 -uai（歪）、白读为 -uê（锅）的常用字还有“快”字。小时候，常听老人家说：“你 kuê³ kuê³食，食加块团正会 kuê³大。”意思是：“你赶快吃，多吃一点才能快点长大。”这个 kuê³（课）的本字就是“快”。“孥团快大”（小孩长得快）是个口语常用短语。成语“脚猛手快”中的“快”也读 kuê³（课）。

类似这种情况的还有韵母 -ua 与 -uê 的文白异读。如“挂”字，潮音常读音为 gua³（褂），但它还有一个白读音 guê³（过）。清明上坟扫墓、纪念祖先，潮汕人不像粤语一样叫作“拜山”，而称为“挂纸”，这个“挂”口语中就读 guê³（过）。“挂纸”是一种古已有之的民俗，原先指的是在坟墓上面的树枝上挂（系）一些纸钱。宋·庄季裕《鸡肋编》卷上：“寒食上冢，亦不设香火。纸钱挂于茔树。……而京师四方因缘拜扫，遂设酒馔，携家春游。”但不一定所有的坟墓周边都有树木（茔树），就因地制宜改为在墓堆上压一些纸钱。现在清明或者冬至扫墓，潮人仍然保持这种压纸钱（纸条）的习俗。清朝时潮阳人陈作舟有《潮阳竹枝词九首》之三云：“寒食家家扫墓还，相逢同过伏虎冈；空山日落晚风起，飞挂纸钱多白杨。”

为什么清明扫墓要“挂纸”（把纸钱挂起来）呢？因为清明节前一两天是“寒食节”（传说是为了纪念宁愿留在山中被活活烧死也不肯出山为晋文公重耳所用的名士介之推），是不能使用明火的，所以只能用“春盛”（“盛”潮音 sian⁷，城⁷）挑些煮熟的祭品去供奉祖先。

不管古代的寒食节的起源是什么，清明前后禁止明火的做法却很符合现在提倡的绿色环保理念，看来古人是比我们更懂得爱惜自然环境和生态资源的。可惜潮人只学了一半，“挂纸”的风俗是保留下来了，但又增加了明火烧纸钱。前些年有的地方为了热闹还在清明祭祀祖先时放鞭炮，不少地方还引起了火灾，这真是“胡闹”了：既不符合古制，又不环保！

“挂”字潮音读为guê³（过）不难理解：“挂”字繁体字作“掛”，是个象声字，从“手”“卦”声。“卦”字潮音就读guê³（过），如“八卦”“卜卦”等。

生黎熟黎·呙过粞筋

形容人之比较粗野、不懂礼数，潮汕话讲：“个物生黎熟黎，你勿佮伊计较”（那家伙比较粗野，你甭跟他计较）。有人把“生黎熟黎”写成“生犁熟犁”，因为“黎”字读 loi^5，与“犁”字同音也。

“黎”字读 loi^5，乃是其白读音，其文读音大家都懂：读 li^5（离），如“黎明”“黎庶”等。在“黎族”一词中，则文读有之，白读也有之。“生黎熟黎”中读 loi^5（犁），是保留了白读音，应该是较早期的读音层次。原来应该是对南方某些土著居民的不太尊重的称谓，并非一定指的是黎族。

由“黎”字而类推，《广韵》中的“蟹”摄“齐”韵字基本上都有－i 和－oi 韵母的文白异读规律。如：

齐：在“齐备”“见贤思齐”等词中文读为 ci^5（茅）；但白读为 zoi^5（截^5）。“撮人到齐抑未”（人都到齐了吗）中的“齐”就得读 zoi^5。在“整齐”一词中，“齐”字则可文可白。

体：大家都知道其文读音 ti^2，如“体育”“体质”等词；但白读为 toi^2（钗^2），只有一些老年人会把“身体”一词中的“体”读此音。

替：文读音 ti^3（翅），“更替”等词读此音；白读为 toi^3（钗^3），如说：“我唔闲，你替我去一下”（我正忙着，你替我去一下）。“替换”“替身”等词中的“替”，则也可文可白。

抵：文读音 di^2，如“抵抗”“相抵”等词；但白读为 doi^2（底），“抵神煞”（抵挡凶神恶煞、辟邪）、“抵风水”（旧式潮派建筑的屏风就是“抵风水”用的）、打乒乓球一挡一挡的动作也叫作“抵”。

与上面的各个例字以文读为主相反，下面的例子则是以白读为主的。例如：

底：大家都知道的是其白读音 doi^{2}（堤^{2}），如“到底”“山底下”等；但它还有一个文读音 di^{2}（抵），如“底里”（隐私、内幕）、“底止”（到头，结束）等。

礼：白读音 loi^{2}（犁^{2}），“诗礼”“礼记”“送礼”等词读此音；文读音为 li^{2}（李），在“礼貌”“敬礼”“礼数”等词中均可文可白。

有一些字只有文读音，如“泥”读 ni^{5}（尼），“泥巴”“芋泥”等；有一些字则只有白读音，如“洗”，音 soi^{2}（细^{2}），如“洗浴”（洗澡）、“洗衫”（洗衣服）等。“洗礼”这样一个很西方的现代词，就读白读音 soi$^{2-6}$ loi^{2}，有点怪异。

一些用同一声旁构成的字，则有文白读音不同的现象。例如：

“提”和“堤”“题”字都从“是”字得声，但“提”读 ti^{5}（啼），属文读音；“堤”读 doi^{1}（蹄^{1}）、“题”读 doi^{5}（蹄），属于白读音。

奚：读 hi^{1}（希），从“奚”得声的“蹊”读 ki^{1}（欺），属于文读音；但“溪”[koi^{1}]、鸡 [goi^{1}]、“螇”[goi^{5}]（生腌的小鱼小虾）等字都读 oi 韵母，则属于白读音。

帝：读 di^{3}，从“帝”得声的“啼”ti^{5}，是 -i 韵母，属于文读；“蹄”字却读 doi^{5}（题），则属于白读。

西：文读 si^{1}（丝），“买东西”“坏东西”等读此音；从“西”得声的“栖”读 ci^{1}（妻），也属于文读。但同样从“西”得声的“粞”（稻米磨成的粉末儿）字读 coi^{3}（次鞋切^{3}），如“秫米粞”（糯米面儿），“粿粞”（做粿的米面儿），“粞篛”（盛米面儿的竹器。东西堆得乱七八糟，形容为“蒂过粞篛”）等。

同在《广韵》的“蟹”摄里，“皆”韵母字则有文读 -ai、白读 -oi韵母的对应规律。如：

介：文读音 gai^{3}，“介绍”“中介”等读此音；从“介”得声的“阶”字读 gai^{1}，“芥”读 gai^{3} 也属于文读。但从“介”得声的“疥”读 goi^{3}（计），如“生痍生疥”（身上长疥疮）。

界：大家都知道读 gai^{3}（盖），“世界”“地界”“国界”等读此音，是文读音；但白读为 goi[3]（计），骂人丢人现眼为“泻世界”；澄海有“南界村”。

挨：文读为 ai[1]（埃），“挨打”“紧挨着”等词读此音；但在“挨砻”（推一种碾米的工具）、“挨米”等词中读 oi[1]（鞋[1]）。潮汕童谣唱道：“挨砻挨呐嘟，舂米娶新妇。”又：“挨啊挨，挨米来饲鸡。”“挨米”“挨砻”是同义词，用碾米的工具——砻给稻谷脱壳。脱壳后再用石臼舂之，则叫“舂米”。此外，还有“挨倚”（倚靠，“倚”ua[2]，我）、“挨尸倚老”（慢吞吞，消磨时光）等词中的“挨”也读 oi[1]。

鏖糟·佬悼·大头脑

鏖糟，普通话念 āo zāo，是个叠韵词，意思是不洁的、邋遢的。潮汕话则有两个读音分别代表两个不同的义项：一读 ao[1] zao[1]（欧遭），指把东西糟蹋、浪费掉。如说：“撮粿只几日着个伊食了，孬鏖糟掉”（这些粿饼子这几天得把它吃完了，别糟蹋掉）。另一读 o[1] zo[1]（窝左[1]），形容脏不拉叽，不卫生、不干净。如说：“你勿只生鏖糟好孬，双手么去洗白着”（你别这么脏兮兮的好不好，你的手得去洗干净）。

“鏖糟”一词古已有之。如《朱子语类·论语》：“缘是他气禀中自元有许多鏖糟恶浊底物，所以才见那物事，便出来应他。”元·陶宗仪《辍耕录》卷十：“俗以不洁为鏖糟。”《古今小说·史弘肇龙虎君臣会》：“郭大郎取下头巾，除下一条鏖糟油边子来。”明·岳元声《方言据》卷上：“物之不净者为鏖糟。”词义均与潮汕话相同。又“鏖糟”《广韵》平声豪韵音“于刀切”和“作曹切”，潮汕话读中古豪韵字文读为 -ao，白读为 -o，正好也与上述两个读音相吻合。

佬悼：潮汕话读 lo[2] co[2]（裸楚），字迹潦草，潮汕话就说“写字过佬悼”。古汉语已有此词，但原来指的是心乱、草率，故字从“忄”。南朝·梁·顾野王《玉篇·心部》：“悼佬，心乱。”宋·俞德邻《佩韦斋辑闻》卷三：“悼佬，迫促，苟简貌。”宋·吴曾《能改斋漫录》卷三：“文士以作事迫促者，通谓之悼佬。”“悼佬”，后代倒言之曰“佬悼”，并引申指笔画的不工整、潦草。《通俗篇·文学》引朱子《训学斋规》：“写字未问工拙如何，且要一笔一画，严正分明，不可老草。”“老草”，乃“佬悼”之省写。清·梁章钜《浪迹丛谈》卷七：“据此，则今人言潦草者乃老草之讹，因音而转耳。”由此可知，写字“潦草”一词六朝已有，写作“恅愺”，或作“愺恅”，后省写为“老草”或“草老”，再由于音变而转写为“潦草”，今或再省写为“了草”。“恅愺”或“老草”潮汕话文读为 lao^2 cao^2，白读为 lo^2 co^2，今只保留白读。

头脑：潮汕话文读为 tao^5 nao^2（淘恼），指人的头部、脑部；但“脑”字白读为 lo^2（裸），变成 tao^5 lo^2（淘裸），指的就是首领、头儿，是引申义。《初刻拍案惊奇》卷二十二：“在京都开几处解点库，又有几所绸缎铺，专一放官吏债，打大头脑的。”《二刻拍案惊奇》卷三十二：“如此两位大头脑，去说些小附舟之事，你道敢不依么。”这两个例子中的“大头脑”就是大官的意思，与潮汕话一模一样。“脑”字在“樟脑丸”一词中，也读 lo^2。

烦恼：潮汕话文读为 $huang^5$ nao^2（繁脑），与普通话同义；白读为 $huang^5$ lo^2（繁裸），则指担心、发愁。如说：“个孥囝走无在去，伊烦恼死”（小孩跑丢了，她担心坏了）。《喻世明言·陈从善梅岭失浑家》：“如春酒也不吃，食也不吃，只是烦恼。”《警世通言·吕大郎还金完骨肉》：“王氏生下一个孩子，小名喜儿，方十六岁，跟邻家出去看神会，夜晚不回，夫妻两个烦恼。”这两个例子中的“烦恼”都是担忧、发愁的意思，跟潮汕话完全相同，“恼”字都应该读成 lo^2，其文白异读的规律，与同音的“脑”字相同。

像上面各词这样的 -ao/ -o 的文白异读，潮汕话中还有不少字。例如“豪猪”的“豪”白读 ho^5（河）；做姓氏用的“高”白读 go^1（哥，高玉宝）；“好、号、毛、保、抱、告”等字则文白异读皆可，不过得注意在不同的词语中选用不同的或文读或白读的读音。本地人是约定俗成，对于学说潮汕话的外地人来说，就真是难为他们了。所以，我们建议外地人学习潮州话必须一个词一个词、一句话一句话学，而不是一个字一个字地学。

水洘鱼相掟·脚⿰氵就嘴臭臊

上一篇文章中我们谈了中古豪韵字潮汕话－ao/－o 韵母文白异读的对应问题，举了一些常用但鲜为人知的例子，下面再举几则。

河水干涸潮汕话叫“水 ko^2（可）”，俗语有“水 ko^2 鱼相掟”（河水干涸了鱼就互相碰撞，比喻条件艰苦、逼侧时人容易互相埋怨、责怪）。海水退潮，叫作“ko^2 流”，这个“ko^2”平时多被写作“涸”，如潮州有著名的“涸溪塔”，但“涸”字是训读字，写错了。“ko^2”本字是“洘”，《广韵》上声皓韵：“洘，水干”；苦浩切。潮汕话文读为 kao^2（考），白读为 ko^2（可），音义皆与潮汕话相合。但“涸”字义近音不同，“涸”是入声字，音“下各切”，潮音切 hag^4（喝），不能读 ko^2。

水浑浊，叫作“lo^5”（牢），如说：“水缸底撮溪水 lo^5 lo^5，着磨块矾落去坐清”（水缸里的河水太浑浊了，得磨点矾澄清它）。“lo^5”的本字应该是“醪”，《广韵》平声豪韵：“醪，浊酒”；鲁刀切。潮汕话文读为 lao^5（劳），白读为 lo^5（牢），正是此字。“醪”，原指酒浊，引申通指液体之浑浊。《说文解字·酉部》：“醪，汁滓酒也。”也就是带酒糟的酒，所以浑浊。唐·杜甫《清明二首》诗：“钟鼎山林各天性，浊醪粗饭任吾年。”潮汕俗语说：“困狗想吃醪饮糜。”（饿狗想吃稠粥，有点癞蛤蟆想吃天鹅肉的意思。）“饮糜”，潮音 am^2 muê^5（庵^{2}妹^5），稀粥，本来是稀的粥，加上“醪”就是不稀的。“饮糜”倒言之为“糜饮”muê^5 am^2（妹^5 庵^2），则指米汤。

鱼腥味，潮汕话叫作“臭 co^1”，俗语云“脚⿰氵就嘴臭 co^1”（只要肯下河捕鱼，就有鱼吃）。鱼露叫“co^1 汤”，鱼鲜泛称“鲜 co^1”，坐月子的产妇开始吃鱼肉等荤菜，叫作“开co^{1}”。“co^{1}”的本字不是“腥”，而是“臊”，《广韵》平声心母豪韵字，反切为“苏遭切”，潮音文读为sao^{1}，白读为co^{1}（初），正与潮汕话完成相合；“害臊”的“臊”《广韵》去声音“苏到切”，潮汕话读sao^{3}或者co^{3}。“腥”《广韵》平声心母青韵，反切为“桑经切”，潮音文读为sêng^{1}（升），白读为cên^{1}（星），与co^{1}（初）根本不搭干。

屠呦呦教授获得了诺贝尔奖，其原因是发现了“青蒿素”，并广泛运用于中国与非洲的临床当中，救了千千万万人的性命。“青蒿素”的“蒿”字潮汕话读hao^{1}（镐），小时候经常吃“青蒿六一散”，也就知道了这个词。但潮汕人经常吃的蔬菜有“茼蒿”，则白读为dang^{5} o^{1}（铜窝）。小时候食不果腹，煮鸡蛋放几棵茼蒿作为“配佮”，已是美味，云：“茼蒿煮卵，食了嘴唔甘盪”。“卵”读neng^{6}（郎^{6}），鸡蛋是也；“盪”，音deng^{6}（肠^{6}），与“卵”字潮音押韵。“盪”，原指洗涮餐具、用具等，故字从“器皿”之“皿”；后简化字与“荡”合一，通作“荡”。

写到这个“盪”字，就顺便说说它。饭后涮口，潮汕话叫“盪嘴”，俗语云：“请人食桌，舀水沟糜乞人盪嘴”（请人家吃酒席，最后却端上阴沟水给人家漱口，比喻为前恭后不恭，不但人家没领情，反遭人家骂）。

最不堪说的是，以前农村把洗刷马桶（潮汕话叫“屎桶”“尿桶”）叫“盪桶”，居然与“盪嘴”用的是同一个字作动词，虽然都有洗刷的意思，但清洁人体饮食之器官与洗刷饭后消化排泄物之盛器用同一个动词，还真的是让人受不了。

洗地·地粪·镇地

这几天，偶然出现了一个在媒体上不常见，但在家庭生活中却很常用的词——洗地。据美国一家叫 Source Fed 的独立媒体爆料，他们用谷歌搜索希拉里相关的关键词，结果发现，对希拉里不利的热门词语居然神奇地消失了。经过一番调查和比较之后，Source Fed 认为，谷歌似乎是在为希拉里“洗地”，特意保护希拉里的公众形象。

无独有偶，国内的媒体也突然用了这个词。《人民日报：某些公职人员面对批评拼命“洗地”》：“某些公职人员面对批评，不讲原则拼命找借口，被网友称为‘洗地文’。”

综合上面的两个例子可以知道，“洗地”字面上的意思就是把地上的脏东西洗掉，引申指把人的某些缺点“洗白（辩白）”，或者隐瞒起来。按照这个词义，这个词在潮汕话中应该读 soi^2 do^3，而不是 soi^2 di^7。“洗地”（soi^2 do^3）即洗地板，大扫除的意思。

亲爱的读者，您可能要发问了：“地”字怎么能读 do^3（倒）呢？

问得好！那就听我慢慢给您道来。

“地”字从“也”得声，“也”字古代与“它”字同源，上古音属于歌部字，本来就是读 -o 或者 -a 韵母的。就像“它”本身就读 ta，从“它”得声的“驼跎咤坨沱佗鸵陀砣铊鮀”等字都读 to，从“也（它）”得声的“他”读 ta^1，“拖”读 tua^1（拖拉）、to^1（拖辞）等。由此可见，“地”字古音是读 do^3 的，这是上古音的遗留。对于汉语语音史研究来说，这是十分宝贵的语言化石。

潮汕话称垃圾为“do^3 粪”，这个“do^3”也是“地”字。垃圾者，地上之粪也。俗语云：“家里（lai^6）地粪人人有”（比喻每家每户都有一些不可告人的家丑隐私）。以前农村里家家户户设有专门收堆垃圾的地方，叫作“地粪头”或者“地粪间”。

还有一个词叫作“镇 do^3”，指物件体积大占地方，这个“do^3”也应是“地”字。

受到“地”字保留古音读 -o 韵母的启发，我们还可以用这个道理来理解、考释其他一些字的特殊读音。例如中古音中“蟹”摄“咍”韵的“戴”字，潮汕话一音 dai^3（黛），如“爱戴”“拥戴”等；一音 di^3（帝），如“戴帽”“戴葵笠”等；又音 do^3，做姓氏用，如“戴笠”“戴爱莲”等。现在的年轻人已经不知道姓“戴”要念 do^3 了。其实这也是“咍”韵字文白异读的规律形成的三个不同历史层次的读音。另外的例子还如：

代：一音 toi^3（钗^3），“代表”“你代我去（你替我去）”等读此音；一音 do^7（袋），如“一代更比一代强”“世世代代”等；但民间谓水鬼抓人换代为“一代”的“代”则读第一个读音 toi^3 或转入声为 toih^4（钗^4）。从“代”得声的“黛”（林黛玉）、“贷”（信贷社）、“玳”（玳瑁）则读 dai^3，但同样从“代”得声的“袋”“岱”（地名：澄海有“下岱美”）则读 do^7。

在：文读音 zai^6（栽^6），如“现在”“眼在”（现如今）；白读音 do^6（刀^6），如“存在”。心里有底、胸有成竹、不急不慌，说：“心肝头在在。”表示幸亏、亏得的“好在”的“在”则读 do^6。问：“家里（lai^6）有人在抑无（家里有人在吗）？”中的“在”也念 do^6。

胎：潮音 to^1（妥^1），“台”字和从“台”得声的“抬”音 tai^5；同样从“台”得声的“苔”字则读 ti^5。由此可知，“台”字古代属于“之”部字，从上古的 -o，到中古的 -ai 或者 -oi，再到 -i，是其读音发展的历程，潮汕话保留了它在各个历史层次中的读音。

夏雨来，夏狐狸

有一个流传很广、家喻户晓的潮汕民间系列故事，主人公是一位足智多谋而又亦正亦邪的、大名叫作“夏雨来”的睿智尖酸刻薄的秀才。

其实，“夏雨来”是雅化后的名字，其在民间本来的名字是“夏狐狸”，以狐狸的狡黠来象征比喻这位主角的狡猾多智的性格特点。

狐狸，书面语文读为 hu^5 li^5（弧离），但口语都叫作 hou^5 lai^5（侯来），与“雨来”音近。常用的俗语如“狐狸勿笑猫，尻仓平平皱”（比喻大家都是一样的毛病）、“狐狸佮鸡无好久”（狐狸跟鸡交朋友，长久不了）等。有的地方，狐狸也叫“狐狸猫”，也读 hou^5 lai^5（侯来）。

“狐狸”文读 hu^5 li^5（弧离）和白读 hou^5 lai^5（侯来）反映了两个韵母的文白异读规律。即：《广韵》中的“遇”摄“模”韵字文读为 -u、白读为 -ou。例如：

胡：文读为 hu^5（狐），“胡人”“胡说”“胡笳”均读此音；白读为 ou^5（湖），做姓氏用读此音。“胡子”的“胡”（鬍）在“胡须”“老胡”（对留长胡子的人的称谓）也读 hou^5（侯）。

糊：文读为 hu^5（狐），“糊涂”“糊里糊涂”等读此音；白读为 gou^5（姑^5），“香糊”“糊风禽”（糊风筝）、“糊衣（ui^1）”（为死者糊纸衣物，烧化给他）等读此音。

布：文读为 bu^3（富），“颁布”“布置”等读此音，繁体字写作“佈”；白读为 bou^3（埠^3），“布铺”“布衣”“浴布”等读此音。

塗：文读为 tu^5（徒），“糊塗”“糊里糊塗”等读此音（简体字只作“涂”）；白读为 tou^5（土^5），“池塗”“塗翁囝”（泥公仔）、“塗膏縻”（烂泥）等读此音。最好不写简体字“涂”。

图：文读为 tu^{5}（徒），“宏图大业”“图谋不轨”等读此音；白读为 dou^{5}（屠），“图画”“图表”等读此音。

孤：文读为 gu^{1}（徒），“孤老头”“德不孤”等读此音；白读为 gou^{1}（姑），“孤独”“孤立”等读此音。

呼：文读为 hu^{1}（夫）或者 u^{1}（污），“呼喊”“呼延灼”等读此音；白读为 kou^{1}（苦^{1}），“呼鸡”“呼猪”等读此音。

素：文读为 su^{3}（诉），“因素”“素来”“红霉素”等读此音；白读为 sou^{3}（苏^{3}），“味素”等读此音。

同在《广韵》“遇”摄的“虞”韵有些字也同此规律。例如：

夫：文读为 hu^{1}，“夫妻”“大夫”等读此音；白读为 bou^{1}（埠），“轿夫”等读此音。

雨：文读为 u^{2}（羽），“谷雨”的“雨”读此音；俗语有“糊涂糊涂，清明谷雨”。“涂”读 tu^{2}，阴上调，与 u^{2}（羽）押韵；同为二十四节气名词的“雨水”的“雨”也应读此音。白读为 hou^{6}（户），如“落雨”“春雨”等。

大下小解·大细二声

关于“大”和“小”，从词义上看，潮汕话跟普通话好像没什么好说的，但从语音上仔细研究一番，就会发现跟普通话相差太多了。稍不注意，说不定你就把自己自认为熟悉的潮汕话说错了呢！

先说“大”，读者知道的读音有两个：

文读音 dai^{6}，常用在一些文言文或者书面语词上，如“大家”“大夫”“大跃进”“党的二十大”等，只有个别是口语词，如“老大”（船老大）“大家伙”（只次大家伙啰着来去）等。白读音 dua^{7}，绝大部分的口语词都读此音，除了表示物体面积、体积大的“大厝、大门楼、大碗公、大橱、大眠床”等之外，还用于表示人身体的部件（器官）比常人大，如“大鼻、大嘴、大目、大肚”等；由面积、体积的大，引申为排序的第一，如“大兄、大伯、大姐、大团”等；再引申为数量的多，这就比较抽象了。甚至有些词只是比喻义，用“大”和“多”也不能尽得其义了。如“大车”一词，旧时指的是会开机器（马达）的人，可能是这类机器刚刚进入汕头那会儿的词；“大头”或者“大头鸡”比喻的是喜欢出头露脸者；“大粒”比喻的是官位高者，也叫“大客头”（“客”音 kag^{4}）；“大舌”“大舌猴”说的是舌头打结、说话结结巴巴者；“大心肝”则是比喻什么都贪大好多，不是什么好词。

“大”字还有另外一个读音，是不为大家所熟知的，那就是 da^{2}，打，与普通话最为接近，例如“大家”“大官”“大家官”。“大家”读 da^{2} gê^{1}，意为婆婆，即丈夫的母亲，相对于“新妇”（“妇”音 bu^{6}，捕）而言，合称为“大家新妇”。俗语有“教书先生，守寡大家”，说的是旧时私塾的老师用戒尺“教示”学生与心理失衡的守寡婆婆“苦”

（折磨）儿媳妇一样的可怕。“大官”读da^{2} guan^{1}，指公公，即丈夫的父亲，与“大家”合称为“大家官”。当然，这两个词如果是在揭阳一些地方，也读为白读音 dua^{7}，与上述第二音相同、词义也与“大家伙儿”“大干部”交叉了。究竟指的是哪个词义，就要看具体语境了。

说完“大”，该说“小”了。“小”也有文白两个读音：文读为 siao^{2}，如“大小、小学、小影（相片）、小气、小礼（害羞）”等；白读音 sio^{2}，多是口语词，例如“小米（烧卖，一种小吃）、小生、小生弟、小娘团、小种（个头细小的品种）、小落（讲究人情礼貌）”等。

相对于“大”的系列词语来说，“小”的系列词少得多。为什么呢？因为表示物体面积、体积细小的词义，潮汕话更多地用“细”来表达，年纪的幼小也是“细”，如“细叔”（小叔子），“细姑”（最小的姑姑），“无大无细”（没大没小），“父老团细”（父亲年事已高而儿子尚幼），“细时偷针，大时偷金”，“细唔熨，大熨出骨”（小时候不管教，等大了形成坏习惯就麻烦了），“大无好样，细无好相”，等等。其他的引申义，也大致如此，尤以“细食”（饭量）对“大食”（胃口大、饭量大）最为生动。

把这些知识告诉了大家，下面就考考诸君：“大下小解”是什么意思？“大细二声”又怎么读？

“大下小解”的关键字是“下”，“下老爷”“下神下鬼”的“下”，是许愿、许诺的意思，读 hê^{6}（虾^{6}）。这个成语的意思是：求人家的时候许诺、答应事后给的报酬多，而当愿望实现后兑现许诺时却大大地打了折扣，即前“大”后“小”。那么，其中的“大”和“小”读什么音呢？正确的读法应该都是白读音 dua^{7} 和 sio^{2}。再看看“大细二声”，它描写的是说话神神秘秘、声音细小的神态，应该读 dua^{7} soi^{3} ri^{6} sian^{1}。

暑假放假了！

夏日炎炎似火烧，到了放暑假的时候了！

突然想起了小时候常挂在口头的一个词——放 gê^{3}（架）。

gê^{3}（架）的本字是不是“假”呢？我们得先看看“假”字在潮汕话中的读音及其在古代的读音。

“假”字潮语常见的读音一共有三种：

①读 gê^{2}（家^{2}），如“真假”“假装”“大食假细腻”（嘲讽饭量大的人吃饭时假装斯文）、“假老斗（器具不结实）”等。

②gia^{2}（贾），如“假如”“假座”“假以时日”等。

③gian^{2}（件^{2}），如“假日”“寒假”“暑假”“放假”等。第三种读音 gian^{2} 很明显是 gia^{2} 的鼻化而衍生的。

第一种读音 ê 和第二种读音 ia 则是白读和文读的对应关系，就像“下”之文读为 hia^{6}（蚁），白读为 hê^{6}（夏^{6}）或者 gê^{6}（家^{6}，低矮的意思）。潮汕话的韵母 ia—ê 这种文白异读的对应关系规律性很强。符合这种规律的字还有：

加：文读 gia^{1}（佳），如“加强”“参加”等；白读 gê^{1}，如“加减”（多少），“好团免用加、加团饿死父”（好的儿女不用多，多子女容易把父母饿死），“加钱加功德”（你给的钱多，人家就多念经，多干活），等等。

家：文读 gia^{1}（佳），如“哀家”（潮剧用语），或者［kia^{1}（骑^{1}）］，如“私家钱”、“食父兄，趁私家”（平日里吃父亲和哥哥的，赚了钱却自己当私房钱用）等；白读为 gê^{1}，如“大家”“家庭”等。

姐：文读为 zia^{2}（者），如“翁姐”［ang^{1} zia^{2}］（夫妻）、“翁姐团”

（小两口）、“小姐”［sio^2 zia^2］；白读为 zê^2（这），如“姐姐”“姐妹”等。

按这种文白异读对应规律看，“假”字作为“放 gê^3（架）”的“gê^3（架）”的本字韵母没有问题，就是声调常用读音是阴上，没有阴去（3），会有问题吗？

那就查一下“假”的音韵地位吧，结果如下：

《广韵》去声祃韵音“古讶切”，与“驾架稼嫁”同小韵（即同音），而“驾架稼嫁”潮音都读 gê^3；释义为“休假”也，亦与潮汕话相吻合。

由此可知，“放假”可以有 bang^3 gian^2 和 bang^3 gê^3 文白两读。“假”就是“gê^3（架）”的本字，一点也没有问题。

由此而联想到了读小学时常常挂在嘴边的另一个词——放学。

现在的孩子们说潮汕话，都把“放学”说成 bang^3 hag^8 了，而我小时候却说“放 hê^6（夏阳上声）”。我至今还记得我们自编的一首童谣：

日斜西，肚困哉［zai^6］，
老师哙，猛猛放 hê^6 转来里［lai^6］。

意思是：
太阳已西斜，肚子叫呱呱；
老师啊，快快放学让我回家。

调皮些的同学，会把“放 hê^6”谐音说成“放父（bê^6）”，挣点小便宜。

那么，这个 hê^6（夏，阳上声）本字又是什么呢？

我翻查了一些资料，思来想去，认为这个 hê^6（夏^6）的本字应该就是再简单不过的“下”字。“下”字除了可以读 hia^6（蚁）、ê^6（哑^6）、gê^6（家^6）之外，还有一音 hê^6（夏^6），如：“下种”（水稻播种），“下聘”（下聘礼），“下物食”（因家中有喜事而给亲友邻居送糖果分享），“下老爷”（向神明许愿祈祷），“大下小解”（祈祷时许了大愿，但还愿时却将就应付），“下秙下秫”（随意许愿），“一个猪头下百外个宫”（把一个猪头许愿给了许多的神庙，比喻以一件东西多处许愿送别人），等等。

有人问，“学”字不能读 hê[6] 吗？我查了一下《广韵》，在入声觉韵，音“胡觉切”，真的没法子读 hê[6]。

那么，我们只能还是认为“放 hê[6]（夏，阳上声）”应写作“放下”，放学了，就一切都放下了：放下书本，放下笔墨，放下心情。

可惜的是，还不能从古书中找到“放下”作为“放学”解的用例，只好付之阙如了！

时行·五行·行书·行踏·行止

“行”字大家都认识，但你真的全认识它了吗？那就不一定了！

不信，你耐心看看此文。

“行”字潮汕话有五个读音：

①gian^{5}，走路，如“行路”“宽行”“收了行”“未行先学飞”等。

②hêng^{5}，行动，如“行李”“乞食过溪行李敆”等。

③hên^{5}，流行的，如“时行”。

④hang^{5}，行业，如“行铺”“银行”“行情”“在行”等。

⑤hêng^{6}，品行，如“行止” “无行”；也指行动能力、本领，如“道行”等。

先说说与当下关系最密切的第三个读音 hên^{5}（有些地方失去鼻音韵尾读 hê^{5}），在我的调查资料中，这个读音只出现在“时行”一词中，指流行的，也直接指流行病。如说：“只段个时行过孬，病人敆死”（最近传染病流行，病人很多）。“时行”是个古语词，原指“时下流行的”，如宋·孟元老《东京梦华录·宣德楼前省府宫宇》：“街北都亭驿，大辽人使驿也。相对梁家珠子铺，余皆卖时行纸画……”引申专用在“病”字之前指流行病，时疫，如《太平广记》八十九卷引南朝·宋·东阳无疑《齐谐记》：“其大儿忽得时行病，病后遂大能食。”晋·陶潜《搜神后记》：“有一督将，因时行病后生虚热，更能饮复茗，必一斛二斗乃饱。”潮汕方言把“病”字省去，大概是避讳之故。

“行”字读 hên^{5}，我暂时还找不到第二例，但从“行”得声之“桁”字，潮汕话读ên^{5}，栋梁叫“栋桁”，谚语有“孬做桁，好做桷；孬做屐桃，好做樽塞”。俗读“楹联”的“楹”为 ên^{5}，乃是“桁”字的训读。《文选·景福殿赋》："桁梧复叠，势合形离。"李善注："桁，梁上所施也。"晋·王嘉《拾遗记·周灵王》："（千寻大树）大干为桁栋，小枝为栭桷。"《玉篇·木部》："桁，下庚切，屋桁也。"《广韵》平声庚韵："桁，屋桁也。"户庚切。匣母字潮音白读有读为零声母，如"荷厦湖鞋画话旱完换喉下"等；庚韵字白读 – ên 韵母，如"庚赓彭膨羹棚生"等。故"桁"可读 $ên^5$。"楹"为厅堂前部的柱子。《说文·木部》："楹，柱也。"《资治通鉴·汉光武帝建武十九年》："（董宣）即以头击楹，流血被面。""楹联"即厅堂柱子上的对联。"楹"字《广韵》清韵与"盈赢"同小韵（同音），音"以成切"："柱也。孔子曰：梦奠于两楹。"

与 – ên 相对应的文读音是 – êng，即第二个读音。此音所用的词语不多，常用的有"行李"等。童谣有"爱去书童担行李，转来大轿佮彩旗"，俗语有"乞食过溪行李敥"等。"五行"（金木水火土）一词的"行"也读 $hêng^5$（形）。

第四个读音 $hang^5$（杭），多指行铺，如干果行、银行等。有一个旧词叫"上行"，指去集市买东西，我小时候还常听大人说到。如："我只几日着上行来去掠猪囝"（我这几天得上集市去买猪崽）。《古今小说·史弘肇龙虎君臣会》："那里去偷只狗子，把来打杀了，煮熟去卖，却不须去上行。"《警世通言·万秀娘仇报山亭儿》："合哥，你只管躲懒，没个长进，今日也好去上行些个'山亭儿'来卖。"这两例"上行"均指到集市去买货物回来卖。

引申指专业的、内行，潮汕话叫"在行"，行家里手叫作"老在行"。这也是古语，如《初刻拍案惊奇》卷一："文若虚其实不知值多少。讨少了，怕不在行；讨多了，怕吃笑。忖了一忖，面红耳热，颠倒讨不出价钱来。"《醒世恒言·卖油郎独占花魁》："自己曾开过六间铺子，卖油之事都则在行。"

潮汕话有个歇后语——"城门脚店铺——外行"，也读此音。

"行书"（书法字体）一词普通话读为 xíngshū，相对应潮汕话应该读 $gian^5$ ze^1或者 $hêng^5$ ze^1。但没来由却读了 $hang^5$ ze^1，习非成是了。

第一个读音 $gian^5$应用最广，高频率使用的词很多，最常用的义项是

"走"。"行"是个象形字，画的是十字路口，本义是道路，《诗经·周南·卷耳》："采采卷耳，不盈顷筐。嗟我怀人，置彼周行。"周行，就是大路，"行"普通话读 háng（杭），与"筐"字押韵。《诗·豳风·七月》："女执懿筐，遵彼微行。"微行，墙下的小路。引申用作动词，指在路上行走，普通话的这个义项被古汉语指"跑"的"走"字取代了，但潮汕话至今保留了这个常用的义项，凡古诗文中的"行"字大多可以用这个音来读，如古诗《行行重行行》《行路难》等。但有时为了押韵的需要，可能得读成文读音 hêng^{5}，即本文的第二个读音，如李白《赠汪伦》诗："李白乘舟将欲行，忽闻岸上踏歌声；桃花潭水深千尺，不及汪伦送我情。"

gian^{5} 指走路这个义项，潮汕话的引申义也很多，如经常走动来往，叫作"行踏"，也是古汉语遗存。如元·郑廷玉《忍字记》："他莫不是共街坊妇女每行踏。"明·王元寿《鸳鸯被》："不由我意张狂，心惊乍，谁曾向街巷行踏。"《古今小说·新桥市韩五卖春情》："那几家邻舍初然只晓得吴山行踏，次后见往来不绝，方晓得是个大做的。"

再引申指前往送礼，如"掼篮饭，行情理"；再引申就更加泛化了，指执行、履行，如"行孝"，宋·吴自牧《梦粱录·行孝》："俞廷用子亚佛，其家祖大成、父廷用及其子，凡三世行孝矣。"指指挥，使行动，如谚语："作田无牛，行棋无车。"行棋之说亦甚古老，《淮南子·说林训》："行一棋不足以见智，弹一弦不足以见悲。"使动用法，"使其行"，如"行船走马三分命"。《南史·王镇恶传》："镇恶所乘，皆蒙冲小舰，行船者悉在舰内，……舰外不见有乘行船人。"如此等等，不一而足。

"行"的第五个读音是阳上 hêng^{6}（杏），与普通话的去声 xìng 对应，品行，道行。人品行不好，潮汕话叫"无行"，或者"行止孬"。"行止"，也是古汉语词，如《旧唐书·韦贯之传》："同列以张仲素、段文昌进名为学士，贯之阻之，以行止未正，不宜在内庭。"明·冯梦龙《醒世恒言·黄秀才徼灵玉马坠》："见棘刺扒动，墙上有缺，想必那没行止的秀才，从此而去。""道行"一词也常说，有本领叫"有道行"，没本事叫"无道行"。粗俗但生动有趣的是歇后语"龙眼核拭尻仓——赛道行"，有"凭本事，看谁家本领强"的意思（赛，此处读 so^{3}，比赛，看谁强）。

龙眼核拭尻仓——赛道行

上一篇文章写“行”字，举例举了个语嫌粗俗却又生动有趣（北方话叫“话糙理不糙”）的歇后语“龙眼核拭尻仓——赛道行”，意思是凭本事、看谁家本领强。碰到高难度的棘手事情，就像这次的抗疫（新冠肺炎），哪个省份做得最好呢？就“赛道行”了，看看哪个省的本领（各种能力）高强，把问题解决得最好。

这个歇后语来源于过去潮汕农村的落后时代，村民上东司（露天厕所）大解之后，擦屁股的用具五花八门，小竹片、木片（树枝）、小稻草捆都有，有专用的名词叫“屎批”（批，音 boi^1/poi^1），专指这些刮擦屁股的专用小木片或者竹片，甚至是甘蔗的外皮（蔗批）。人的门牙长得粗大，被讥笑为“西班牙”，即谐音“屎批牙”。“屎批”都是条状的，方便操作，如果换成圆溜溜的“龙眼核”，难度当然就加大了，所以得“有道行”（有本事）者才能用好它把屁股擦干净。

这个歇后语用口语说起来顺溜，但写起来、读起来就不容易了。

首先是“龙眼”得读 $nêg^4$ oin^2，从文读 $lêng^5$ $ngang^2$ 到白读 $nêg^4$ oin^2，变化实在是大，但音理上勉强还能说得通，只是太费口舌了，这里就不啰嗦了。

“核”字潮语有三个读音：

①$hêg^4$（黑）：核心、核弹。

②hug^8（佛）：桃核、榄核。

③hag^8（学）：生核（淋巴结核）。

“龙眼核”的“核”读的是第二个读音，与“佛”字同音。第三个读音少人知道，但“生 hag^{8}”以前常听到。“核”字《广韵》入声麦韵有“下革切”音，文读为 hêg^{4}（黑），读 hag^{8}（学）可能是保留古音，麦韵字里只有个别字保留 -ag/-ah 韵母，如“礐（礐石）”“捒（扶捒 cah^{4}）”等，粤语倒是读 -a 元音韵母的。读 hug^{8} 的音《洪武正韵》里就有了，音“胡骨切”。

“拭”字读 cig^{4}（七），意思是擦拭，“拭”字是《广韵》入声职韵字，与“识式”同小韵（同音），文读为 sêg^{4}（式）；但职韵字韵母也有读 -ig 的，如“寔（‘实’的异体字）植直食（火食）熄（火灭）弋翼（鹅翼）鲫”等，而声母的 z-/c-/s- 互变，潮汕话例子太多了。故“拭”也可读 cig^{4}（七）。我原来曾经考证过一个“抑”字，《广韵》入声质韵：“抑，抑拭。”秦悉切。《集韵》入声质韵：“抑，拭也。”①从读音来看，“抑”可直接切 cig^{4}（七），但字形难以普及，这里还是写作“拭”吧。

尻仓，屁股。尻，原指臀部，如《韩非子·说林训下》：“三抚其尻而马不踶”。《说文·尸部》：“尻，脾也”。清·段玉裁注：“脾，今俗云屁股是也。”《广雅》卷六下：“尻，臀也。”今潮汕话谓臀部为“尻仓斗”“尻仓板”，正是此义。又“尻”，《广韵》平声豪韵音“苦刀切”，按规律潮音文读应为 kao^{1}（阄），白读为 ka^{1}（巧^{1}），今读 ga^{1}，稍有变异。溪母字在潮汕话中读不送气的例外字还不少，如“桔傀块掬奎窥靠渴券羌”等；再说“尻”从“九”得声，“九”也念不送气声母。另外，有些地方也叫屁股为“ka^{1} 仓”，正与送气声母的“尻”相合。“仓”字不一定是本字，有人也写作“尻川”“尻村”等。粤西雷州话第二个音节是 cui^{1}，则与“村”同音而不与“仓”同音。或者是另一个同音字“穿”也有可能：“穿”字潮汕话白读 ceng^{1}，雷州话白读 cui^{1}，皆可吻合。

“赛”文读音 sai^{3}，妇孺皆知。但在此歇后语中读 so^{3}，意思是比赛，看谁强。赛，《广韵》去声代韵音“先代切”，代韵字潮汕话有读 -o韵母的，如反切下字“代”就读 do^{7}（袋）。代韵字潮汕话读 -o 韵

---

① 李新魁、林伦伦：《潮汕方言词考释》，广东人民出版社 1992 年版，第 179 页。

母的还有："载"读 co^{7}，用容器盛放东西。如说："撮水果载在篮底。""载"，从"车"得义，原指用车、船载人载物。载人载物，就是把人"载"co^{7}在车里、船里。"埭"读 do^{7}，地名用字，澄海有埭头、尾埭、上埭，也写作"岱"，与"袋"字同一个小韵（也即同音），皆可读 do^{7}，是拦水坝的意思。"在"，《广韵》释为"所在"，音 do^{6}（多^{6}），文读为 zai^{6}（栽^{6}）。"罪"，文读为 zuê^{6}（最^{6}），但在"得罪"一词中，"罪"读为 zo^{6}（坐）。如说："你只撮话，咀了得罪着伊"（你讲的这些话，把他给得罪了）。"戴"，文读为 dai^{3}（贷），如"披星戴月""感恩戴德"等；但做姓氏用时读 do^{3}（倒^{3}），如潮州籍（潮安区归湖镇溪口村）的左联名家戴平万等。

综上所述，在潮汕话中，就有一个文读 –ai/ –oi 韵母，白读 –o 韵母的文白对应规律。–o 韵母应该是 –i 韵尾尚未产生前的比较古老的语音层次。

最后说说"道行"。道行，原指僧道修行的功夫，名词，如宋·钱易《南部新书》："门僧昙照道行甚高，能知休咎。"后来泛指能力、本领。潮汕话常说的"有道行""无道行""道行好"都是这个意思。北方方言也说，如老舍《神拳》第四幕："咱年纪轻，道行浅，压不住台呀！"潮汕话有时还把"道行"作形容词用，前面可以被程度副词修饰，如说："伊过道行，件事无两日就理到直直"（他真的很有本事，这件事他没两天就搞定了）。

要注意的是，"道行"的"行"本应读平声，普通话读阳平 xíng，潮汕话却与"言行"的"行"一样读了阳上声 hêng^{6}（杏），虽然都读错了，但都流传下来了，习非成是，约定俗成！

说到"行"字，我们这里还有几道关于"行"字读音的选择题，我先写出我选择的答案，但不是定论，大家可以讨论。

①琵琶行、短歌行（A. gian^{5}；B. hêng^{5}；C. hang^{5}）。

答案：A。这是古诗的一种体裁，即歌行体。请教了韩山师范学院中文系擅长古体诗词的陈伟老师，也说应该读 A（gian^{5}），绝大部分人也留言读 A，少数留言者读 B。

②×××一行到汕头访问（A. gian^{5}；B. hêng^{5}；C. hang^{5}）。

答案：A。普通话读阳平声 xíng。这里的“一行”，指一起行动（不一定排成一行）的若干人。留言中还有人提到唐代高僧一行，“一行”出自佛经“一行三昧”，“行”指行为修持，即修行。所以读 A（gian^5）比较合适。但我不知道佛教界的朋友有没有固有的读法。

③一行白鹭上青天（A. gian^5；B. hêng^5；C. hang^5）。

答案：C。这里指行列，与上一个“一行”不一样。

④言行一致（A. gian^5；B. hêng^5；C. hêng^6）。

答案：C。“行”在这个词中指行动，本来应该读平声的 A 或者 B，但潮汕话习惯上读成阳上声，与上文谈到的“道行”的“行”一样。

⑤慎言笃行（A. gian^5；B. hêng^5；C. hêng^6）。

答案：A。如果是“慎言之，笃行之”，就更明白了。但如果是“慎言笃行”，把“行”读成（hêng^5，形）我觉得也可以。有个别留言者读 C 的，就与第四题也读 C 一样的道理了。

“几”字的三种读音

通常来说，如果你看到有这么一句话：“你们一共来了几个人?”用潮汕话读一定会把其中的“几”读成 gi[2]（纪）或者 gi[1]（基）。但口语里会把这个疑问句说成：“你们来 gui[2]（鬼）人?”

那么，口语中的这个“gui[2]（鬼）”跟“几”字的常读音 gi[2]（纪）又是什么关系呢?

答案很简单，本来就是“几”字的文、白两个读音。“几（幾）”字属于中古音的“止”摄“微”韵字，这个韵母的字里，潮音文读韵母为 -i，白读为 -ui，这是个对应规律。其他例子还如：

机，文读 gi[1]（基），如“飞机”“机械”等；但白读为 gui[1]（归），用来撑开绣花布的圆规（通常是藤制品），叫作“花 gui[1]”；织布机旧称“布 gui[1]”，其本字就是“机”，但经常被写成同音字“规”。“机（機）”字从“几（幾）”得声，“几”“机”都读“gui”是再正常不过的事情。但“gi[1]（基）”的文读音广为人知，而“gui[1]（归）”的读音则鲜为人知。只有在古典诗词的诵读中，老一辈人偶尔还保留这个读音。例如《木兰辞》：

万里赴戎机，关山度若飞。
朔气传金柝，寒光照铁衣。
将军百战死，壮士十年归。
…………

其中“机”与“飞”“衣”“归”三字押韵，潮音都应该读－ui韵母。

“衣”字不是读i^{1}（伊）吗？怎么又可以读ui^{1}（医），与“飞”“归”押韵呢？

其实道理很简单，因为“衣”字也属于中古音的“微”韵字，所以也符合韵母文读为－i、白读为－ui的这个规律。除了《木兰辞》之外，在不少古体诗中，押韵仍然需要读－ui韵母，例如毛泽东《答友人》诗上四句云：

> 九嶷山上白云飞，帝子乘风下翠微。
> 斑竹一枝千滴泪，红霞万朵百重衣。

“衣”与“飞”“微”押韵，也应读－ui韵母。

在潮汕话中也有几个词中的“衣”字是读－ui的。如：

准备烧化给死者的衣服叫作ui^{1}，制作这些冥物叫作“糊［gou^{5}］ui^{1}”，烧化这些衣物叫作“烧ui^{1}”；新生儿的胎盘叫作“胞ui^{1}”；澄海话称茄子的蒂边上长的小叶子叫作“茄ui^{1}”。可惜大家不知道，这些词中的“ui^{1}”的本字就是再简单不过的“衣”。要是知道，写出来还真的是文雅极了。

属于“微韵”，而文读为－i、白读为－ui的还有一个“气”字。“气”字通常读ki^{3}（器），如“气体”“生气”“力气”等；但白读为kui^{3}（季），构成的词还真的不少。例如：

气力［kui^{3} lag^{8}（季六）］，词义与普通话相近，如说：“后生囝气力时作时来，孬偷惰”（年轻人活儿越干越有劲，不能偷懒）。注意：“力气”一词中的“气”则不读kui^{3}（季）而读ki^{3}（汽）。

气息［kui^{3} sig^{8}（季实）］，与普通话词义相近，多指人的呼吸之气。文读为ki^{3} sêg^{4}（汽识），但口语叫kui^{3} sig^{8}，如说：“伊个气息重死，个是感冒是咩”（他呼吸的气息很重，是感冒了吗）？

驳气［boh^{4} kui^{3}（波^{4}季）］，指熊孩子调皮难教，搞得家长难以应付。如说：“个孥囝驳气死，无人咀伊会听”（那个孩子很难对付，谁的话他都不肯听）。

断气［deng^6 kui^3（丈季）］，与普通话意思相近，文读为 duang^6 ki^1（端^6 汽），但口语叫 deng^6 kui^3，如：“只几日加班作到爱断气，有好歇猛猛歇好”（这几天加班加得都快断气了，能休息就赶快休息吧）。干活儿干干停停，三天打鱼、两天晒网则形容为“断气歇瘕”，其中之“断气”一定要白读，不能文读。如说：“栋楼起了断气歇瘕，三年还起未好”（这栋楼盖盖停停的，盖了三年还没盖好）。

还有一个古语词，叫作“敨气”，读作 tao^2 kui^3（偷^2 季），就是呼吸的意思。“敨”是解开的意思，例如把包袱解开、把扣子解开，都叫作“敨开”。宋代韵书《集韵》上声厚韵：“敨，展也。”他口切。“展”就是“展开”，音义与潮汕话都相符合。《水浒传》第二十六回：“看何九叔面色青黄，不敢敨气……”这个例子中的“敨气”，意思与潮汕话也完全相同。

除了上面的 – i/ – ui 板文白异读之外，“几”字还有另外一个读音 gua^3（挂），属于更古老层次的读音。“几个”的“几”如果是疑问词，就得读 gi^2（纪）或者 gui^2（鬼）；但如果表示若干，则是个虚数词，就得读 gua^3（挂），“几个”就是若干个，“几百”就是若干百个。所以，如果有下面的对话：

甲问：“你们来几人？”

乙回答：“我们来了几人。”

你看起来会觉得很奇怪，但潮汕话把问句中的“几”读为 gui^2（鬼），答句中的“几”读为 gua^3（挂），那就一点问题都没有了。用普通话翻译过来就是：

甲问：“你们来多少人？”

乙回答：“我们来了几个人。”

“合”字的四种读音

“合”字再普通不过了，谁都认识它，潮音读 hah^{8}（哈^{8}），如“合作”“合理”等，潮汕话俗语云：“百货合百客，阿姆合阿伯。”

但您未必知道，“合”字还有其他三个读音：一读为 hab^{8}（含^{8}），一读为 gab^{4}（蛤），一读为 gah^{4}（甲）。

先说说 hab^{8}（含^{8}），把翻开的书页等合拢起来，叫作“hab^{8} 磨”，或者“hab^{8} 眯”，“hab^{8}”的本字就是“合”。《广韵》“匣”母“合”韵，音“侯合切”，潮音正好切“hab^{8}”（含^{8}）。合上双眼，叫作“双目 hab^{8} 眯”，本字也是“合”。上文第一段中的读音 hah^{8}（哈^{8}），则是从这个音变化而来的：失去闭口塞音韵尾 -b 而改读喉塞音 -h，也即：hab^{8}（含^{8}）—hah^{8}（哈^{8}）。

第二个读音 gab^{4}（蛤），按药方配药潮汕话叫作“gab^{4} 药”，按药方配制药丸子叫作“gab^{4} 药丸”；几个人合在一起开伙叫作“gab^{4} 食”；普通话的偏旁部首“口字旁”，潮汕话叫“gab^{4} 口”或者“gab^{4} 口畔”。这些词中的“gab^{4}”本字都是“合”。《广韵》“见”母“合”韵音“古沓切”，潮音正好切 gab^{4}（蛤）。

第三个读音 gah^{4}（甲），潮汕话常用的义项有 3 个：

①单音节词，表示搭配、配合，如俗语“食鱼食肉着菜合”（吃鱼吃肉时要搭配一些蔬菜。“肉”此处训读为 bhah^{4}）。潮汕话有个成语，叫作“合群合汉”，意思是喜欢跟大家凑在一起，恋群，“合”做动词用，也应该是这个意思。

②重叠使用，“合合”，就是“刚好”。“恰好”。如说：“你只回来合合好，我正想吅爱去叫你”（你来得正好，我正想去叫你）。

③做连词或者介词，如说：“我合你来去”（我和你一起去）。“合”

字的这个读音是由gab⁴（蛤）变化而来的，道理跟上面 hab⁸（含⁸）—hah⁸（哈⁸）是一致的，也即是失去闭口塞音韵尾 -b 而改读喉塞音 -h。这个读音的“合”，从事民间文艺写作的作者常常写成潮语同音字“甲”，但从词义上看，跟“甲”没有半点儿关系。这个读音后来古代韵书中还造了个“佮”字来表示。《广韵》中这个字就有“古沓切”的读音，与“合”字音义完全相同。我觉得，用它来表示潮音的 gah⁴ 这个义项，比用“甲”字好。

“佮（合）”做词素表示符合、合适的意思来构词的还有：

佮磅：差不多，如说：“件物看着佮磅定，无呾就许好”（这东西看起来也就算过得去，不见得就很好）。

佮价：指售货的价钱与市场价格相吻合，比较合适。如说：“你抑是个价钱开了会佮价，我就个你买”（你如果开的价格合适，我就买你的）。

佮街市：与社会的看法（价值观）能够吻合，在理。如说：“你抑是话呾来会佮街市，人就听你个”（你如果话说得在理，人家就听你的）。

佮手：合手，（工具等）用得趁手，如说：“只支斧头柄我擎［kia⁵］着会佮手”（这把斧头柄我使起来很趁手）。

佮脚：合脚，鞋子穿起来合适，如说：“双鞋穿着会佮脚，号码佮佮好”（这双鞋穿起来正合脚，号码刚好）。

佮味：食物的味道适合口味，如说：“只锅汤我食着会佮味，过好食”（这锅汤味道很合我的口味，好喝）。

佮目：看起来顺眼。如说：“你只几件事做了，我看着哩无若佮目”（你干的这几件事，我觉得不怎么顺眼）。

佮身：衣服穿起来合身，如说：“你只副西装穿了怪佮身，雅死”（你这套西装穿起来很合身，帅气得很）。

佮事：合理，正好，如说：“你只车分你阿弟开么就佮事”（你这部车让给你弟弟开就很合适）。

合浦·合口畔

广西有一个地名叫作“合浦”，是个从秦汉时代一直保留至今的地名（当然，所属的行政地理范围古今变化很大），“合浦还珠”的故事闻名遐迩。汉元鼎六年（前111年），汉武帝平南越，划出南海、象郡交界地方置合浦郡，郡治徐闻（今广东省雷州市地域）；同时设合浦县，辖地为今合浦、浦北、北海、灵山、钦州等地。

合浦这个地名的读音，用普通话念当然一点都没有问题，念hé。就是外地的说粤语的人也会念成hab，声母都是h－。但我在梧州听当地人用粤语说“合浦”这个地名，叫作gab pou，询问了几个人，都是这么念的。说者无意，听者有心，我如获至宝。因为这是保留秦汉古音“晓匣归见溪群”（h－g）的铁证——“合”字的声母保留了古音g－（国际音标记为[k－]）。

无独有偶，在苍梧县考察其“茶船古道”的始发码头“合口街”时，当地人叫“合口”为“gab hao”：这个“合”字声母也是g－，也保留了古音。我把这个发现告诉了当地的文化部门，说这是秦汉古音的保留，能证明这个码头之古老。他们很高兴，说是挖掘出来了一块活化石。是的，语言中保留的古音、古词古义，就是活化石，不仅仅对语言（方言）史研究有价值，对于社会历史文化的研究，也颇具价值。

在苍梧县的六堡茶博物馆参观，我发现“合口街”这名字，展览介绍文字写作“哈口街”，我以为这个“哈”就是读ha的，听年轻的解说员解说，也说的是“ha”。但到了实地一看，不是那么回事：写的是“合口街”，当地粤语读的是gab。“合口”之来源，是因为有三条河在此处汇合。其实，博物馆写成“哈口街”，可能是想体现这个字读“gab”

（与蛤蟆、文蛤的“蛤”一样），但年轻人不懂，这怪不了她，因为这个保留了两千多年的读音实在是太古老了。

回过头来再想一想我自己的母语方言，有了很有意思的发现：口字旁，潮汕话就叫作“gab^{4} 口畔”或者“gag^{4} 口旁”？我一直犹豫，是写作“合口畔”还是“结口畔”？我自己是澄海人，口音没有保留闭口 b 韵尾，所以断定不了。有了梧州粤语这个例证，我认为，这个 gab^{4}，其实也是“合”字，跟粤语一样，保留了秦汉古音，应该写作“合口畔”。“合药”（按处方配药）、“合药丸”（按处方配制药丸）、“合食”（合伙吃饭，有点像现在的 AA 制）等词语言都读 gab^{4}（蛤，蛤婆）。普通话的“合伙”按道理潮语也应该读“gab^{4} 伙”，但这是新词，就跟着普通话读 h－声母了。

有一些词则失去了合口韵尾－b，念成了“gah^{4}”，如“合群合汉（三五成群）、合磅（差不多）、合价（价钱公道）、合手（工具等用起来趁手）、合脚（鞋子尺码正好合脚）、合目（看起来顺眼）、合嘴（食物热度正合适、不烫不凉）、合味（味道合口）、合身（衣服穿起来长短宽瘦正好）、合斗（配合、比赛）。最有趣的还有“合合”俩字成词，前一字念 gah^{4}，后一字念 hah^{8}，是一个字的两个不同历史层次读音的内部折叠。gah^{4} hah^{8}，指配合、磨合。

“合”字的这个义项，还引申为连词，如“我合你两人来去”（我合你两个人去）、“阮只次来三人：阿三、老五合我”（这次我们来三个人：阿三、老五和我）。也作介词，如“我合你来去好抑孬”（我跟你一起去行吗），“我合你呾，你还是去一下好”（我跟你说，你还是去一下的好）等。“合”做介词用的义项也是来自古代汉语，如唐·李白《月夜江行寄崔员外宗之》诗：“月随碧山转，水合青天流。”《红楼梦》第六十回：“（那玫瑰露）他爱的什么儿似的，又不好合你再要。”又六十六回：“（尤三姐）说着，将一根玉簪，击作两段，‘一句不真，就合这簪子一样’！”《老残游记》第三十章：“他既认错，你也不必合他计较。”

另外，“合”古音读为 g－还可以从以“合”为声旁的字得到佐证：鸽子的“鸽”和蛤蚧的“蛤”，普通话也读 ge，潮汕话读 gab^{4}，正宗的完整古音；“蛤蟆”的“蛤”，虽然普通话念 ha 了，但潮汕话还读gab^{4}，蛤婆（癞蛤蟆）、蛤蚷（小青蛙）等。

像“合”字一样，古音的匣母字（h－声母）保留古音声母 g－的还有“绘猴厚咸（咸淡）峡（三峡）汗（汗流汁滴）滑猾行（行动）下（gê^{6}，涂下）寒（guan^{5}，一月寒死牛）含（gam^{5}，金含）衔（gan^{5}，猫衔老鼠）划（go^{3}，划船）校（ga^{3}，上校）”等。这是古音在潮汕话的遗存。

倒倒·合合·替替·痛痛·交交

——潮汕话文白异读的类型

标题里的“倒”“合”“替”“痛”“交”五个字通过文白异读组成十个读音，也就是每个字都可以读成两个不同的读音，来组成一个词。五个字十个读音就组成了五个词。你试试看，能读出来吗？这是潮语考试的超难度加试题了，不管你会不会做，我们先放一边，先看看下文。

前面谈了潮汕话的声母、韵母和声调的文白异读。从所举的例子中，你应该知道，文白异读不是简单的一对一，也就是简单的声母与声母的不同、韵母与韵母的不同和声调与声调的不同；而是多有交叉，不同的现象错综复杂。按照规律，可以出现下列 4 种不同现象：声母 + 韵母都不同（但声调相同）；声母 + 声调都不同（但韵母相同）；韵母 + 声调都不同（但声母相同）；声母 + 韵母 + 声调都不同。

下面，我们就按照每一种不同，罗列一些例子。我们尽量找口语中经常使用的例子，以加强大家的印象。

（1）声母 + 韵母都不同（但声调相同）。

方：$huang^1$—$bang^1$，四面八方/方面—四方斗底/方圆。

芳：$huang^1$—$pang^1$，芳香/芳草—芳饭/芳水。

张：$ziang^1$—$dion^1$，开张/张力—张样做相/张力（姓名）。

知：zai^1—di^1，知道/唔知—知县/知心。

长：$ciang^5$—$deng^5$，长征/延长—长裷衫/长裤。

场：$ciang^5$—$dion^5$，排场—剧场/球场。

陈：$cing^5$—$dang^5$，陈皮—陈波（姓名）。

学：hag^8—oh^8，学习/大学—学话/学古。

寒：$hang^5$—$guan^5$，寒暑/寒假—寒死人/咸寒/生清寒。

下：hia^6—$gê^6$，不分高下/下棋—寇下/矮下。

(2) 声母+声调都不同（但韵母相同）。

土：tou^2—dou^6，土地/土话—土猴（蝼蛄）/土龙。

肚：tou^2—dou^6，肚脐/屎肚—猪肚/牛肚。

(3) 韵母+声调都不同（但声母相同）。

赖：lai^6—lua^7，信赖/依赖—诬赖/倚赖。

大：dai^6—dua^7，大家/老大—大头/大细二声。

状：$zuang^6$—$zeng^7$，状况/现状—奖状/告状。

想：$siang^2$—$sion^6$，思想/理想—想一想/会想。

代：dai^3—do^7，交代—世代/代沟。

(4) 声母+韵母+声调都不同。

浪：$lang^6$—$neng^7$，风浪—恬风静浪。

住：zu^6—diu^7，住房/住址—住在老厝/住在汕头。

树：su^6—ciu^7，树立/建树—种树/榕树。

让：$riang^6$—$nion^7$，转让/让步—相让/让你粒车（象棋术语）。

饭：$huang^6$—$bung^7$，吃饭/干饭—食饭/清饭。

易：i^6—goi^7，白居易—轻易/易易。

望：$bhuang^6$—mo^7，威望/戴望舒—渴望/望乡。

远：$iang^2$—hng^6，永远/远大—路远/想远。

汗：$hang^2$—$guan^7$，流汗/汗流浃背—流汗/汗流汁滴。

从我积累的资料来看，可以发现：第一种和第四种文白异读现象比较多（仅举9例只是为了节省篇幅），而第二、第三种现象比较少。这种情况说明，声调是比较保守稳固的，即使发生了变化，也是规律性比较强的那种变化。而声母和韵母的变化实在是太多了，有不少字可以有两三种以上的声母或者韵母的异读。例如：

成：文读 $sêng^5$（承），如成功，落成，但白读可以有 z－/c－/s－等三个声母。

zian^{5}——做成/成人成鬼/成模成样。

cian^{5}——成伊好/件事做成/匏屎放成。

sian^{5}——三成人七成打扮/撮米煮过无成。

上：文读 siang^{6}，如上海，上品，上好（最好）。白读也可以有z－/c－两个声母。

zion$^{7-6}$——地上/上车/上北京。

cian^{5}——上链（给钟表）/上烧（天气变暖和）/上青苔（长青苔）。

呼：文读 hu^{1}，如呼喊，呼口号。白读还有 k－和零声母两个读音。

kou^{1}——呼猪/呼鸡/呼狗。

u^{1}——呼喊/呼口号。

下：文读 hia^{6}，如下雨，下流。白读还有 g－和零声母两个读音。

gê^{6}——悬下（高低）/下田好泻水（比喻欺负弱势者）。

ê^{6}——下级，楼下/下落溪（走下河）。

韵母也一样，文白异读可以有多个。例如：

下：文读韵母－ia，白读还可以－ê，除了上面的例子之外，还可以读：

hê^{6}——下种（播种）/下老爷（对神许愿祈祷）/下物食（给亲友邻居发送糖果）

方：除了文读韵母－uang 之外，白读音还有－ang/－ung/－ng 三个韵母：

bang^{1}——四方（正方形）/豆方（花生糖块）/奣方（炒米糖块）。

bung^{1}——方志敏（姓氏）。

hng^{1}——药方/箍头方（秘方，土方）/地方。

笼：除了文读音韵母－ong 之外，白读音还有－ang 和－êng 两个韵母：

lang^{5}——灯笼/鸟笼。

lêng^{5}——笼床（蒸屉）。

合：文读音韵母－ah（合作，集合）之外，白读音还有－ab/－a/－ah 等三个韵母。

ab^{8}——圆合（正好）。

gab^4——合药/合药丸/合书（给书本包上书皮儿）。

hab^8——本书看直就合起来，撮花到夜昏就合起来了。

ha^5——撮蔗壳个伊合起来/合裤带。此发音意为用绳、带等捆起来。我怀疑这个 ha^5 是 hab 失去塞音韵尾而成。

这样各种组合的文白异读加起来，潮汕话的一字多音可以多到一字四五个读音，至于1对1两个读音的，就多了去了，几乎俯拾皆是。这就是潮汕话“好恶学”（好难学）的原因之一。

回过头来，再看看本文标题的五个词应该怎么读：

倒倒［do^3 dao^2］：倒过来了。例：“你只身玩具放 do^3 dao^2 了”（你这尊玩具放颠倒了）。

合合［gah^4 hah^8］：磨合，切磋。例：“你佮伊 gah^4 hah^8 着怎生？”（你跟他合作后，觉得他怎么样啦？）

替替［toi^3 ti^3］：原来写作“代替”，“代”有可能是“替”的训读字，“替”字的文白异读对应是 ti^3—toi^3，而“代”字的文白异读是 dai^3（交代）—do^7（世代）。

痛痛［dong^3 tong^3］：原来写作“疼痛”。“疼”字音“徒冬切”，阳平声，不读 dong^3。而声母送气与不送气两读，在潮汕方言中确有不少例子，d－/t－声母两读的例子如“同”字读 tong^5（大同）和 dang^5（同志），“洞”字读 tong^7（洞庭湖）和 dang^7（地洞），“唐”字读 tang^5（唐朝）和 deng^5（唐山，中国），“堂”字读 tang^5（仪表堂堂）和 deng^5（课堂）等。

交交［gao^1 lao^1］：交缠，后一个“交”字的声母 l－，有可能是上古复辅音 gl－声母分化为两个声母的残留。（参阅本书《嘎落·嘎廊——谈谈潮汕话中的上古汉语复辅音残留痕迹》篇）。

福合埕牛肉丸粿条

——潮汕话的前连读变调

汕头电视台著名潮语播音主持人许友文在他的“魅力潮语”中讲了一个有趣的例子：“福合埕牛肉丸粿条”。这个词组或者叫“复合型专有名词”，即如果每一个字（音节）都读单字音跟连在一起读的调值差别很大。例如：

福/合/埕/牛/肉/丸/粿/条

$hog^{4}/hah^{8}/dian^{5}/ghu^{5}/n\hat{e}g^{8}/in^{5}/gu\hat{e}^{2}/diao^{5}$

福合埕/牛肉丸粿条

$hog^{4-8}\ hah^{8-4}/dian^{5}/ghu^{5-7}/n\hat{e}g^{8-4}/in^{5-7}/gu\hat{e}^{2-6}/diao^{5}$

按照构词词素切分，这个词组可以有三层切分：

第一层，由6个词素构成：福合/埕/牛肉/丸/粿/条；

第二层，由3个词构成：福合埕/牛肉丸/粿条；

第三层，由2个词构成：福合埕/牛肉丸粿条。

从上面例子中我们可以看到：每一个词（词素）除了最后一个字（音节）之外，其他字的声调都发生了变化。切分不同，声调的变化情况就不同。下面是第三层切分的读法：

hog^{4-8}（福）：第四调（阴入）—第八调（阳入）

hah^{8-4}（合）：第八调（阳入）—第四调（阴入）

$dian^{5}$（埕）：第五调（阳平）—词尾音节不变调

ghu^{5-7}（牛）：第五调（阳平）—第七调（阳去）

$n\hat{e}g^{8-4}$（肉）：第八调（阳入）—第四调（阴入）

in^{5-7}（丸）：第五调（阳平）—第七调（阳去）

guê$^{2-6}$（粿）：第二调（阴上）—第六调（阳上）

diao^{5}（条）：第五调（阳平）—词尾音节不变调

这样，8 个字（音节）的一个专有名词，就有 6 个字的声调发生了变化。由此可见，连读变调是潮汕话口语的常态。你把潮音字典里的万把个字的单字音都背得滚瓜烂熟，你也说不好成句的潮汕话，因为 80% 左右的音节都要变调（与单字调不同了）。再加上文白异读多音字的选择，那就难上加难了。这就是潮汕话“好恶学”（好难学）的主要原因之一。

那么，潮汕话这种连读变调现象这么复杂，究竟有没有规律可以学习呢？尤其是外地人学潮汕话，最好能按规律来学习，才能收到事半功倍的效果，说出口语感较好的潮汕话。

下面就给大家谈谈潮汕话的连读变调规律。

潮汕话的单字调调类和调值是：

序号	调类	调值	调型	例字
1	阴平	33	中平调	分、诗
2	阴上	53	高降调	粉、矢
3	阴去	213	降升调	奋、世
4	阴入	2	低促调	忽、薛
5	阳平	55	高平调	云、时
6	阳上	35	中升调	混、是
7	阳去	11	低平调	份、誓
8	阳入	5	高促调	佛、蚀

连读变调规律（括号里的数字是调值）：

①阴平：1－6（33－33）分数、诗歌。

②阴上：2－6（53－35）粉笔、矢志。

③阴去：3－5（213－55）奋斗、世界。

④阴入：4－8（2－5）忽然、薛仁贵。

⑤阳平：5－7（55－11）云霞、时间。

⑥阳上：6－7（35－21）混蛋、是否。

⑦阳去：不变（11－11）份数、誓言。

⑧阳入：8－4（5－2）佛教、蚀本。

这是汕头市话的连读变调规律：除了第一（阴平）、七调（阳去）基本不变之外，其余6个调类就都要变化了。

比较麻烦的是，第二调（阴上）变第六调（阳上），也就是变调后的都接近于第六调；第五调（阳平）变第七调（阳去），第六调（阳上）变21也接近第七调（阳去），可谓三调合一了；第四调（阴入）与第八调（阳入）是互变，即阴入由低变高，而阳入由高变低。我们在做方言调查时，不少发音合作人总是把连读变调后的读音当成单字音来发音。例如：

高楼［gao^{1-6} lao^{5}］≈九楼［gao^{2-6} lao^{5}］

花巷［$hu\hat{e}^{1-6}$ $hang^{7}$］≈火巷［$hu\hat{e}^{2-6}$ $hang^{7}$］

投降［dao^{5-7} $hang^{5}$］≈豆行［dao^{7} $hang^{5}$］

流水［lao^{5-7} zui^{2}］≈漏水［lao^{7} zui^{2}］

劳力［lao^{5-7} lag^{8}］≈老六［lao^{6-7} lag^{8}］

是人是鬼［si^{6-7} $nang^{5-7}$ si^{6-7} gui^{2}］≈示人示鬼

这种情况给我们考释本字（正字）造成了颇大的困难，因为不知道要找的本字的单字调究竟是哪个调类的。例如：

lo^{7} li^{7}（鸡屎），这个lo^{7}是第五调阳平变阳去呢，还是第七调阳去调就是单字的本调？

la^{7} $z\hat{e}^{5}$（指说话嗲声嗲气又说不清楚），这个la^{7}也不知道是本调或者是la^{5}变调的。

pah^{4} puh^{8}（肉），这个pah^{4}是第四调阴入呢，还是第八调阳入变阴入？

$baoh^{8}$ $saoh^{8}$，这个$baoh^{4}$也不知道是本调还是由$baoh^{8}$变调来的。

ci^{6} i^{6}，这个ci^{6}究竟是本调还是第二调（阴上）变来的？

以上说的是汕头话的口音，但各地口音变调多有不同，连读变调也就成为一地口音区别于另一地口音的特征音。例如，上面举例的汕头话第四调（阴入）变第八调（阳入），潮州府城话、澄海澄城话就不变调。

例如：国家［gog^{4} gê^{1}］、作田［zoh^{4} cang^{5}］、益春［iah^{4} cung^{1}］、拍噗［pa^{4} pog^{8}］。

第三调（阴去）汕头话变入第五调（阳平），潮州、澄海则变为低降调21，接近第七调（阳去11）。例如：

去里（内）：ke$^{3-5}$ lai^{6}（汕头）；ke^{3}－低降 lai^{6}（潮州、澄海）

贵死：gui$^{3-5}$ si^{2}（汕头）；gui^{3}－低降 si^{2}（潮州、澄海）

报纸：bo$^{3-5}$ zua^{2}（汕头）；bo^{3}－低降 zua^{2}（潮州、澄海）

菜脯：cai$^{3-5}$ bou^{2}（汕头）；cai^{3}－低降 bou^{2}（潮州、澄海）

澄海话内部也有不同，上面第三调（阴去）的这个变调，莲上、莲下（旧称“苏南”）一带，在第二调（阴上）字前面调值就变成了第六调（阳去）。我就是这个口音的，从小就发现有一些城里人学这个口音寒碜我们这乡下土音。

至于说潮阳口音重，说话像吵架，主要原因是其声调（包括单字调和连读变调）降调多，造成了往下沉的听觉。我在本书的《潮州九县，县县有语》一文中已经谈过了，有兴趣的读者可以翻阅。

20 年≠20 年　脚头≠脚头

——潮汕话的后连读变调

普通话词语有轻声的读法，令我们这些南方人望而生畏，如“孙子≠孙子、老子≠老子、东西≠东西、大意≠大意”等。其实，潮汕话也有类似的轻读现象。总结起来，潮汕话读轻声的字主要有以下 13 类：

（1）某些时间名词（词素），如“年、月、日、天”等。

“年”字单字调为第 5 调（阳平，调值 55），但在纪年序数词后读第七调（阳去，调值 11）；在如下各词中也读轻声，如“前年、后年”；但在“旧年（去年）、今年”等词和基数词后面（如“十年”“八年”等），不读轻声。“明年”则两种读法均可，要根据语境做选择。“2020 年”的“年”读轻声：ri^{2-6} $\mathrm{lêng}^{5}$ nin^{5-7}。年数“20 年（二十年）”不读轻声，读：ri^{6-7} zab^{8-4} nin^{5}。

“月”字单字调为第 8 调（阳入，调值 5），用作 12 个月的月份名称而跟在序数词后面时，读轻声而与第 4 调（阴入，调值 2）相同，如“正月寒死牛，二月寒死马，三月寒死老枥枷”“十月革命一声炮响”“七月流火”等；但在表示月的数目时不读轻声，如“怀胎十月”“韩愈治潮八月”等；表示季节名称时，也读轻声，如“热月（夏天）”“清月（冬天）”等。

“日”字单字调是第 8 调（阳入，调值 5），在表示日期的序数后面和一些时间名词中，读轻声，如“六月十日、七月八日、前日、后日、大前日、大后日”等；但表示日子的数目时不读轻声，如“士别三日，当刮目相看”“十日期满”；在“下日/后日（你就知死）”“别日（我正再来）”等也不读轻声。

“天”字单字调为第 1 调（阴平，调值 33），在下列词中读轻声 7

调。如“清天（冬天）”“热天（夏天）”等；但在“秋天”“春天”“夏天”等表示季节的词中不读轻声。

（2）作宾语的人称代词和表示人或人的复数的“伙”也读轻声。如：

我［ua$^{2-3}$］　赢我、拍我。

你［le$^{2-3}$］　咀你、叫你。

伊［i$^{1-7}$］　拍伊、赢伊。

人（侬）［nang$^{5-7}$］　分人/拍人。

伙［huê$^{2-3}$］　广州伙/奴团伙。

（3）某些数量词组或表示数量的词语作补语时也读轻声。例如：

坐一下［zo^{6} zêg$^{8-4}$ ê$^{6-7}$］。

食两碗［ziah^{8} non$^{6-7}$ uan$^{2-3}$］。

买零些［moi^{2} lang$^{5-7}$ su$^{1-7}$］。

出分分［chg^{4} hung$^{1-7}$ hung$^{1-7}$］。

（4）表示方位的名词词素也有轻声现象。如（辨别轻声与非轻声的词义差别）：

底　在箱底［doi^{2}］（在箱子底下）≠在箱底底［doi$^{2-6}$ doi^{2}］（在箱子的最底下）≠在箱底［doi$^{2-3}$］（在箱子里）≠在箱底底［doi^{2} doi$^{2-3}$］（在箱子里面，强调式）。

顶　在床顶［dêng^{2}］（在桌子上）≠在床顶［dêng$^{2-3}$］（在桌上）≠在床顶顶［dêng^{2} dêng$^{2-3}$］（在桌子上，强调式）≠在床顶顶［dêng$^{2-6}$ dêng^{2}］（在桌子的最上面）。

块［go$^{3-0}$］　来上海块（来上海这儿）。

头［tao$^{5-7}$］　边头（旁边）/墘头（边上）。

（5）结构助词“个”（gai^{5}）构成的“个字结构”中，gai^{5}读轻声7调。如：青个、白个、生个、熟个、你个、我个等。

（6）时态助词“着”“了”“过”在动词或形容词后面，也读轻声。如：

着［dioh$^{8-4}$］　惊着（吓着）、考着（考上）、寒着、喏着（噎着）、中着（状元）、叮着、（乞蠓脚～）踢着、悦着（看上了）。

了［liao$^{2-3}$］　无了（没了）、了了（完了）、去了。

过［guê$^{3-0}$］　食过（吃过）、听过、咀过、作过。

（7）趋向或结果补语“来”“去”“起”也读轻声。如：

来［lai$^{5-7}$］　起来、行来（走过来）。

去［ke$^{3-0}$］　落去、走去（跑过去）。

起［ki$^{2-3}$］　收起、园起（藏起来）。

（8）语气词在疑问句或感叹句末尾也读轻声。如：

咩［mê^{0}］　你是学生咩（你是学生吧）？

　　你爱去是咩（你想去是吧）？

呢［nê^{0}］　我唔闲，你呢（我没空，你呢）？

　　伊有份，了我呢（他有份，那我呢）？

哼［hên^{0}］　你食好哼（你吃过了吧）？

　　你转来哼（你回来了）？

呶［no^{0}］　噢你在只块呶（原来你在这儿啊）！

　　你会欢喜呶（你当然高兴啦）！

（9）单音节指定代词或形容词后面用来表示“边”“度”等意义的“势”（单字调为第三调阴去，调值213），读轻声21调。如：

只势（这边）、许势（那边）、阔势（宽度）、长势（长度）、横势（宽度）、直势（长度）等。

（10）指定代词或者形容词、人称代词后面的量词或者名词也有读轻声的。如：

片［pin$^{3-0}$］　只片、许片。

件［gian$^{6-0}$］　只件、许件。

个［gai$^{5-7}$］　只个、许个、大个、细个、你个、我个。

（11）某些主谓式词或词组中的述语性词素也读轻声。如：

天光、日暗（天黑）、人孬、脑孬、头眩（头晕）、目红（眼红）、目孬、耳聋、齿痛、肚痛、肚困（肚子饿）、肚枵、手酸、脚酸、脚门孬、火着、（走到）裤嘎落、（惊到）尿流。

（12）选择问句的句末尾词及答复句的末尾词。如：

甲：你咀报中大好，抑是华工好？［ho$^{2-3}$］

乙：我看着哩中大好。

甲：你忥抑是伊忥？[$guin^{5-7}$]

乙：伊忥。

甲：只个是孬人，抑许个是孬人［$nang^{5-7}$］

乙：许个是孬人。

甲：伊重抑是你重［$dang^{6-7}$］？

乙：伊重。

甲：只样贵抑是许样贵［gui^{3-0}］？

乙：只样贵。

(13) 表示特殊语气的一些短句的末尾词。如：

我待你勿好［ho^{2-3}］！

好得你有来［lai^{5-7}］！

想食屎流［lao^{5-7}］，想富穷到［gao^{3-0}］。

有时星光［$geng^{1-7}$］，有时月光。

总结上述13种轻声的现象，可以总结出其变调的规律：

1—7：第一声阴平变第七声阳去（调值33—11）；

2—3：第二声阴上变第三声阴去（调值53—213）；

3—0：第三声阴去变低降调21，这里用0表示（调值213—0）；

4—不变：保留低短促调；

5—7：第五声阳平变第七声阳去（调值55—11）；

6—7：第六声阳上变第七声阳去（调值35—11）；

7—不变：保留低平调；

8—4：第八声阳入变第四声阴入（调值5—2）。

综上所述，就可以知道，所谓轻声，就是所有调类的调值都变低了：低平调、低降调、低曲调和低促调，调值都在3以下。因为都是后字变调，相对于上一篇文章所谈到的前字变调，有些专家就把这些现象称为"后变调"。但第八类的轻声语气词，则是纯粹的轻声调字，因为它们不是从哪个调值高的字变来的。

过好＝怪好　咔好＝较好，较脚手～较斗

潮汕话有两个使用频率很高的程度副词：一个是 guê^{3}，一个是 kah^{4}。

一直以为 guê^{3} 的汉字书写没有问题，大家都写作“过”，如“过好（很好）”“过甜（很甜）”等。由这些例子也可以知道“guê^{3}”是“很，非常，十分”的意思。但查一查《新华字典》，“过”作程度副词时，只有“超过，过分”的意思（来自古代汉语）。查了《现代汉语词典》，有“过热”（比喻事物发展的势头猛）、“过当”（超过适当的数量或者限度）、“过激”（过于激烈）等。由此可见，“过”有可能不是潮汕话“guê^{3}”的本字。

那么，“guê^{3}”的本字有可能是哪一个呢？我认为，有可能是“怪”字。“怪”字在北方话里，有跟潮汕话“guê^{3}”的词义相同的义项，《新华字典》和《现代汉语词典》就解释为“很，非常”，如“怪好”（潮语：guê^{3} 好）、“怪喜欢”（潮语：guê^{3} 喜欢）、“怪不好意思”（潮语：guê^{3} 孬意思）等。近代汉语的“怪”就有这个义项了，如《聊斋志异·公孙九娘》：“神情意致，怪似九娘。”《红楼梦》第二十九回：“怪热的，什么没看过的戏！我不去。”现在的北方方言里，“怪”的这个词义，也很常见。

词义是没有问题了，那么读音呢？“怪”字平时不都是读 guai^{3}（乖^{3}）吗（如“难怪、古怪”等）？它能否读 guê^{3} 呢？一点都没有问题！

在口语中，下面的几个俗语和词语中的“怪”字就都读 guê^{3}。如

"怪无无怪少""无怪""怪责""怪示"等。（参阅本书《怪无无怪少》一文）

另一个程度副词是 kah^4，就真的是表示"过分，超过"的意思了。如说"kah^4 好""kah^4 甜"就是好过头、甜过头的意思了。kah^4 的本字绝大多数人不知道，多数只写个音近字"咔"，因为要找个同音字都找不到。我是在跟海丰人用粤东闽南话聊天时得到启发而认为本字应该是"较"的。海丰"鹤佬话"（闽南话）把"比较好"说成"kah^4 好"，"比较甜"说成"kah^4 甜"。我推测应该是来自福建闽南话的读音和意思，查一查《普通话闽南方言词典》，果真有此读音和词义，如"较好，kah ho"①。也有"略微过分"的词义，如"秤头有较够"，"较够"解释为"略微超过应有的程度（重量）"。

我们可以通过兄弟方言之间的比较来厘清"较"的词义发展路线：

较 kah，比较（海丰闽南话）→略微超过（厦门闽南话）→超过，过分，相当于"太""过"（潮汕闽南话）。

至于读音，"较"字《广韵》有去声"古教切"一音，又有入声"古岳切"一音：前一反切潮音白读 ga^3（教），如"比较""较真"等；后一个反切潮音应该切 gag^4（角）或者 gah^4（甲），但不知道为什么会变成送气音声母 kah^4（咔^4）。台湾学者董忠司、陈淑娴主编的《台湾语字典》"较"字也有"kah^4"（相当于潮语注音：gah^4）的注音②。"较"读"gah^4"的读音，潮汕话其实也保留了，"gah^4 脚手"（比斗功夫）、"gah^4 斗"（"斗"音 dao^3，竞斗，磨合）等词的本字应该就是"较"，有比较、比斗的意思。我以前曾经以为是"佮"（合），现在看起来不如写"较"。"较"的"较竞"之意，是古已有之。《六书通·工事三》："较，借为较竞之较，与角通。"《正字通·车部》："较，相竞也。"现在普通话还有"较劲"等词语，也是"比竞"的意思。

---

① 厦门大学中国语言文学研究所汉语方言研究室：《普通话闽南方言词典》，福建人民出版社 1982 年版，第 390 页。

② 董忠司、陈涉娴：《台湾语字典》，台湾五南图书出版公司 2010 年版，第 195 页。

回头小结一下：潮汕话表示“非常、很”的副词 guê³ 的本字是“怪”，但经常写成“过”；但表示过分、超过的副词kah⁴本字却是“较”，写出来则人家会以为是“比较”的意思。

看来，方言书写还真是困难多多：写“过好”“过甜”吧，怕外地误会为“太过”“过头”了；写“怪好”“怪甜”吧，外地人是看懂了，但潮汕人自己又觉得“怪怪”的；写“咔好”“咔甜”吧，都说是“方言土字”，不是“正字”；把“正”字“较”写出来吧，则外地人和本地人一起全蒙了！

那我们搞本字的考释还有什么价值？其价值在于起码搞清楚本来是个什么字，至于方言书写能否用得上，则是个应用的问题，涉及社会语言学的“约定俗成”的潜规则，就得看看老百姓是否接受，是否能推广开去了。

鹤好＝好好　咔有＝岂有　擘树＝爬树

上一篇文章我们写了“过好＝怪好”“咔好＝较好”，谈了两个特殊的程度副词及其方言字的书写问题，今天谈谈连读变调造成声调单字音化的现象：

第一个例子是“ho^{2} – hoh^{4}”。

“hoh^{4} 好”是挺好、不错的意思，如说：

“这条歌 hoh^{4} 好听”（这首歌挺好听的）。

“澄海卤鹅 hoh^{4} 好食”（澄海的卤鹅肉挺好吃）。

“伊生来 hoh^{4} 雅”（她长得挺漂亮的）。

那么，这个 hoh^{4} 应该写什么字呢？通常都写作“好”。按词义来说，写作“好”没有问题。普通话里“好”也可以用作程度副词，“好好听”“好好吃”“好漂亮”普通话可以这样说，其他方言也会这样说，如粤语的“好好听”“好好食”“好靓”等。需要解答的问题是，“好”是上声字，但现在潮汕话却读成入声 hoh^{4} 了，本字是“好”字吗？

我认为还是“好”字，原读音上声的“ho^{2}”因为前面的喉音声母 h – 和连读变调的影响，变成阴入声 hoh^{4} 了。于是，“好好食”就出现了两种不同的变调读法，表示两个不同的意思：

hoh^{4} ho$^{2-6}$ ziah^{8}（挺好吃的），普通话读作 háo hǎo chī。

ho$^{2-6}$ ho^{2} ziah^{8}（乖乖地吃），普通话应读作 hǎo hāo chī。

“hoh^{4}”现在的方言俗字有些写作“呵”，也有写作“鹤”的，我看还是写作“好”就行了吧。

第二个由舒声调变入声调的例字是“ka^{2} – kah^{4}”。

“岂有此理”的“岂”，是非句疑问词，潮汕话读 ka^2，阴上声，在“岂有此理”“岂非”等书面语中读此音。但口语中都变读为 kah^4 了，“岂有”（有没有）、“岂是”（是不是）、“岂会”（会不会）、“岂识”（认识不认识）等。例句如：

岂有——伊岂有个你呾（他跟你说了没有）？

岂是——你岂是爱去广州（你是不是要上广州去）？

岂会——你岂会知伊个名（你知道他的名字吗）？

岂识——你岂去过美国（你去没去过美国）？

岂敢——你岂敢家己去北京（你敢不敢自己一个人去北京）？

我阅读侨批时，也正好看到不少“批”中使用了“岂有”这个词。如：

例 1：“前搭去……吞锅六个，岂有收否？”《侄才合致婶母大人批》

例 2：“儿元月十二日寄去一封大银二十元，未知岂有收到否。”《黄镇藩致父亲大人批》

例 3：“……想凤声兄回家后，各物岂有如字一一收到否？”《兄德能致惜吟贤妹批》

例 4：“……惟未知彼此次回家后岂有筹得银项给妹收用？”《兄德能致惜吟贤妹批》

句末的“否”字，口语是不用的，写批人受书面语影响，还是写了，相当于普通话的“有……没有……”。

但是，如果“岂有”出现在正式的书面语中，尤其是诗文中，“岂”字还是读上声 ka^2，不读入声。如：

怨草岂有边，恨水岂有涯。——孟郊《乱离》

岂有疏狂性，堪为侍从臣。——白居易《赠江州李十使君员外十二韵》

坐中把酒人，岂有欢乐姿。——韩愈《辞唱歌》

岂有豪情似旧时，花开花落两由之。——鲁迅《悼杨铨》

另一个由舒声变为入声的例字是“$bê^5$ – $bêh^4$”字。

“爬”字潮音本读阳平 $bê^5$，从“爪”“巴”声。潮汕话最常用的词义是：

①在地上爬。谚语有谓："七坐八爬九发牙"（婴儿七个月大能起坐，八个月能爬行，九个月长牙）。嘲讽人跑得很快去做某事，则云："爬还猛过走。"

②挠痒，叫作"爬痒"[bê$^{5-7}$ zion^{6}]。

但"爬"字还有另外一个常用义项：攀爬，即向上爬的动作行为，如"爬树""爬山""爬楼梯""猴墙爬壁""爬起去厝顶（爬上屋顶）"等。潮谚有云："好教团泅溪，孬教团爬树。"又"字无搊，爬上树"（识字的开始，如果没有反复练习，就容易忘记）。这个义项的词语，口语通常读作"bêh^{4}"（伯），这也是由舒声的 bê^{5} 转读入声的 bêh^{4} 之例。但如果是书面语朗读，则保留阳平转阳去的读音。即：

	爬树	爬山
书面语	bê$^{5-7}$ ciu^{7}	bê$^{5-7}$ suan^{1}
口　语	bêh^{4} ciu^{7}	bêh^{4} suan^{1}

潮汕话中的这种由于连读变调以后使调值发生变化，并被误作单字调的现象很常见（其他调类例字更多，以后再写），以至于我们做方言田野调查时常常要提醒发音人注意：是跟别的字连读这样读，还是单个字就这样读？发音人往往会斟酌很久才纠正过来，有时甚至就分不清了，因为他们没有"单字调"与"连读变调"的概念差别。

橛笠＝葵笠　卵裂＝狼戾
甲场＝校场　刮责＝怪责

以前的潮汕农民的标配之一是一顶竹编斗笠。这顶竹编斗笠的造型有点怪：顶儿尖尖的，澄海叫“guêh^{4} 笠”。通常以为是“guêh^{8}”（一半的意思）变调为“guêh^{4}”，如“一 guêh$^{8-4}$ 吊瓜”（一根黄瓜的一半）、“支蔗折做两 guêh^{8}”（这根甘蔗折成两段）。短裤则叫作“裤 guêh^{8}”，谓其短也。这个“guêh^{8}”字本字有人写作“橛”，“橛”字的意思是一截短木头。方言字则有人写“半”字的上半截（把尾巴切去）。

斗笠跟“一半”“一段”有什么关系呢？其实，半毛钱关系都没有。guêh^{8} 是从 guê^{5} 变调而来的，而 guê^{5} 的本字是“葵”。

“葵”字汕头、潮州、澄海等地读 kui^{5}，但揭阳市惠来县的葵潭镇当地人叫作“guê$^{5-7}$潭”，我才联系起不少地方的“葵扇”叫作“guê$^{5-7}$/guêh^{4} 头扇”，这个“guê^{5}”也就是“葵”。那么，我做出进一步的推测，“guêh^{4} 笠”，很有可能是“guê$^{5-7}$—guêh^{4} 笠”，也就是“葵笠”，道理跟“葵头扇”叫“guê$^{5-7}$—guêh^{4} 头扇”一样。存疑的是：古早的斗笠，是不是有一些是用葵叶编制的？

另外一个例子是“卵裂”，俗字常写作“浪裂”，常用作副词，如“卵裂好”“卵裂孬”等；也可以用作形容词，如说“好卵裂”“过卵裂”。俗词源我就不解释了，因为语涉粗鄙。

其实，“卵裂”的本词是“狼戾”，凶狠的意思，是个古汉语词。如《后汉书·南匈奴传》：“而窦宪矜三捷之效，忽经世之规，狼戾不端，专行威惠。”又李白《幽州胡马客歌》：“天骄五单于，狼戾好凶残。”《三国演义》第五回：“董卓欺天罔地，灭国弑君；秽乱宫禁，残害生灵；狼戾不仁，罪恶充积！”大概吧，由于“狼戾”常用作形容词，与另一个形容词并列，如上面例子中的“狼戾不端”“狼戾不仁”“狼戾凶残”等，久而久之，前面这个“狼戾”就被当作副词使用了。但是，“戾”是《广韵》去声字，音“郎计切”，潮音切 li^{3} 或者 li^{7}，今读入声 lih$^{8-4}$，也是连读变调后由舒变促（入）了，也即 li^{7} – lih^{8}。

再一个例子是“lah$^{8-4}$鲤”，潮汕话叫穿山甲为“lah$^{8-4}$鲤”，通常写作“猎鲤”，这也是一个古汉语中就有的词，但写作“鲮鲤”。《太平御览》卷九四七引（汉）杨孚《异物志》：“鲮鲤吐舌，蚁附之，因吞之。”《集韵》平声蒸韵：“鲮鲤，……一曰兽名。”按“鲮”为蒸韵字，潮音文读应为 lêng^{5}/ling^{5}（绫），古音可能是 lang^{5}（狼），登蒸韵字读 –ang 韵母的还如“曾（姓）崩冯（姓）”等。（鱼鳞的“鳞”字今文读为 ling^{5}，白读也读 lang^{5}，可做佐证）。“鲮”字今读 lah^{8}，应该也是连读变调而引起的阳入对转（lang$^{5-7}$—lah$^{8-4}$）的结果。

还有“gah^{4} 场”一词，古时候操练或比武的场地，通常按读音写作“甲场”，但“甲”非本字，本字应是“校场”。唐 · 李濯《内人马伎赋》：“人矜绰约之貌，马走流离之血，始争锋于校场……”宋 · 陆游《老学庵笔记》卷一：“淳熙己酉十月二十八日，车驾幸候潮门外大校场大阅。”全国各城市中有不少“校场口”“校场街”的地名，如北京的“校场口夜市”“校场头条”就很有名。

校场的“校”《广韵》去声音“古孝切”，普通话读 jiào，潮汕话白读音为 ga^{3}（教），如“校对”“校场”等；另一音去声匣母效韵“胡教切”，普通话念 xiào，潮音读 hao^{6}（孝^{6}），如“学校”“校园”等。gah^{4} 的读音应该是 ga^{3} – gah^{4} 舒声调转入声调，与“甲”同音了，所以经常被写作“甲场”。古汉语里“校场”有时也写作“较场”，“较”有与“校”同音的“古孝切”一音，但还有入声“古岳切”一音。如果用“较”字，则可以认为 gah^{4} 的读音本来就来自于古音。

我在前面的文章里谈到一音 guê^{3}，如“无怪”“怪无无怪少”等，但在“怪责”一词里多说成“guêh^{4} 责”，写成“刮责”。刮，潮音 guah^{4}（割），如“刮地皮”“搜刮”等；一音 guêh^{4}，如“刮鼎”（用铁器刮去铁锅的厚灰）、“刮鼻”（刮鼻子）等。其实本字是“怪”不是

“刮”。“怪责”一词，古汉语中常见，如南朝·梁·陶弘景《冥通记》卷一：“初夏至日昼眠，内外怪责，不得不说。”又《宣和遗事》前集：“皇帝赐酒，妾面带酒容，又不与夫同归，为恐公婆怪责，欲借皇帝金杯归家与公婆为照。”

“怪”连读变调后被误为单字音，所以怪责、批评别人也可以单音节说成“guêh^{4}”，如说：“乞伊 guêh^{4} 到无滴囝好”（被他斥责得一无是处）。

农历七月十五的盂兰盆节，潮汕话叫“施孤”，即给孤魂野鬼施舍祭品的意思，但几乎各地口语都叫作“sih^{4} gou^{1}”。si^{1} 变成 sih^{4} 了，这个例子是舒声韵变入声韵最无可辩驳的证据。

还有一个词——无坞堑，潮音 bho$^{5-7}$ u^{1}/uh^{4} zam^{2}，中间的“坞堑”本字不明，现在写的是两个同音字——坞堑。“坞”字的读音很不稳定，有人说 u^{1}，有人说 uh^{4}。这个词也作“无坞无堑”，“坞”字的读音同样 u^{1}/uh^{4} 不稳定。由于本字不明，我们难以断定是否属于舒声调字连读变调而读入声，但这种连读变调中的声调不稳定现象，正好说明其变化的常态化。

“时暑”还是“时序”？

大暑那天，清早起来，手机刷屏比刷牙还优先，有不少“今日大暑”的精美图画跳入眼帘，有声的视频里则传来了“小暑大暑，皮肉孬相堵”的潮汕民间节气与气候谚语。谚语的意思大概是说“小暑、大暑期间，天气炎热，彼此之间的皮肤都散发着热气，就别再肌肤相亲了”，例如不要紧挨着坐或睡等。有人把“孬”这个合音（唔好：m + ho^{2} = mo^{2}）的否定词写作“莫”，即“小暑大暑，皮肉莫相堵”。虽非本字，但从词义上和读音上都比较接近，还让外地人读得懂，我觉得也是可以的。

因为小暑、大暑的节气通常都在农历六月份，所以，这句谚语也有一句相似的：“六月暑，皮肉孬相堵。”北方话也有相近意思的谚语，叫作“小暑大暑，上蒸下煮”。

但根据潮汕劳动人民的生活经验，小暑、大暑并非一年里热得最难受的节气。“小暑大暑未是暑，立秋处暑正是暑”，因为“七热八热热厝内”，东南沿海地区的湿度大，气温高时屋里就像个烧开的大蒸笼。农历七、八月份虽然时已入秋，但高温、高湿的“秋老虎”的闷热才是真正的“上蒸下煮”。

作为节气的名称，小暑、大暑、处暑都不难解释，不懂的话查查词典也能解决问题，大家都耳熟能详的“暑假”“寒假”的“暑”，也指的是节候，是大热天的意思，所以与“寒假”相对。以前放暑假也简称“放暑”［bang^{3} su^{2}］或者“歇暑”［hiah^{4} su^{2}］，现在也很少人说了，这两个词也就算“旧词消失”了。

但在另外一些词语中，这个“暑”就不容易解释得精准了。

暑，权威的《新华字典》和《现代汉语词典》都解释为“热”，与“寒”相对。但潮汕人把夏天里“由于长时间受烈日照射或室内温度过高、不通风引起”的、“症状是头痛，耳鸣，严重时昏睡，痉挛，血压下降”的病叫作“中暑”①，以前也叫“熁着暑”。“熁”，潮音 hiab[4]（协[4]）。这里的“暑”就不是节气的意思，而是指能使人致病的“炣熁”［ho[1] hiab[4]］之气。古书里经常写到的所谓南方的“瘴疠”之气，其实指的就是这种“热带或亚热带山林中的湿热空气，从前认为是瘴疠的病原”。②“暑”字有时还可以单用作动词，如：“你爱出去着食加块水，勿乞伊暑着”（你要出门去得多喝些水，别中暑了）。

中暑在医疗水平低下、医疗条件不完善的地区，常常是会导致死亡的。所以，当不了解南方情况的韩愈先生“一封朝奏九重天，夕贬潮阳路八千”的时候，想到的就是这“瘴疠之地”的可怕，故而交代其侄孙湘“好收吾骨瘴江边”（韩愈《左迁至蓝关示侄孙湘》诗句）。看来，韩老夫子想到了死，可能因瘴疠之气中暑而死，多可怕。但万万没想到，他在潮州传道起文、劝农奖耕，为潮州社会和文化教育的发展做出了“导夫先路”的重大贡献，得到了潮州人千百年来的崇拜和敬仰。他抱着必死的灰心而来，但却以其士大夫的社会责任感和担当精神启慧造福一方，结果是“不虚南谪八千里，赢得江山都姓韩”（赵朴初诗句），韩愈不死！

韩愈先生没有因中暑而牺牲，可能潮州的气候没有他“雪拥蓝关马不前”时想象的那么恶劣。另外，到了我们这里，他治下的老百姓有很多“解暑”的土办法呀，只要他肯喝助手赵德进士煮的解暑凉水（暑茶），如“荷叶莲花水”之类，就平安无事了。所谓“解暑”，也就是解除、清除暑气（瘴气）。不知道韩愈来潮州当市长那会儿有没有草粿、西瓜、冬瓜之类，如果有的话，请韩愈先生吃碗草粿，喝碗“三皮水”，

---

① 中国社会科学院语言研究所词典编辑室：《现代汉语词典》，商务印书馆 2016 年版，第 1701 页。

② 中国社会科学院语言研究所词典编辑室：《现代汉语词典》，商务印书馆 2016 年版，第 1652 页。

（西瓜、冬瓜、秋瓜）也有解暑之功效呀。“解暑”的“解”字，有清除、解除的意思，与“解毒”“解喉毒”的“解”词义一样。

还有一个词，叫“时 su^2”，指时令。如说“此在个西瓜唔对时 su^2，无若甜”（现在的西瓜不对时令，没那么甜）。又：“对时 su^2 个羹菜就好食”（对时令的应时蔬菜都好吃）。“有时有 su^2”，则是指一定的节候、时令，不是随意的时间，如说：“生果么是有时有 su^2 个，唔是你想爱就有”（水果的成熟、上市出售是有一定的时令的，不是你想要就能买到的）。

“时 su^2”通常写作“时暑”，因为“暑”字即读 su^2。但我却怀疑 su^2 的本字不是“暑”，而应该是“序”，即应该写作“时序”。“序”潮语今读 su^6（叙），声调是阳上第六声，但此字既有《广韵》“邪”母（浊音声母）读音，也有《中原音韵》“心”母（清音声母）的读音。也就是说，读 su^6（叙）符合《广韵》的读音，与“叙”同小韵（同音）；读 su^2（暑）符合《中原音韵》的读音。所以，“时 su^2”写作“时序”更符合其词义：“季节变化的次序。”①

从词义上看，“时暑”一词古代文献少见，且指的是夏天的炎热，如晋·潘岳《在怀县作二首》诗：“我来冰未泮，时暑忽隆炽。”唐·白居易《题卢秘书夏日新栽竹二十韵》诗：“岂止消时暑？应能保岁寒。”但“时序”古代文献多见用例，而且指的就是“季节的次序”，所谓“四时运行，各得其序”，也指节候、时节。如《文选》陆机《赠尚书郎顾彦先》诗：“凄风迕时序，苦雨遂成霖。”唐·李益《合源溪期张计不至》诗：“霜露肃时序，缅然方独寻。”元·郑光祖《智勇定齐》第二折：“这些时慵怠妆梳，正遇着务农忙养蚕时序。”

如果这种推测和考证正确的话，那么，潮语字典里的“序”字就得多添加一个注音：su^2（暑）。

① 中国社会科学院语言研究所词典编辑室：《现代汉语词典》，商务印书馆 2016 年版，第 1185 页。

各种词语的衍生音节

普通话的动词可以重叠，例如“看看”“听听”“动动”等，表示动作的简单反复，如说“看看书”“听听音乐”“动动身子”。

这些动词的重叠式还可以在中间加个“一”字，变成“看一看书”“听一听音乐”“动一动身子”。

潮汕方言的单音节动词不能做这样的简单重叠，但如果单音节动词带上“掉”“死”“破”“了”等以表示动作行为的结果，组成后补式动词短语，如“踢掉”“食了”“拍死”“斫断”“剃掉”“洗白”“烧死”“卖了”等，前面的这个动词就可以重叠。例如：

踢→踢掉→踢踢掉：“伊对只椅个伊踢掉/踢踢掉”（他把椅子踹掉了）。

食→食了→食食了：“个人食加碗，钵汤个伊食了/食食了”（每人多喝一碗，把这钵汤喝光了吧）。

拍→拍死→拍拍死：“只猫鼠乞人拍死/拍拍死去”（那只老鼠被打死了）。

斫→斫断→斫斫断：“条索个伊斫断/斫斫断”（把这条绳子砍断）。

剃→剃掉→剃剃掉：“你顶毛过长，去个伊剃掉/剃剃掉”（你头发太长了，去理发吧）。

洗→洗白→洗洗白：“天时热了，撮长裷衫好挈去洗白/洗洗白了囥起了”（天气暖和了，可以把长袖的衣服洗干净了藏起来）。

烧→烧死→烧烧死：“伊许内半夜火烧厝，只狗锁在狗窦块走唔出，乞火烧死/烧烧死去”（他家里半夜里发生火灾，那条狗被拴在狗窝里没跑得出来，被烧死了）。

卖→卖了→卖卖了："猪肉铺老板撮猪肉卖了/卖卖了去，家己颠倒无猪肉食"（猪肉店的老板把猪肉都卖光了，自己家反而没肉吃）。

这种动词结果的强调式，还可以在动词前面加上一个特殊的衍生音节来表示。这个音节的构成规律公式为：

该动词的声母・声调 + ing/动词为非入声音节

+ ig/动词为入声音节

例如：

剃 ti^{3}→剃掉→ting^{3} 剃掉

洗 soi^{2}→洗白→sing^{2} 洗白

烧 sio^{1}/siê^{1}→烧死→sing^{1} 烧死

卖 bhoi^{7}→卖了→bhing^{7} 卖了

踢 tag^{4}→踢掉→tig^{4} 踢掉

食 ziah^{8}→食了→zig^{8} 食了

拍 pah^{4}→拍死→pig^{4} 拍死

斫 dog^{4}→斫断→dig^{4} 斫断

这种加上前加衍生音节的结果强调式动词短语与重叠式短语的词义基本是相同的。也即：

剃剃掉 = ting^{3} 剃掉

洗洗白 = sing^{2} 洗白

烧烧死 = sing^{1} 烧死

卖卖了 = bhing^{7} 卖了

踢踢掉 = tig^{4} 踢掉

食食了 = zig^{8} 食了

拍拍死 = pig^{4} 拍死

斫斫断 = dig^{4} 斫断

这种通过添加衍生音节而构成新词的构词法，在象声词里用得更多。

潮汕话的象声词通常都是由半虚化的表示声响的动词"叫"前加象声词构成的。前加的象声词大致有两类：第一类是双音节重叠式，也即：× × 叫。例如：

呼呼叫（风声）hu^{7} hu^{7} gio^{3}

嘎嘎叫（大雨声）ga^{7} ga^{7} gio^{3}

咻咻叫（大风从缝里吹过的尖叫声）hiu^{6} hiu^{6} gio^{3}

架架叫（骂街声）gê^{3} gê^{3} gio^{3}

第二类也是双音节象声词，但不是全音节重叠，而是双声（声母相同）词。例如：

彳亍叫（匆促貌）cih^{4} coh^{4} gio^{3}

薛煞叫（神秘貌）sih^{4} suah^{4} gio^{3}

吱喳叫（炒菜声）zi^{7} za^{7} gio^{3}

叽咕叫（比较低的翻滚声）gi^{7} gu^{7} gio^{3}

哄硞叫（物体相击声）kih^{4} kog^{4}/kih^{8} kog^{8} gio^{3}

“叫”在这些象声词中，还有“作响”的意思。但从其语法功能看来，已和前面的象声语素结合成一个凝固了的词儿用以摹声状貌了。在“彳亍叫”“薛煞叫”等例子中，“叫”虚化十分明显了。因为这类象声词名为象声，实是状貌，并无“作响”之意。

后缀“叫”有时可以替换成“吼”（hao^{2}）和“嚷”（riang^{2}）。如：

叽嘎叫（吼/嚷）gi^{7} ga^{7} gio^{3}（hao^{2}/riang^{2}）

嘻哈叫（吼/嚷）hi^{7} ha^{7} gio^{3}（hao^{2}/riang^{2}）

“嚷”和“吼”只用于表示嘈杂的声音，使用范围比“叫”小得多。

双声类象声词都可以衍生出第三个音节来，使这些三音节词变成四音节词。其构成公式为：

声母 l- + 第二音节的韵母和声调。如：

彳亍叫—彳亍（落）叫 cih^{4} coh^{4}（+loh^{4}）gio^{3}

薛煞叫—薛煞（烙）叫 sih^{4} suah^{4}（+luah^{4}）gio^{3}

吱喳叫—吱喳（啦）叫 zi^{7} za^{7}（+la^{7}）gio^{3}

叽咕叫—叽咕（噜）叫 gi^{7} gu^{7}（+lu^{7}）gio^{3}

泣酷叫—泣酷（漉/禄）叫 kih^{4} kog^{4}（+log^{4}）/kih^{8} kog^{8}（+log^{8}）gio^{3}

叽嘎叫—叽嘎（啦）叫 gi^{7} ga^{7}（+la^{7}）gio^{3}

嘻哈叫—嘻哈（啦）叫 hi^{7} ha^{7}（+la^{7}）gio^{3}

表示声音很大的象声词，后面后缀是“吼”和“嚷”者，可以把这个衍生音节替换成“母”（bho^{2}），以表示其“大”，例如：

叽嘎嚷/吼—叽嘎母嚷/吼 gi^{7} ga^{7} bho^{2} riang^{2}/hao^{2}

嘻哈嚷/吼—嘻哈母嚷/吼 hi^{7} ha^{7} bho^{2} riang^{2}/hao^{2}

斜、衰、骑：在古诗中潮汕话怎么读？

一篇关于普通话异读字审音问题的微信文章，引起了社会的广泛关注和热烈讨论，专家们也都出来发表意见。这引起我对潮汕话朗读古诗词是否也有类似问题的思考，因为潮汕话中的异读多音字比普通话多得多，类似的难以处理好的读音问题也肯定存在。我们不妨也以这三首诗来分析，讨论一下潮汕话朗读古诗的问题。

山　行

唐·杜牧

远上寒山石径斜，白云生处有人家。

停车坐爱枫林晚，霜叶红于二月花。

这是一首大家耳熟能详的唐诗，但用潮汕话读起来，韵脚却不好处理。我斟酌了一下，处理方案有二：

①“斜”读 sia^5（邪），“家”读 gia^1（佳），“花”读 hua^1（华^1）。

②“斜”读 sia^5（邪），“家”读 $gê^1$（稼^1），“花”读 $huê^1$（灰）。

方案①基本是按文读音朗读，都能押韵，缺点是“家”读 gia^1（佳）、“花”读 hua^1（华^1）都是平时认字、说话不用的音。方案②则按现在的口语白读音读，“家”读 $gê^1$（稼^1）、“花”读 $huê^1$（灰）能押韵，但“斜”读 sia^5（邪），就不押韵了。

回乡偶书

唐·贺知章

少小离家老大回，乡音无改鬓毛衰。

儿童相见不相识，笑问客从何处来。

这首诗的处理方案也有两个：

①“回”读 huai^5（怀），“衰”读 suai^1（摔），“来”读 lai^5（莱）。

②“回”读 huê^5（茴），“衰”读 suê^1（岁^1），“来”读 lai^5（莱）。

方案①是文读音，都押韵；但“回”读 huai^5（怀）、“衰”读 suai^1（摔），也都是平时认字、说话不用的音。方案②“回”读 huê^5（茴）、“衰”读 suê^1（岁^1）是口语白读音，但与“来”读 lai^5（莱）不押韵。

过华清宫

唐·杜牧

长安回望绣成堆，山顶千门次第开。

一骑红尘妃子笑，无人知是荔枝来。

这首诗的处理方案有三个：

①“堆”读 duai^1，“开”读 kai^1，“来”读 lai^5。

②“堆”读 dui^1，“开”读 kai^1，“来”读 lai^5。

③“堆”读 dui^1，“开”读 kui^1，“来”读 lai^5。

方案①三个韵脚都能押韵，但“堆”字读音古怪。方案②“开”读 kai^1、“来”读 lai^5 押韵，但与“堆”读 dui^1 不押韵。方案③“堆”读 dui^1、“开”读 kui^1 押韵，但与“来”读 lai^5 不押韵。

另外，“骑”读 kia^5 是阳平声，读 kia^3 阴去是仄声。从格律诗的平仄要求来说，必须读阴去声才符合古诗的格律要求。但《新华字典》已经删去了去声的旧读音 jì，就对不上号了。

像这样韵脚难以处理的诗在七律、五律中就更多，八句诗中有四五个韵脚字，由于语音的历史变化，很难保持一韵到底，全部押韵了。

那么，为什么会出现这样复杂的情况呢？

这是因为字音的历史音变造成的。我们现在读唐诗，时间跨度已有千年左右。在这千年左右的时间里，原来属于同一韵部、完全可以押韵的字，在每一个方言里都有了不同的变化发展。这种语音的历史音变是有文献资料可以考证的。如果以《广韵》的韵部作为唐宋时期的汉字读音依据，我们把这些例子用自己的母语方言读一下，就知道这些字的今音是怎么分化的。如上面的杜牧《山行》的韵脚都属于《广韵》的“假”摄“麻”韵字，但“家、花”是二等字，“斜”是三等字。就是这个二等和三等（开口度大小和介音不同的差别）的不同，造成了后代的分化（普通话与潮汕话都一样）。杜牧的《过华清宫》和贺知章的《回乡偶书》的“来、开”属于《广韵》的“咍”韵字，“回、堆”属于“灰”韵字，唐宋时期它们的主要元音相同，但是“呼”不同（“来、开”是开口呼，“回、堆”是合口呼），所以也可以押韵。就是因为“呼”的不同，造成现在分化为不同的韵母。

那么，对这些古诗的读音的选择，就不是谁对谁不对的问题，而是谁更好的问题了。

《潮州话拼音方案》的故事

2018年3月13日，澎湃新闻发了一篇署名郑子宁的文章——《汉语拼音60年｜你知道吗，广东话、闽南语也有拼音》，其目的可能是纪念《汉语拼音方案》出台60年。该文开门见山，直云："1958年，汉语拼音方案出台，从此汉语拉丁化第一次有了由官方强力背书的标准化方案。"① 时至今天，"汉语拼音方案在海内外影响愈来愈大，已经大有成为全世界默认的汉语拉丁转写方案的趋势"。

难得的是，文章作者还对广东省教育行政部门当时组织人力编写的广东方言的四大拼音方案加以肯定。文章云："在这波制造拼音的浪潮中，位于中国南方、省内方言和北京话差异较大，同时内部差异显著的广东省可说最为积极。""广东是著名侨乡，港澳地区及海外都有大量广东籍人士，因此广东各方言的影响力也远远大于其他方言。种种因素作用下，在当时人看来，对广东省的方言制定拼音方案是很有必要的。"

于是，当时的广东省教育行政部门（相当于现在的教育厅）积极组织编制小组编制方案，终于在1960年9月编定推出了广州话、客家话、潮州话和海南话四套拼音方案。

郑文认为：广东各大方言的拼音方案中，"潮州话拼音最为成功"。其主要原因是潮汕话生存环境的特殊性，"潮汕社会环境保守而稳定、宗族力量强大，方言在各种场合的使用率更高"。其次是"潮州话拼音设计整体较为成功，拼写也比较美观"。最后是"潮汕地区有方言读书

---

① 郑子宁：《你知道吗，广东话、闽南语也有拼音》，澎湃新闻，https://www.thepaper.cn/newsDetail_forward_2018903。

的习惯，因此对知道生僻字的潮州话读音有强大的需求。潮汕地区中小学语文老师几乎人手一本《潮州音字典》。这些字典里面的注音就是用的潮州话拼音”。换句话说，就是：“潮汕拼音推出后应用相当广泛。尤其是在字典辞书中广泛使用。”其实，第三个原因的形成，还有一个广泛的群众基础，那就是民国时期出版的几十种发行总量以百万册计算的“十五音”类字典，使拼音成为潮汕人学文识字的基础知识。另外，按偏旁部首编写的方言与官话对照的字典在民国时期发行量也很大，使方言教学在潮汕地区成为可能，成了一种普遍现象。一直到我读小学的20世纪六七十年代，中小学用方言教学还是如此，尤其是在乡镇学校。所以，人手一册的，不仅仅是语文老师，而是几乎家家户户都藏有并使用方言字典。

一说到潮州话拼音方案，我们就会想起当时方案编制组的“中大三杰”：中山大学中文系的黄家教、李新魁、曾宪通老师。（说起来也是近乎神奇：我2018年3月10日刚刚与同学陈小枫、陈伟武教授和我太太一起到母校中大去拜访了黄家教夫人龙婉云师母和曾宪通老师，3月13日澎湃新闻的文章就发表出来了。）

黄家教老师和龙婉云老师伉俪都是中国著名语言学家王力先生的学生。黄家教老师1947年毕业于中山大学文学院，是王力先生任教于中山大学语言学系的首届毕业生，毕业后一直从事汉语方言学的教学和研究，建树颇丰。黄家教老师的父亲是文理兼通的著名学者黄际遇教授。黄际遇教授生前曾任中山大学数学、天文系主任，并在中文系开讲“说文解字研究”和“骈文研究”课程，在历史系开讲“魏晋南北朝史”课程。黄家教先生幼承庭训，更兼有大师培养，遂成一代名师。黄家教老师很早就有潮汕方言研究成果面世，《潮州方音概述》发表于1958年第1期的《兰州大学学报》（黄老师曾在兰州大学讲学）。后来陆续发表有《广东四种方言字典的编写》《潮安畲语概述》《潮汕方言的代表语问题》《“厚茶”小议——潮汕方言释词之一》等等。

李新魁老师和曾宪通老师是中山大学中文系的同班同学和挚友，1955年夏考入中山大学，黄家教老师是他们的老师。时值解放初期，扫除文盲和推广普通话运动开展得红红火火，他们便在黄家教等老师的带领下做方言的调查和研究工作。曾宪通老师曾经送我一本他们下乡调查后编成的普通话词语与潮汕话词语的对照读本。1956 年李新魁老师已经独立完成《潮州话研究》初稿，1958 年与人合作出版《潮州人学习普通话手册》。1960 年，李新魁老师负责为广东省教育部门起草《潮州话拼音方案》。在这个时期前后，他发表了一系列推广普通话的文章，如《潮州人学习北京音》《潮州人学习普通话的难点和克服方法》《潮州话的几种特殊句式》《潮州话方言的数量词》等。“文化大革命”一结束，绝大多数知识分子还生活在“文革”后遗症的惊魂未定状态之中，李新魁老师的《普通话潮汕方言常用字典》和《新编潮汕方言十八音》就出版面世了（1979），正好满足了求知若渴的潮汕人民的急迫需求。其实这是李新魁老师此前 20 年调查研究的成果，厚积薄发而已。

由此可知，《潮州话拼音方案》之所以能比较科学制定和广泛推广，是因为有这几位后来大名鼎鼎的学者们青春焕发时期的调研成果作为坚实基础的。老师们筚路蓝缕、以启山林之功，将记录在广东省的扫除文盲、推广普通话和现在的语言资源保护工程的史册上，名垂青史！

谨以此文，怀念敬爱的恩师黄家教、李新魁教授，并祝龙婉云师母、曾宪通老师健康长寿！

二

词词典雅

阿三·阿四，老公·老猪

潮汕方言中有个前缀（有些语法书籍叫作“词头”）“阿”（a^1），常用在亲属称谓、排行或姓名之前。如：

亲属称谓：阿公（爷爷） 阿舅（舅父）阿叔（叔父）阿姐（姐姐）
排行称谓：阿大 阿二 阿三 阿四 阿尾（最小的，老幺）
姓名称谓：阿林 阿李 阿伦 阿杰

新中国成立初期有提倡勤俭节约的乡间墙壁广告云：“新阿大，旧阿二，补阿三。”意思是老大穿新的（衣服），老二穿旧的，老三穿打补丁的。

“阿”用作前缀，在南方各汉语方言中是普遍存在的现象。它是从汉魏六朝时保留下来的古语词。北京大学中文系的著名语言学家王力先生认为：“词头‘阿’字最初用作疑问代词‘谁’字的词头（阿谁），而‘阿谁’可能是从‘伊谁’变来的。‘伊谁’在《诗经》里已经出现了。”① 而中山大学中文系的著名语言学家李新魁先生却认为：“这个‘阿’事实上是来自苗语，这个词头大概是古“台语”各种语言所具有的，它首先被吸收到南方的汉语方言中来，然后在魏晋时期传到北方话，并且进入书面语言。”② 我们认为：先秦汉语和古“台语”的名词前面都可能有一个开口度较大的音节作为前缀（词头），以便呼应。“阿”是这

① 王力：《汉语语法史》，商务印书馆 1989 年版。
② 李新魁：《广东的方言》，广东人民出版社 1994 年版。

个音节在南北朝时的写法，例如《世说新语・识鉴》："周伯仁母冬至举酒赐三子……周嵩起，长跪而泣曰：'……唯阿奴碌碌，当在阿母目下尔。'""阿奴"是周伯仁对母自称。"阿奴"之称，今潮汕话犹存。再如《北齐书・恩幸传・穆提婆》："提婆母陆令萱配入掖庭，提婆为奴。后主在襁褓中，令其鞠养，谓之干阿奶。"南方方言把这个"阿"保留下来了，潮汕话是保持得比较完好的方言之一。

潮汕方言常用作称谓前缀的还有一个"老"。如：

亲属称谓：老公（曾祖父）　老舅（外婆的兄弟）　老叔（祖父的弟弟）　老姑（祖父的姐妹）

排行称谓：老大　老二　老三　老四　老尾（最小的，老幺）

姓名称谓：老林　老李　老伦　老杰

对比"阿"的例子，我们可以看到，"老"用在排行前面跟"阿"的意思相近，语言风格有一点点不同而已。用在单字姓氏前面也可以，但通常不用在双音节或者三音节的姓名前。但亲属称谓之前加"老"，意思就大不相同了，因为"老"在这里就是个实词性语素，表示更高一级的辈分。试比较：

阿公（祖父）—老公（曾祖父）

阿舅（舅父）—老舅（外婆的兄弟）

阿叔（叔父）—老叔（祖父的弟弟）

阿姑（姑母）—老姑（祖父的姐妹）

用在亲属称谓之前可以认为是前缀的只有"老兄"和"老兄老弟"（哥儿们）等个别词儿。现在使用的"老婆""老公""老外"等词语是从普通话或者粤语新引进的词语。

"老"作为前缀，普通话也用，它显然是从形容词（表示年长）逐渐虚化而来的，大概起源于魏晋南北朝，唐代便流行起来，后来一直沿用下来，只是各地方言的用法稍有不同罢了。潮汕方言中也有一些原有的词语“老”是用作没有实际意思的前缀的。例如：

老丑，潮剧戏谚有“老丑咀白话”，说的是潮剧里的丑角道白多是用土话俗语，引申指说白了，说清楚了。“老丑”作为丑角，并没有强调年龄的“老”。而“老旦”与“花旦”相比而言，就有年长的“旦角”的意思了。

《西游记》里的猪八戒叫“老猪”，孙悟空叫“老猴”，也没有带年长的意思，不知道是否从“老鼠”“老虎”等普通话动物名称词语模仿而来。如果从言语风格来看，“老丑”“老猪”“老猴”等倒是给人以诙谐亲切的感觉。

老师囝·翁姐囝·日本囝，鸡囝·睏囝·滴囝

孩子、儿子的“子”粤语叫作“仔”，但潮汕话叫作 gian[2]（惊[2]），民间多跟粤语写作“仔”，但闽语的本字是“囝”。“囝”是个古老的闽方言词，儿子的意思。唐代的顾况有《囝》诗云：“囝生闽方，闽吏得之。”自注云：“闽俗呼子为囝。”

“囝”，现潮汕话可泛指子女。如：“老师囝”（教师的子女），“头脑囝”（领导干部的子女。脑，白读音 lo[2]，裸）等。后来，经过逐步虚化，“囝”成了与普通话的“子”、广州话的“仔”相近的后缀。“囝”表示的附加意义和语法意义有下面若干种。

（1）表示年纪小的，如：

丈夫囝（男孩。丈夫，白读为 da[2] bou[1]）　珠娘囝（女孩。珠读为 ze[1]）

孥囝（小孩）　细囝（小孩）　幺囝（小孩）　后生囝（年轻人）

舅囝（小舅子）　姨囝（小姨子）

新妇囝（小媳妇，童养媳）

（2）用于两种亲属称谓的合称词后面。从“小”的意义引申出亲昵色彩的附加意义，还带有复数意义。这种称谓名词所指的人，通常也是较年轻的，但有时也可用于年纪大的人。如：

翁姐囝（小两口）　姊妹囝（姐妹）　兄弟囝（兄弟）

(3) 表示某一类人。从“儿子”“小”的词义引申出轻蔑的色彩，因为在我国有父尊子卑的传统观念。如：

日本囝（日本鬼子）　　美国囝（美国鬼子）
剃头囝（理发的）　　拍铁囝（打铁的）
戏囝（演戏的）　　杀囝（扒手）
贼囝（小偷）　　青盲囝（瞎子，多指会算命的）

解放初期的童谣云：“美国囝，鼻钩钩，偷食人民猪肉包。”“美国囝”的“囝”就明显带有贬义成分。但有时候责骂小孩或朋友也用“囝”作后缀，则与用“鬼”骂人一样，是带亲昵色彩的，如“白仁囝”（傻孩子）、“白虎囝”（兔崽子）、“衰囝”（倒霉的孩子）等。

用“囝”作后缀构成的这类贬称词的构词法较灵活，“囝”的前面的语素可以是形容词性的，如“痞囝”“短命囝”；也可以是名词性的，如“日本囝”“戏囝”；也可以是动词性的，如“杀囝”“拍铁囝”；等等。

(4) 从年纪小引申而指动物、事物的小，如：

鸡囝（小鸡）　猫囝（小猫）　狗囝（小狗）　猪囝（小猪）
刀囝（小刀）　碗囝（小碗）　鼎囝（小铁锅）床囝（小桌）
椅囝（小凳儿）厝囝（小屋）

(5) 用在时间名词或者量词后面，表示某一段较短的时间，如：

下昕囝（下半晌）　暝昏（暗）囝（傍晚）　一睏囝（一会儿）
一下囝（一下子）

(6) 用在数量结构之后，表示数量少、程度浅，如：

一滴囝（一丁点儿）　一撮囝（一小点儿）　二粒囝（没几颗）

一点团（一点点儿）

实际上，这些词语中的“团”应该算是量词的后缀。数量结构中的数词通常可以省略不说，而且还可以与高度抽象且有限定作用的名词性词素“物”结合，构成量名结构的名词性词组。如：

滴团物（一点点儿东西）　　撮团物（一小点儿东西）
块团物（一小块儿）　　段团物（一小段儿）
粒团物（一小粒儿）

伙·鬼·客·婆·公·母

除了“团”之外，潮汕话用来指人的后缀还有下面若干个。

（1）伙。**作为后缀，表示某类人的复数的语法意义。**读轻声，调值接近阳去。如说：

妈人伙（娘儿们）　　孥团伙（孩儿们）

后生伙（青年们）　　学生伙（学生们）

“伙”是从古代的兵制单位“火”脱胎而来的，与普通话的“伙伴”“一伙”“大家伙”的“伙”同源。在潮汕话中，“伙”还保留有用作实词语素的词义，表示属于哪里的人。如：

你底块伙（你哪儿人）？

我汕头伙（我汕头人）。

显然，作为后缀的“伙”是从上述词义虚化而来的。“底块伙”的“伙”读阴上调 huê² （火），“汕头伙”的“伙”读轻声音近阳去 huê¹¹（化），显示出虚化的苗头。

（2）鬼。**用作后缀，指某一类人，常带贬义。**如：

咸涩鬼（吝啬鬼）　　痴哥鬼（好色之徒）

无头鬼（吃饭狼吞虎咽者）　　枵饿鬼（饥不择食者）

卵脬鬼（马屁精）　　　　　　趱马鬼（马屁精）

用“鬼”作后缀普通话也有，但多做“鬼子”，如“日本鬼子”“美国鬼子”等。用“鬼”作后缀的这类名词如果是用于对小孩或熟人的善意讽刺或责骂的，则带有亲昵色彩。如：

孥团鬼（小鬼头）　　　　　　愚鬼（蠢货，“愚”音 nga^3）
老实鬼（老实巴交的人）　　　白仁鬼（笨蛋）

“鬼”的构词特点是前面的语素多数系形容词性的，这些语素加上“鬼”之后，便成为名词。所以，“鬼”是个具有构形功能的名词后缀。

用“鬼”来形容某类人而后虚化为后缀，缘于人们对鬼的丑恶形象之憎恶；而用于表示亲昵色彩，则是因为中国人“骂是爱”的特殊的幽默感和修辞手法。粤语形容老朋友之间的亲密关系也云“老友鬼鬼”。

（3）客。**表示来自某地方的人，是“来客”一义的虚化**。通常用在地名的后面。如：

香港客（指从香港回来的人，俗语有“香港客，无一千，有八百”）
番客（指从海外回来的华侨华人）　　　暹罗客（泰国番客）

也有特指某类人的。通常带贬义。如：

卵脬客（阿谀奉承的人）　　　　屄精客（会巴结人、会来事者）

（4）婆。**“婆”在潮汕话中常用来指某类女人，通常是上了年纪的，且带有轻蔑色彩**。如：

媒人婆（媒婆）　　　　洗衫婆（洗衣妇）
收生婆（接生妇）　　　落神婆（巫婆）

当然，也有泛指的，贬义并不明显的。如：

生团婆（产妇。俗语有“生团婆，食一箩”，谓产妇胃口好，饭量大）

番婆（外国女人，通常指“番客”娶回来的外国老婆）

上述各例中的“婆”读 puɑ⁵（破，阳平）。由于“婆”有年纪大的附加意义，所以引申出表示形体较大的事物的附加意义，通常与性别无关。此义的“婆”读 bo⁵。如：

老鹰婆（老鹰）　　蚝婆（大牡蛎）　　蛤婆（癞蛤蟆）

笸婆（装鱼虾的大竹篓，也可以说“大笸婆”）

（5）公。像“婆”一样指大的东西的还有“公”。“公”作为名词在潮汕话中基本义是祖父，从辈分高、年龄大的意思引申出指事物的大的附加意义。如：

碗公（大海碗，也作“大碗公”）　　蚁公（大蚂蚁）

指头公（大拇指，脚大拇指叫“脚指头公”）

（6）母。“母”也可以作为名词后缀表示大的、主要的。如：

拳头母（大拳头）　　桁母（栋梁，也作“大桁母”。“桁”读 ên⁵）

药母（主药）　　秆母（麻秆）

沙母（大沙粒，也作“沙母猴”）

很明显，“母”作为后缀的附加意义是从“母亲”的本义引申虚化而来的。

真相·力相·清气相·儳傺相·可怜舐相·鼠鬼卯相

相，表示相貌及其相关的词义在潮汕话里有文白两个读音：

（1）文读 siang3（商3）。第一个义项指相貌，用作名词，如“人不可貌相，海水不可用斗量”“相貌”等；引申指存在的事实，如“真相”。但奇怪的是，“真相”的反义词“假相”，却经常被写作“假象”，潮音读作 siang6，是“象”字的读音了。第二个义项指看、观察，用作动词，如“相亲”“相机行事”等。

（2）白读 sion3（箱3）。第一个义项指相貌及其相关的事物，用作名词，如“人相”“相机”“相片”“破相”等；第二个义项用作动词，指看、观察，如“看相”［kang3 sion3］（仔细观察，细看），“相面”，“相五行”（看面相算命）。

“相”白读 sion3，作为相貌的义项，最常用的词是“破相”，原义是相貌被破坏了，跟“毁容”意思差不多，如《儒林外史》第二十三回：“万家走了出来，就由不的自己跪着，作了几个揖，当时兑了一万两银子出来，才糊的去了，不曾破相。”引申指生病，病恹恹的样子，当然相貌也就不好看了。如说：“伊只二日破相，无便来上堂”（他这两天病了，没办法来上课）。

“相”引申义指样儿、样子，与“样”配合组成双音节词“样相”（ion7 sion3），是一个名词，还是“样儿”“样子”的意思。如说：“你只副样相，了就咀爱去考电影学院?”（就你这尊容，还敢想着要去考电影学院）

“相”也可以组成四字的成语，如：

张样做相：装模作样。如说“伊上会张样做相，你勿理伊”（他最能装了，你别理他）。

龟样鳖相：一副龟头龟脑的样子。如说“个物生来龟样鳖相，鬼正悦着伊”（他长得龟头鳖脑的，鬼才喜欢他）。

大样大相：大大方方的样子。如说“伊大样大相就行入去，无人敢把伊”（他大模大样地就走了进去，没有人敢拦他）。

后来，“相”从“样子”的实际词义，发展到有点泛化、虚化，用来做后缀（词尾），表示人的某种品行，如：

臭相：不是东西变质发臭的味道，而是指人的品质不好，不讲信用、好耍赖等。如说“伊个人过臭相，你孬相信伊”（他经常耍赖，你别信他）。

力相：“力”是“力落”，勤快，犹如粤语的“勤力”。如说“只个后生囝过力相，乜事都好做”（这个小伙子很勤快，什么事都肯去做）。

儠偛相［nah^4 sab^4 sion^3］：不讲卫生、邋里邋遢的样子。如说“你只块儠偛相形，无姿娘囝好嫁你”（你现在这种邋遢样儿，没有姑娘愿意嫁给你）。加强版叫“鏖糟儠偛相”，“鏖糟”潮音 o^1 zo^1，也是不讲卫生的意思。

清气相［cêng^1 kih^4 sion^3］：讲究卫生、干净清爽的样子。“清气”是干净、卫生的意思。

鼠鬼卵相［ce^2 gui^2 lang^6 sion^3］：小气、猥琐的样子。小样儿，如说“个物块形鼠鬼卵相，你勿佮伊交插”（那家伙小里小气的，你别跟他交往）。

可怜舐相［ko^2 lêng^1 zi^6 sion^3］：很想要的样子。如说“个孥囝可怜舐相，你么就乞伊”（这孩子眼巴巴地想要，你就给他吧）。

唔上相［m^6 zion^6 sion^3］：不是拍照不上相的意思，而是指人低俗、贱格。如说“伊个人过唔上相，好去做撮无影迹事”（他太低俗了，喜欢做一些很贱格的事儿）。

鄙相［pi^2 sion^3］：对人不怀好意地进行评头品足。如说“伊家己生孬哩唔知，上好鄙相别人定”（她自己长得丑不自知，却喜欢评头品足挑别人的短儿）。一开始“鄙”的词义可能是长相，后来引申泛指各个方面了。

生相［sên¹ sion³］：与人的相貌好像无关，但与人的命运却息息相关，它指的不是“众生相”，而是鼠牛虎兔等十二生肖，即属相。而且“相”还可以用来做动词，指属什么生肖，如：“我相鸡，你相乜个?”（我属鸡，你属什么?）

翁姐原义是父母，大人却是称父亲

——亲属称谓趣谈（一）

夫妻，潮汕话叫“ang¹ zia²（氨者）”，小两口叫“ang¹ zia² 团”。

“ang¹ zia²”的本字是“翁姐”。翁，原指父亲，最为人熟知的用例是《史记·项羽本纪》：“汉王曰：‘吾翁即若翁。’”（我阿父就是你阿父。）宋·陆游《示儿》：“王师北定中原日，家祭无忘告乃翁。”唐·王梵志《一种同翁儿》诗：“一种同翁儿，一种同母女。”“翁”均指父亲。《广雅·释亲》：“翁，父也。”正合此例。姐，原指母亲，《说文·女部》：“蜀谓母为姐。”《广雅·释亲》：“姐，母也。”《广韵》上声马韵：“姐，羌人呼母。”“兹野切”。宋·叶绍翁《四朝闻见录·宪圣不妒忌之行》：“上尝语宪圣曰：‘极知汝相同劳苦，反与后进者齿，朕甚有愧，俟姐姐归，尔其选已。’”姐姐，指高宗的母亲韦太后。当代，仍有以“姐”称母亲的方言，余心乐《赣西北方言词考释》谓：“今武宁东北部呼母为‘阿姐’。”奇怪的是，潮汕话居然把指父母的称谓用来指夫妻，只能解释为是亲属称谓的移称，但这种移称何时开始，尚未知。

“翁”在潮汕话中有 3 个读音：一音 ong¹（嗡），指老翁，白头翁、不倒翁的“翁”读此音；一音 êng¹（英），姓氏，如：翁万达；一音 ang¹（氨），指丈夫。

“姐”一音 zê²（斋²），指姐妹；一音 zia²（者），“小姐”的“姐”读此音，与“翁姐”的“姐”同。

亲属称谓辈序下移还有一例：“舅”原来指岳父，如《三国志·蜀书·先主传》：“献帝舅、车骑将军董承辞受帝衣带中密诏。”南朝·

宋·裴松之注：“董承，汉灵帝母董太后之侄，于献帝为丈人。盖古无丈人之名，故谓之舅也。”董承的女儿是汉献帝的贵人，董承即是献帝的岳父。

由此可见，在南北朝称岳父为“丈人”之前，是称作“舅”的，而“舅”在潮汕话中指的是母亲的兄弟，也就是从岳父降低一级，变成舅父了。

其实，“舅”在古代可以是对夫妻双方父母的尊称。也就是说，在秦汉之际，所谓“舅姑”，既可以指岳父岳母，也可以指公公婆婆。《礼记·坊记》：“昏（婚）礼，壻（婿）亲迎，见于舅姑。”汉·郑玄注：“妻之父母也。”同样是《礼记》，其《檀弓》篇下云：“昔者吾舅死于虎，吾夫又死焉，今吾子又死焉”。也是郑玄注：“夫之父曰舅。”这个“舅”就等于“翁”了，“舅姑”等于“翁姑”，指公公婆婆。

那么，“舅”什么时候被用来称母亲的兄弟呢？其实，先秦也已经有文献用例了，如《诗·秦风·渭阳》：“我送舅氏，曰至渭阳。”汉·毛亨传：“母之昆弟。”这也就是说，先秦的“舅”，只是尊称而已，内外均可，不同辈也可，真的是乱套了哈！专门用于异姓“外家”，可能与另一用法有关，《诗·小雅·伐木》：“既有肥牡，以速诸舅。”唐·孔颖达注：“天子谓同姓诸侯、诸侯谓同姓大夫皆曰父，异姓则称舅。”宋·朱翌《猗觉寮杂记》卷下：“《尔雅》：‘妻之父为外舅，母为外姑。’今无此称，皆曰丈人、丈母。”为了甄别这种称谓的乱象，便加了个“外”字。后来，便从“外舅”（岳父）——舅父（舅舅），都指“外家头”的了。

唐代之后的例子，就多是指舅父的了。唐·杜甫《近闻》诗：“似闻赞普更求亲，舅生和好应难弃。”唐·薛调《无双传》：“又旬日，仙客遣老妪，以求亲之事闻于舅母……又数夕，有青衣告仙客曰：‘娘子适以亲情事言于阿郎。’”“亲情事”谓婚姻之事，今潮汕话仍谓谈婚事为“诐亲情”。

有舅父就有舅母，舅母潮汕话叫作 gim^{6}（今^{6}），大概宋代就有这种称谓了。宋·张文潜《明道杂志》云：“经传中无婶与妗字……妗字乃舅母二字合呼也。”《集韵》去声沁韵：“俗谓舅母曰妗。”巨禁切。明·

陆容《菽园杂记》卷七："《辍耕录》言'婶妗字非古，吴音世母合而为婶，舅母合而为妗耳。'此说良是。"今查《广韵》去声沁韵确无"妗"字，可知"妗"字宋代始有之说是，笔记、小说用例，也都是宋代以后的。如宋·孟元老《东京梦华录·娶妇》："先媒氏请，次姨氏或妗氏请，各斟一杯饮之。"宋·蔡绦《铁围山丛谈》卷一："今七夕节在近，钱三贯与娘娘充作剧钱，千五与皇后，七百与妗子充节料。"《聊斋志异·公孙九娘》："儿少受舅妗抚育，尚无寸报。"

其实，潮汕话的"舅"也是两个不同辈序同用的，一指母亲的兄弟（母舅），一指妻子的兄弟（妻舅），而以"母舅""妻舅"别之。这大概也是明清时代就有的称谓。明·凌濛初《二刻拍案惊奇》卷六："还亏得李将军是武夫粗卤，看不出机关，没甚疑心，只道是当真的哥子，便认做舅舅，亲情［zian^5］的念头重起来。"这个"舅舅"指的是妻子的"哥子"，就是"妻舅"了。《醒世姻缘传》第八十二回："吃毕，同狄希陈到了相主事宅内，见了母舅妗子合相主事已毕，你问我对，说了前后始末根由。"这里直接称"母舅"了，与潮汕话一样。

有另外的一些称谓，不是辈序的上下移称，而是从泛指到专指的移称。例如上面说到的"丈人"，汉魏六朝时的亲属称谓，指岳父（见上文例子）。宋·朱翌《猗觉寮杂记》卷下："《尔雅》：'妻之父为外舅，母为外姑。'今无此称，皆曰丈人、丈母。"明·于慎行《谷山笔麈》卷十三："今以岳父、母为丈人、丈母。""丈母"之"母"字今读声化韵母 m^2（唔^2），与"姆"同音，俗遂写作"姆"。但"丈"字是象形字，指扶杖而行的人，即老者。《大戴礼记·本命》："丈者，长也。"《玉篇·丈部》："丈，扶也。"《六书正讹·养韵》："丈，借为扶持之丈。老人持丈，故谓之丈人。"由此可见，"丈人"原来是泛指年长的人。《论语·微子》："子路从而后，遇丈人以杖荷蓧。"为了区别是一般的老者还是自己的岳父，前者潮音读 ziang^6 ring^5，后者叫 dion^6 nang^5。但姑父、姨父也称"丈"［dion^6］，加上古代姐夫、妹夫也有称"丈"的，则知"丈"字辈序也是三个辈序乱用，不管是不是年长者了。所以，潮汕话不得不用"姑丈""姨丈"来与"丈人"相区别。

另一个从泛称移作专称的例子是“大人”。大人，我们熟知的义项是与小孩相对，指成年人，如说“大人孥团”。引申指对权贵人物的尊称，潮剧、古装电视、电影里常常听到。但潮汕话的“大人”却可以用作专指父亲的尊称。如说：“你阿大人身体近来怎生?”（令尊大人最近身体好吗?）

这种专指父亲尊称的叫法，汉代已经有了。如《史记·高祖本纪》：“始大人常以臣无赖，不能治产业。”南北朝时是通行语词，出现频率较高。如南朝·宋·刘义庆《世说新语·言语》：“孔融被收，中外惶怖……谓使者曰：‘冀罪止于身，二儿可得全不?’儿徐进曰：‘大人岂见覆巢之下，复有完卵乎?’”“大人”如指官吏尊称而言，“人”字读高平调 $nang^5$；指成年人或父亲时读轻声低平调，音近阳去 $nang^7$。

老爹不是爸爸，阿娘亦非妈妈

——亲属称谓趣谈（二）

潮汕的孩子们，从睡在摇篮里牙牙学语时就开始听“拥啊拥，拥金gong^{6}，金gong^{6}做老爹，阿七阿八（或作：阿文阿武）来担靴……”的潮语摇篮曲。

我们虽然知道“金gong^{6}”指的是摇篮里的婴儿，但“gong^{6}”的本字至今未明，现在也没有人把婴儿叫“金gong^{6}”了。所以，编著《全本潮汕方言歌谣评注》时，我们只好找了个音近字，写成“金公”了。而“老爹”呢？应该是官人吧。希望摇篮里的孩子将来长大了读书做官，当了官就有人来侍奉（担靴）哦。很朴素的“望子成龙”的传统思想，也可以说是一家之梦想吧。

那么，“爹”“爹爹”不是北方人对父亲的称呼吗？歌剧《白毛女》就唱道：“人家的闺女有花戴，你爹我钱少不能买，扯上了二尺红头绳，我给我喜儿扎起来，唉，扎呀么扎起来。”怎么到了潮汕话就变成官称了呢？可能是把做官的都当成自己的父母官了，所以就把称呼父亲的称谓用来尊称官员了吧。

潮剧里也有用例，如家喻户晓的潮剧《金花女》中（驿丞）：“驿丞小小是老爹，名字微微通京城。”① 驿道是官道，驿站是给官道上经过的公差人、马休息补给的地方。驿丞是站长，所以驿丞自称“驿丞小小是老爹”，用今天的潮汕话说，就是“驿丞细细是个官”。

称官员为“爹”或许是戏曲的传统，元·关汉卿《鲁斋郎·楔子》：

---

① 林淳钧、梁卫群：《句句都是翰林造》，新世纪出版社2020年版，第314页。

“（张龙云）比及爹有这个心，小人打听在肚里了。”清朝也有人记载，是正式称官员为“爹”“老爹”的。清·洪亮吉《泾县志·风俗》记载：“称县令、丞簿、尉官为老爹。”也有用例实证，如清·焦循《周县丞》：“是夜贼已入城，据县署。有见公者曰：‘爹也！’缚去。”

“爹”在潮汕话中还可以用来称呼戏班的班主。潮剧研究专家梁卫群女士告诉我：“‘戏爹’指办戏班的人，即班主。”过去的童伶制戏班，演员都是一班孩子，班主就成为这班童伶的“爹”了。

我本来以为在潮汕地区很少有称父亲为“爹”的了，但微友“欣阳是我”在上一篇文章中留言说：“还有媳妇称公婆为阿丈［dion^{6}］/阿爹，阿姨的。”其实，在潮汕的个别地方，还存在这种称父辈为“爹”的称呼，我太太的二姐夫家（澄海籍但在潮州生活和工作）就称老爸为“阿爹”的。旧戏文里也有称父母为爹妈的，如《明本潮州戏文五种》中《金钗记》第四出：“收拾琴剑与书箱，择好日拜辞爹娘。”又《周不错》：“阿奴，许是孬要，阿爹无男是欲靠女。”但演员却唱作“阿爸”。也许，“阿爹”这是剧本旧称而已，现在唱就改唱为“阿爸”了。①

娘，在北方话里是指母亲，与“爹”相对。《松花江上》歌词就“呼爹喊娘”地唱道：“爹娘啊，爹娘啊，什么时候才能欢聚在一堂?”但潮汕话的“娘”却指的是娘子，即小姐。《陈三五娘》《苏六娘》中的女主角，是五小姐、六小姐。在戏文中，也加上词头叫“阿娘”。如《明本潮州戏文五种》中《荔镜记》里的对白，仆人对小姐就尊称“阿娘”：

丑：哑（亚）娘，只一盏正是乜灯？
旦：只一盏正是唐明皇游月宫。

丑：呵（阿）娘，只一盏正是乜灯？
旦：只（一盏）正是昭君出赛（塞）。

---

① 参见梁卫群“剧这么潮”公众号《不卖惨的周不错》。

年轻女子称为“娘”应该是古代汉语的常用词义，《乐府诗集·清商曲辞·子夜歌》：“见娘喜容媚，愿得结金兰。”元·王实甫《西厢记》第一本第一折：“颠不剌的见了万千，似这般可喜娘的庞儿罕曾见。”杜十娘、公孙大娘、扈三娘等文学作品人物名称中的“娘”也应该是这种意思。潮汕话称女人为“姿娘”（珠娘），也是这种意思。现在北方话说一个人说话“娘娘腔”，也是女人腔调的意思，而不是皇后娘娘腔调的意思。现在的流行语形容人女性化、言行举止嗲嗲的为“娘”，把这些有女性化倾向的小男人叫作“伪娘”，倒是与这个义项一脉相承，指的是像女人一样的、女性化的。

有专家认为，“娘”与“孃”是有分工的：“娘”是专门用来称年轻女子的，就是姑娘、小娘子。南朝的字书《玉篇》是分清楚的。《玉篇·女部》：“娘，少女之号。”又：“孃，母也。”《木兰诗》：“旦辞耶孃去，暮宿黄河边。”唐代也应该是分开的，安徽省博物馆馆藏一封被称为《二娘子家书》的唐代民间书信，自称“二娘子”的女子信中提及母亲，则写作“阿孃”，不混用。杜甫《兵车行》：“耶孃妻子走相送，尘埃不见咸阳桥。”也作“孃”。后来“孃”“娘”就混用了。潮州戏文中基本上保留了“娘”字指年轻女子的义项。“娘”指母亲，我印象中小时候在农村听男人说粗话时用过：“你阿（nian^1）娘……”但现在应该消失了吧。

“娘”在潮汕话中的另一种用法是“姑娘”的省称。“姑娘”也是一种尊称，如19世纪后期在汕头传教十多年并编著了英文和潮汕话对照词典，记录并出版了英文版潮汕民间故事的美国女传教士Fielde. Adele M.（1839—1916），信众（文献有记录）就尊称其为“菲姑娘”，无关年龄。

“姑娘”省称就是“娘”了。我舅舅家我的那些表姐表哥们，把姑妈都叫作“娘”，从“大娘”到“五娘”依次称之，可能是“姑娘”简称为“娘”的原因吧。根据微信朋友留言，别的地方也有相同叫法的。

月亮，潮汕话叫“月娘”，也叫“太阴娘”（与“日头公”相对），这个“娘”我们知道是尊称，但要准确地解释它确指什么：女性尊称、年轻的女性，还是母亲？这恐怕大家得讨论讨论。

“娘”还可以转移而用之于动物，表示雌性、母的，如“猫娘”，俗语有云：“猫书读一肚，唔别（bag^4，也写作‘訬’）猫娘共猫牯。”北方话骂人“狗娘养的”，这个“狗娘”是狗妈妈，与潮汕话的“猫娘”不同。还没长大的雌猫，也叫“猫娘”，与当没当过母亲无关。

昆虫也有叫“娘”的，那就是还没有长大的小蜻蜓——“纱螟娘”，这则与性别无关了，只指其小。

爸＝罢＝父亲　姨＝姨＝母亲

——亲属称谓趣谈（三）

父亲就是爸爸，这是常识。为什么还要说它呢？这里要说的是读音，不是词义。

“父”字潮音今有文读 hu^6（辅），如“神父”“尼父”等，与《广韵》的“扶雨切”读音相符合。但另一音读作 $bê^6$（爬^6），则与古音韵母不合。

那么，$bê^6$（爬^6）的读音是从哪里来的呢？闽语学者有比较一致的看法：$bê^6$（爬^6）的本字是“爸”，《广韵》音“捕可切”，属“哿韵並母上声”字，按对应规律，潮音读 ba^6（罢）或者 $bê^6$（爬^6）都没有问题。这个“爸”在古代闽方言中写作“罢”，这倒是有文献记载的。唐·顾况《囝》诗：“囝生闽方，闽吏得之……郎罢别囝，吾悔生汝；……囝别郎罢，心摧血下。”原题解：“闽俗呼子为囝，父为郎罢。”宋·陆游《戏遣老怀》：“阿囝略如郎罢老，稚孙能伴太翁嬉。”黄庭坚《送少章从翰林苏公余杭》：“但使新年胜故年，即如长在郎罢前。”《正字通·网部》：“罢，闽人呼父为郎罢。”由此可知在唐代的闽语就是称父亲为“罢”的。而且，有可能是读 ba 或者 bê 的，因为可以跟“下”字押韵（下，潮音 $hia^6/ê^6$）。

也不知道什么原因，潮汕话用 $bê^6$ 的读音去读“父”字，张冠李戴了。这种一个字（A）读另外一个字（B）的语音现象，方言学术语叫作“训读”。训读现象最严重的方言是与潮汕话同属闽南方言的海南话，把“黑”读作“乌”，“黑板”变成“乌板”；把“思”读成“想”，“思想”就变成了“想想”；把“首”读成“头”，“为首”就变成“为头”了。（有兴趣者可以读读梁猷刚的《琼州方言的训读字》，载《方言》1984 年第 2 期）潮汕话也有一些训读字，除了读“父”为“爸”之外，还读“丸”为“圆”［in^{5}］，如“牛肉丸”“药丸”等；读“夜”为“暝”［mên^{5}］，如“无夜无日”“三更半夜”等；读“昔”为“早”［za^{2}］，如“今非昔比”“昔日”等；读“亦”为“也”［ia^{7}］，如“亦文亦武”“刘亦菲”等；读“打”为“拍”［pah^{4}］，如“打人”“打车”“打锣打鼓（迎新娘）”；等等。①

还有“师傅”和“师父”两个词的读音，潮汕人本身也少有能搞清楚者。“傅”《广韵》是“遇摄帮母遇韵去声”字，潮语白读音 bou^{3}（布，姓氏）与古音最吻合。另有一读 hu^{3}（副），则与《中原音韵》“非母（h－）”吻合。所以，作姓氏用时，“傅”读 bou^{3}（布），如傅雷、傅作义等；但师傅的“傅”，应该读 hu^{3}（副），教的意思。有一个关于语言学习的成语叫作“一傅众咻”，讲的是春秋战国的故事，典故出自《孟子》。《孟子·滕文公下·第六章》：“一齐人傅之，众楚人咻之，虽日挞而求其齐也，不可得矣。引而置之庄岳之间数年，虽日挞而求其楚，亦不能得矣。”学习某种语言就要把学习者置于这种语言的环境之中，没有语言环境而仅仅靠老师上几节课是学不好的。我国的绝大多数学生学了十多年的英语，还是说不好，少见能流利对话者，就是这个原因。“一傅众咻”里的“傅”字，就要读 hu^{3}（副）。

“师父”呢，则应该读 se^{1} hu^{6}（思负），因为“父”是“並”母（浊声母）上声字，潮汕话读阳上声符合古音对应规律。但现在很多人口语说成 sai^{1} bê^{6} 了，如“师父教拳留后步”。“师”读 sai^{1}（狮）没有问题，“父”读 bê^{6}（爬^{6}）就是上面说的那个训读音了，其实就是“师爸”。

至于“爸”字，现在有人叫 ba^{1}（巴），有人叫 ba^{5}（巴^{5}），少有人读与古音相对应的阳上声（浊上变去，普通话读去声是对的）。而普通话的“老爸”，则与潮汕话的称老父亲为 lao^{6} bê^{6} 无缝对接。

---

① 参阅林伦伦：《潮汕方言训读字研究——兼谈方言字典对训读字的注音》，《汕头大学学报》1986 年第 3 期。

话又说回来，现在大家都把“父”读 $bê^6$ 了，你想把 $bê^6$ 这个词写成“爸”那是不可能的。可以想象，你把“父儿母团”“父母年老”“父老团细”“生团缀唔着哭父”“哭父死母”“无父好哭”“我父哙”这些词语中的“父”都替换成“爸”，不笑死人才怪。所以，进行学术研究、搞清楚词义及其用法的来龙去脉是一回事，应用写作是另一回事，它有个从众从俗的原则。上面写了那么多，只是想告诉大家，在潮汕话中有训读音这种张冠李戴的现象存在，“父”字读 $bê^6$ 是读了“爸”字的音，没有想把所有的“父”字词语改写为“爸”字的意思。

说完了父亲，该说说母亲了。与“父”［$bê^6$］相对的称呼是“母”或者“ai^5（挨^5）”。“ai^5”，大家都不知道本字是什么，就只能造个方言字“娘”来表示了，潮州戏文和潮州歌册中多使用之。甚至连翁子光（辉东）先生也在《潮汕方言·卷七·释亲》中加以考证，以为“哀”是 ai^5 的本字，加“女”字旁写作“娘”是对的。

其实，ai^5（挨^5）的本字是“姨”字。

“姨”指母亲可能是来自古代庶母的称呼。《南史·衡阳元王道度传附萧钧》：“钧字宣礼，年五岁。……不肯食，曰：‘须待姨差。’”清·翟灏《通俗编·称谓》：“其父之侧庶，亦称姨者，姨本姊妹同事一夫之称，后世无媵之礼，而侧庶实与媵比，故虽非母姊妹，而得借比称之。”也有可能来自民间故意用偏称之俗，今潮汕乡间，还多有称母亲为姨者。姨一音 i^5（夷），为文读；一音 ai^5（哀^5），为白读。

“姨”字属《广韵》平声脂韵字，音“以脂切”，脂韵字潮汕文读－i韵母，白读－ai 韵母，前者如“母姨”“阿姨”“妻姨”等，后者如“师父”“竹筛［tai^1］”“虎狮”“私家［sai^1 kia^1］钱”，还有“梨眉嵋楣屎”等字。总之，“姨”字读 ai^5 是完全符合古音对应规律的。

还有些方言称女人为“娭”的，读音也是 ai。《说文·女部》：“娭，卑贱名也。”《广雅·释诂》卷四则直接解释为：“娭，婢也。”《集韵·之韵》也云：“娭，妇人贱称。”看来，叫作 ai 的，不管是“姨”还是“娭”，原来都非正室，而是地位卑下的女人。也不知道潮汕话为什么会用这个不太荣光的称谓来称呼母亲。

另外，十五音类字典或者潮州歌册，也偶见有写作“嫒”者，窃以为不妥，因为“嫒”不算是僻字，尊称别人女儿称“令嫒”，大家都懂，不能混用。

那么，方言写作究竟用什么字来表示母亲——ai5 好呢？“姨”跟母姨（姨妈）、姨团（小姨子）、阿姨（幼儿园职工或者家庭帮佣）实在是太容易混淆了；“娭”则有低贱的义项在，也不太合适；“嫒”跟女儿义项混淆了。只好还是用老前辈们写的方言俗字“媞”吗？

五行·五形，生好·生孬

人的面相，潮汕话叫“五 hêng^5（形）”，看面相算命叫作“相五 hêng^5”。

多数人认为“五 hêng^5（形）”就是“五行”，就是“金木水火土”这个五行。有资料解释说：鼻为金，眼为木，耳为水，眉为火，口为土。我基本上也认可此说。

不久前，有网友在微信提出，“五 hêng^5”写作“五形”也许更好，因为五官（眉、眼、耳、鼻、口）是有形有象，还与视觉、听觉、嗅觉、味觉相对应。

究竟写作“五行”好呢，还是写作“五形”好呢？大家可以讨论讨论。

老一辈（包括我们这一代）潮汕人评判人长得漂不漂亮，主要看五官，潮汕话概括之叫“眉目嘴鼻”（漏了耳朵），也就是看一张脸。所谓的“生雅”“生好”，就是五官端正、眉目清秀；反义词叫“生孬[mo^2]”，就是五官长得歪[cua^2]嘴裂目（歪瓜裂枣）。身材高矮、胖瘦好像是基本不在评价标准里的。等到我们年过半百之后，知道年轻人的择偶标准里，身高条件是必需的之后，我老伴曾经开玩笑说，如果是现在找对象，我就有困难了，因为身高还不到 1.7 米，幸亏她当时不懂身高审美的必要性。哈哈！

说到“生好”，“好”，本来就是美丽的意思。汉代许慎《说文解字·女部》：“好，美也。”段玉裁注：“好，本谓女子，引申为凡美之称。”汉代扬雄《方言》卷二亦云：“秦晋之间，凡美色或谓之好。”“好”指美丽，应该是秦汉古义，《战国策·赵策三》：“鬼侯有子而好，故人之于纣。”汉代王褒《四子讲德论》：“故毛嫱、西施，善毁者不能蔽其好，嫫姆、倭傀，善誉者不能掩其丑。”一直到近代汉语，文献中还有保留这个词义的用例，如元代石君宝《秋胡戏妻》第二折：“他有一个女儿，唤作梅英，尽生得十分好。”

生雅，“雅”也是俊雅、优雅的意思，《北史·李顺传》：“希远弟希宗字景玄，性宽和，仪貌雅丽，有才学。”男子也可以称“雅”的，还如《醒世恒言·隋炀帝逸游召谴》：“晋王广为扬州都总管，生来聪明俊雅，仪容秀丽。”“生来聪明俊雅”简略说就是咱潮汕话的“生来雅”“生雅”。

长得不好叫“生孬”或者“生跛［bhai^{2}］”，俗语“鄙相”（贬讽）人云：“生孬好［iam^{2}］睇镜”（长得丑的人反而喜欢看镜子）。有人则说是：“生好好睇镜。”则是讽刺喜欢臭美的。

潮汕话里很少直接使用“五官”这个词，除非到了医院五官科。一般都说“眉目嘴鼻”，少了个“耳”，可能耳朵长在脸的侧面，不常看到吧。尤其是女子，耳朵更是常常被披散在两边的毛发遮挡住，就更是“左一片，右一片，隔座山头不见面”了。但是，耳朵管听觉，还是经常要提到的，常用的名词有“耳空［kang^{1}］”（耳孔）、“耳锤”（耳垂）、“耳屎”（耳垢）、“耳耙”（耳挖子）、“耳钉”（耳朵上长的疖子）等。谓耳朵根软、容易听信别人的话为“耳轻”；不专注听人讲话形容为“耳飞飞”“无扱耳”（没带耳朵），其结果是“三斗油麻倒无粒落耳”（半句话也没有听进去）也；掏耳垢叫作“钩耳（屎）”，引申指被人抓去教训一顿。

听起来悦耳好听，叫作“嬲［niao^{1}］耳”；话不动听、忠言逆耳叫作“挌［gêh^{8}］耳”；听起来比较合自己的心意、意见相同，叫作“听着合耳”；道听途说叫作“耳头耳尾听着个”；摇头晃脑叫作“摇头拌耳”；谓人死亡（心脏停止跳动）以后，听觉神经尚未丧失听觉功能说“死人活耳”；指人不“灵精”为“柴目槁［gao^{2}］耳”，变成木偶了，倒是挺生动形象的。

眉目嘴鼻，“眉”是排在最前面的。眉毛，潮汕话叫“目眉”“目眉毛”，也只说“眉”，在俗语、成语、谚语中多单用，如：眉清目秀说

“眉精目企”，哭丧着脸、眉头紧锁叫作“眉弯额皱［riao3］”。有个词叫“髧眉［dam3－bhoi7］”，“眉”字变读为第七声，指人的“老实无中［dêng3］用”。谚语有“好生破家团，孬生髧眉儿”（宁生败家子，不养怂儿子）。

目，在潮汕话里是高频词：目屎（眼屎）、目刺毛（睫毛）、目珠、（眼珠子）、目水（眼窝里的水）、目汁（眼泪）、目镜（眼镜）等。

哭的样子叫作“目炠［da1］目溅［dam5］”；眼含热泪、快哭未哭的样子叫作“目箍［kou1］红红”“目汁油夹啊夹”；看着不顺眼，叫作“目金目熊［him5］”（用眼睛瞟的意思）。老花眼叫“目花”，形容眼神不好就是“目花花”“目晞晞［hoi1］”。俗语有“目晞晞，蛤婆看做老水鸡”（眼睛老花，把蛤蟆看成青蛙）。眼神好则叫作“目色好”“目神好”。专门指射击的眼力则叫“目中［dong3］”，如说：“伊个目中过好，粒粒拍十环。”骂人不小心、没仔细瞧叫作“无扱［zah4］目”，如说：“你无扱目唏［hê7］，踏着我个脚哇！”（你没长眼啊，踩到我的脚了！）

“眼”字在潮汕话中很少用，仅录得一个“聪明出眉眼”，其他引申义的也只有“草眼”（太阳穴）、“眼在”（现在）等几个词。

关于嘴巴的形象生动的词语有不少。小时候挤在人群堆里学“约谜”（猜谜），就习得了“老猪母相撬——扱支嘴”（母猪打架——靠嘴巴），比喻有些人只说不练；也可以说成“食支嘴”，则比喻义不同，指靠嘴巴吃饭。

嘴皮子叫作“嘴乌”，好跟人斗嘴、不服输，叫作“嘴乌硬”，“鄙相”之则叫作“臭嘴”，或者“臭嘴卵［lang6］面”。嘴水［sui2］，则指说话的能力，如说“伊支嘴水过好”（他那把嘴很会说话）；斗嘴皮子，叫作“斗［dao3］嘴水”。被吓到了，形容为“嘴青鼻落”或者“嘴白面白”，就是“个面青一块白一块”的样子。黑着脸则叫“嘴乌面哒”；嘴鼻，偏义词，指嘴，与鼻子无干，如说“伊嘴鼻过敎”（你说话太多了）。眉开眼笑、脸上乐开了花则叫“嘴笑鼻笑”，与“嘴鼻敎”一样，与“鼻”无干。

性格执拗，叫作“硬鼻”，不知道是什么道理，就像粤语叫“硬颈”

（硬脖子）一样。鼻涕长流叫“鼻流入嘴”，鼻涕与口水齐流则叫作“鼻流涎［$nuan^6$］滴”。“鼻”最特殊的用法有二：一是用作名词，指鼻涕，如“流［lao^5］鼻”或者“鼻流流［lao^5］”，俗语有“鼻流唔知擤［$sang^3$］”；二是用作动词，指闻、嗅，如“鼻着芳芳”（闻起来香香的）。成语有“听芳鼻臭”（道听途说）。

关于嘴巴的“嘴”［cui^3］，有专家认为本字是“喙”，我们这里暂时不使用。关于“嘴”和“鼻子”，还可以再看看本书《听芳鼻臭》等文章。

爱鬃孬爱髻·三代无鬚一代鬍

潮汕话叫长在身体各部位上的毛发为“毛”，如头上的叫“头毛”，眼眶上的叫“目眥［ci^{3}］毛”（睫毛），手臂上的叫“手毛”，腿上的叫“脚毛”，腋下的叫“胳囊［goh^{4} lang^{2}］下毛”等。“剃头”（理发）有些地方也叫“铰［ga^{1}］毛”，染发叫“染［ni^{2}］毛”，电发叫“电毛”等。潮汕话很少用“发”，像“理发店”“发廊”“洗发水”等都不是潮汕话本有的词。童谣云：“雨落落，阿公去栅箔［zah^{8} boh^{8}］，栅着鲤鱼共苦臊［co^{1}］，阿公哩爱煮，阿婆哩爱炣，二人相拍相挽毛……”相挽［mang^{2}］毛，互揪头发也。“挽毛”，也指给鸡、鸭、鹅等拔毛。挽面，其实也是“挽毛”，即用线绞拔去脸上微细的“甜毛”（汗毛，有的地方叫“苦毛”），而不是挽回面子。

毛，古代汉语，指人及禽兽之毛。《左传·僖公十四年》：“皮之不存，毛将安傅?”《说文解字·毛部》：“眉发之属及兽毛也。”特指鬓发最著名的例子是《左传·僖公二十三年》“子鱼论战”的故事：“宋襄公曰：‘君子不受伤，不擒二毛。’”“不擒二毛”，《礼记》作“不获二毛”，见《礼记·檀弓下》：“古之侵伐者，……不获二毛。”汉·郑玄注：“二毛，鬓发斑白。”“不擒二毛”或“不获二毛”，就是不捕捉鬓发斑白的老兵（作为俘虏）。“二毛”，不是两毛钱，而是唐代贺知章《回乡偶书》诗里所描写的“少小离家老大回，乡音无改鬓毛衰”的老者，即潮汕话所说“须毛鬓白”者。

头发如果梳起来，挽成各种形状，潮汕话叫“打鬃［zang^{1}］”（动词用了很少用的“打”）。

鬃，古代汉语中指高高的发髻。《云笈七签》卷一一三：“（刘）瞎山栖求道，无巾裹鬃角，布衣事道士。”《玉篇》：“鬃，高髻也。”鬃，后来通“騣”，指马颈上的长毛；后来也指猪等的鬃毛，指人就多用“髻”了。但潮汕话却保留了“鬃”指发髻的叫法，如说“头毛鬃䰰”（头发乱成一团，䰰过鸡宿 siu^7）。谚语有云：“cua^2 鬃姿娘做无雅馃”（连自己的发髻都没能梳正的女人，馃也一定做不好。比喻从一些细节可以看出人在某方面的能力不怎么样）。

髻，潮音 guê^3，《广韵》音“古诣切”在“计”小韵，是汉代之后才出现的字。《说文解字·新附》：“髻，总发也。”《玉篇》：“髻，发结也。”李桢《说文逸字辨证》：“髻，古作结。西汉以前无作髻者。”《水浒传》第三回：“看那妇人……鬅松云髻，插一枝青玉簪儿。”

“髻”字用于指总发，潮汕话很少见，只在谚语“爱鬃孬爱髻，爱人孬爱货”中用过，但鸡冠叫“鸡髻”，却是常用词。还有一种花卉，就叫鸡髻花（鸡冠花）。但此字还有一读 gih^4（纪^4），鬃，也叫“鬃髻螺”，带玩笑斥人云：“你阿嫲个鬃髻螺乞伊 cua^2 去”（你奶奶的发髻都歪了）。gih^4 字的读音来自“古屑切，入声”一音，与“结”同音。其实，“猪脚 gih^4”“五脚 gih^4”的 gih^4 本字就是“结”。“结”字还有另一音 gig^4（吉），把东西别上去就叫作 gig^4，写作“结”，如“结紧”“结徽章”。气息郁结、呼吸不顺畅叫 gig^4 kui^3，应写作“结气”，伤口结痂叫作“结疕（pi^2）”等。

说完了头上的毛发，再说长在两鬓和下巴的毛，那叫“须（鬚）”，音 ciu^1（秋），不叫毛了。上文有“鬚毛鬓白”，“鬚 + 毛 + 鬓”是并列结构，分别指的胡子 + 头发 + 鬓发。留胡子叫“留［lao^5］鬚”，刮胡子叫“剀［koi^1（溪）］鬚”，刮胡子的刀片叫“鬚抠［kao^1］”，现在也跟普通话叫“须刨［pao^1］”了。谚语云“老爷有须人做个”，比喻神是人塑造（捧）起来的。还有：“摸到鬚头滑，滴无墨汁出”，形容胸无点墨者。

潮汕话一般不叫“胡子”，但把络腮胡子或胡子巴扎叫作“胡（鬍）”，潮音 hou^5（葫），如说：“个物鬚鬍鬍”（那家伙是个大胡子）。俗语有“三代无鬚一代鬍”，比喻家里几代人都没有这种人，这一代人突然出现了，而且有过之而无不及。还有“唔别剃头去遇着个鬍个”，比喻新手一出道者就碰到棘手的难题。“鬍”的这种用法古代也有，唐代李商隐的《娇儿诗》有句云：“或谑张飞鬍，或笑邓艾吃。”这个“鬍”潮音就应读为hou^{5}（葫）。

鬍，还可以用作动词，鬍鬚［hou$^{5-7}$ ciu^{1}］就是留胡子。大胡子的人，基本上都会得到一个昵称——老胡［hou^{5}］。

另外，还得说清楚一个读音与繁体字—简体字转换常出错误的问题：“须”，在“必须”等与“胡须”没关系的词语中，潮音su^{1}（需），繁体字不能转写为“鬚”。“胡”，在指姓氏时读ou^{5}（湖），如“胡文虎”“胡志明”等；在普通话的“胡作非为”“胡说八道”等词中，潮音读hu^{5}（壶）：繁体字均不能转写为“鬍”。也即：

须［su^{1}］：必须。

须（鬚）［ciu^{1}］：留须、剀须。

胡［ou^{5}］：指姓氏。如胡志明、胡文虎。

胡［hu^{5}］：原指胡人，引申指胡乱。如胡说八道、胡作非为。

胡（鬍）［hou^{5}］：胡须。如“三代无须一代胡”。

擘破面皮

潮汕话把脸部叫作“面”［$ming^7$（民^7）］，洗脸叫作“洗面”，洗脸的毛巾叫“面布”，洗脸的“脸盆”叫作“面盆”（旧时叫“面桶”），搁放脸盆的架子叫“面桶架”或者“面盆架”，看面相算命叫作“相面”，新媳妇进门给长辈敬茶、长辈给红包打赏叫作“赏面”，妇女出嫁前土办法开脸、用纱线绞去脸上的汗毛叫作“挽面”，没有面子、低人一等叫“卵面”“卵面过吱鼠”，有面子、面子大则叫作“大头大面”，给面子则叫作“畀面”（与粤语相同），如此等等，“面面俱到”。

“面”指脸部是古汉语的遗留，至今不少普通话仍然使用的成语、俗语也保留“面”的这个义项，如形容人哭得很厉害叫“以泪洗面”（不说洗脸）、人的长相叫“面相”，俗语有“不看僧面看佛面”，等等。

脸皮潮语叫“面皮”，形容脸皮厚叫作“面皮厚过寨墙”（脸皮比寨子的墙还厚）。

“面皮”之说，魏晋南北朝就有了。晋·裴启《裴子语林》卷下：“王武子与武帝围棋。孙皓看。王曰：‘孙归命，何以好剥人面皮?’”“剥人面皮”犹如潮汕话说“擘破面皮”。近代汉语中也能见到用例。《元曲·虎头牌》第三折：“你这个关节儿，常好道来的疾……可都枉擘破咱这面皮。”陆澹安《戏曲词语汇释》释“擘破面皮”为翻脸，正与潮汕话相合。

“擘”字中古音属入声“麦”韵，音“博厄切”，潮汕话正好读$bêh^4$（百）。“擘”是剥、剥开的意思，如“擘鸡卵”（剥鸡蛋壳）、“擘蔗壳”（剥去甘蔗外面的叶子）等。潮汕俗语“抠心擘肠”（费尽心机）、“嚎嚎擘”（不停地折腾）等也是此字。

“面皮”一词在近代汉语文学作品中常见，例如《水浒传》第十二回："（青面兽杨志）生得七尺五六身材，面皮上老大一搭青砂记。"这里的"面皮"用的是本义，指杨志的脸皮。又《醒世恒言·卖油郎独占花魁》："吴八公子见了，放下面皮，气忿忿的像关云长单刀赴会，把交椅朝外而坐，狠仆侍立于旁。""放下面皮"也就是"擘破面皮""拉下脸皮"的意思。再如《金瓶梅词话》第三十四回："昨日吴大舅亲自来和爹说了，爹不依。小的虼蚤脸，好大面皮儿。"

"面色"也即"脸色"，如："伊气到面色青青"（他气得脸都青了）。近代汉语也有用例，如《水浒传》第二十六回："看何九叔面色青黄，不敢抖气。"敨气，呼吸，潮音 tao^2 kui^3（透^2 季）。"敨"一义解开，如说："个布包个伊敨开"（把包裹解开）。

但你如果以为潮汕话只用"面"，不用"脸"，那就错了。"脸"古汉语指"眼脸"，即面部眼睛之下的小部分，后来才扩大指整个面部而取代了"面"的。但取代的过程还有个两者同时并用的漫长过程。所以，跟面部有关的一些词，潮汕话有的也用"脸"，就如上面所说的，普通话也保留了一些带"面"的词语，但普通话与潮汕话两者的取舍不同，对比起来有时候还挺有趣的。如"脸"在潮汕话中基本用来指脸面，普通话此义却叫"面子"（如"没面子""有面子""面子工程"等）。例如说："无脸当死父"（没了面子比死了父亲还严重），"无脸输过死"（丢脸还不如死掉），死要面子、好出风头叫"大头好脸"，等等。有时候，"脸""面"可以合为一个双音节词，叫"面脸"或者"脸面"。如说："个唔是钱加钱少个事，是脸面（面脸）个事"（这不是钱多钱少的事情，而是面子的问题）。近代汉语也有此用例，《儒林外史》第三十二回："他昨晚还赖在衙门里，明日再不出，就要讨没面脸。那个借屋与他住？只好搬在孤老院。"

末了，还得提醒大家，指"脸"的"面"是个单体象形字，没有繁体字。而面粉、面条的"面"繁体字作"麪""麵"或者"麫"，都是形声字，义旁从"麦"或"米"，"面""丏"都是声旁，简化汉字以后都写作"面"，电脑处理文件做繁简对译时基本不能识别，所以经常出错，需要细心校对。

听芳鼻臭

“香”和“臭”是普通话一对表示味道的反义词，全国人民都懂。但潮汕话不说“香”，而说“芳”，潮音 pang^1（攀），如“听芳鼻臭”（道听途说）“放屎嘬石螺，芳臭家己知”（一边拉屎一边嘬石螺，香的、臭的味道只有自己一个人知道，比喻自己才能知道的事情或者感受）。

芳指芬芳，是上古汉语词。《楚辞·离骚》：“兰芷变而不芳兮……”《说文解字·草部》：“芳，香草也。”清·段玉裁注：“香草当作草香。”南朝·梁·顾野王《玉篇·草部》：“芬芳，香气貌。”从花草的香气引申而泛指其他东西的香气，顺理成章。又，“古无轻唇音”f－，中古的轻唇音“非敷奉”声母字潮汕话保留重唇音（双唇音）b－/p－的很多，像“芳”字一样读 p－声母的还如“帆 pang^5、蜂 pang^1、缝 pang^7”等字，所以“芳”字读 pang^1（攀）是古音的遗留。

香味的程度潮汕话叫作“芳头”，“有芳头”或者“芳头好”就是香味足；形容香喷喷的味道潮汕话只说“芳芳”；有一个形容词叫作“芳面花芳面花”，则指的是面食发酵蒸熟后的香味。还有“酥芳甜”一词，那形容的是芝麻酥（油麻枝）或者花生酥（地豆枝）的综合味觉。“咸芳”一词，指的是咸度比较高但香气也浓的比较重口味的香味，大概是澄海苏南“喷咕”卤鹅的那种味道。

表示恶味的词义潮汕话跟普通话基本相同，但有些细微的差别。这里先给大家说说“臭”的词义发展史。“臭”字本来从“自”从“犬”，是个会意字。“自”是一个象形的大鼻子，下面是一条（嗅觉很灵敏的）狗，所以“臭”的本义再清楚不过了，就是用鼻子去闻味道，作动词用；后来引申作名词，泛指各种闻到的气味。这两个义项潮汕话应该读 hiun^{3}（朽^{3}）。再后来，“臭”被专用于恶味（不好的味道），与“香”成了反义词。这个词义潮汕话读 cao^{3}（噪）。如汉·刘向《后汉书》中的名句：“与善人居，如入芝兰之室，久而不闻其香；与恶人居，如入鲍鱼之肆，久而不闻其臭。”后来增加口字旁作“嗅”字来作专用动词，但表示气味的“臭”还是不变。

于是，问题来了。杜甫名句“朱门酒肉臭，路有冻死骨”的“臭”，究竟是泛指的味道（甚至香味），还是专指臭味？老杜不能起死回生，我们只好仁者见仁，智者见智。如是前一义项，潮汕话要读 hiun^{3}；如属后一义项，则要读 cao^{3}。

“臭”的本义是动词“嗅”，跟潮汕话的“鼻”（用鼻子闻，听芳鼻臭）是一样的。问题是听觉和嗅觉的词普通话跟潮汕话一样发生了感觉转移，并造成了词义转移，挺有趣的，这里不妨给大家说说。

“听芳鼻臭”的“听”本来接收的是耳朵的感觉，即听觉，怎么用来做接收味觉的动词了呢？其实普通话也一样，“闻”字本来也是“从耳”，接收的也是听觉，“闻风而动”用的是本义，但“闻香识女人”用的是转移义。广州话的“听闻”一词，则保持原义，指听觉。

再说说“鼻”，在“听芳鼻臭”中，“鼻”是动词，就是闻的意思。但“鼻”的本义，是名词。古文字“自”是个大鼻子的象形字，后来被借去表示自己的反身代词，“荆州借久成己业”，就在“自”字下面加个声旁“畀”再造了个“鼻”字来表示鼻子。

“鼻”在潮汕话中作名词用，指鼻子，也指鼻涕。流鼻涕叫作“流鼻”，或者形容为“鼻流流”“鼻流鼻滴”或者“鼻流 nuan^{6} 滴”。擤鼻涕叫作“爽［sang^{3}］鼻”，把鼻涕从鼻空擤出来叫作“哼［hngh^{4}］鼻”，这俩动词都是特殊的、专用的（我不敢肯定这样写就是对的）。清一点、稀一点的鼻涕叫作“鼻水”，受寒感冒了经常会“流鼻水”，或者形容为“鼻水流流”。

鼻孔，潮汕话叫“鼻空”（空音 kang^{1}，康）。从鼻孔里呼出来的气流叫作“鼻空风”，鼻孔里的污垢叫作“鼻屎”，也叫作“鼻空屎”。

“鼻”经常与“嘴”合在一起构词，很特别，成语有“眉目嘴鼻”，泛指五官，五官端正形容为“眉目嘴鼻生来过四正”。满脸都是灿烂的笑容描写为“嘴笑鼻笑”。但“嘴鼻亵 zoi^{7}”就不好了，指的是人喜欢胡说八道，不该说的话也说。其实，“鼻”是连带着被冤枉的，说话跟鼻子一点关系都没有哦。

颔下生瘤——堵着

脖子，潮汕话叫作 am^6（庵^6），平时有人写作“项”，错了。“项”字潮汕话只能读作 hang^6（限），没有闭口韵母 am^6（庵^6）的读音。am^6（庵^6）的本字是“颔”。

颔：原义即下巴及稍上的部位。唐·白居易《东南行一百韵》：“相逢应不识，满颔白髭须。”《玉编·页部》：“颔，户感切；《庄子》曰‘千金之珠，必在九重之渊而骊龙颔下。’”《广韵》上声感韵：“颔，《汉书》曰：‘班超虎背燕颔’”。胡感切。“颔”为匣母字，匣母字现潮汕话多读为零声母，如“荷厦划胡鞋画”等，故“胡感切”潮音可切为 am^6。潮汕方言歇后语有“颔下生瘤——堵着”（比喻碰巧遇上），其义正与此同，指脖子一义是引申而来的。

潮汕话中跟“颔”有关的常用词有不少：伸长着脖子看、很想要的样子形容为“颔长颔短”，围巾叫作“颔帑”，围嘴儿叫“颔围”，衣服的领子叫作“颔领”或“颔领头”，上吊叫“吊颔”，上吊而死的鬼魂叫“吊颔鬼”，把生病或者挨饿而瘦得脖子细长细长形容为“颔丝鬼长长”，生气的时候脖子上青筋暴突形容为“颔筋鬇鬇”，因寒冷或者其他原因而缩着脖子叫“颔囵囵”，喉结叫作“颔喉”，颈骨叫作“颔骨山”，因患甲亢病而脖子粗大叫“大颔胜”。鸡鸭鹅的脖子也叫作“颔”，如“鹅颔”“鸡颔”等；猪的颈部叫作“颔狼”；等等。“脖子”和“项”潮汕话口语基本不用。

至于“颔”的本义，即下巴及稍上的部位潮语叫“下颏”（ê^6 hai^5）。

再说说“颔下生瘤——堵着”的“瘤”，在此歇后语中应读 liu^5（榴），与普通话意思相同，指肿瘤、瘤子，一般都是个体比较大的。但“瘤”字有另外一个读音 lao^5（刘），指的是皮肤上被蚊子叮咬以后起的小疙瘩。如说：“昨夜乞蠓咬了一身浮到尽是瘤”（昨夜被蚊子叮咬后浑身长了很多疙瘩）。身体因过敏反应而起的疙瘩也叫“瘤”，如“浮风瘤”等。

瘤：读 liu^5（榴），是文读音，读 lao^5（刘）属于白读音。因为文白异读音的不同而词义不同，这在汉语方言学上叫作“文白别义”。这样的例子很多，下面再举一些例子：

流：文读音 liu^5（榴），如“流水不腐，户枢不蛀”“流动”“流淌”“一流”等。海洋的潮汐，叫“潮流”，引申形容时尚的风气。但如果是口语，潮汐就只叫作“流”lao^5（刘），如“初三流十八水”中的“流”，一定读 lao^5（刘）。“流水”一词，文读 liu^5，指“流动的水”；而白读 lao^5 就指潮汐，如说“流水洘”（退流）等。口语词“流逃”（流浪）、“流目汁”（流眼泪）、“流鼻”（流鼻涕）、“流涎”（流口水）、“流汗”等及其变体形容词“目汁流流”“鼻流流”“涎流流”“鼻流涎滴”“目汁流目汁滴”“汗流汁滴”中的“流”都应该是白读音 lao^5。

留：文读与白读主要体现在语体风格上：文读 liu^5（榴）主要是书面语词，如“留意”“留心”“留级”等；白读 lao^5（刘）则主要用在口语词上，如说：“请人客留落来食顿饭”（请客人留下来吃顿饭）、“留几百银啰乞伊”（留几百块钱给他）等。

九：常用的读音 gao^2（狗），是白读音，表示数字，如“九九八十一”“九死一生”等；一些特殊的词语读 giu^2（救^2），如“九流三教”，“九流”读 giu^2 liu^5。毛泽东同志《蝶恋花·答李淑一》词：“我失骄杨君失柳，杨柳轻飏直上重霄九。问讯吴刚何所有，吴刚捧出桂花酒……”第二句中“重霄九”的“九”就得读 giu^2（救^2），才能押韵。

恶嘴毒舌·嘴甜舌滑·嘴尖舌囝利

人的嘴巴，潮汕话叫作 cui^{3}（碎），写作“嘴”。福建省的闽语专家喜欢写作“喙”。“喙”也是嘴巴的近义词，“毋容置喙”就是说不上话，搭不上嘴。而且，“喙”字《广韵》去声一音“昌芮切”，潮汕话对应之可以拼切出 cui^{3}（碎）这个读音。但我认为，大家都用习惯了，用“喙”字反而读不出“cui^{3}”（碎）的音而读成 hui^{2}（卉）了。所以，我还是写作“嘴”。

说话的能力，潮汕话往往把“嘴”和“舌”连起来叫作“嘴舌”，也作“嘴舌囝”，以形容“小舌头”。如说：“伊支嘴舌囝过甜。”但要注意，“嘴舌紧”指的却是吃性急，跟说话无关。

“嘴”与“舌”构成的成语如“恶嘴毒舌”（说话歹毒，爱恶语伤人。蔡明演的小品里有“毒舌老太”），“嘴甜舌滑”（见人就打招呼、说好听话），等等。

有些关于用“嘴”和“舌”合起来表示说话的词语，古汉语有，其他兄弟方言也有。例如：“嘴尖舌囝利”指伶牙俐齿、会说话，也指言辞尖利。如：“只个珠娘囝嘴尖舌囝利”（这个姑娘口齿伶俐，很会说话）。“利”在这个词组中读白读音 lai^{7}（来^{7}），表示刀具等锋利的意思，潮汕话口语都说 lai^{7}，“支刀过利”（这把刀很锋利），“钝刀出利手”（刀虽然钝，但使用它的人刀法很好），等等。但在普通话词语“锋利”“利剑”等则文读为 li^{6}（丽）。

“嘴尖”指说话尖酸刻薄，最迟在宋代已有用例。宋·王明清《挥尘后录余话》卷二：“子嘴尖如此，诚奸人也。”此后，一直沿用不辍。

明·冯梦龙《古今小说·沈小官一鸟害七命》："这小狗入的，忒也嘴尖！"又作"嘴尖舌快"，或"嘴尖舌头快"。元·李寿卿《月明和尚度柳翠》："饶你嘴尖舌头快，依然跟我墨路来。"明·兰陵笑笑生《金瓶梅词话》第四十三回："单管嘴尖舌头快的，不管你事也来插一脚。"又作"嘴尖舌薄"，清·西周生《醒世姻缘传》第五十一回："嘴尖舌薄，谈论人的是非。"上引各例"嘴尖"皆带贬义，潮汕话则只是中性词。"舌头快"与"舌团利"意思相同，刀具锋利也叫"快"，如"快刀斩乱麻"等。

口蜜腹剑，潮汕话口语具体形象化为"嘴舌囝甜甜，尻仓后搉［soih4］支弯钩镰"（嘴巴似蜜甜，背后插把弯钩镰）。"弯钩镰"，古代只叫"钩镰"。汉·扬雄《方言》卷五："刈钩，自关而西故谓之钩，或谓之镰。"《淮南子·汜论训》："木钩而樵。"高诱注："钩，镰也。"由此可见，"钩""镰"乃同物异名，潮汕话合呼之为"钩镰"，或者像其形曰"弯钩镰"。

花言巧语、说谎，潮汕话叫"花嘴"，也叫"花嘴白舌""花猫白舌"等。明·冯梦龙《醒世恒言·卖油郎独占花魁》："这都是刘四妈这个花嘴，哄我落坑堕堑，致有今日。"也有作"花嘴花舌"。明·天然痴叟《石点头》："那凤奴年已一十五岁，已解人事，见孙三郎花嘴花舌，说着浑话"。又作"花嘴利舌"，《西湖二集》二十四："欺世盗名、花嘴利舌，后来侥幸中了进士"。也作"花猫巧舌"，《西洋记》第二十五回："天师道：'那个听你这个花猫巧舌？'"由此可见，潮汕话这个"花嘴""花嘴白舌""花猫白舌"也是有来历的，吴语等其他兄弟方言有近似的说法（广州话也有"嘴花花"等俗语）。

关于"嘴巴"的俗语，还有其他一些。例如：

路在嘴：谓"不怕不识路，只怕不开口"。只要自己肯问别人，什么路都能问清楚，如："路在嘴，后生后团底块啰敢去"（路就在嘴上，青年人哪里都敢去）。《水浒后传》第十八回："穆春道：'不消多说，路在口边。'"清·俞万春《荡寇志》第八十回："真是'大路生在嘴边'，腾蛟陪（注：应为赔）着小心，见人便问。""路在口边""大路生在嘴边"均与潮汕话的"路在嘴"同出一辙。

斗嘴水：读成 dao^{3} cui^{3} sui^{2}（岛^{3}碎虽^{2}），斗嘴、打口水战的意思。嘴水，口水的意思，“水”字读 sui^{2}（虽^{2}），在女孩子漂亮一义中“水”也读此音，如说：“个珠娘团生来水水。”台湾歌曲歌词“阿里山的姑娘美如水”中的“水”也是台湾闽南话，表示漂亮，与潮汕话一样。“斗”则音 dao^{3}（岛^{3}），比赛的意思，如“斗闹热”（凑热闹），“走斗猛”（赛跑，看谁跑得快），等等。

嘴阔食四方：相书上说的，男人的嘴巴长得大的，命中注定要四海为家，到外面去打拼。

嘴一块，目一块：意思是吃着碗里的，看着锅里的。形容人贪吃，引申泛指贪婪。

鸡嘴圆，鸭嘴扁，人嘴嘎嘞［ga^{1} lê^{1}］横：鸡的嘴巴是圆的，鸭的嘴巴是扁的，但人的嘴巴是任意变化的。比喻人的嘴巴是可以随意说话的，所以最不可信。

嘴鸟硬，饿死父：嘴鸟，也是嘴巴的意思。讽刺人死爱面子，嘴巴硬，拉不下脸来，家里没米下锅都不示弱向人求助，结果把老父亲活活地饿死了。

大头蚶，开嘴就生虫/蔫：大头蚶，蚶的一种。贝壳类两扇贝壳张开，叫“开嘴”，人说话也叫“开嘴”（呾话），不说话叫作“㚒开㚒嘴”。这句俗语比喻人不会说话，一说话就坏事。

hui^{5} 开嘴，大富贵：hui^{5} 是瓷器，本字未明。这里的“hui^{5}”泛指瓷器、餐具，卖瓷器的商店叫“hui^{5}铺”。“hui^{5}开嘴”是瓷器餐具被摔碎了的委婉表达。“嘴”还与“碎”同音，与“贵”押韵。瓷器被打烂、摔碎，长辈们常常口中念念有词，说出这句吉祥语，尤其是在婚宴、春节团圆饭这些重大场合上。这句委婉的吉祥语与普通话的“碎碎（岁岁）平安”有异曲同工之妙。

有嘴呾别人，无嘴呾家己：指只说别人的缺点，对自己的缺点却缄口不言。相同意思的谚语有“斧头无削家己柄”。

着嘴开，着嘴累：指祸从口出，因为多说话而惹是生非，累及己身。

阔嘴己，狭嘴已，采嘴巳：这是形近字“己/已/巳”的象形辨析方法，很管用。

过几天就是除夕了，祝大家新春快乐，新年旺旺：

笑嘴笑嘴，钱银加加使到畏（金山银山，任你花也花不完）；
笑嘴笑嘴，街市好物食到畏（满街好东西，吃遍又吃腻）；
笑嘴笑嘴，百一百二活嫑畏（一百一十、一百二十岁，活得有滋有味）！

会呼猪，忝嗑火

形容人气喘太急，呼吸不顺畅，潮汕话很形象地说：“会呼猪，忝嗑火”。意思是只有呼出的气儿，没有吸进的气儿。例如：“我只底走到会呼猪，忝嗑火，你待我歇下了正个你宽呤呾。”（我跑得气喘吁吁地，你等我喘过这口气儿再给你慢慢说。）

“呼”字可读 kou^1（箍），潮人多不知道，待我慢慢说与你听。

“呼”字潮音有四读：常读音“hu^1（夫）”“u^1（污）”，如“呼吸”“呼喊”等词。口语中呼鸡、呼狗叫“kou^1（箍）”；叫人则为“hou^1（户^1）”，如：“你爱去 hou^1 我一句”（你走的时候叫我一声）。

呼，中古音《广韵》声母属于“晓”母，韵母属于“模”韵，平声字，音“荒乌切”，直接可反切为“hu^1”（文读）和“hou^1”（白读）。“晓”母字也可以失去“h”声母而读零声母，则音为“u^1”。潮音还多保留上古音（晓匣归见，即 h—g/k）k－声母阴调类的读法，常见的如“许（姓）吸郝（姓）况霍藿”等字。“模”韵字白读为－ou 者有很多，如“湖胡乌吴姑孤箍枯苏粗卢炉奴屠图铺”等字。故“呼”可读 kou^1。

“呼”用作叫人、跟人打招呼的说法，古已有之。《史记·陈涉世家》：“陈王出，（其故人）遮道而呼涉。”“呼涉”即“跟陈涉打招呼”。今成语“呼朋唤友”的“呼”，是“叫上”的意思，还是这个词义的扩大。这个词义，潮语口语白读音为“hou^1”，文读为“hu^1”，正与上文所说的“荒乌切”中古音相合。呼叫动物的例子不多，但也见诸文献。唐·李白《南都行》诗：“走马红阳城，呼鹰白河湾。”呼叫动物之义，则保留上古音声母“k”而读“kou^1”。

跟“呼”有关的还有“招呼”一词，文读为 ziao^{1} hu^{1}（樵夫）。如说：“你爱走着个伊拍个招呼”（你要走得跟他打声招呼）。白读为 zio^{1} hou^{1}（蕉户^{1}）。如说：“我只下有做水果，你有机会就招呼滴囝乞我趁”（我现在有做水果生意了，你有机会就带上我赚一点吧）。

说完“呼猪”，再说“喰火”。吹火，吹灯，潮汕话的动词叫 bung^{5}（粪^{5}），如“bung^{5} 火”“bung^{5} 风”“支灯个伊 bung^{5} 过”（把灯给吹灭了）。“吹”字从口从人（欠），象形指示人之张开大口（吹气）。但“吹”字不能读作“bung^{5}”。词义和读音比较接近的是“喷”字，从口贲声，字也作“歕”，从“欠”也是人张口吹气的象形。可是“喷（歕）”字潮汕话读 pung^{3}，声母是送气的“p –”，且是阴调类上声。而 bung^{5} 是不送气声母阳调类平声。

那么，应该写什么字呢？查南北朝顾野王的字典《玉篇・口部》有“喰”字，释为：“吐也”“步奔切”。宋代韵书《集韵》平声魂韵，也云：“喰，吐也。”吐，吐气。《正字通・口部》：“喰，俗喷字。”喷字亦作“歕”，《说文・欠部》：“歕，吹气也。”《玉篇・欠韵》：“歕，普门、普闷二切，歕气也，口含物歕散也。”《广韵》平声魂韵：“歕，吹气也。”普魂切。按今潮汕口语吹气曰“bung^{5}”，与“喰”音“步奔切”合。“喷”，潮读上去声 pung^{3}（奔^{3}），则与《玉篇》去声的反切“普闷切”合。由此可见，“喷、歕、喰”其实本来是三个同义的异体字，都是吹气的意思。在古代它们就有三个读音：一音送气声母阴平，一音不送气声母阳平，一音送气声母去声。而后两声分别与潮汕音 bung^{5}（本^{5}）、pung^{3}（奔^{3}）切合。既然“喷”大家习惯于读 pung^{3}（奔^{3}），那我就选择“喰”来作为 bung^{5}（本^{5}）的“形体”吧。

错喉·欶·呕哕·咳噎

吃吃喝喝一不小心，有时会产生一些不良的反应。例如，吃饭时因说话、发笑等被呛到而咳嗽，潮汕话叫作“错喉”。如说：“食饭个时候孬咀话，无零下会错喉”（吃饭时最好别说话，不然的话有时候会呛着）。

人有两条“喉”：一条“软喉”（食道），一条“硬喉”（气管）。两条“喉”的分工不同：食物从食道吞咽下去，说话用的是气管。如果一边说话，一边吃饭，两条“喉”都张开着处在工作状态，食物就很容易掉到气管里去，跑错喉咙了，这就叫作“错喉”，实在是太形象生动了。但你别以为这是潮汕人的创造，是个特殊的方言词。非也，“错喉”是个古代文献有记载的古汉语词。南朝·梁·顾野王编著的工具书《玉编·欠部》：“欶，汁错喉。”又“即，错喉”。《古今医统大全》引《此事难知》：“咳逆者…… 或咽饮错喉而气抢。”唐·李德裕《次柳氏旧闻》：“玄宗于诸昆季，友爱弥笃，呼宁王为大哥，每与诸王同食。因食之次，宁王错喉喷上髭……黄幡绰曰：‘不是错喉。’上曰：‘何也?’对曰：‘是喷帝。’上大悦。”又“错”字中古音一音“仓各切”，是入声读音。潮汕话文读为 cag[4]（察），数学上平面几何术语“内错角”的“错”读此音；白读为 coh[4]（撮），“错喉”的“错”正是白读音。

“错喉”的后果往往是 cêg[8]（戚[8]），其本字就是上文的“欶”。此字中古音属于“职”韵字，“职”韵字，潮音文读为 êg 韵母，如“敕式色测息饰”等字，故潮音可读为 cêg[8]（戚[8]）。

吃饭吃太饱、气逆上冲而打嗝儿，潮汕话叫“拍呃”，“呃”是气逆上冲的声音。元·朱震亨《丹溪心法·咳逆》附录：“咳逆为病，古谓之哕，近谓之呃。”《本草纲目·主治一·呃逆》：“有寒有热，有虚有实。其气自脐下冲上，作呃呃声。”又“呃”，文读音 êh⁴（扼），白读音 oh⁴（窝⁴）。因饱嗝儿这股气往往带有食物发酵的酸味，潮汕话也叫“拍臭酸呃”。

如果再严重一些，吃得不顺溜，肚子造反，则就要呕吐了。呕吐潮汕话叫“呕哕”。如：“撮咸鱼个味过孬，一鼻就爱呕哕”（这些咸鱼味道太臭了，一闻到就要呕吐）。

“呕”和“哕”原来是可以单说的。《玉编·口部》：“呕，乌口切，吐也。”古字从“欠”作“欧”，《列子·说符》：“两手据地而欧之不出。”《说文·欠部》：“欧，吐也。”“哕”也是吐的意思，《儒林外史》第六回：“口里作恶心，哕出很多清痰来。”清·黄景仁《即事》诗：“验之今果然，喘嗽杂哕吐。”“哕”字中古音一音属于入声“於月切”，正与潮汕话完全相吻合。

“呕”和“哕”连起来说，古书也有用例，南朝·梁·慧皎《高僧传·译经中·鸠摩罗什》：“有似嚼饭与人，非徒失味，乃令呕哕也。”五代·王定保《唐摭言·海叙不遇》：“岩杰遽饮酒一器，凭栏呕哕。须臾，即席还。”《西游记》第七十三回：“须臾，药味入腹，便就一齐呕哕，遂吐出毒味，得了生命。”

因为受寒感冒而打喷嚏，潮汕话叫“拍咳嚏”。如：“我只几日流鼻水、拍咳嚏，几成是感冒”（我又流鼻涕又打喷嚏，可能是感冒了）。“咳嚏”之说，很古老了。《礼记·内则》：“升降出入揖游，不敢哕噫、嚏咳、欠伸、跛倚、睇视，不敢唾涕。”《汉书·息夫躬传》：“乌孙两昆弥弱，卑爰疐强盛，居强煌之地。”唐·颜师古注：“疐者，‘咳嚏之嚏’。”又“咳嚏”“咳嗽”的“咳”，潮音均读 ga¹（胶），不读 hai⁶（孩）。上古音“咳”属于“之”部字，平声，韵母潮汕话可以 -a，所以“咳”潮音读 ga¹（胶）没有问题，是上古音的遗留。

漱齿·哨牙·咬个牙

牙齿，潮汕话通常不叫“牙”，而叫“齿”。刷牙叫“漱齿”（漱，潮音 ciu^3，秋^3），牙刷则倒过来叫“齿漱”。

齿漱、漱齿的“漱”字得说一下。此字常读音 suag^4（朔），如“漱口”“饶漱石”等，但白读可读 ciu^3（秋^3）。口语中用水擦洗叫 ciu^3（秋阴去），如“ciu^3 齿”（刷牙）、“ciu^3 鼎”（刷锅）等。“漱”，《广韵》“生”母“宥”韵去声开口三等字，所佑切。“生”母字潮音读 s－或 c－。读 c－者如“梢、稍、渗（渗漏）、闩（门闩）”等字；至于“尤宥”韵母字读－iu 韵母，乃是主流，如“溜、就、秀、绣、锈、昼、宙、咒、臭（无色无臭）、兽、寿、救、又”等。故“漱”应该读 ciu^3，读 suag^4 倒是习非成是的误读音。“漱”指擦、刷的意思，古汉语有用例，《礼记·内侧》：“凡内外，鸡初鸣，咸盥漱。”意思是鸡鸣即起，刷牙洗脸。唐·柳宗元《晨诣超师院读禅经》诗：“汲井漱寒齿，清心拂尘服。”“漱齿”之说，与潮汕方言完全相同。

此外，金牙叫“金齿”，“牙缝”叫作“齿缝”，“牙龈”叫“齿龈”，蛀牙叫“蛀齿”，“拔牙”叫“尅齿”，“镶牙”叫“镶齿”，牙痛叫作“齿痛”（痛，潮音白读 tian^3，听^3），俗语云：“齿痛正知齿痛人”（自己牙疼了才知道牙疼人的苦，比喻同病才能相怜）。

但是，在一些词语中，潮汕话则还保留“牙”的说法，生活谚语说：“七坐八爬九发牙。”说的是婴儿七个月大能坐起来，八个月能爬行，九个月就长牙的生长规律。民谣云：“天生人唔平，有人无齿，有人重牙；有人无囝，有人双生。”“重牙”，就是牙齿长重叠了。这里“齿”“牙”相对，词义相同。还有，槽牙，旧称“臼齿”，潮汕话则叫

“牙头齿”，“牙”和“齿”都用上了。

门牙则多还是称“牙”，形容龇牙咧嘴、门牙外露叫“牙齴齴”。“齴”是古语词，《玉篇·齿部》：“齴，鱼骞切，齿露出貌。”《广韵》上声弥韵：“齴，齿露貌。”鱼骞切。汉·王延寿《王孙赋》：“齿崖崖以齴齴。”音义皆与潮汕话合。

门牙长而外露，且不端正，潮汕话叫“哨牙”（哨，音 sa[3]，傻[3]），形容之则谓“牙哨哨”，如说：“《地雷战》许底个日本翻译官牙哨哨。”俗语有：“牙哨哨，西瓜一食食够担”（门牙长又大，西瓜吃一担。够，潮音 gao[3]，到）。哨，古汉语中有不正的意思。《礼记·投壶》：“主人请曰：‘某有枉矢哨壶，请以乐宾’。”汉·郑玄注：“哨，不正貌。”《广雅·释诂》二：“哨，邪也。邪，同斜。”又“哨”，《集韵》去声“效”韵音“所教切”。“效”韵字潮音白读为 –a，如：“教窖校（上校）孝罩豹敲巧”等，故“哨”潮音文读为 sao[3]（扫），白读为 sa[3]（傻[3]），正与韵书“所教切”相合。

门牙大而外露、唇不覆齿，潮汕话叫“䶕牙”。潮谚有云：“西瓜畏䶕牙，猪屎畏粪钯。”（畏：怕；粪耙：专门用来捡拾猪粪的铁质钯子）。比喻一物降一物。《集韵》去声“祃”韵：“齿出貌。”步化切，又平声麻韵：“䶕，䶕牙，齿出也。”《醒世恒言·两县令竞义婚孤女》：“萧雅一脸麻子，眼眍齿䶕。”义皆与潮汕话相合。

另有一字与“䶕”字义同音近：“龅”，“帮”母“效”韵字，潮音文读为 bao[1]，白读为 ba[1] 或者 bha[1]。粤语谓门牙大而外露为“包牙”，本字应就是“龅”，其实也是“䶕”的异体字。

门牙大也被贬称为“屎棹牙”，音近而经常被戏称作“西班牙”。“屎棹”（棹，音 boil[1]，八[1]），是旧时大便后用来擦屁股的小木片。所以，此称极俗，切勿随便用来形容人。

澄海话谓被人咬一口后留下牙痕为 nga[5]（我阿切[5]），如说：“你勿看伊孥囝细细，乞伊咬落去到个牙痕怪深”（你别看他是婴儿小小的，被他咬了一口，牙痕挺深的）。

黄酸瘦𤸇·肥腯肥腯·枵晕饱疺·饱饫饱饫

形容人的瘦，潮汕话不叫“瘦”，而叫“𤸇”（音 sang^2，丧^2），如“𤸇猴𤸇猴”（像猴子一样瘦），成语有“𤸇骨落肉”（瘦骨棱棱），俗语有“𤸇狗泻厝人”（狗养瘦了丢主人的脸）、“𤸇猪结硬屎”（打肿脸充胖子）等。但成语有“黄酸瘦𤸇”（形体消瘦，面色蜡黄），却是“瘦”“𤸇”并用。“瘦”字大家都认识，不用说了。“𤸇”字普通话不用，是个古语词。《释名·释天》：“𤸇，瘦也，如病者𤸇瘦也。”《广韵》上声梗韵：“𤸇，瘦𤸇。”《集韵》上声梗韵：“𤸇，瘦谓之𤸇。”由此可见，“瘦”“𤸇”是同义词，可以用来互相解释，甚至连用作双音节词。史书也有用例，如《新唐书·李百药传》：“侍父母丧还乡，徒跣数千里，服虽除，容貌𤸇者累年。”又《广韵》梗韵字（赅平去），潮音有读 -ang 的，如“烱冏旷簧衡黉”等。故“所景切”潮音可读 sang^2（丧^2）。

“𤸇”的反义词是“肥”，“肥弟”“肥婆”等称谓常用。俗语有“肥到碌肉”，谚语有“胀猪肥，胀狗𤸇，胀人如纸囝（音 gang^2，港）”。但也有不叫“肥”的，如形容小孩胖墩墩叫“腯腯”，或者“肥腯肥腯”。如“个孥囝腯腯，趣味死”（这孩子胖墩墩的，真可爱）。腯，潮音 tuh^8（途^8），肥腯，原指动物肥硕多肉，《左传·桓公六年》：“吾牲牷肥腯。”又“博硕肥腯”。晋·杜预注：“腯，亦肥也。”《礼记·曲礼下》：“豚曰腯。”唐·孔颖达疏：“腯，即充满貌也。”《诗经·周颂·我将》：“我将我享，维羊维牛。”汉·郑玄笺：“我奉养我享祭之羊牛，皆充盛肥腯。”《太平广记》卷四二九引《广异记》：“（张）鱼舟走出，见一野豚腯甚，几三百斤。”《文选·吴都赋》：“鸟兽腯肤。”李善注引刘建曰："腯，肥也。"元杂剧《渭塘奇遇》二："（酒保白）更有那五味俱全炉烧得肥鹅，八宝镶就蒸熟的腯鸡。"由此可见，"腯"原来是指动物的膘肥体壮，指人的肥胖多肉之义项应是后起的引申义。明·谢肇淛《五杂俎·地部二》："不过苦诸缙绅公子，体腯骨弱者耳。"潮汕话今亦用以指人，与此例义项相同。

肚子饿，潮汕话叫"枵"，潮音 iao[1]（妖）。俗语云："枵人目孔阔"（肚子饿的人以为什么都吃得下），"枵晕饱痃"（肚子饿了头晕，肚子饱了发困）。枵，原指空虚，《说文·木部》："枵……《春秋传》四：岁在玄枵。枵，虚也。"段玉裁注："木大貌……木大则多空穴。"引申指腹中空无食物。《新唐书·殷开山传》："公等勿与争，粮尽众枵，乃可图。"宋·陆游《幽居遣怀》（其一）诗："大患元因有此身，正须枵腹对空囷。"《明史·福王常洵传》："王府金钱百万，而令吾辈枵腹死贼手。"清·刘书年《刘贵阳说经残稿·沂水桑麻话》："一人入集，必不能枵腹终朝。""枵腹"，即空肚子也。清·蒲松龄《聊斋志异·西湖主》："而枵肠辘辘，饥不可堪。""枵肠"，今作"饥肠"也。又"枵"字《广韵》平声宵韵："枵，玄枵虚危。"许娇切。晓匣声母字潮汕话有读零声母者，故"枵"潮音为 iao[1]（妖），与《广韵》合。

"枵"的反义词是"饱"，如上文的"枵晕饱痃"。酒足饭饱，不想再吃，潮汕话则叫"饱饫"，这也是古语词。《左传·襄公廿六年》："赏以春夏，刑以秋冬。是以奖赏为之加膳，加膳则饫赐，此以知其劝赏也。"晋·杜预注："饫，厌也。酒食赐下，无不厌足，所谓加膳也。"《后汉书·刘盆子传》："十余万人皆得饱饫。"宋·王禹偁诗："饫饱致肥腯，优游恣蕃育。"《玉篇·食部》："饫，依据切，食多也。"《广韵》去声御韵："饫，饱也，厌也。"依据切，音义皆与潮汕话相合。

瘌头·秃掌·爆皮·痌枯·生痝生疥

瘌瘌头：潮汕话叫“瘌头”或“瘌卵头”。“瘌”，潮音 lah[8]（蜡），也可用作形容词，如：“伊个头瘌瘌”（他的头光秃秃的）。《集韵》入声曷韵：“瘌……疥也。”疥，指瘌痢。明·佚名《高文举珍珠港·开场》：“高台明镜包瘌痢，耿直君前启奏。”

秃掌：指秃顶。秃，潮音文读为 têg[4]（剔），如“秃头”“秃子”读此音，但口语中有“秃掌”一词，“秃”，潮音 tok[4]（通[4]），是白读音。《广韵》入声屋韵：“秃，《说文》云：‘无发也’，他谷切。”“他谷切”正与潮音 tok[4]（通[4]）相合。

爆皮：皮肤胀起，潮汕话叫“爆皮”；起泡，叫“爆泡”。《山海经·西山经》：“有鸟焉，其名曰螐渠，其状如山鸡，黑身赤足，可以已爆。”晋·郭璞注：“谓皮爆起也。”《玉篇·肉部》：“爆，皮起。”《广韵》入声觉韵：“爆，皮破。”北角切。《集韵》入声觉韵：“爆，皮破起。”匹角切。义皆与潮汕话相合。又觉韵字潮汕话多读为 og 韵母，如“喔握璞朴扑捉诼”等，故潮音读 pog[4]（朴），与古音合。爆葱花叫作“爆葱珠朥”，“爆”也音 pog[4]（朴）。本字其实就是“暴”，加“火”旁、“月”（肉）旁，均是后起的增益字。

痌枯：潮音 piang[1] gou[1]（偏姑），指半身不遂。《说文解字·疒部》：“痌，半枯也。”段玉裁注：“痌之言偏也。”王筠《说文句读》：“群书皆作偏，王冰注《素问》曰：偏枯，半身不遂。”《集韵》平声仙韵：“痌，公孙绰有偏枯之药从起始者。”由此可见，原来只作“偏枯”，后来因为是病名才造出“痌”字来。

疥：人身上有皮肤溃脓之病，叫作“生痨生疥”。痨，潮音 tuê[5]（颓[5]），泛指疮疥；疥，潮音 goi[3]（计），一种微痒、搔之则烂的小疮。如：“伊通身生痨生疥，孬去游泳池游泳”（他浑身长满疥疮，不能去游泳池游泳）。《急就篇》第四章：“痂疕疥疠痴聋盲。”《文选·登徒子好色赋》：“其妻蓬头挛耳，……又疥又痔。”宋·苏轼《孙莘老寄墨四首》诗之四：“今来复稍稍，快痒如爬疥。”“爬疥”即搔痒疮。又《广韵》去声怪韵：“疥，疮疥。”古拜切，音同“界”。“界”与“疥”均从“介”得声，潮音文读音 gai[3]（戒），白读音 goi[1]（计）。

痈：潮音 iong[1]（拥[1]），一种恶脓疮的名称，也见于古代文献。《庄子·列御寇》：“秦王有病召医，破痈溃痤者得车一乘。”唐·刘长卿《从军行》：“谁为吮痈者，此事令人薄。”《说文解字·疒部》：“痈，肿也。”《释名·释疾病》：“痈，壅也，气壅否结裹而溃也。”《玉篇·疒部》：“痈，於恭切，痛肿也。”音义皆与潮汕话相合。

疬：潮音 lêg[8]（绿），颈部淋巴结结核，俗称疬子颈。《灵枢经·寒热》：“黄帝问于岐伯曰：‘寒热瘰疬在于颈脉者，皆何气使生？’”《医宗金鉴·外科心法要诀·项部》：“小瘰大疬三阳轻，项前项后侧旁生。”《广韵》入声锡韵：“疬，瘰疬。”郎击切。《集韵》入声锡韵：“疬，瘰疬病也。”狼狄切。音义皆与潮汕话相合。

瘑：潮音 uê[1]（锅），一种恶疮名。潮汕话一些农村骂人“生瘑团”，即诅咒别人长恶疮。隋·巢元方《巢氏病源喉论·瘑疮候》：“瘑疮者，由肌腠虚，风湿之气，折于血气结聚所生，多著手足间，递相对，如新生茱萸子。痛痒抓搔成疮，黄汁出，浸淫生长，拆裂时瘥时剧，变化生虫，故名瘑疮。”《玉篇·疒部》：“瘑，疽疮也。”《广韵》平声戈韵：“瘑，疮也。”音义皆合。

疕：潮音 pi[2]（鄙），疮上结的薄痂。唐·颜师古注：“痂，疮上甲也；疕，谓薄者也。”《广雅·释言》：“疕，痂也。”《本草纲目·谷部·绿豆》：“痘疮湿烂不结痂疕者，于补之良。”“疕”《广韵》上声旨韵音“匹鄙切”，与潮音合。引申扩大词义，用以指螺蛳肉上薄薄的顶甲，叫作“螺疕”。

骹步手脚·骹臁·骹蹯·脚肠肚·大咖

骹步手脚，潮音 ka^{1} bou^{7} ciu^{2} gioh^{4}（卡^{1} 部^{7} 秋^{2} 茄^{4}），意思是手脚麻利，很利索，能干。“骹”是潮汕话表示腿、足的 ka^{1} 的本字，潮音以“脚”读 ka^{1} 是张冠李戴的训读音，上词的第四个音节 gioh^{4} 或者 giog^{4}（鞠）才是“脚”字自己的读音。

《说文解字·骨部》：“骹。胫也。”《周礼·考工记》：“叁分其股围，去一以为骹围。”《尔雅·释兽》：“马四骹皆白。”《文选·西京赋》：“青骹挚于韝下……”薛宗注：“青骹，鹰青胫者。”此指动物之胫部，就是脚，犹如今潮汕话“乌骹鸡”（乌脚鸡）、“乌骹警察”（民国时民间蔑称警察，因其打黑色绑腿）等，也用于指物件之足。《南史·王亮传》中载沈瓒戏犯王亮的父亲王猷的名讳云：“当作无骹尊傍犬？或为犬傍无骹尊？”“无骹尊”即没有“尊”字下部的“寸”字，也即“酋”字。“无骹”即“无脚”也。今潮汕话，床骹、椅骹、门骹、墙骹、下骹（下面），皆用“骹”字也。

该字也从“足”作“跤”。《广韵》平声肴韵：“跤，胫骨近足细处。骹，同上。”注音的反切是“口交切”。肴韵字潮汕话白读可以读 -a韵母，正好切 ka^{1}。字也从“月”（肉）作“胶”（与表示“塑胶”的“胶”字不同）。

更早的话，“骹”字只作“交”，像人站立、两腿交叉之形也。后来“交”字被借用指两物相交，如交叉、交通等义，本义反而被遗忘了。就像“自”字本义鼻子，象形字，后来被引申义“自己”借用，就造出个形声字“鼻”（从自畀声）来指鼻子了。这犹如潮汕话说的：“荆州借久成已业。”后来“跤”“胶”也皆被借为他用，世人皆不知道其指胫部的原义了。

“骹”在潮汕话中，词义比古汉语所指范围要大得多，几乎腰部以下都是“骹”：大腿叫“大骹腿”或者简称“骹腿”，胫骨叫“骹臁”，俗语有“衰到糜骹臁”（倒霉得连不容易糜烂的胫臁骨都糜烂了）。“臁”是个近代词。宋代韵书《集韵》平声盐韵：“臁，胫臁也。”元·李直夫《虎头牌》剧：“他若是不跪呵，安排下大棒子，先摧折他两臁骨者。”“臁骨”，就是潮汕话的“骹臁骨”。胫部的小腿肉潮汕话叫“骹肠肚”，足部叫“骹”或者“骹蹯［$buan^5$（盘）］”。古字只做“番”，《说文解字·釆部》：“番，兽足谓之番。从釆，田象其掌。”清·段玉裁注解：“下象掌，上象指爪。”章太炎《新方言》云：“移以言人，今谓脚掌为脚番。”“番”，古音读同“盘”。《汉书·地理志》“番禺”条，唐·颜师古注：“番，亦音盘。”后来字增“足”为“蹯”，音仍读“盘”。

脚肠肚即小腿肚子。《说文解字·肉部》：“腓，胫腨也。”清·段玉裁注：“谓胫骨后之肉也，腓之言肥，似中有肠者然，故曰腓肠。”又《说文·肉部》：“腨，腓肠。”《正字通》：“腓胫后肉也，又俗曰脚肚。”由此可见，所谓“肠”“肚”之称，古已有之。潮汕话合起来叫作“脚肠肚”。

这几年有个从台湾借来的新词语，叫明星大腕为“大咖”，“咖”音ka^1，还有“怪咖”（搞怪的明星）、“综艺咖”（综艺节目的明星）等。“咖”其实即是“骹”字，“大骹”即是台湾闽南话“主角”“大角色”，北方话“大腕”的意思。这个“咖”也就是潮汕话的“骹”ka^1。

很奇怪，北方话叫“大腕”，闽南话却叫“大骹”：北方话重视手，南方话重视腿（脚）。这方面还表现在成语中的词素顺序的不同中：凡是成语中有四肢出现的，北方话都先“手”后“脚”，而潮汕话却一定是先“脚”后“手”，如“动手动脚（北方话）——动骹动手（潮汕话）、落脚落手”“做手脚（做了假）——做脚手”等，潮汕话还如“惜脚惜手”（怕损坏四肢皮肤，不愿意劳动）、“轻骹轻手”（行动或干活时动作很轻、很细）等。

"脚"字潮汕话自己的读音应是 gioh[4]（茄[4]），本文标题中的"骹步手脚"中的"脚"就读此音。汕头话指人的量词，也用"脚"字。如说："只脚物就是我个你呾过许个人"（这个人就是我跟你提起过的那位）。大概人无脚不能立于世，所以，"脚"便被用来作为人的量词。戏剧、电影、电视中的角色，潮汕话也用"脚"，主角叫"主脚"，与台湾闽南话的"大咖（骹）"构词的思维方式相同。现在北方话不用"主脚""脚色"，而用"主角""角色"，乃是取而代之的结果，但《现代汉语词典》"角色"条仍然加括号保留"脚色"一词①。

"脚"的另一读音是 giog[4]，"手脚情深""脚部"等词，潮语旧读都是此音。

① 中国社会科学院语言研究所词典编辑室：《现代汉语词典》，商务印书馆2016年版，第712页。

落脚落手·脚空手空·脚猛手快·脚来手来

有朋友问我："为什么普通话关于'手'和'脚'的词语都是'手'字在前、'脚'字在后；而潮汕话则反之，都是'脚'字在前、'手'字在后？"（"脚"的本字是"骹"，见上文）

这可把我"考仆"（问倒）了，平时还真没注意这个现象。事后认真地梳理我收集的与"手""脚"相关的词语，其构词词素的顺序，还真的是如此，几乎没有例外。例如：

脚踏手拗［ka^1 dah^8 ciu^2 ao^2］："拗"音 ao^2（瓯^2），指手脚灵活，是干活的好手。如说："伊脚踏手拗，做工课过强"（他手脚麻利，是干活的能手）。

脚炣手炣［ka^1 da^1 ciu^2 da^1］："炣"音 da^1（打^1），干，手脚不沾水，比喻不干活。如说："伊终日脚炣手炣，了哩怨呾无钱好使"（他成天游手好闲，然后又埋怨说没钱花）。

脚澹手澹［ka^1 dam^5 ciu^2 dam^5］："澹"音 dam^5（耽^5），湿，手脚沾了水，比喻动手干活，是"脚炣手炣"的反义词。如说："脚澹手澹嘴臭臊"（下水捕鱼，手脚湿了，嘴巴也就能沾到鱼腥味儿，比喻有劳动就有得吃）。也说："脚澹嘴臭臊"。

脚冻手奭［ka^1 $dong^3$ ciu^2 sih^4］："奭"是音近借字，音 sih^4（薛），抖动，发抖；冷得手脚发抖。如说："只几日降温，乞伊寒到脚冻手奭"（这几天降温，被冻得四肢直哆嗦）。

脚空手空［ka^1 $kang^1$ ciu^2 $kang^1$］：手里空空的，多指没有带手信。如说："你脚空手空，了就呾爱去做人客"（你什么手信也没带，怎么好意思去做客)？也作“空脚空手”。空，音 kang^{1}（康）。

脚瘸手折 [ka^{1} kuê^{5} ciu^{2} zih^{8}]：手折腿瘸。如说：“伊乞人拍到脚瘸手折”（他被人打得手折腿瘸）。

脚来手来 [ka^{1} lai^{5} ciu^{2} lai^{5}]：手脚并用，比喻人勤快。如说：“撮人脚来手来，免点钟就作直”（大家一起动手，不用一个小时就干完活儿了）。

脚溜手溜 [ka^{1} liu^{3} ciu^{2} liu^{3}]：溜，这里读阴去声 liu^{3}，指麻利。如说：“伊脚溜手溜，作工课过猛”（他手脚麻利，活儿干得很快）。

脚猛手快 [ka^{1} mên^{2} ciu^{2} kuê^{3}]：“猛” 音 mên^{2}（蜢），“快” 音 kuê^{3}（课），都是迅速的意思。是“脚溜手溜” 的近义词。有些地方也作“脚猛手溜”。

脚寒手寒 [ka^{1} ngang^{5} ciu^{2} ngang^{5}]：“寒” 音 ngang^{5}（昂^{5}），冷，寒冷；手脚冰凉。如说：“你衫衬少了，寒到脚凝手凝”（你衣服穿少了，冻得手脚冰凉）。

脚硬手硬 [ka^{1} ngên^{6} ciu^{2} ngên^{6}]：手脚僵硬，多指不灵活，不利索。如说：“伊脚硬手硬，怎好去学跳舞”（他手脚都硬邦邦的，怎么能学舞蹈）？

脚酸手软 [ka^{1} seng^{1} ciu^{2} neng^{2}]：手脚发软、四肢乏力。如说：“伊许底是中着暑，脚酸手软”（他中暑了，四肢酸软乏力。）

此外，还有：

动脚动手 [dong^{6} ka^{1} dong^{6} ciu^{2}]：即普通话的“动手动脚”，略带贬义。例如：“个物轻轻囝就动脚动手，撮姿娘囝过惊伊”（那家伙喜欢动手动脚，姑娘们都怕他）。

鬼脚鬼手 [gui^{2} ka^{1} gui^{2} ciu^{2}]：指手工技术高超、鬼斧神工。例如：“伊鬼脚鬼手，什乜物件啰会做”（他心灵手巧，什么东西都鼓捣得出来）。

力脚力手 [lag^{8} ka^{1} lag^{8} ciu^{2}]：手脚勤快；力，勤力，力落。例如：“伊力脚力手，一日工课做唔歇”（他手脚勤快，一天到晚干不停）。

掠脚掠手 [liah^{8} ka^{1} liah^{8} ciu^{2}]：手把手地教。例如：“伊叫孥囝写字过有耐心，掠脚掠手在教”（他教孩子写字很有耐心，都是手把手地教）。

惜脚惜手［sioh4 ka1 sioh4 ciu2］：舍不得动手花力气劳动，俗语有云："惜脚惜手，饿成蛤虬"（舍不得动手干活赚钱，就会没钱吃饭，饿死都有可能）。

还有些惯用语和歇后语，也是"脚"在前、"手"在后。例如：

落脚手［loh8 ka1 ciu2］：做手脚。例如："只撮货伊落脚手过个，有真有假"（这批货他做过手脚，里面有真货，也有假货）。

较脚手［gah8 ka1 ciu2］：比试比试手脚（功夫）。例如："着较下脚手正知底人工课硬"（得比试比试一下才能知道谁功夫过硬）。

公婆拜蟹——脚手敍［gong1 pua5 bai3 hoi6—ka1 ciu2 zoi7］：也单说"脚手敍"，指小孩好动。

羊蹶踩想做脚手溜［ion5 guêh4 cai2 sion6 zo3 ka1 ciu2 liu3］：发羊痫风还以为是手脚麻利，用来讽刺人手脚麻利地干了一些不该干的活儿。

如此等等，不胜枚举。虽然我能把这些词语罗列出来，但还是看不出有什么端倪，百思不得其解，回答不了为什么潮汕话与普通话词素顺序相反的问题。

用现在大家时兴的话来说，就是："想无！"

看来只能付之阙如，留待大家讨论指教了。

潮州厝，皇宫起

“潮州厝，皇宫起”，说的是潮州民居是按照明朝皇宫的格局、样式来建筑的，什么四马拖车、四点金、下山虎等，都颇有讲究和气派，形成了自己独特的特色，谓之“潮派建筑”。

这句话中有两个词跟普通话不同：一个是名词“厝”，一个是动词“起”。

厝指房屋，潮音 cu^3（处）。如：“伊旧年趁有钱，今年转去内起厝”（他去年赚到钱了，今年回老家去盖房子）。

“厝”是闽方言通词，台湾、闽南各地也用。例如，清·黄叔璥《台海使槎录·赋饷》：“瓦厝、草厝共征银一千二百四两零。”《中国近代反帝反封建历史歌谣选·林俊起义谣二》：“……大厝变火炎。”《中国歌谣资料·蓝尾星》：“厝里空空，菜园栽葱。”《红旗飘飘·海陆丰农民起义的领导者彭湃》：“田公着厝吃白米，田仔耕田耕到死。”“厝”指房屋，也许与“安置”“安措”一义有关。《战国策·魏策二》：“王厝（田）需于侧以稽之，臣以为身利而便于事。”《列子·汤问》：“命夸娥氏二子负二山，一厝朔东，一厝雍南。”不过，这些“厝”都用作动词，也许是引申而指安置人的地方，成为名词。有一些专家不认同这个本字，有人干脆就写“处”。但既然从清朝就用了这个字，而且老百姓都接受了，我想，就认定它了吧。

起，盖房子，古代就是这么说的。《汉书·武帝纪》：“起建章宫。”又同书《郊祀志下》：“起步寿宫。”汉·桓谭《新论·识通》：“（武帝）求不急之方，大起宫室。”汉·班固《两都赋序》：“京师修宫室，浚城隍，起苑囿。”南朝·宋·刘义庆《世说新语·任诞》：“冰为之起大舍，……终其身。”又同书《巧艺》：“后钟兄弟以千万起义宅。”《新唐书·突厥传上》：“赵简子起长城备胡。”唐后有双音节词“起造”“起建”等出现。例如《水浒全传》第九十一回：“田虎就汾阳起造宫殿。”《警世通言·俞仲举题诗遇上皇》：“员外见女儿主意定了，乃将家财之半，分授女儿，于成都起建大宅。”

整个院落的一座大房子，潮汕话叫作“落”，类似于北方的旧式四合院，如：“伊落厝起到雅死”（他那座房子建得很漂亮）。落，原可以指村落。《后汉书·循吏传·仇览》：“庐落整顿，耕耘以时。”李贤注：“案，今人谓院为落也。”唐·杜甫《兵车行》：“君不闻汉家山东二百州，千村万落生荆杞。”用作量词当是从村落一义引申而来的。从“村落”到“院落”，是词义所指范围变小了。

院落里房子的每一间屋，叫一间“内”。如说：“只套房有三间内（这套房子有三间屋）。”内，古代指内室，房室，《仪礼·少牢馈食礼》：“宰夫以笾受啬黍。主人尝之，纳诸内。”清·俞樾平议：“纳诸内者，纳诸房也。古谓房室为内。”《礼记·檀弓上》：“是故君子非有大故，不宿于外；非致齐也、非疾也，不昼夜居于内。”汉·郑玄注：“内，正寝之中。”《汉书·晁错传》：“先为筑室，家有一堂二内。”唐·颜师古注引张晏曰：“二内，二房也。”“内”在潮汕话中又引申指家，如说：“我转来去内食”（我回家吃饭）。

简陋的小屋，特别是用稻草、木板、竹木等搭建成的，潮汕话叫“寮”，搭建在田园边看瓜果地的，叫“田头寮”。很多地名也以“寮”字组成，前面冠以姓氏，如澄海的“田寮”“蔡厝寮”等。寮，古汉语指僧舍、小屋，宋·陆游《贫居》：“囊空如客路，屋窄似僧寮。”金·董解元《西厢记诸宫调》卷一：“几间寮舍，半亚朱扉。”也与潮汕话一样指茅草搭的窝棚。清·纪昀《阅微草堂笔记·如是我闻二》：“诸城滨海处，有结寮捕鱼者。”有人认为“寮”源于瑶语，宋·朱辅《溪蛮丛笑》云：“山瑶穴居野处，虽有屋以蔽风雨，不过剪毛叉木而已，名曰打寮。”“寮”为苗瑶语房子的音译，今瑶语勉话就与汉语的“寮”相当接近。

潮式建筑院落的大门，往往有神荼郁垒或者有秦琼尉迟恭画像的门神，简单的只写“神荼郁垒”或“加官进禄”的“门目”；上有瓦顶，叫“门楼”，实际上是有门无楼，与天安门城楼、潮州东门楼不同；左右有“门楼房”。《警世通言·一窟鬼癞道人除怪》：“两个奔来躲雨时，看来却是一个野墓园。只那门前一个门楼儿，里面没什么屋宇。”这个例子，跟潮汕话一样，指的是无楼的大门。

家门·家事·家私·家伙

家门：家族，门第。潮汕人谓家中出了败家子谓："家门不幸。"迷信者请神巫等预测全家年度凶吉，叫作"巡家门"。家门，是个古汉语词。汉·焦赣《易林·林之遁》："八百诸侯，不期同时，慕西文德，兴我宗族，家门雍睦。"《后汉书·虞诩传》："自此二十余年，家门不增一口，斯获罪于天也。"《陈书·萧引传》："吾家再世为始兴郡，遗爱在民，正可南行以存家门耳。"《宋书·王微传》："且持盈畏满，自是家门旧风，何为一旦落漠至此？"《西厢记》第二本第一折："又怕辱没了家门。"以上各例"家门"与潮汕话词义一致。

家事：即家产，包括全部财物。如："伊个家事大母个，一世人食唔了"（他的家产很多，一辈子都吃不完）。"家事"也是个古语词。唐·蒋防《霍小玉传》："我小娘子即霍王女也，家事破散，失身于人。"元·无名氏《桃花女》第二折："今有周公，他的大官人二十一岁了，他家事又富，女婿又生的俊，我特来与你家姐姐说这门亲事。"《喻世明言·陈御史巧勘金钗钿》："学曾扶柩回家，守制三年，家事愈加消乏，止存下几间破房子，连口食都不周了。"《醒世恒言·徐老仆义愤成家》："他比杜亮更是不同，曾独立与孤孀主母，挣起个天大家事。"《二刻拍案惊奇》卷十："他拿了我千贯的票子，若不夺得家事来，他好向哪里讨？"清·李渔《意中缘·卷帘》："小子虽然不肖，也是个纳粟的前程，家事虽然不多，也将就有一二十万。"以上各例都指家产、家业，与潮汕话相同。

家私：潮汕话指家具，如大衣柜、沙发等，家具店叫"家私铺"。如："你间新厝个家私买好抑未"（你的新房子家具买好了吗）？家私，古汉语中多指家产、家财，《京本通俗小说·志诚张主管》："王招宣赎免张士廉罪犯，将家私给还，仍旧开胭脂绒线铺。"有的用例指的是家具，《喻世明言·滕大尹鬼断家私》："赵裁出门前一日，曾与小人酒后争句闲话。一时发怒，打到他家，毁了他几件家私。""私"字在"家私"一词中读 si^{1}（丝）。

家火：家具器用，工具。如"木工家火""厨房家火"，也叫"家火头"。如说："我新厝内个厨房家火会齐，好来去许块煮食"（我新房子的厨房餐具配齐了，可以到那儿做饭吃）。家火，近代汉语常用词，《京本通俗小说·错斩崔宁》："刘官人一觉直至三更方醒，见桌上灯犹未灭，小娘子不在身边。只道他还在厨下收拾家火，便唤二姐讨茶吃。"明·贾仲名《升仙梦》一："天色晚了，收拾了家火，我还家去。"《水浒传》第四十四回："石秀一日早起五更，出外县买猪，三日了方回家来，只见铺店不开。却到家里看时，肉店砧头也都收过了，刀杖家火也藏过了。"《喻世明言·蒋兴哥重会珍珠衫》："第三日，同小二、薛婆来取家火。"《醒世恒言·卖油郎独占花魁》："秦重一闻此言，即日收拾了家火，搬回十老家里。"

家火也写作"家伙"，《醒世恒言·灌园叟晚逢仙女》："家人收拾家伙先去。"《水浒传》第二十八回："武松把那璇酒来一饮而尽，把肉和面都吃尽了，那人收拾家伙回去了。"《红楼梦》第六十七回："薛姨妈闻知湘莲已说定了尤三姐为妻，心中甚喜，正是高高兴兴，要打算代他买房子、治家伙，择吉迎娶，以报他救命之恩。"《儒林外史》第十五回："马二先生又尽力吃了一餐，撤下家伙去了。"

东司头·地粪头

潮汕地区农村，旧时的露天茅坑叫“东司”，也叫“东司头”。不少人认为“东司”是个很土很粗俗的词语，不知道怎么写，其实“东司”也是个古语词，宋代已有用例。宋·无名氏《张协状元》戏文第四出：“夫人，生得好时，讨来早辰间侍奉我们汤药，黄昏侍奉我们上东司。”清·翟灏《通俗编·居处》云：“朱晖《绝倒录》载宋人《拟老饕赋》有‘寻东司而上茅’句。”宋后的例子就更多了，《古今小说·史弘肇龙虎君臣会》：“定眼再看时，却是史大汉弯跧蹲在东司边。”

东司也写作“东厮”（“厮”潮音亦读 si^1），《醒世恒言·李汧公穷邸遇侠客》：“原来支成登东厮去了。”字又写作“东厕”。《水浒传》第六回：“还有那些管塔的塔头……管东厕的厕头，这个都是头事人物，末等职事。”《初刻拍案惊奇》卷二十一：“此必有人家干甚紧事，带了来用，因为上东厕，挂在壁间，丢下了的。”“厕”在这里是“厮”的异体字，《新华字典》普通话注音 sī，潮音则读 si^1（丝）。潮汕乡间，旧时谓上厕所为“上东司”，与此例子完全相同。为什么厕所会叫作“东司”，有人认为跟古代民居的建筑格局有关，厕所多安排在房屋的东侧，故名。目前尚未找到足够的证据，聊备一说，供读者参考。

因为“东司”与老百姓的日常生活吃喝拉撒睡息息相关，所以，用这个词创造出来的熟语有不少。下面举几个例子跟大家说说：

东司头号小影——臭相：意为茅坑边照相——拍出来的相片都是臭的。“臭相”潮汕话谓不讲规矩、胡来的意思，这里用的是谐音双关的修辞手法。如说：“个物东司头号小影——臭相，借钱了唔好还”（那个家伙太无赖了，借了人家的钱不肯还）。

东司头老石部——愈老愈臭：意为茅坑里的石头——泡的时间越长就越臭，比喻品质不好的人，年纪越大越是恶劣。如说："真实是东司头老石部——愈老愈臭。阮单位许个老科长，人乞伊除到畏"（真的是茅坑里的石头——泡的时间越长就越臭。我们单位里的那个老科长，把大家折腾得都怕了他了）。

鸭团跳东司——赶伙：鸭子有随群的特点，头一只往茅坑里跳，后面的也跟着往下跳。比喻人随波逐流，没有主见。如说："现在个人鸭团跳东司——赶伙，单位内有人买只个牌个汽车，就人人缀伊买"（现在大家好随大流，单位里有人买这个牌子的汽车，大家就跟着买）。"伙"，在这个歇后语中读阳去声 huê[7]（回[7]），意思是流俗、大家都一起做的事情。"赶伙"，就是跟着大家干某事。"伙"来源于古代的军队建制，若干个士兵吃一锅饭，为一伙。普通话说"他们是一伙的"的"一伙"，也是同源词，意即吃同一个灶伙食的，或者是在一个锅里抡勺子的。大家一起去做某件事情，潮汕话叫"有伙"，没有伴儿一起去叫作"无伙"，也是这个意思。

放屎搇东司墙：意思是拉屎时双手扶住茅厕的墙壁，怕掉进茅坑里，比喻人行事过度谨慎、缩手缩脚。如说："个物放屎搇东司墙，伊咋得敢佮你去冒险"（那家伙前怕狼后怕虎的，怎么可能敢跟你去冒险）？

新东司好放屎：意思是有了新厕所，大家都喜欢去那儿大便。比喻有了一件新的衣服或者工具等，大家都喜欢拿出来穿，或者拿出来用。既是新奇的意思，也带有喜欢显摆的意思。

"东司头"的旁边往往有堆放垃圾积肥的地方，叫"地粪头"。"地"潮音 do[3]（倒），不少人不知道"地"字可以读 do[3]（倒），就直接写同音字"倒"，成了"倒粪头"。其实，"地"字的声旁是"也"，古代是"它"的异体字。"它"字上古音属于歌部字，韵母就是 -o，从"它"得声的"鮀驼坨陀砣佗鸵"潮音都是 -o 韵母，所以，"地"念 do[3] 是上古音在潮汕话中的保留，是一条宝贵的古音资料。关于"地粪"的俗语有"家内地粪人人有"（垃圾家家有，比喻每一个家庭都有自己的家丑，类似于"家家都有一本难念的经"）等。

咸甜酸莶涩

我是澄海人，澄海话里最主要的语音特点是没有闭口韵尾－m/－b（入声），用潮汕话说就是“咀话无合［hab8］嘴”。汕头市区人或者潮州府城人喜欢拿我们澄海人开涮，让我们说说“咸甜酸莶涩”五个表示味道的形容词。

其实，里面的“酸”跟闭口韵尾没有关系，其他四个字，三个是－m韵尾，分别读“咸”［giam5］、“甜”［diam5］、“莶”［hiam1］，“涩”［siab4］，入声－b韵尾。澄海话则分别读作“咸”［giang5］、“甜”［diang5］、“莶”［hiang1］，“涩”读［siag4］，变成－ng/－g（入声）韵尾了。除了澄海（东里溪以东除外）之外，潮安庵埠沿旧潮汕铁路线一直到潮州府城的南门外，基本都是没有－m/－b（入声）韵尾的。所以，这些地方的人作古诗押韵，就得注意了，因为－m韵尾的字在诗词格律中是自成一韵的。例如“南”“男”与“难”“兰”既不同音也不能相押韵，“咸”与“坚”、“甜”与“珍”、“涩”与“设”也不同韵尾，不能押韵。如此等等，不一而足。

“咸”字潮汕话与普通话的词义基本相同，只有在用于表示吝啬的词义上，潮汕话有所不同。吝啬，潮汕话叫“咸”或者“咸涩”，像巴尔扎克笔下的“高老头”那样的。另外，表示味道咸的最高级形容叫作“咸过卤胆”（“卤胆”应该是盐做的）。一般级咸味的形容为“咸仙咸仙”“咸腺咸腺”（腺，潮音suan5）。

“咸”的反义词普通话是“淡”，潮汕话则是zian2（整），字写作“饏”（“饏”字的下面的“食”也可以替换成“酉”）。这是个古字，南朝·梁·顾野王《玉篇·食部》：“饏，子敢切，无味也。”《广韵》上声琰韵："饕，食薄味也。"子冉切。按反切文读应该读 ziam^{2}，今读 zian^{2}，是白读音，本来的 – m 韵尾弱化后只剩下鼻化作用了。味道寡淡叫作"白饕"，强调版叫作"白饕无味"，再加强之叫作"白饕老呕"（淡得都快让人呕吐了）。但"咸饕"合起来却是指菜肴的意思，有些地方只用以指小菜，即潮汕话的"杂咸""咸碟"等。

"甜"潮汕话也跟普通话差不多，只有个别词义有细微的不同。例如海鲜很鲜美，形容之为"甜"，如说："嘴鱼汤过甜"（这些鱼汤很鲜美）。当然，也说"鲜甜"，就不会跟表示含糖量高的甜混淆了。还有"饕甜"一词，则与"咸芳［pang^{1}（攀）］"相对而言，意思大致是味道淡而不寡，能保持鲜美。如说："澄海（苏南）个鹅肉咸哩咸芳，汕头个鹅肉饕哩饕甜。""甜"（含糖量）的程度不同有不同的形容词级差，最甜的叫"甜到滤"（gam^{3}，甘^{3}），有点甜但又不太甜、甜丝丝的感觉潮汕话形容为"甜痴哥甜痴哥"，也作"甜痴甜痴""甜泥甜泥"等。

"酸"的味道表达跟普通话也是一样的，如"酸杨桃""酸辣汤""酸甜排骨"等；但有些细微的差别我真不知道普通话怎么对应，如"酸黏酸黏［niam^{1}］"、"酸氿酸氿［giu^{6}］"、"酸嬲酸嬲［niao^{1}］"等。肌肉的酸痛，以前有一个专门的"痠"字来表示，现在都合在一起用"酸"了。

"莶"，潮音 hiam^{1}（嫌^{1}），辛辣的味道。辣椒，潮汕话叫"莶椒"，辣椒酱叫作"莶椒膏"。"莶"是个古字，《集韵》平声盐韵："莶，辛味。"火占切。《广韵》平声严韵："莶，芋之辛味曰莶。"虚严切。音义皆与潮汕话相合。微辣的味道，潮汕话也叫"莶辣"。"辣"字少单用，只有在"辣辣"中用作形容词，但读成 duah^{8} duah^{8}，声母由 l – 变成了 d –（潮汕话中有不少字声母可以 d –/l 或者 t –/l – 互变）。澄海人、潮安人要注意了，这个"莶"字是读闭口韵母的 hiam^{1} 的，在口语中就成了 hiang^{1}，与"香"同音了。此"莶"非那"香"，千万要注意区别哦！

"涩"，潮音 siab^{4}，潮汕话常用词，不单用于表示味道的苦涩，如"撮橄榄过涩"（这些青橄榄很苦涩）。"涩"与"酸"结合，表示既酸且涩的味道——酸涩。其还可以用来表示人的品性或者身体状况："咸涩"形容的是吝啬；"目涩"形容的是眼睛干涩、睁不开眼，想睡觉；

“嘴涩”形容的是嘴巴苦涩、胃口不好、吃嘛嘛不香；别人叫自己去做，自己又不愿意去做的态度形容为“叫着伊涩涩”；遇事不果断拿主意、优柔寡断形容为“呐酸呐涩”。其实，这些都是由于“涩”的不顺溜的词义引申来的。

臭哈·臭莶·臭鲞·臭手液·臭液蜚·臭火熏·臭油垢

在潮汕话中，“臭”字是个形容词，其构词能力很强。例如：“臭哈”，或者“臭哈喇”，指鱼、肉类变质发出的气味，如：“撮鱼臭哈喇臭哈喇，孬买”（这些鱼已有异味，不要买）。《儿女英雄传》第三十四回：“一时也辨不出是香，是臊，是甜甘，是哈喇，那气味一直扑到面上来。”《汉语大词典》释为：“形容油腻食物的变质味。”正与潮汕话相合。“哈”还可以单独使用，表示臭的程度，如说：“撮猪肉臭到哈，孬食了”（这些猪肉臭得很，不能吃了）。又“喇”字读阴去声。“哈喇哈喇”，潮汕话也可以作形容词用，这种味道通常指的是鱼肉变质的味道。

鱼肉变质而产生异味，潮汕话叫“蔫”［iang^1（焉）］，如：“撮鱼蔫去，孬食”（这些鱼变质了，不能吃）。引申泛指人身体不快，无活力，垂头丧气，如：“伊只二日破相，个人蔫蔫”（他这两天病了，有气无力的）。蔫字从草，原指植物枯萎。宋·苏轼《次韵刘景文》诗：“浅紫从争发，浮红任早蔫。”明·刘基《古歌三首》之一：“红葵高花高以妍，清晨开花夕就蔫。”引申而指东西不新鲜。《说文解字·草部》：“蔫，菸也。”清·段玉裁注：“不鲜也。”《广韵》平声仙韵：“蔫，物不鲜也。”於乾切。又引申指人的精神萎靡不振。清·佚名《六月霜》：“休得便轻灰志愿，意恢恢，气索神蔫。”这两种引申义潮汕话都有。

臭莶［hiam^1（险^1）］：指番薯糜烂后发出的有点微辣的臭味，潮汕俗语有：“糜柑甜，糜芋莶。”这个“莶”，指的就是“臭莶”。与之接近的有个“臭尿莶”，形容的却是尿臊味，不能混淆。

臭鲞［hiang^3（响^3）］：臭臭的味道，还可以具体说到发臭的来源地儿，如“臭屎鲞”（臭屎味）、“臭胳囊下鲞”（腋臭，狐臭）等。“鲞”，原指一种鱼名，后来用以指干鱼、腊鱼，晋·王羲之《杂帖五》：“石首鲞，食之消瓜成水。”再引申指腊味，不仅仅是腊鱼。大概就是由腊味的味道一义再引申而成了不好的味道。与“臭屎鲞”词义相近的，有一个“臭屎吪”，“吪”潮音 hua[3]，也是臭屎味的一种。

臭手液、臭脚液：指手、脚之汗多了又没有洗干净产生的恶味，如说：“双袜臭脚液鲞过重，猛猛换去洗掉”（你的袜子臭脚汗味儿很浓，还不赶快去换了洗掉）。“液”通常读作 êg[8]（亿），但在“手液”“脚液”里读 sioh[8]（惜[8]）。“液”字本来属于《广韵》“以”声母字，音“羊益切”，潮汕话文读 êg[8]（亿）正合此音。读 sioh[8]（惜）乃是古音的遗留，中古“喻”声母字潮汕话读 s－声母的字还如“蝇”［sing[5]（绳）］、“翼”［sig[8]（实）］、“榕”［sêng[5]（成）］、“鳙”［song[5]（松）］等。潮汕民居房前屋后种植树木花草，讲究“前榕后竹”，即谐音“前成后德”；德为后盾靠山（所谓“厚德载物”也），通过勤奋努力而有所成功。鳙鱼通常也叫“大头鳙”，吃淡水鱼的“食诀”有“鳙鱼头，鲤鲇喉”之谓，谓鳙鱼头之美味也！至今粤菜中之“砂锅大鱼头”，潮汕家常菜中之“鱼头芋”，取料上乘者应该就是这“大鳙鱼头”。

臭液蜚［cao[3] sioh[8] bhui[3]］：一种身上能发出臭味的昆虫，即臭椿、椿象。

臭火熏：“熏”潮音读 hung[1]（昏），过去以柴草为燃料，做饭炒菜时带进了烟熏的焦味，叫作“臭火熏”，不是真正的臭味。与之近似的是“臭火烙”（“烙”潮音 luah[4]，“蚝烙”“秋瓜烙”的“烙”），是形容食物在烹饪过程中被烧焦了的味道。如说：“撮饭臭火烙臭火烙，可能是烧掉了”（这锅饭有焦味儿，可能是烧煳了）。

臭油垢：“垢”潮音 gao[2]（狗），“垢圿”（gao[2] goih[4]，身上的污垢）的“垢”，花生油及其制品过期变质后的味道。如说：“撮地豆枝过期，臭油垢臭油垢，孬食了”（这些糖花生条过期了，有油垢味儿，不能吃了）。

酒糟·蔗粕·茶籽枯·薯头·潘水

潮汕方言生活谚语云“人心不足高，有酒嫌无糟”，意思是“人心不足蛇吞象”，刚刚有了A，就想起了要B。意思比较接近的俗语是“嘴一块，目一块”（嘴巴里吃着一块儿，眼睛还盯着另外一块儿）。

糟，在这里潮音读zao^1，上古指带滓的酒。《楚辞·渔父》：“众人皆醉，何不餔其糟而歠其醨?”后来又指滤去清酒剩下的酒渣。《说文解字·米部》：“糟，酒滓也。”清·朱骏声《说文通训定声·孚部》：“古以带滓之酒为糟，今谓烧酒所弃之粕为糟。”南朝·梁·顾野王《玉篇·米部》：“糟，酒滓。”《广韵》平声豪韵：“糟，粕也。”音义皆与潮汕话相同。

粕，普通话与“糟”经常连在一起作为双音节词使用，指东西的渣，潮汕话则多作单音节词使用，如“蔗粕（甘蔗渣）”、“药粕（中药渣）”等。粕，古义指酒滓，所以从米。《说文新附·米部》：“粕，糟粕，酒滓也。”后引申泛指其他东西的渣、废物，与精华相对。汉·刘向《新序·杂事》：“凶年饥岁，士糟粕不厌，而君之犬马有余谷粟。”宋·王安石《读史诗》：“糟粕所传非粹美，丹青难写是精神。”事情或者某人说的话没有根据、不靠谱，潮汕话说“无粕”；编造出来的故事叫作“无粕古”；食物吃起来感觉像吃豆渣之类的东西形容为“食着粕粕”。“蔗粕”（吃过的甘蔗渣或榨糖后的甘蔗渣），以前曾经用来发酵酿酒，叫作“蔗粕酒”，记得一毛钱左右就可以打一斤。“药粕”大概已再无用途，所以形容人之“咸涩”（舍不得花钱）叫作“咸过药粕”。

枯，指油料作物的种子榨油后压成饼形的渣滓，音kou^1（苦^1），如：豆枯（花生米榨油剩下来的豆渣饼）、茶籽枯（茶籽榨出茶油后剩下来的渣饼）等。以前农村拿豆枯来喂猪或者作为肥料给农作物施肥。茶籽枯则可泡水后作为妇女洗头发的用品。明·宋应星《天工开物·乃粒·豆宜》："勤农粪田，多方以助之，人畜秽遗，榨油枯饼（枯者，以去膏而得名也。注）草皮木叶，以佐生机，普天之所同也。"又《天工开物·乃粒·麻》："收（胡麻）子榨油，每石得四十斤余，其枯用以肥田。"

"枯"字今潮汕话读作 gou[1]（姑），声母是不送气的 g－，但《集韵》平声模韵："枯"字的反切是"空胡切"，属于中古音的"溪"（k－）声母，潮音应该对应之读不送气的 kou[1]（苦[1]）才对。今读"枯木"之"枯"为 gou[1]（姑），反而可能是由声旁"古"的类化而误读。

有些东西的"渣"，则被叫作"头"，如"薯头"（番薯磨了淀粉之后剩下来的"渣"）、"豆头"（黄豆磨了豆浆以后剩下来的豆渣）等。粮食够吃的时候，"薯头"本来是猪食，但我小时候正碰上"三年饥荒饿死伙头军"的时候，食不果腹，"薯头"经常被晒干后作为主粮煮着吃，偶尔能放上几把米就很好了，多数时候则放上一些"高丽蕾"（go[1] lê[6] lui[5]，包菜，粤语叫"椰子菜"，台湾和厦门闽南话叫"高丽菜"）。天天吃这东西，上了饭桌就想呕，但肚子饿了又不得不吃，至今印象深刻。"豆头"那就是美食了，放在大铁锅里贴贴，香喷喷的，兄弟们都抢，有时候亲兄弟们就为一片"豆头粿"大打出手，伤了和气。这真是人穷志短哦！

淘米水，泔水，潮汕话叫 pung[1]（奔），本字是"潘"，如："农民用潘饲猪"（农民用泔水喂猪）。"潘"也叫"潘水"，多用来喂猪。新鲜的淘米水叫作"鲜潘水"，煮开放凉以后可以用来为衣服过浆，使其挺括不皱，下面再洗也容易去污。《左传·哀公十四年》："陈氏方睦，使疾，而遗之潘沐……"晋·杜预注："潘，米汁，可以沐头。"《礼记·内则》："面垢，燂潘请靧。"汉·郑玄注："潘，米糊也。"《齐民要术·种蘘芹荷》："芹……尤忌潘泔及咸水。"《说文解字·水部》："潘，淅米汁也。"汉·扬雄《方言》卷三："斟协，汁也。"郭璞注："谓和协，或曰潘汁。"清·钱绎笺疏："《众经音义》卷九云：'江北名泔，江南曰潘'。"《广韵》平声桓韵："潘，淅米汁。"普管切。"潘"字上古属桓部，桓部字潮汕话多读（ung，温）韵母，"潘"读（pung[1]，奔）乃古音。今作姓氏用音 puan[1]，乃是白读音。

茶薄人情厚

潮汕人嗜饮工夫茶，无论百姓家庭，还是坊间商铺，甚至办公场所，必备茶具。滚水升腾，茶香扑鼻，是你在潮汕街道上所见所闻的常态。曾经有记者对汕头市民进行调查，每个家庭月消费茶叶大约2斤，潮汕三市人口以1300多万人计，每个家庭4～5人，再乘以12个月就是约7000多万斤。这是个令外地人“惊呆了”的天文数字。由于嗜茶成俗，也产生了许多与“茶”有关的词语和俗语。最让外地人啧啧称奇的是潮人不把茶叶当“叶”，而是当“米”，把茶叶叫“茶米”。与之相匹配的街头景象是“茶铺加（家）过米铺（茶叶铺比米铺多）”，每一条街上都有卖茶叶的商店，有的地方可以说鳞次栉比，而且规模不小。常常在一起品茶的茶友叫“茶客”或者“老茶客”，品茶有一定水平的叫“茶脚［ka^{1}（咔^{1}）］”或者“老茶脚”。

在潮汕大地，“吃茶去”不是禅语，而是普通老百姓相约喝茶的招呼语，用潮汕话说就是“有闲来食茶”，还有更加民俗化的“来滴茶”或者“来敲［ka^{3}（咔^{3}）］茶”。潮人喝茶，喜欢叫上两三朋友，一起品尝。尤其是得到好茶叶时，更要请平时一起喝茶的老朋友一起分享，所以便有了“茶三酒四遏迌二”的谚语。事业干得好，人又出色，潮汕话赞之曰：“有茶色！”潮人也把工夫茶作为待客之俗，不仅仅是“寒夜客来茶当酒”，而且是一年四季的每一天均如此。就是30℃以上，客人来了，也照样给敬上用95℃以上“蟹目水”泡好的热腾腾的茶。民间谚语云：“客来主唔顾，唔是好家厝。”所以，不管茶水厚薄浓淡，有客人光临，递茶敬客是一定要的，没有茶是万万不能的。

潮人形容茶汤的浓度，清淡为“薄”，浓厚为“厚”。我的老师、中山大学中文系黄家教教授早在1988年就在《韩山师范学院学报》（第2期）上发表《潮汕方言“厚茶”考释》一文说：“潮州人喜欢喝茶，泡茶的工夫尤其讲究，故有‘工夫茶’之称。潮州方言称‘浓茶’为‘厚茶’，同此说法的还有福建的闽南各县以及闽中的永安。把‘浓茶’说成‘厚茶’，相对的‘淡茶’就说成‘薄茶’。用物体的厚度来描绘液体的浓度，这是古已有之的语言现象。按《说文解字》‘酷，酒厚味也。’酷从酉，酒厚味也，意即酒的味道甚浓。酷从极言酒的浓度，扩伸到程度深的意境，‘酷爱’便是‘厚爱’非常疼爱。再看‘醲’字，《说文解字》‘醲，厚酒也。’仍以厚来描绘酒的浓度很足。……‘浓’与‘厚’可组合成为同义并列的‘浓厚’；‘淡’与‘薄’可组合成为同义并列的‘淡薄’。由此可见，‘厚’可以用来表示‘浓’。”

沿着黄家教教授指引的方向，对“薄”“厚”作“淡”“浓”解再做补证。

薄，潮汕话的词义跟普通话一致，除指扁平物上下两面之间的距离小的义项之外，还指液体的浓度低，饮料的味道淡。如：“撮农药较厚，个伊透薄”（这些农药的浓度太高，把它兑稀一些）。又：“茶较（kah⁴）薄了，着换茶米了”（茶水太淡了，得换茶叶了）。“薄”从先秦到唐宋都有指液体浓度低、味道淡的意思。《庄子·胠箧》：“鲁酒薄而邯郸围。”汉·刘向《新序》卷四：“墙薄则亟坏，缯薄则亟裂，器薄则亟毁，酒薄则亟酸。”唐·杜甫《羌村三首》之三：“莫辞酒味薄，黍地无人耕。”宋·康誉之《昨梦录·杨氏三兄弟》：“酒味薄而醇，其香郁烈，人间所无。”《说文解字·酉部》：“醨，薄酒也。”《广韵》平声支韵：“醨，酒薄。”潮汕话除了酒、茶浓度低可以叫“薄”之外，其他如药液等亦如是，所指范围有所扩大。

厚，潮汕话除指扁平物上下两面之间的距离大之外，还指：①液体的浓度大，味浓。例如：“工夫茶较厚，别块人无乜敢食”（工夫茶太浓了，外地人不太敢喝）。②多，密度大。例如：“蠓过厚，有蠓熏抑无”（蚊子太多了，有蚊香吗）？③深密。例如：“茶薄人情厚。”

厚，古代就有指味道浓的义项。《韩非子·扬权》：“夫香美脆味，厚酒肥肉，甘口而病形。”《列子·杨朱》：“丰屋美服，厚味姣色”。《文选·七发》："饮食则……腥醲肥厚。"李善注："厚酒肥肉。"《说文·酉部》："酷，酒味厚也。"《广韵》平声钟韵："醲，厚酒。"今普通话在一些成语中，也保留了古汉语的说法，"深情厚谊""厚此薄彼""厚薄亲疏"等。

由此可见，"茶薄人情厚"的"薄"和"厚"是保留了古汉语的词义，而非一般的乡谈俗语也。

食茶为什么叫“敲茶”？

潮人把喝茶叫作“敲茶”，我不知道“敲茶”一词的词源理据，向读者们请教，征求正确的解释。没曾想得到了微友们的热烈反应，其中有普通的茶客，也有工夫茶专家。由此也可见，工夫茶在咱大潮汕，真是家家皆饮，人人乐道！

先谈谈“敲茶”的“敲”ka^3（咔^3）字，有读者还是写作“扣”字。其实，本字就是“敲”。“敲”字在宋代的字典《广韵》中有两个读音：一是平声的“口交切”，普通话读 qiāo，潮音读 kiao^1（乔^1），是文读音，如“敲锣打鼓”“推敲”等词；一是去声的“苦教切”，潮音读 ka^3（咔^3），是白读音，如“敲茶”、“敲罛”（一种捕鱼方式）、“敲英歌”（敲短棍跳英歌舞）等。“敲门”一词，文读为 kiao^1 mung^5，白读为 ka^3 mung^5；“敲锣（打鼓）”也是一样，文读 kiao^1 lo^5，白读 ka^3 lo^5。简单地说，就是文读多选用平声读音，以保持与普通话的一致；白读则多选择去声读音，保留了潮汕话的特点。

关于“敲茶”一词的词源理据，微友们提供了近十种的解释。经过归纳总结成六种观点，这里把它们分享给大家。

（1）轻敲说。以汕头市的潮汕工夫茶研究院张燕忠微友的解释为代表：“留言都非常精彩……我本人比较赞成‘一猪独秀’和‘欧怀琳’两位朋友的观点，‘敲（咔）茶’和‘滴茶’‘食茶’都应是源于喝茶过程的一个经典动作，能代表潮汕工夫茶的通俗化行为。……‘敲（咔）茶’，泡工夫茶有几处需要‘咔’：首先是把茶叶从茶罐中倒到素纸上，因为以前的茶罐大部分身大口小，需要我们在倒茶过程中轻敲罐身，这样茶叶抖出来不易折断，保持较好茶形……；其次是我们在投茶进茶壶的过程中，因为朱泥壶壶口较小，没法一下子把茶叶都倒进去，我们需要轻敲壶身，让茶叶抖实，才不至于泡得太淡；最后，好客之道，客来换新茶，茶薄换新茶，也需要轻拍壶身，让泡过的茶叶从茶壶中倒出。”

类似看法的还有“一猪独秀”“故乡云”等，如“故乡云”写道：“以我从小所见和所为，‘敲（扣）茶’应该指一手把住茶罐（并非现在的盖瓯），底朝天，反复向另一手掌撞击，使冲泡过膨胀的茶叶能够快点掏净，再往茶罐里装新茶叶冲泡待客的意思。因为用孟臣罐之类的茶罐冲泡后，里面膨胀的茶叶一时半会难以掏净，好多人都会用上述的方法，甚至有的会脱口而出：‘来敲（扣）茶了。’这就是‘敲（扣）茶’的由来。”

微友“欧怀琳”则认为：“敲茶应该接近滴茶（从两者可以混用看），最后几滴茶敲一敲敲出来。”微友“谢利群”也有类似的说法：“敲茶由来：是指冲茶的动作，一般‘关公巡城’之后的‘韩信点兵’的动作形似把壶里面的茶水用力甩出！像是用手拿锤子‘敲’的动作一样，故潮人把冲茶叫——敲茶。”

（2）叩谢说。持这种说法的主要有“智杰”等微友。他说：“关于‘敲茶’，我猜会不会源于一种叫‘叩指礼’的饮茶礼节呢？即喝茶者用手指敲击茶桌对斟茶者表示谢意的礼节。”微友“佃巧娇”和“画韵”对此都有详细的解释。但也有其他微友明确表示反对，认为这是来自广府人饮茶的习惯，不是潮人的习俗。

（3）敲碎茶块说。有人认为可能像泡普洱茶那样，得先用工具把茶饼敲碎，才可以放进茶壶里泡。微友“Acting”说：“敲茶也许是从对块状（如普洱茶）之类的茶的使用方法引申开来的呀。”可惜以前用普洱泡工夫茶的很少，此说难以服人。

（4）滚洗茶杯说。微友“逗碧”说：“人称敲茶是不是因为洗茶杯时 qiangqiang 叫？”微友“KKL”也说：“因敲（卡^4）圈洗茶杯是冲茶尚重要、做尚家（反复多次）的动作，也是冲茶全过程发出尚家声”，故云。但洗杯滚杯，动作是“kah[4]”（滚），而不是“ka[3]”（敲）。

（5）刮杯盖说。微友“zxling”说：“古代人喝茶是在茶壶（底座 + 壶身 + 茶盖）中加入少许茶。喝茶时，总会用茶盖轻挑一下，茶盖和壶身相互碰撞发出的声音。”

（6）击桌请饮说。微友“西岳抹群峰”云：“‘敲茶’即泡茶者叫食茶者食茶，用手指敲击茶桌，嘴里说道‘食茶’，故曰‘敲茶’。”微友陈志余还打趣说：“叩茶新释法：每次茶冲好，一帮茶客拢裸看手机，故此我用茶杯叩叩茶盘通知大家食茶！”这是“击盘叫食说”，虽属新编，也与“击桌请饮说”有异曲同工之趣。

但无论什么说，如果不去考释词源理据的话，我们可以直接把“敲茶”理解为品茶，“敲杯茶”绝非一般化的“食杯茶”可言，其中包括了工夫茶泡制的艺术和品茶的享受过程。朋友马领事（一位原籍宁夏吴忠的资深外交家）留言道：“敲茶，很文的说法，我家乡（敲）读音为kao，第一声，源自推敲，琢磨，引申为品，品茶。”

写到这里，我突然想起了南宋·赵师秀的《约客》诗：“黄梅时节家家雨，青草池塘处处蛙。有约不来过夜半，闲敲棋子落灯花。”

夏夜灯下的诗与远方！万万没想到哦，在遥远的北方，还有我们的知音。说不定呀，敲茶这么文雅的生活化词语，就是古汉语的遗存呢！

食饭·食酒·食薰·食药·食风·食公社

“食”字在潮汕方言词汇系统中，是个十分活跃、词频很高、构词能力很强、义项十分复杂的词。这里只谈谈“食”字做动词用的常用义项及其相关的短语和熟语。

“食”字作为最常用的动词基本义项就是吃，如“食饭”“食糜”等。“吃（喫）”字晚出，唐代之前凡吃吃喝喝的动词均用“食”。《诗经·魏风·硕鼠》唱道：“硕鼠硕鼠，无食我黍。”《尚书·无逸》：“自朝至于日中昃，不遑暇食。”这都是吃的意思。

饮酒，叫“食酒”，这个“食”就是喝、饮的意思。《汉书·于定国传》：“定国食酒至数石不乱。”唐·柳宗元《序饮》：“余病痞，不能食酒，至是醉焉。”《古今韵会举要·职韵》：“饮尽为食。”《正字通·食部》：“饮酒亦曰食。”

喝茶叫“食茶”，也是喝、饮的意思。宋·苏轼《遗爱亭记》：“撷亭下之茶，烹而食之。”《宋史·食货志下六》：“诸路监司、州郡公使食茶禁私买，听依商旅买引。”

吸烟，叫“食薰”，“食”就是抽、吸的意思。“食鸦片”“食白药”（吸毒）等也是。

服药，叫“食药”，包括吸食（药水）、吞食药丸、药片等。由这个词义引申指通过“食用”而达到的效果，如“食补”（进补）、“食降血压”、“食感冒”（服用该药而治感冒）、“食咳嗽”等。但“食药”还有一个特殊的意思，就是“服毒”。如说：“伊个是食药死个，唔是吊颔死”（他是服毒自杀的，不是上吊死的）。

吃、食用是实实在在的动词义项，逐步虚化而有了新的比较抽象的义项。

食有“消耗，像被吃掉一样”之意。如说“德国车食油过大”（德国的汽车耗油量比较大）。又“只块园食水过大，孬种菜”（这块地消耗水很厉害，不好种菜）。

食又有“靠着……吃饭，赖以为生”的意思。如说“食工资”“食社保”。我小时候农村里曾经流行过这样的童谣：“掟啊掟，食父兄；企啊企，食公社；堵啊堵，食政府。”古汉语有相似用法，如《国语・晋语四》：“公食贡，大夫食邑，士食田，庶人食力。”

食还有“兜着，挂着”的意思。如说“大船食大风”，意思是船大桅高风帆也高而大，兜风受力也就大。比喻公司或者单位大，容易引人瞩目，压力也大。

车船等偏向某一方，也叫“食”，如“食磨”（靠边些）、“食对东畔”（向东边靠）。

食，再引申是信，信仰，如“食教”，即是信教。

“食”的后面，常常加个形容词，表示“食”的方法或者效果。例如：

食甜：婚嫁之类指送糖果给亲朋好友近邻，分享幸福甜蜜；但如果是丧礼白事，则有排除污秽、晦气的意思。

食生，食熟：有生吃、熟吃的意思。

食好，食沤［ao^3］：是吃得好和吃得不好的意思。

食赢，食输：是比……好吃，比……还不好吃的意思。

“食”后面也加名词，第一是指“食”的内容和作用，如食点心、食顿团、食大顿、食正顿、食夜糜［$mu\hat{e}^5$］。第二是指服药后可以治理某种病，如上面的“食感冒”“食咳嗽”（感冒、咳嗽在名词中是疾病名称）。有两个疾病名称比较特殊，后面加的也是名词词素：一是“食痘”，也作“食豆”，指天花出痘；一是“食糜”，指出麻疹。第三是指“食”的规则和方式，如“食伙头”，指老人分时间段在子女家一家吃过一家。

其他的成语和俗语还有：

力食惰作：指好吃而懒惰。

食便［bing^7］使现：指吃别人、花别人的，抬手就来。

食肥跳岜［guin^5（高）］：指得陇望蜀。

食大眢［ngh^8（睡）］阔：指生活状况优裕，也指在家里得宠。

食咸拍俏［ciao^3］：指霸道，喜欢欺负别人。

食桌起祠堂：比喻事情没有未雨绸缪，临急抱佛脚。

食老变后生：指返老还童。

食蛴［cih^8］（梭子蟹）试身份：指梭子蟹太新鲜，容易吃坏肚子。

食六菖［gio^6/giê^6］吐蒜：指吃不了兜着走，出来混总是要还的。

食斋补积［zêg^4］恶：干缺德事太多的人总是要假惺惺地做点好事，想以此抵去自己积攒下来的罪过。

食鱼食肉［bhah^4］着菜佮［gah^4］：这是饮食荤素调节的好方法，鱼、肉、蔬菜兼而有之。

食在面，穿在身：意思是营养好了脸上发光，衣服漂亮了身上光鲜。

食人酒肉赠人福：通常指吃了人家的嘴短。有人还编了明朝大书法家吴殿邦中了人家的圈套而帮人写了“福”字的民间故事。

会食会呾分双份：能说会道的人往往能得到更多的实惠。

食爸［bê^6］兄，趁私家：平时吃父母的，赚了钱却是自己的。私家，读 sai^1 kia^1。“食爸兄”的意思类似现在的“啃老”。趁，音 tang^3，赚。

如此等等，不一而足。

散物就赢·物有物无无遇迄

几位朋友一起吃牛肉火锅，甲去结账后对乙说：“我爸［bê⁶］，日昼［dao³］顿物物掉近千银？个啰无食底个好物哩。”（我的天，中午这一顿就干掉了近千块，好像没吃什么好东西哦。）

乙对甲说：“个收钱妹四散物抑委［bhoi⁶］？你着去个伊对看会着抑唔着。”（不会是收银员姑娘搞错了吧？你得去跟她核对一下看对不对。）

丙跟丁在一旁聊天。丙问丁：“伊只段居在块物来物去物着几日，个在物底个？”（他最近躲在那儿搞来搞去搞了好几天，究竟是在搞什么名堂？）

丁回答说：“伊想咀好物，正物倒物想咀爱物看有便物出甚乜物件出来抑无。”（他以为那东西好搞，折腾来折腾去就是想搞出个什么名堂来）。

大家恐怕会被这 4 个句子中的“物”字搞晕，尤其是非潮语的朋友，我来帮你们整理一下思路：

第一个句子中的第一个“物”用于量词之后，是个量名结构的名词，“顿物”，等于“这顿饭”；第二个“物”是动词，“物掉”，吃掉、花掉的意思；第三个“物”是名词，“好物”就是好东西。

第二个句子中的第一个“物”是动词，搞的意思，“四散物”，是乱搞、搞错了的意思。

第三、四个句子中除了第四个句子中的“物件”是名词之外，其他“物”“物来物去”“正物倒物”都是动词。

综上可知，潮汕话的“物”字词义和语法作用的复杂性，“爱研究伊无若易物”（想研究它可不容易）。

物，潮音 muêh[4]。给大家留下最深印象的，应该是用作动词，略等于普通话的“搞”和“干”的义项和用法。只要是普通动作，都可以用“物”，几乎是万能的，除了上面例句的“物来物去”“正物倒物”之外，还有“四散物”、“就头物”（乱搞）等。当然，如果要细分词义，则得看其与主语、宾语等其他语法成分结合的具体语境，每一句话里的“物”差不多都有细微的差别。例如：

物顿大顿来物（整一顿丰盛一些的吃。可能自己做饭，也可能出去吃）。

物支茅台来物（找瓶茅台来喝。可以是跟别人要，也可以是自己拿出来的）。

“物斗棋”“物斗乒乓”是打、玩的意思，类似英语的 play。

物到伊在哭（收拾得他哭了）。

“好物”和“孬物”是两个词义复杂的词：

“好物”可以是上面例子中的“好东西”，也可以是“可以干”“容易干”的意思。如说：“伊看着块物好物物了就去”（他觉得那东西好，就顺走了去），“件事好物我正敢来去物”（这件事如果能做我才敢去做）。

“孬物”，则可能是不好搞、不好对付的意思，如说“伊个人过孬物，件事看着物唔成”（那家伙太难搞掂了，看来这事办不成）；也可能是不能做的意思，如说“件事孬物，你至切孬去物”（这件事不能干，你千万别去做）。

物掉，是搞坏了。如说：“个手机乞孥囝物掉去”（手机被小孩搞坏了）。

物直，是搞掂，做好了，也可以说“物好”。“件事物直/好”，就是搞掂了，完事了。

物孬，则是事情搞砸了，如说“件事乞伊物孬去”（这件事被他搞砸了）。

“物”的第二个常用义项是名词，就是物件、东西的意思。这个义项就是“物”的原义。《说文解字·牛部》载：“物，万物也。牛为大物，天地之数，起于牵牛，故从牛。勿声。”“物”的本义是毛色驳杂的牛，引申指物之杂色，再引申指客观存在的物体。古代文献里的“天地万物”“厚德载物”等都是这个意思。

奇葩的是，“物”还可以用来指人。如说：“个物个底人”（那家伙是谁）？“撮物个岂是学生”（那帮人是学生吗？）但查一查“尤物”（多指美女）、“物议”（众人的批评）的古代文献出处，则知道以“物”指人，也是古已有之。

“物”做动词的用法，应该是源于名词引申而来的，源于名词动用的古汉语规则。《庄子·外篇·山木第二十》云：“物物而不物于物，则胡可得而累邪！”意思是：利用物而不受制于物，那么怎么可能会受牵累呢！按此解释，则《庄子》句中第一、三个“物”用为动词，第二、四个“物”为名词。

这潮汕话真的是“古”而不是“土”，了不得！

选精择白·热火厚滕

吃饭时这也不吃、那也不吃地挑拣，潮汕话形容之谓“选精择白”，揭阳等一些地方也叫“拣精择白”。从挑吃引申到对其他方面的挑三拣四，亦然。如说：“你只生选精择白，去底块找有工作”（你这样挑三拣四，到哪儿能找到工作）。普通话有一个十分相似的成语，叫作“挑肥拣瘦”，不过潮汕话把瘦肉放在前面，普通话则把肥肉放在前面而已。

精，其实就是“精肉”，有些地方也叫“赤肉”，与“白肉”相对而言。在古代文献中，指瘦肉字作“腈”：从“肉（月）”“青”声。因为是肉嘛，所以从“肉（月）”字旁（而“精”字从“米”，指的是“精米”）。南北朝学者顾野王编写的字典《玉篇》里已经收录“腈”字。《玉篇·肉部》云：“腈，子盈切；腈肉也。”宋朝的韵书《集韵》平声清韵部也云：“腈，肉之粹者。”由此可见，指瘦肉的“精”本来应该是从肉写作“腈”的。但后来，“腈肉”在北方改叫“瘦肉”了，“腈”字与“精”字同音（jīng），就被合二为一，“腈”字基本被弃用了。而再后来，化学布料出现了“腈纶”一词，就借用了被闲置的“腈”字，而且经常被误读为“qíng（晴）”。

“腈”和“精”字潮汕话文读为 zêng[1]（盅），白读为 zian[1]（晶）：在“精神”“灵精”“精气神”“精髓”“精品”等词语中读文读音 zêng[1]（盅），但在“妖精鬼怪”“人精”“猪哥精”“白骨精”等词语中读白读音 zian[1]（晶）。

白肉，因肥肉色白，故名。不但全国各地都有此叫法，而且从古代就有了。清朝学者翟灏在他的著作《通俗编·饮食》中引用《晋书·陆纳传》云：“（陆纳）问桓温：‘食肉多少？’温曰：‘白肉不过十脔。’”

“白肉十脔”就是“白肉十员”，看来桓温食量不小。又引用《齐书·礼志》：“四时祭荐，用酱炙白肉。”看来，白肉之称，南北朝已然。而且，魏晋六朝喜欢清谈之士，也喜欢吃肥肉。

由“白肉”而联想到与其相关的另外一个成语——肤如凝脂，其意思就是皮肤又白又滑，就像凝固的脂肪一样。这种凝固的脂肪，潮汕话有一个听起来很“土”，但其实很“古”的名字——膋。“膋”潮音 la^5（拉^5），从肉（月），“劳”声，本来写作“膋”，偏旁部首调整省写后作“膋”。因为猪油吃得多，所以“膋”平时多指猪油。生的脂肪叫作“肪［bang^1（帮）］膋”、肠间的脂肪叫作“膋帕纱”。用其炸油叫作“爇膋”，炸过油的渣叫“膋粕”。过去食不果腹的时代，油是生活中最重要的食物之一，买肉都买“肪膋”“白肉”，好榨油炒菜。潮州小吃不少是用猪油做的，因其有“膋”（油水），香而耐困（消化），深受潮人之喜爱，如“膋饼”“膋糕”“猪膋粿”“膋粕糜”（猪油渣煮的粥），等等。其他动物的脂肪，则通常要在前面加动物名称来表示，如“牛膋”等。

“膋”字先秦已有。《诗经·小雅·信南山》：“执其鸾刀，以启其毛，取其血膋。”汉·郑玄笺：“膋，脂膏也。”《汉书·礼乐志·郊祀歌》：“焫膋萧，延四方。”唐·颜师古注：“李奇曰：‘膋，肠间脂也。’”《太平御览》卷三十：“《荆楚岁时记》曰：正月十五日，作豆糜加油膋其上。”《新唐书·礼乐志一》：“诸太祝取肝、膋燔于炉。”又“膋”字从“劳”省声，潮音文读应作 lao^5，今读 la^5，是白读音。“膋”字亦作“膫”，《说文·肉部》：“膫，牛肠脂也……膋，膫或从劳省声。”南朝·梁·简文帝《对烛赋》：“豹脂宜火，牛膫耐寒。”

由此可知，如今觉得高雅美丽的“肤如凝脂”，其实是古代劳动人民很生活化的形象比喻，“凝脂”也就是潮人所说的“凝冻［geng^5 dang^3］的膋”。不再说了，说多了会破坏读者的美好想象。哈哈！

屯·春·蠢的古文字考释与潮语之“春”

2016年10月，中国文字博物馆发布了“甲骨文释读优秀成果奖励计划”，宣布寻找社会各界人士，破译出还没有解读过的甲骨文。释读出一字奖励10万元；对尚有争议的甲骨文字义做出新的释义，一字奖励5万元。2018年6月21日，该馆发布首批甲骨文释读优秀成果获奖名单，蒋玉斌凭论文《释甲骨金文的“蠢”——兼论相关问题》荣获一等奖，获得奖金10万元。

蒋玉斌论文的主要成果是释读出前人未释读出的甲骨文“屯”字，认为此字即是“蠢”字的通假字。他把“屯”字与“春”字联系起来，再进一步与“蠢”字联系起来，认为“蠢”是“蠢蠢欲动”的意思。蒋玉斌是这样解释的：“比如动乱的夷方，就叫‘蠢夷方’；动乱的盂方，就叫‘蠢盂方’。这样释读了甲骨文‘蠢’，顺势也就解决了西周金文的‘蠢’，像‘蠢淮夷’‘蠢猃狁’，这些都是先动乱、后被征讨的方国部族。”

这种释读一出现，与先秦古书中的说法就基本对应了，例如《墨子》中的“蠢兹有苗”，《尚书》中的“蠢殷”，《诗经》中的“蠢尔蛮荆”，清华简《说命》中的“蠢邦”，等等。另外，西周金文的“屯”字写法稍有变化，就跟《说文解字》中列出的古文“蠢”相合了。

蒋玉斌的考释成果是经过评审委员会的古文字专家们认可的，所以我们可以认定“屯”和“春”是同源异体字。看看“屯”字的甲骨文，像极了一株努力向上伸展的小苗。有朋友说，像一个人在“春抡”（伸懒腰），是个象形字。而“春”字，则是会意字，上面是蓬勃向上的草

（或曰小苗），下面是日（太阳）。“春”字还有异体字“旾”“萅”，是形声字了：“屯”是声旁。这也说明，“屯”“春”上古音是相同或者十分相近的。另外，“村”的异体字作“邨”，读音也与“春”相近。无论从象形字“屯”看，还是会意字“春”看，都有草木生长、向上面或者四周伸展的意思。《说文解字·草部》：“萅（春），推也。从草从日；草，春时生也；屯声。”段玉裁注：“日草屯者，得时草生也。屯字像草木之初生。会意兼形声。”“屯字像草木之初生”的解释与甲骨文的象形吻合。

综上所引成果，可以认为“春”或者“屯”就是潮语之 cung^{1} 的本字无疑。因为“春”现在的潮音就是 cung^{1}，所以我们就选用“春”字（不用“屯”字）吧。

“春”在潮汕话中的最基本义项就是“伸展”“舒张”。植物的新芽、新藤向四周、向上生长叫作“春龙”。如说：“撮秋瓜龙春到棚顶起去了”（那些丝瓜的新藤延伸到瓜棚顶上去了）。这样的词义可能与“屯”（春）最原始的词义十分接近甚至相同。

人伸手的动作也叫“春”，如说：“你只手春到长长个是爱挈乜个”（你手伸得这么长是要拿什么）？“春手”，也指潮式建筑“四点金”从大房到门楼房之间连接的厢房，也叫“春手间”。可能是就像主厅左右侧大房伸出来的手一样的缘故。

伸腿的动作也一样叫“春”，如说：“你只骹春直着”（把你的腿伸直了）。引申指行动（起来），如说：“我前日就叫你去做，了你到今日还春无只骹”（我前天就让你去干了，但你到今天都没有行动）。有个潮汕谚语很生动：“家里［lai^{6}］无猫［bha^{5}］，ngiao^{2} 鼠春骹”（家里如果没养猫，老鼠们就蠢蠢欲动了）。相近意思的谚语则是：“家里无猫，ngiao^{2} 鼠上吊篮。”“上吊篮”就是“春骹”的具体行动了。“bha^{5}”是“猫”的白读音，现在的雷州话等闽南方言点还叫猫为“bha^{5}”。“ngiao^{2} 鼠”的“ngiao^{2}”本字尚未有定论：有人说是“老”，有人说是“鸟”，有人说是“猫”，莫衷一是。

伸长脖子的动作也叫“春”，如说：“你支颔春到长长个是在偷看乜个”（你脖子伸得这么长是在偷看什么呢）？

打哈欠伸懒腰往往会把双手向上举，通常也会伸长脖子，叫作“春抡”。如说：“坐在电脑前较［kah^4］久，着起来春抡歇一下”（坐在电脑前面时间太久了，得起来伸个懒腰休息休息）。

把舌头伸出来，也叫作“春”，医生常对病人说：“你个舌春出来看一下”（你把舌头伸出来让我看看）。

引申之，人得到进步，有所发展，叫作“春摛［ce^1］”。“摛”，《广韵》平声支韵彻母（声母）字，音“丑知切”，普通话今读chī，解释为“舒也”。“舒”即“舒张”“张开”也。《说文解字·手部》：“摛，舒也。”汉·班固《西都赋》：“若摛锦布绣。”把席子、被单等铺开，潮汕话叫“摛草席”“摛床单”等。由此可见，“春摛”也者，皆是伸展、舒张之意也，人的前途有所发展，如草木之“蠢蠢欲动”，亦“若摛锦布绣”也！

$cung^1$ 的以上词义，平日里我们都写作“伸”。“伸”字也有“舒展”的词义，但其韵母在《广韵》平声真韵，潮音今文读为 $sing^1$（申），与《广韵》“失人切”一音很吻合，读 $cung^1$ 有些勉强。正是由于这个原因，我们更愿意认为，“屯”“春”（甚至“蠢”）是潮语 $cung^1$ 的本字。

当然，平时的方言写作，你大可以不必纠结，继续写作“伸”好了，就像不一定要像本文一样把“脚”写成本字“骹”，把“内”写成本字“里”一样。本字考释是学术性的行为，方言写作可看作通俗性的行为，两者是有区别的。

沽酒·税厝·粜米·籴粟

沽酒：原指打酒的动作，因而可指卖酒，也可指买酒，现多用以指买酒，如："叫阿弟去沽酒，夜昏爱请人客"（叫小弟去打酒，晚上得请客人）。卖、买其他液体作料如花生油、酱油、鱼露等，不少地方也叫"沽"，如"沽豉油""沽臊汤"等。

"沽"字先秦已用得很多，《论语·乡党》："沽酒市脯不食。"唐·陆德明释文："沽，买也。"后代一直沿用。北宋·张知甫《可书》："候沽酒者归，杀之……沽酒者又有心置毒酒中……"《红楼梦》第二回："意欲到那村肆中沽饮三杯，以助野趣。"字亦作"酤"，《墨子·非儒下》："子路为烹豚。孔丘不问肉之所由来而食；号人衣以酤酒，孔丘不问酒之所由来而饮。"《韩非子·外储说右上》："或令孺子怀钱挈壶瓮而往酤。"唐·李白《叙旧赠江阳宰陆调》："多酤新丰醁，满载剡溪船。"成语"沽名钓誉""待价而沽"的"沽"是词义的泛化和扩大。

税：指租赁。如"税厝（租房子）""税翁囝册（租连环画）"等。"税"指租赁。唐代已有用例，唐·白行简《李娃传》："闻兹地有隙院，愿税以居。"唐·薛调《无双传》："仙客税屋，与鸿、苹居。"唐·裴铏《传奇·孙恪》："恪乃语以税居之事。"后代一直沿用之。明·袁宏道《相逢行》："税地植桃花，十树九树死。"此指租地。宋·魏泰《临汉隐居诗话》："太宗时，朱严等三人及第，税舟赴任所。"此指租船。《聊斋志异·侠女》："对户旧有空第，一老妪及少女，税居其中。"此指租屋。

粜：潮音 tio^3（他姚切，阴去声），卖出谷类、豆类农产品，如："食存撮粟担去粜掉"（吃剩下来的稻谷挑去卖了吧）。《韩非子·内储说下》："韩昭侯之时，黍种常贵，甚少有，昭侯令人覆廪。廪吏果窃黍种而粜之甚多。”《史记·货殖列传》：“贩谷粜千钟。”唐·聂夷中《咏田家》诗：“二月卖新丝，五月粜新谷。”《醒世恒言·卖油郎独占花魁》：“虽则粜米为生，一应麦豆茶酒油盐杂货，无所不备，家道颇颇得过。”《明史·李棠传附曾翚》：“河南岁饥，计开封积粟多，奏请平粜，贫民赖以济。”诸例“粜”均指卖出米谷，与潮汕方言相同。买入则叫“籴”，也是古汉语。

等：潮音 dêng[2]（灯[2]），称东西，如：“尾鱼你等看若重”（这条鱼你称一称有多重）。宋·李廌《师友谈纪》：“子之文铢两不差，非秤上秤来，乃等子上等来也。”《初刻拍案惊奇》卷一：“文若虚接了银钱，手中等等看，约有两把重。”秤，普通话音 chèng，潮音对应之应该读 cing[3]（亲[3]），秤砣叫“秤锤”。称中药、金银的等子（小秤）叫“厘秤”。也用作动词，俗语有“青盲娶嬷——秤重”（瞎子娶老婆，称一称重的就好）。

准：当作，抵当。例如：“只个手表准作一百银还你”（这只手表抵成一百元还给你）。元·关汉卿《窦娥冤》：“我有心看上他，与我家做个媳妇，就准了这四十两银子，岂不两得其便。”《醒世恒言·卖油郎独占花魁》：“身边藏下些散碎银两，都用尽了，连身上外盖衣服，脱下准了店钱。”此两例的“准”，都是抵当的意思，与潮汕话相近。“准”指抵当解，唐代已经有用例了，唐·韩愈《赠崔立之评事》：“墙根菊花好沽酒，钱帛纵空衣可准。”“衣可准”，衣服可以拿去当，即此意。词义也可引申泛化，潮汕话成语有“掠命准屎”（把命当粪土，意思是不要命了）。

打呤·彳亍

有句谚语叫作“踏破铁鞋无觅处，得来全不费工夫”。我的田野调查实践体会告诉我：只有经过“踏破铁鞋”长期的上下求索，才有可能获得貌似不费工夫的“得来”，“成如容易却艰辛”！

大概20世纪90年代初期（具体年份忘记了），我在香港参加学术会议时，晚上有香港的朋友带我们几位来自潮汕的会议嘉宾出去吃“潮州打呤”。到了店里一看，就是一家卖潮式夜宵的地方，所卖卤味、鱼饭、海鲜等与潮汕本土差不多，顾客人头攒动，生意挺火的。

从此，我就开始了对“打呤”词源的追索。

打呤，粤语读 da^{6} $lang^{5}$，潮汕话音译照搬过来说，字也照搬。香港店铺多写成“打冷”，用普通话一念，便成 dǎ lěng，离原来粤语的发音几条街远了。

一开始我以为是粤语词，就向香港和广州的粤语专家请教。广州的粤语专家“一头雾水”，一脸的“蒙查查”。那时候，这个词在广州话里也还没有普及。而香港粤语专家的回答则让我“戆过只鸭”，他们说，那不是你们潮汕人说的吗？他们以为，潮汕籍的店老板开的夜宵店卖“潮州打呤”，这名称当然是“潮人制造”的啦！

可是，可是这个词，潮汕原乡潮语没有的呀！

于是，我把追索的方向转向东南亚潮籍华侨华人区。新马泰都问了一圈，不是回答“不懂”“不知道”，就是说“是从香港话借用过来的啊！”

于是，又转回香港原点。但我不甘心失败，就把“打呤”记住了，等待有朝一日的“新大陆发现”。

一转眼到了2013年，我从韩山师范学院带队访问马来西亚柔佛州有

“小汕头”之称的新山市，在管委会主席、著名文化学者陈再藩先生的陪同下参观了马来西亚新山华族历史文物馆。馆里的华族文物不少，加上文字说明后，使我们对新山华人对柔佛州的经济开发和文化教育发展的巨大贡献有了一定的了解。在一个展出纸质文物的展柜里，我无意间看了一本展开着的旧书。起初以为是一本什么方言词典，就想仔细看看。低头一看，有一词条赫然入目：“食粥叫打浪”！天啊，这是什么词典？赶快请陈再藩先生叫人打开展柜把书拿出来看看，却原来是《近代秘密社会史料》丛编之第一种《洪门》之第六卷“杂录第十”之（五）“隐语”（萧一山编辑，国立北平研究院史学研究会总办事处出版课，1935年出版，上海文艺出版社 1991 年影印再版）。

真的是心有所至，神有所感。原来“打哰”是香港洪帮秘密语哦。那么，食粥，为什么会叫作“打浪”或者“打哰”呢？这就得向洪帮前辈请教了。幸亏我原来主编《中国民间秘密用语大全》（广东人民出版社，1998 年）时认识个别前辈，终于获得满意的解释：打，是粤语；哰 lang，其实是福建话或者潮州话“人”的意思（本字是“侬”）。“打哰”就是“打人”。那么，打人又跟吃夜粥有什么关系？关系密切着呢：过去香港的洪帮里据说潮州人和福建人很多（看香港电视、电影也是这样），兄弟们晚上经常要出去打打杀杀，去早了就打完回来再吃夜粥，晚一些出场的就吃完夜粥再去。也就是说，有出去“打哰”就有粥吃，“打哰”就变成了“吃粥”了。开始只在洪帮兄弟中流行，是帮会的秘密语，但慢慢地就在香港的老百姓，尤其是喜欢吃潮式夜粥的人群中流播开了。“打哰”开始是可以当动词用的，可以说“去打哰”；后来又再引申，成了名词，讲“去食打哰”，要前加个动词“食”了。“打哰”就这样成为表示“潮式夜粥”的专有名词的。

另一个词的词源，也是寻寻觅觅找了很久，那就是“茶三酒四 tig$^{4-8}$ to^{5} 二”的 tig$^{4-8}$ to^{5} 一词。由于词源的不确定性，所以写法也五花八门：台湾和厦门闽南话多数写作“遢迌”；粤东闽南话区写作“踢跎”“剔桃”等；粤西闽南话则写作“踙跎”。但基本上都是同音假借字而已。本来就想，选择一个流行较广的字来用就行。但中山大学中文系师兄、长江学者吴承学教授转来另一位师兄吴晓南的短信说：“此口语香港旧日直写‘彳亍’，潮语‘茶三酒四彳亍二’。”这又令我眼睛一亮：

难道tig$^{4-8}$ to^{5}一词的本字是“彳亍”？

于是，赶快查证韵书和辞书。

彳亍，潮音通常读cih$^{4-8}$ coh^{8}，意思是急急惶惶，进进出出、来来回回地折腾，俗语有“彳亍人做无好功课”（老是心神不定、一会儿搞这一会儿搞那的人，活儿都干不好）。古代文献有这个词义的用例，如潘岳《射雉赋》：“彳亍中辍。”这是“小步走而后又停下来”的意思。李贽《观涨》：“彳亍上滩舟。”这是“走走停停地上了滩舟”，走了又停下来，或者走走停停，与潮语意思基本相同。“彳”，《广韵》入声昔韵音“丑亦切”，“亍”，入声烛韵音“丑玉切”，读cih$^{4-8}$ coh^{8}没有问题，音义都能对得上号。

但tig$^{4-8}$ to^{5}呢？只能往上古音追索了。上古无舌上音（卷舌音），都读舌头音（舌尖音），就如反切上字“丑”，潮音就读tiu^{2}，声母是t－。“彳亍”的上古音拟音是tig/teg tog，与潮音tig$^{4-8}$ to^{5}很接近哦，就是“亍”的塞音韵尾－g丢失了而已。其实，“亍”字在广韵中还有去声遇韵的读音，没有了塞音韵尾也不奇怪！

再看看词义。彳，《说文・彳部》：“彳，小步也。象人胫三属相连也。”汉・张衡《舞赋》：“蹇兮宕往，彳兮中辄。”“彳兮中辄”与上文的“彳亍中辍”意思基本相同，还是小步走的意思。《说文・亍部》：“亍，步止也，从反彳。”也就是说“彳”是小步走，“亍”是停下来，或者走回来。这正是“彳亍”的本义。从来回往复走，引申为徘徊游玩，顺理成章就是tig$^{4-8}$ to^{5}了。例如，清・屠继善《恒春竹枝词》十首之一：“相邀彳亍上三台，俯视城乡在水隈。”丁日昌题所居揭阳絜园楼云：“但得闲时来彳亍，岂知高处更清寒。”这两个“彳亍”应该就是游玩的意思了，潮语应该读作tig$^{4-8}$ to^{5}。

回过头来，我们理一理脉络，按编词典的规范给“彳亍”的音义做个小结：

彳亍：①音cih$^{4-8}$ coh^{8}，来来回回、走走停停，心神不定的样子。例：彳亍人做无好功课。②音tig$^{4-8}$ to^{5}，游玩。例：茶三酒四彳亍二。

应该说一下的是，现在再把tig$^{4-8}$ to^{5}写作“彳亍”是行不通的，因为大家都把它当成cih$^{4-8}$ coh^{8}的本字了。tig$^{4-8}$ to^{5}还是写作“逷迌”吧。

散咀·四散咀·听散咀·听造化·药散

散　在潮汕话中除了与普通话一样的词义，表示松散、散开的词义之外，还有一些跟普通话不同的义项，而且是常用的。

(1) suan^{3}，表示“乱，胡乱”。例如“散来（乱来）、散咀（胡说）、散物（乱搞）”等。还有不少俗语与“散”有关，举例如下：

饭好散食，话孬散咀：意思是随便吃人家几顿饭没有太大的问题，但话就不能随便说了，以防“祸从口出”。

青盲把衣——散哭父：青盲，潮音 cên^{1} mên^{5}（星夜），瞎子；衣，潮音 ui^{1}（医），指用竹篾做架子、用纸糊的衣物，烧化给死人的（有的是托刚去世的顺便带过去阴曹地府给以前死去者）。一边哭着祭拜先人，一边烧化纸衣物的丧俗叫作“把衣”［bê^{2} ui^{1}］。现在的“衣”ui^{1} 已经不仅仅是衣服了，还有汽车、手机，甚至美女等。因为瞎子看不清东西，不知道那些“衣”是送给谁的，所以，有可能拜错了祖先表错了情。“散哭父”，意思是哭祭祖先时哭错对象了，但双关语“散哭父”也指胡说八道。例如：“你孬听伊在散哭父，撮话拢总无影个”（你别听他胡说八道，他说的话都是没根据的）。“散哭父”的“哭父”是用来表示强调“胡乱”的，所以，可以说成“散哭父来（乱来）、散哭父咀（胡说）、散哭父物（乱搞）”等。

“散”有两个双音节的同义词。第一个同义词是“四散”，可以把“散来、散咀、散物”说成“四散来（乱来）、四散咀（胡说）、四散物（乱搞）”等等。这是个古语词，原义是向四面散开去。例如《晋书·刘琨传》：“流移四散，十不存一。”唐·白居易《感怀》诗：“昨夜云四散，千里同月色。”明·罗贯中《三国演义》第五十回：“于是把马头勒回，谓众军曰：‘四散摆开’。”明·施耐庵《水浒》第七十一回：“其余道众，收得经资，收拾醮器，四散下山去了。”由于把“四散”放在动词前面，用来作修饰语，所以就慢慢有了散乱无章的意思，这是引申义了。例如《东周列国志》第三回：“其奈戎兵四散乱窜，双拳两臂，撑持不住，只得一同奔走。”《二十年目睹之怪现状》第一百回：“（卜子修）对那些车夫乱打，吓得那些车夫四散奔逃。”

四散，有些地方也倒过来做“散四”，上面的“四散”的例子都可替换成“散四”。

“散”的第二个同义词是“听散”。听，潮音读阴去声作 têng[3]（窗[3]），如“听散来、听散呾、听散物”。“听”也有随意、任意的意思，俗语有“听造化”（听天由命，凭运气），“听兴衰”（凭运气），等等。旧时生产队集体出工劳动，偶尔有“猪肉糜”吃，每个人都希望能一勺子多舀些猪肉到自己碗里，但大家都眼睁睁地盯着，也不好意思挑着猪肉舀，只好“兴衰糜听舀”，就看你的手气了。因为“听”有听凭、任凭的意思，引申为任性、随意，所以“听散来、听散呾、听散物”中间的“散”也就可以省略而讲成“听来、听呾、听物”。

有两个词，虽然它们所表示的词义普通话有，但潮汕话还是有特色的，也顺便说一下：一个是“散庄”，过去农村的小卖部多有“散庄”米酒出售。“庄”潮音读同姓氏 zeng[1]（砖），“散”是分散、零散的意思；另一个是“散仙”，“散”是闲散的意思，指闲散成习惯的人，稍稍带有揶揄的意思。

（2）读阴上声 suan[2]（产），指面状粉末儿。如“药散、青蒿六一散”等等。这个词古已有之。唐·白居易《闻微之江陵卧病，以大通中散、碧腴垂云膏寄之》诗：“已题一帖红消散，又封一合碧云英。”

行踏·冤家·冤屈·打楪·㧾挡·刁蹬

行踏：指人与人、亲友与亲友之间的你来我往，如："我好少去伊块行踏"（我很少到他那儿走动）。这个词近代汉语就有了，如元·郑廷玉《忍字记》二："他莫不是共街坊妇女们行踏。"明·王元寿《鸳鸯被》二："不由我意张狂，心惊乍，谁曾向街巷行踏。"《古今小说·新桥市韩五卖春情》："那几家邻舍初然只晓得吴山行踏，次后见往来不绝，方晓得是个大做的。""行踏"都是往来的意思，与潮汕话相同。

冤家：不是对头的意思，而是吵架，也作"冤家相骂""冤家罗债"，如："兄弟团着相好，孬冤家相骂"（兄弟几个要和好，不要吵架）。冤家，原指仇家、对头。唐·张鷟《朝野佥载》："梁简文之生，志公谓武帝曰：'此子与冤家同年生。'其年侯景生于雁门。乱梁，诛萧氏略尽。"《警世通言·赵太祖千里送京娘》："此去倘若冤家狭路相逢，教他双双受死。"古籍也写作"怨家"。《史记·张耳陈余列传》："汉九年，贯高怨家知其谋，乃上变告之。"《后汉书·董卓传》："胡才、李乐留河东，才为怨家所害，乐自病死。"清代时，潮俗打架谓之"打怨家"，清·张应昌编的《清诗铎》中收录黄风涛《潮风四问·打怨家》："打怨家，有何怨，有怨何不诉官衙。"此后，"怨家"引申而用如动词，"打"字便不见了。

冤屈/枉屈：冤枉，用作形容词，如："件事实在冤屈着伊"（这件事实在冤枉了他）。也用作动词，如："你勿冤屈死人"（你别冤枉死人）。用作形容词之例如《古今小说·沈小官一鸟害七命》："有这等冤屈事?"《警世通言·玉堂春落难逢夫》："玉姐道：'冤屈！分明是皮氏串通王婆和赵监生，合计毒死男子……'" 元·萧德祥《杀狗劝夫》第三折："我几曾杀人来，是好冤屈也。"用作动词之例如清·宣鼎《夜雨秋灯录·奚大瘤》："妮子莫冤屈人，渠昨已觅死空林中，何有纨袴习气！"也作"枉屈"，如宋·王禹偁《端拱箴》："喜赏惑滥，亏损天鉴；怒刑不正，枉屈人命。"《朱子语类》卷一三七："屈原本是一个忠诚恻怛爱君底人。观他所作离骚数篇，尽是归依爱慕，不忍舍去怀王之意……而今人句句尽解做骂怀王，枉屈说了屈原。"

打揲/打迭/打叠："揲"潮音 diab[8]（蝶），整人，可以是动手打人，也可以是精神上给予折磨，如："伊过孬，着个打揲一下"（他太坏了，要整一整他）。打揲，原指收拾、整理衣物。宋·俞德邻《佩韦斋辑闻》卷三："打揲，赵康靖公《闻见录》云：'须当打揲，先往排办。'"宋·苏轼《与潘彦明书》："雪堂如要偃息，且与打揲相伴。"引申而指精神上的折磨。"《太平御览》卷四九六引《石勒别传》："（李阳）性刚愎，每轻勒，与争沤麻池，共相打揲，互有胜负。"这例指的是整人。元·白朴《梧桐雨》四："这半年来白发添多少，怎地打迭愁容貌。""打迭"，通"打揲"，也作"打叠"。王士祯《醉花阴》："最怕日初长，生受莺花，打叠人消瘦。"

摒挡/并当/屏当：潮音 bing[2] deng[3]（品顿），欺弄、整人，如："你做好掠伊只些在摒挡"（你怎能这样整他）。摒挡，与"打揲"一样，原也指整理、收拾东西，如《一切经音义》卷五十八："摒挡，《通俗文》：'除物为摒挡。'"清·张潮《虞初新志》卷十八引钮琇《海天行记》："若将贡物摒挡，俟到王宫，以次陈设。"也作"并当"，如《世说新语·德行》："长豫与丞相语，恒以慎密为端……恒与曹夫人并当箱箧。"宋·吴曾《能改斋漫录》卷二："并当二字，俗训收拾。"又作"屏当"，如《世说新语·雅量》："祖士少好财……人有诣祖，见料视财物，客至，屏当未尽……"与"收拾""打揲"一样，从收拾、整理东西引申为收拾、整人。

刁蹬/鋦钝/刁顿：潮音 diao[1] dung[3]，刁难，为难别人，如："伊做个小官猴就会刁蹬人"（他才做了个芝麻官就会刁难人）。刁蹬，原作"鋦钝"，是"雕琢"的意思。《说文解字·金部》："鋦，钝也。"段玉裁注："今俗谓挫抑人为錭钝。""钝"音"徒困切"，与潮汕话音义皆合，后写作"刁蹬"。金·董解元《西厢记诸宫调》卷五："刁蹬得人来成病体，争如合下休相识。"元·无名氏《陈州粜米》一折："他若是将咱刁蹬，休道我不敢掀腾。"《醒世恒言·施润泽滩阙遇友》："那邻家……故意作难刁蹬，真徼个心满意足，方才移去。"《金瓶梅词话》第九十一回："偏这淫妇会两番三次刁蹬老娘。"又作"刁顿"，清·李渔《怜香伴·鞅望》："成与不成也要说，为何这等刁顿人。"《天雨花》第二一回："看你故意推不晓，不知刁顿甚何人。"

诳漏·过责·喝咄·咒诼·譴骂·詈骂

欺骗，潮汕地区有的地方叫“诳”，潮音 guang[1]（光），也叫“诳骗”“诳漏”，如：“你免诳我，我知了”（你不用骗我，我已经知道了）。“诳”是个古语词，《国语·晋语二》：“民疾其态，天犹诳之。”《韩非子·和氏》：“王以和为诳，而刖其左足。”《礼记·曲礼上》：“幼子常视毋诳。”汉·郑玄注：“诳，欺也。”《史记·高祖本纪》：“将军纪信乃乘王驾，诈为汉王，诳楚。”晋·干宝《搜神记》卷十六：“南阳宋定伯年少时，夜行逢鬼。问曰，言鬼。寻复问之：‘卿复谁。’定伯诳之言：‘我亦鬼。’”《集韵》平声阳韵：“诳，妄也。”《广韵》去声漾韵：“诳，欺也。”今潮汕话从平声读 guang[1]（光）。

过责，指责备、责骂，如：“你勿轻轻囝就过责人”（你别动辄责骂人）。“过”常读为入声 guêh[4]（郭），音同“刮”，可能是连读变调后产生的误判。“过”有“责”的意思，《楚辞·九章·惜往日》：“信谗谀之溷浊兮，盛气志而过之。”注：“过，督责也。”《吕氏春秋·适威》：“烦为教而过不识，数为令而非不从。”汉·高诱注：“过，责。”《穀梁传·成公七年》：“王正月，鼷鼠食郊牛角。不言日，急辞也，过有司也。”杨士勋疏：“以责有司也。”《汉书·高帝纪》：“闻将军有意督过之。”《广雅·释诂》：“过，责也。”《广韵》去声过韵：“过，责也。”责、过有时也连用，如《左传·襄公十五年》：“（向戌）见孟献子，尤其室，曰：‘子有令闻，而美其室，非所望也！’”杜预注：“尤，责过也。”潮汕话倒言之曰“过责”。

咄：潮音 duah[4]（带[4]），叱责人，如：“孥囝胆细，孬四散咄伊”

(小孩胆子小，别随便叱责他)。咄，古籍有呵斥义项，《管子·形势》：“乌集之交，初虽相欢，后必相咄。”汉·王充《论衡·论死》：“病困之时，仇在其旁，不能咄叱。”清·蒲松龄《聊斋志异·捉鬼射狐》：“公咄之，锵然立止。”《广韵》入声没韵：“咄，呵也。”当没切。《集韵》入声末韵：“咄，叱也。”当末切，音义皆与潮汕话相合。

诼：潮音 dog[4]（琢），恶言咒骂，潮汕话叫“咒诼”，也说“诼”，如：“伊支嘴过孬，好四散咒诼人”（她的嘴巴太毒，喜欢随便咒骂人）。屈原《楚辞·离骚》：“众女嫉余之蛾眉兮，谣诼谓余以善淫。”王逸注：“谣，犹詈也”。《方言》卷十：“诼，詈也，楚以南谓之诼。”《广雅·释诂一》：“诼，责也。”《集韵》入声觉韵：“诼，《博雅》，责也。”竹角切。与“斫琢”等字同小韵，音义皆与潮汕话相合。

諥：潮音 dong[7]（忠[7]）臭骂，也叫“諥骂”“俌（pu[2]）諥”，如：“掠伊了生諥”（把他臭骂了一顿）。《广韵》去声用韵：“諥，言相触也。”竹用切。“言相触”与“言逆”一样，都是互相诋毁、责骂的意思，又用韵字潮音文读韵母为-ong，如“诵讼颂封俸从”等，故音义皆与潮汕话相合。

詈：潮音 loi[3]（犁[3]），骂，也作“詈骂”，例如：“伊詈到你无滴囝好”（他把你骂得狗血淋头）。《尚书·无逸》：“厥或告之曰：‘小人怨汝詈汝。’”《战国策·秦策》：“乃使勇士往詈齐王。”《楚辞·离骚》：“女媭之婵媛兮，申申其詈予。”《世说新语·假谲》：“女哭詈弥甚，积日渐歇。”唐·王梵志《恶口深乖礼》：“若能不骂詈，即便是贤人。”《古今小说·汪信之一死救全家》：“二程又听得后来骂詈，好没意思。”《广韵》：“詈，詈骂。”力智切，音义皆与潮汕话（白读音）相合。

让：潮音 riang[2]（嚷），斥责，如“个孥囝过唔规矩，着个让二句”（这小孩太调皮，要教训他几句）。《左传·僖公五年》：“夷吾诉之，公使让之。”晋·杜预注：“让，谴让之。”《史记·齐太公世家》：“鲁人以为让。而齐襄公杀彭生以谢鲁。”司马贞索隐：“让，犹责也。”《新唐书·哥舒翰传》：“翰以书找诸将，诸将皆让翰不死节。”《醒世恒言·金海陵纵欲亡身》：“海陵遣人责让之。”字书也多具此义，《说文解字·言部》：“让，责让。”《玉篇》《广韵》均同《说文》，又“让”字《广韵》

属日母漾韵去声，“谦让”一词，潮汕话白读阳去声 $nion^7$（娘^7），即合此反切。但《广韵》去声字有不少在潮汕话中读上声，章太炎《新方言·释言》云：“今谓骂人曰‘让’，俗作‘嚷’。”在责骂一义上，潮音“让”“嚷”同音，因此俗多写作“嚷”，与章氏所言相同。

这“桶”那“桶”，你“桶”“桶”都知道吗？

桶作为一种用具，在潮人家庭中是最常用的物件。容积大的有“菜脯桶”（腌制和储存萝卜干的大木桶）、咸菜桶（腌制和存放咸菜的大木桶），小者如用于井里汲水的“拔（buah[8]）桶”。如果把收割稻子时用来脱粒的“摔（sug[4]）桶”（有的地方叫作“摔斗”）也算是“桶”的话，那这只“桶”就更大了。

过去农家常用的桶，还有屎桶（专门放在室内大便，绝大多数是专供女性使用），尿桶（通常放在室内，也有置于室外隐蔽地方的）、粗桶（用于挑粪肥的木桶），水桶（专门用于盛水或者挑水的，有木桶也有铁桶、塑料桶），浴桶（专门用于洗澡的木桶），脚桶（专门用于洗脚、洗衣服的木桶），潘桶（潲水桶。潘，潮音读 pung[1]，音同“奔”），灰桶（专门用以装水泥、石灰的泥水工具），吊桶（通常用以挑水，桶上有横梁，可以用绳子吊起来，故名），等等。

有的“桶”则是奇形怪状的，如“桶橛”（橛，潮音 guêh[8]），是桶壁三四十厘米高的、用于洗碗的木盆子，因为高只及“桶”的一半，故名。而“桶盘”则是盘不是“桶”，用于盛放卤鹅、粿品等祭品。

按质地分，木制的叫“柴桶”，塑料制的叫作“塑料桶”，铁制的叫“铁桶”，有些地方叫作“白铁桶”。以前还有“沙哩桶”。“沙哩”音 sa[1] li[5]，可能来自于英语的 sherardized，是镀锌的薄钢板。记得还有“轻铁桶”，“轻铁”就是“铝”，铝锅也叫“轻铁锅”。

读马陈兵兄微文《汽车与脚桶》，则知惠来某地还有“眠床桶”一说：“旧式实木大床，潮汕俗称眠床。眠床桶指床架子，长方大料，四腿支地，如好汉扎马，巨桶前横，故称。”原来，这大而空，上面可以铺东西的“架子”，也可以称“桶”。这启发我想起，我老家澄海，好像还可以称四面墙建好而没有盖顶的房子为“厝桶”。这都是“桶”少见的引申义。

“桶”不但可以称物，还可以用来形容人。

老书桶是个褒义词，指读书很多、学富五车者。如说：“阿伯是个老书桶，一开嘴就展书句”（阿伯满腹经纶，一开口说话就掉书袋引经据典）。奇怪的是，我并没听说过有“书桶”一词（也许以前有过）。没有“书桶”，何来的“老书桶”？

心事桶指计谋多端的人。如说：“个物是心事桶，你经输伊”（那家伙诡计多端，你斗不过他）。心事桶，有些地方也叫“心事橱”。

卵事桶（卵，读 lang[6]，音同“浪”）是指喜欢没事找事者。如说：“伊个卵事桶，一日卵事敍过招商局”（那家伙喜欢没事找事，每天都有乱七八糟的事干）。

“老脚桶”多用于辱骂年老的女性，是脏话。

澄海旧民俗，姑娘出嫁时伴嫁的随身物件有“三桶一欔”。

哪“三桶”呢？有人说是屎桶、尿桶和脚桶，有人则认为应该是面桶、腰桶和脚桶。因为是女性专用，上、中、下三个部位都照顾到了。有人认为是“五桶”——屎桶、尿桶、面桶、腰桶和脚桶，则就全了。

面桶，今称“面盆”，过去是用木头做的，所以也叫作“桶”。放面桶、挂面布（毛巾）的架子叫作“面桶架”。

腰桶，是女性清洗下身隐私用具，女人分娩接生时也用其放胎盘等。腰桶五六十厘米高，分两节：下节其实是“桶脚”，上节二三十厘米高才是“桶”。此物件现在少见了。

脚桶其实不只用于洗脚，洗衣服和其他一些小的家具、用物，也用脚桶。小孩洗澡，多数也用脚桶。

食槅·春盛·花篮·春簋

食槅：装食品的盒子，分层有格，如："爱去挂纸撮物件个伊放在食槅许底"（要拿去扫墓的祭品放在食盒子里）。潮汕民间以前也多保留有这种盛器，多为竹编或者藤编，甚是精美。这是古人喜欢用的一种家用器具。晋·左思《三都赋》："金罍中坐，肴槅四陈。"又《娇女》诗："并心注肴馔，端坐理盘槅。"《红楼梦》第三十七回："袭人回至房中，拿碟子盛东西与湘云送去，却见槅子上碟子槽儿空着。"以上三例中的"槅"均指盛放菜肴的器具，因为盛放的是食物，所以便叫"食槅"，《稗史类篇》："食槅，游山食具，竹为之，二槅。"其实，这个"槅"本来就是"隔开"的"隔"，因为是竹木制品，所以造了"槅"字作为专用名词，与"隔"之作为动词各司其职。

食槅通常是一只提着的，如果是形制大一些，成一对可以挑着的，就叫作"春 sian^{7}"（声^{7}）。"sian^{7}"的本字是"盛"。春盛，一种有盖、分层的大竹篮，乡间扫墓、民间送礼时多用以装祭品、礼物，成对使用。如说："撮物件叠放春盛块，担了来去"（把东西装在大竹篮里挑了去）。

春盛：过去是文人雅士、大家闺秀踏青或上坟扫墓常用之物，元曲《玉壶春》一："梅香，你……将那春盛担儿放在一壁，俺慢慢的赏玩咱。"《初刻拍案惊奇》卷三十八："你为甚么不挑了春盛担子，齐齐整整上坟？""盛"原来是动词，指盛物，引申用为名词，指盛物之器，如日本之"人体盛"。段玉裁《说文解字注·皿部》："盛者，实于器中之名也，故也呼器为盛。"这就是说，先为动词，后引申用作名词，与"槅"字一样。字亦从土作"墭"。《广韵》去声劲韵："墭，器也。"承正切。《正字通·土部》："俗载物之器皆曰墭。"异体字还有作木字旁的

“槛”。“盛”潮音文读 sêng[6]（升[6]），如“茂盛”“旺盛”等；白读为 sian[7]，符合潮音的文白对应规律。“盛”字属于《广韵》的“禅”母“劲”韵去声，白读为 sian 韵母的字还如“聘圣正整领岭饼”等。简单点说，“盛”字从“成”得声，“成”潮音也读 sian[5]（城），如“三成”“九成”等。

花篮：指潮汕地区民间装礼品、祭品等东西的竹编彩绘用品，它可是宋元旧物、旧称了。宋·孟元老《东京梦华录·秋社》：“市学先生预敛诸生钱作社会……归时各携花篮、果实、食物、社糕而散。”《宋元戏文辑佚·子母冤家》：“笑到春光好，把花篮旋簇、食槼高挑。”《汉语大词典》“花篮”条释为“装饰美丽的篮子”，而不是“装着鲜花的篮子”。可见，漂亮的篮子称为“花篮”，乃是宋代时语。

春簋：比花篮大一点的，有些地方叫“春 lui[2]”，小一点的叫“lui[2] 团”，多数人写作“春蕾”“蕾仔”，看起来挺文雅的。但“蕾”是花蕾的意思，没有做盛器的意思。查古汉语字典，有“槼”字，南朝·梁·顾野王《玉篇·木部》：“槼，扁盒谓之槼。”《广韵》上声纸韵：“槼，似盘，中有隔也。”力委切。槼，是一种食物盒子，与潮汕地区的“晋盒”比较接近。也不知道什么时候词义发生转移，把大一些的竹编篮子也叫“槼”，而且雅称为“春槼”。

近代汉语则借用古代表示酒器的“罍”，《清平山堂话本·风月瑞仙亭》：“小姐分付春儿，打点春盛、食罍、灯笼。”《初刻拍案惊奇》：“一个闲的，挑了食罍随着。”“罍”字与“槼”同义。《汉语大词典》把这些例子的“食罍”“食槼”解释为：“多层供盛食物、有提梁的盒子。”与潮汕话基本相同。

古汉语字典中还有“簋”字，如果不讲究其原义的话，学习古人“槼”也可借用“罍”的办法，用这个“簋”字，写成“食簋”“春簋”“簋团”能表示竹编器具的意思，也许是不错的选择。

玻璃樽·啤酒罂

一首《酒干倘卖无》不但引起当时歌迷的穷追，“酒干”一词也引起读者们热烈的讨论。方言学博士骆嘉鹏博士说：“‘酒矸通卖无？’取自早期台湾旧物收购商的呼声，小时候常听到的完整说法是：‘有酒矸通卖无？歹铜旧锡簿仔纸通卖无？’事实上，‘酒矸通卖无’，是‘酒瓶该卖吗？’或‘酒瓶可以卖吗？’的意思，前头加个‘有’字，……’两者是有区别的。只是作词者省了一个字，因此刚听到这首歌时，其实不大能够接受。‘酒矸’（tsiu^{2} kan^{1}，《闽南语常用词辞典》用字）是‘酒瓶’，……个人的语感是：瓮、缸和矸，有大小的差别，缸和瓮则是开口大小的差别。‘酒缸’几乎没听过，‘好酒沉瓮底’则是台湾闽南语常用的俗谚。”

好了，我们就不去管台湾闽南话的“酒矸”是不是“酒缸”了，但“酒瓶”可能也不是。因为“瓶”字是b－或者p－声母，而“矸”字是g－声母，唇音和舌根音，发音部位相差几条街之远。只好暂付阙疑，留待台湾闽语学者考出“矸”的本字我再转告大家。

借此机会，我们顺便再介绍潮汕话的几个关于瓶瓶罐罐的名词。

瓿：潮音 bao^{6}（暴），一种小瓮，用以做腌制食材、作料的盛器。如：“一瓿咸菜”（一小瓮咸菜）。装咸菜的叫“咸菜瓿”，装豆酱的叫“豆酱瓿”。这是个很古老的词。《战国策·东周策》：“夫鼎者，非效醯壶酱瓿耳，可怀挟提挈以至齐者。”《汉书·扬雄传》：“今学者有禄利，然尚不能明《易》，又如《玄》何？吾恐后人用覆酱瓿也。”酱瓿，犹潮汕话言“豆酱瓿”。汉·扬雄《方言》卷五：“瓿，甄，瓮也。”《玉篇·瓦部》：“瓿，蒲后切。瓿甄，小瓮也。”音义皆与潮汕话相合。

“瓿”字亦作“缻”，《广韵》上声厚韵与“瓿”字同意小韵（同音），释为“小瓮”。其实最早的本字应该就是“缶”，加“瓦”是增加了义旁。缶，《说文解字·缶部》：“缶，瓦器，所以盛酒浆。”《礼记·礼器》：“五献之尊，门外缶，门内壶。”“缶”字《广韵》是非母幽部字，上古音是重唇音声母，幽部字潮音白读多有读 -ao 韵母者，如《广韵》尤韵字“流九昼留瘤舅臼刘阄臭”，侯韵字“头偷兜斗走狗后厚漏豆”等。《中原音韵》有“非母萧豪韵上声”读音，也与潮音 bao^{6} 相合。又“缶”字今读 hou^{2}，是模仿普通话的文读音。

潮汕俗语谓坏事终于暴露为“瓿破”，“瓿破”则所盛酒水、酱料外漏，以之比喻事情公之于众，颇为形象生动。

油甊，旧时潮汕乡间用以盛油的罐子，今已少见，但此词仍活在一些俗语之中，如“卵脬［lang^{2} pa^{1}］大过油甊”。“甊”潮音 lao^{2}（佬）。如上文《方言》《玉篇·瓦部》两个例子。又《广韵》上声厚韵：“甊，瓿甊，瓮。”郎斗切。音义皆与潮汕话相合。又《宋书·五行志》引晋愍帝建兴中江南歌谣云：“扬州破换败，吴州覆瓿甊。”又，“甊”字今不流行，从“竹”的同音字“篓”应该是同源异体字。竹制的油篓外加油纸，并油上一层桐油。

甈：潮音 bi^{5}（啤），比瓿小的罐子，如：“一甈菜脯”（一小罐萝卜干）。甈，古代一种盛水酱的容器。《说文·瓦部》：“瓮谓之甈。”《广雅·释器》：“瓿……甈，瓶也。”《广韵》平声齐韵：“甈，瓦器。”部迷切。音义皆与潮汕话相合。

瓮：潮音 gong^{2}，一种盛、舀液体的器皿，如啤酒瓮、口瓮、荡嘴瓮（漱口杯）等。南朝·梁·顾野王《玉篇·瓦部》：“瓮，缾也。”缾，就是“瓶”。瓮字《广韵》上声音“居悚切”，与潮音相合。在一些地方，舀粪肥的大木勺也叫“瓮”，如“尿瓮”“粗瓮”等。

常听穿街走巷收买废旧东西者喊“玻璃樽啤酒 gong^{2} 来卖”，“啤酒 gong^{2}”的“gong^{2}”应该就是这个“瓮”字。但特指铁质的易拉罐，则是现在的新词义。

还有一个俗语，形容一个人自以为是、信心膨胀时说他“gong^{2} 铳铳［cêng^{3} cêng^{3}］”，就不知道是不是这个“瓮”了。

做节·做生日·做七·做亡斋·做忌·做月内

按民俗操办过节日，不管是婚丧喜吊统统都可以用动词“作”或者“做”（潮音 zuo^3）。例如：

做（作）节，即过节日，包括祭祀、游艺等民俗内容。如说：“后日做节，我着转来去老家”（后天过节，我得回老家一趟）。做节，唐宋多用“作节”，是个很文雅的词语，唐诗宋词中常见。如唐·白居易《送李校书趁寒食归义兴山居》诗：“到舍将何作寒食，满船唯载树阴归。”“作寒食”，即“过寒食节”，唐·张说《奉和圣制初入秦川路寒食应制》诗：“今岁随宜过寒食，明年陪宴作清明。”“作”“过”互文同义。宋·毛滂《调笑令》词：“花娇叶困春相逼，燕子楼头作寒食。”宋·赵彦端《浣溪沙》：“倚阑终日雨还晴。强移心绪作清明。”宋·叶梦得《定风波》词：“却怪姮娥真好事，须记，探支明月作中秋。”宋·廖刚《满路花》词小序：“癸巳，周宋约敏叔来作中秋。”宋·汪莘《浣溪沙》：“青女催人两鬓霜，自筜白酒作重阳。”

看来，唐宋时语是把过（度）节日叫作“作”了，后面紧跟的是具体节日的名称。过节日需要“操办”各种事情，所以才用“作”作为动词。这个“作”，潮音读 zo^3，与“做”同音。“作”字《广韵》有入声精母铎韵“则落切”一读，潮音文读 zag^4（扎），白读 zoh^4（左^4），但还有去声精母暮韵“臧祚切”一音，潮音则读 zo^3（做）。宋后也有直接写“做”的，如明·汤显祖《牡丹亭·遇母》：“空和他做七做中元，怎知他成双成爱眷。”“做中元”，就是过中元节。

做生日，即庆贺生日，过生日，像过节一样，动词也用“作”。如：“此在个孥囝细细父母就个伊作生日”（现在的孩子，小小年纪父母就为他们庆祝生日了）。这也是古语词。唐·范摅《云溪友议》：“因作生日，节镇所贺，皆贡珍奇。”宋·杨万里《水调歌头》：“年年九月，好为阿母作生辰。”后代多作“做生日”。《初刻拍案惊奇》卷二十二：“七郎赏赐无算，那鸨儿又有做生日、打差买物事、替还债许多科分出来。七郎挥金如土，并不吝惜。”《古今小说·蒋兴哥重会珍珠衫》：“光阴迅速，又到七月初七日了。正是三巧儿的生日。婆子清早备下两盒礼，与他做生日。”《儒林外史》第三十一回：“那年门下父亲在日，他家接过我的戏去与老太太做生日。”

做七，指旧俗人死后每隔七天做一次佛事，祭祀一番，凡七七四十九天为止。如：“此在做七个例俗还有抑无”（现在为死者做七天佛事的丧俗还存在吗）？“做七”的说法也见诸明清文献。如明·汤显祖《牡丹亭·遇母》：“空和他做七做中元，怎知他成双成爱眷。”清·王应奎《柳南随笔》卷四：“或问，人死七日则做佛事，谓之做七……”

此外，操办红白事常用动词“做”的词语还有：

做斋，也叫“做亡斋”，“亡”字在此词中读 mang⁵（忙），连读变调后读 mang⁷（梦），所以有人就写成“做梦斋”。“亡”字读 mang⁵（忙），还有另一个词——“亡魂丧胆”。“亡斋”，即设斋诵经超度死者。佛家的节目，除在灵前诵经外，还有过桥、礼血盆、撤花、走贡、走五方、沐浴、追荐等。在“挨莲池”和“挨塔”过程中还加唱了《百花名》《百戏歌》，在“过桥”中唱了《廿四孝歌》《十月怀胎歌》《目莲救母歌》等。“做亡斋”也叫“做功德”，潮语有“加钱加功德，少钱照底积”的俗语，说的就是多给钱就多念经，少给钱就把节目减少一部分，引申比喻给多少钱办多少事。潮语还有“双头做斋分无饼”之俗语。民间“做斋”时有事主将祭品分发给穷人的习俗，有贪心人想同时得到两家“做斋”者的祭品，结果两边来回跑反而错过了发放祭品的时间，弄得两头落空，引申指若想贪心得到两份利益，有可能两头落空。

做忌，指给死者的周年祭奠。“忌”潮音读 ki⁷（其⁷），“忌”字

《广韵》去声渠母志韵，音“渠记切”，与潮音正合。“忌”是“忌日”的省略，指死去的日期。“做忌”就是在忌日给死者设祭以追忆、纪念他。

做月内。坐月子也可叫“做”，可能与“月内”也有不少礼俗要操办有关，例如“控嘴”［kion^{7} cui^{3}］、“开臊”［kui^{1} co^{1}］、“做丁桌”，等等。

筅尘·送神·拜新面公

过不久就到腊月廿四，要“送神”了，而“送神”之前得搞大扫除。这个大扫除潮汕方言美其名曰——coin$^{2-6}$ tung^{5}。很多人不知道这个重要的节日程序名称怎么写，我一开始也不懂。

于是，做《潮汕方言词考释》时就到处乱翻书去找，发现原来翁辉东（1885—1965）前辈已经考释过，其大作《潮汕方言·释宫》卷八云：“腊月择日，洒扫屋宇，曰筅豚。豚当作臭。”“筅”字可信，即“竹筅”之“筅”也（用竹丝制成的洗刷用具），洗大铁锅的叫“鼎筅”，洗痰盂的叫“地缸［gang^{1}（刚）］筅”，洗马桶的叫“屎桶筅”。此字古代已用，《广雅·释器》：“箲，谓之筅。”王念孙疏证：“箲，即今之刷锅帚也。”《玉篇·竹部》：“筅，苏典切，筅帚。”宋·吴自牧《梦粱录·诸色杂货》：“其巷陌街市，常有使漆修旧人……并挑担卖油，卖油苕、扫帚、竹帚、筅帚。”“筅帚”即是竹丝制成的、用以洗刷锅碗瓢盆的用具，即潮汕话的竹筅也。“筅”字亦作“箲”，《广韵》铣韵：“箲，洗帚，饭具；筅，同上。”苏典切。《集韵》上声铣韵：“箲，饭帚，或从先。”

由此可见，“筅”由名词“筅帚”一义，引申用为动词，意思是洗、扫使……干净。“coin^{2} tung^{5}”的“coin^{2}”就是“筅”字是绝对没有问题的。但tung^{5}字是否就是“臭”呢？这就值得考究一番了。臭，《广韵》音“徒哀切”，虽然声母、声调没有问题，但韵母要从－ai转为－ung，我觉得生硬了些。还不如用“尘”字。“尘”是《广韵》澄母真韵字，声母和声调也都没有问题，就看看韵母能不能读－ung了。真（臻）韵字读－ung韵母的虽然不多，如“筠（江姐江竹筠）、汶、赟、份、忍、阵（一阵雨）”等，但其相对的珍摄合口“魂谆文”三韵字就都基本念 -ung 韵母了。所以，我觉得写“尘”字更靠谱些。

“筅尘”（大扫除）之后，就是干干净净送灶神了。

灶神，潮汕各地灶台烟囱上红纸贴着他的牌位，写的是“司命帝君”。但奇怪的是，我老家澄海乡下，有不少地方叫它“新面公”，现在看起来，后者应该是前者的连读产生的语流音变：第一音节受第二音节逆同化而增加了后鼻音韵尾，si—sing；第二音节受第一音节顺同化而使元音 mêng—ming；第三音节因为短而在语流中丢失了；第四个音节 gung^{1} - gong^{1} 则可能是近义谐音词的替换，也即君—公。另一个一样的例子是“圣君嘴”也说成“圣公嘴”。结果是：

si^{1} mêng$^{6-7}$ di^{3} gung^{1}（司命帝君）——sing^{1} ming^{7} gong^{1}（新面公）。

哎，我们就当灶神尊称“司命帝君”，昵称“新面公”好了。

对于过去的农业社会来说，灶神是十分重要的神祇。俗话说，开门七件事——柴米油盐酱醋茶，说的都是厨房里的事情。而厨房里的最重要的设施就是火灶。因而，关于火灶的词语，古代很常用，潮汕话也基本保留下来了。例如：

灶下：指灶口（送柴火入灶的口）之下，引申指厨房。如：“间灶下阔死”（这间厨房很大）。“灶下”一词，晋代就有了，陶潜《搜神后记》卷五：“（端）于篱外窃窥，见一少女自瓮中出，至灶下燃火。”到了明清时代，还继续使用，如《醒世恒言·一文钱小隙造奇冤》：“孙大娘在灶下烧火。”这两例“灶下”都可能指的是灶的前面，指厨房一义是其引申义，正如“灶前”也引申指厨房一样。

灶前有两个义项：一指灶的前面，经常是堆放柴草等一些燃料的地方；一指厨房。第一个义项如：“伊坐在灶前燃［hian^{5}］火”（他坐在灶的前面烧火）。第二个义项如：“水缸放在灶前块”（水缸放在厨房里）。第二个义项是从第一个义项引申而来的。

“灶前”一词，明·冯梦龙的“三言”中多以指厨房，如《古今小说·任孝子烈性为神》：“春梅在灶前收拾未了，听得敲门，执灯去开门。”又“妇人去灶前安排中饭与任公吃了，自上楼去了”。《警世通言·三现身包龙图断冤》:“王兴道:‘姐姐你寻常说那灶前看见押司的话,我也都记得。’”同书《乔彦杰一妾破家》:“高氏急了,无家伙在手边,教周氏去灶前提把劈柴斧头。”

灶空,指灶前送柴火入灶的口儿。农村里过去有个俗语讲农妇不懂得疼爱照顾其丈夫云:“爱哩掠去做翁(ang[1],氨),勿哩掠去塞灶空。”幽默生动。

灶头,指灶台。如:“个碗放在灶头”(碗放在锅台上)。《古今小说·宋四公大闹禁魂张》:“娘子盛了五个馒头,就灶头合儿里多撮些物料在里面。”《警世通言·计押番金鳗产祸》:“(周三)去那灶头边摸着把刀在手,黑地里立着。”灶头都指灶台,与潮汕话相同。喜欢蹲在灶台上取暖的猫儿,被戏称为“灶头猫”。灶台上的专用抹布,叫作“灶布”。“灶布”也擦拭别的地方,所以有时也就泛指抹布了。

灶山头,指灶台,也指灶台上有一处拱起来的地方,常常还可以在上面安放一个砂锅温水,以充分利用热源。

橄榄·乌榄·林檎·木囝·侯栗·檨

到阳江市海陵岛上的广东海上丝绸之路博物馆参观，从“南海一号”沉船出水的宋代景德镇窑、浙江龙泉窑等精美瓷器和金玉首饰等，实在精美。大饱眼福之际，一粒毫不起眼的橄榄核儿却引起了我的极大兴趣，原因当然是我们潮汕人嗜食橄榄，我出差阳江时，随身的背包里就有一小袋子青橄榄。我相信，有不少潮汕人跟我一样，出差时总是带着青橄榄或者甘草橄榄的，尤其是乘坐列车或者汽车。

我把这粒橄榄核（展览馆的说明标识是这样写的）在朋友圈晒了出来，却有人提出疑问，这不是橄榄核 [gan^{2} nan^{2} hug^{8}]，是榄核 [lam^{2}/nam^{2} hug^{8}]。

这个疑问引起了我对青橄榄和乌橄榄读音不同的注意：青橄榄及其制品，潮音 gan^{2}/ga^{2} nan^{2}，韵母是鼻化音。“橄榄”俩字不能省略，如“青橄榄”“橄榄糁”“甘草橄榄”“橄榄菜”等；但乌橄榄一般叫作“乌榄”，简称“榄”，潮音 lam^{2}，保留着完整的闭口韵尾 -m，如“榄核”“榄（核）仁”“榄皮”“榄橛 [$gu\hat{e}h^{8}$]”等。就这样，潮汕话靠语音的内部屈折，把这两个词及其所指（所代表的实物）分得清清楚楚的。但普通话一掺和进来，就乱套了。例如“橄榄菜炒饭/面/粿条”，说普通话可以简称为“榄菜炒饭/面/粿条”。

但问题来了：“榄菜”潮汕话该怎么说呢？念“lam^{2} cai^{3}”，还是“nan^{2} cai^{3}”？

从一粒橄榄核的读音，想起了其他一些花果蔬菜的名称离奇古怪的来历和读音。

林檎：澄海樟林佳果林檎（番荔枝），潮音 lim[5] kim[5]，进了澄海城，就变成 ling[5]/ning[5] king[5]。本来我以为是古代就有的水果，可一查文献资料才知道，此林檎非彼林檎，古代的林檎指的是苹果一类的东西。网络资料称《齐民要术》已有记载，古代的林檎，果形有大有小，成熟期有夏熟的和冬熟的，颜色白、黄和红，即现在的绵苹果、香果、沙果、槟子之类的东西，中国西北和华北目前仍有种植，偶尔有一百年以上的老树。日本人就把苹果写作“林檎”，日文假名读音近似 lin go（林果），应该是沿袭了中国古代的名字（此材料请教了韩山师范学院曾经留学日本的博士吴云影教授、庄东红教授）。看来，潮汕人是用古代的名称来称呼这进口的水果，张冠李戴了。台湾闽南话把林檎叫作“释迦果”，则可能是以其外部形象命名。

木囝：即番石榴。汕头、澄海叫 bhag[8] gian[2]，通常写作“木仔”，潮州则叫 bhug[8] gian[2]，bhug[8] 就连同音字都找不到了，不知道怎么写它。台湾闽南话写作“芭乐”。看来这也是外来词了，各地翻译时稍有不同。就像 Bush，内地翻译为“布什”，台湾省翻译为“布希”，香港地区翻译为“布殊”一样。

侯栗：或称板栗，潮汕话称 gao[5] lag[8]（猴力）。有人认为，gao[5] 就是“猴”。湘西一带也有此称。沈从文的《丈夫》叙述了“猴栗”的故事：“猴子在大山上住，被人辱骂时，抛下拳大栗子打人。人想要栗子，就故意去山下骂丑话，预备捡栗子。”所以栗子也叫“猴栗”。但古代文献称为“侯栗”，《诗经·小雅·四月》：“山有嘉卉，侯栗侯梅。”陆玑疏引《西京杂记》：“上林苑有侯栗、瑰栗。”《广志》也载：“关中侯栗大如鸡子。”“侯”“猴”同音，gao[5] 是白读音。作姓氏用时，潮汕有些地方也读“侯”为 gao[5]。

檨：芒果，潮汕话叫 suain[7]，本字是“檨”。清·谢振荃修《安溪县志》：“檨，台湾最多……”清·陈蔚《台湾竹枝词》：“菩提香气亚苹婆，檨子累累结实多。”《国朝全闽诗录》卷三注：“檨子，一曰檨实。”清·郁永河《台湾竹枝词》：“枇杷不见黄金果，香檨何劳向客夸。”“檨”可能是闽南方言字，各地读音也多作 suain[7]，（参阅《普通话闽南方言词典》和李熙泰《说檨》）。-uain 这个韵母，是很少见的。现在的孩子们已经多说“芒果”而不知“樣”之称了。

黄弹：与“樣”字这个少见韵母相同的还有“黄弹”（黄皮果）的“弹”，读 ng^5 duain^7。“弹”字文读为 tang^5，如子弹、弹劾等；白读为 duan^7，如弹铳（打枪）、弹鸟等。但多了一个 -i-，当是语流中产生的衍音音素。回过头来看“樣”字的读音，也有可能是由 suan^7 派生出来的。

菠薐：菠菜，潮汕话叫 buê^1 lêng^5，菜市场通常写同音字“飞龙”，其实本字是菠薐，南朝顾野王编的字书《玉篇·草部》中已收录：“菠，博何切，菠薐。”“薐，勒登切，菠薐”。据此可知菠菜在此前已传入我国，菠薐乃是外来词的译音。《唐会要·泥婆罗国》：“（贞观）二十一年，遣使献波棱菜、浑提葱。”宋·高承《事物纪原》卷十：“刘公《嘉话录》曰：‘菠薐菜，西国有僧将其子来，韦绚云，岂非颇陵国来，语讹为波棱。’”波棱、菠薐，都是同一音的不同译写，《汉语外来语词典》谓其来自尼泊尔之古名 palinga，即菠薐也，也即韦绚所云之颇陵国。又“菠”今潮音文读为 bo^1（波），如“菠菜”读此音。但菠薐口语叫 buê^1 lêng^5。现在的少年儿童已经多称“菠菜”而少说“菠薐”了，“菠薐”有被“菠菜”取代的趋向。

栀子花：潮汕话叫 siam^5 bog^8（檐仆），写作“薝卜”。这也是个古代的译音词，来源于古梵语 campaka。唐·段成式《酉阳杂俎·木篇》：“陶真白言，栀子剪花六出，刻房七道，其花香甚。相传即西域薝卜花也。”唐·卢纶《送静居法师》诗：“薝卜名花飘不断，醍醐法味洒何浓！”也有写作“薝卜”者。唐宋诗词中，多见用例。

槟榔·菱花

从小就知道“槟榔”这个词，但看到真的槟榔树、槟榔果还是几年前去了一趟海南的事。

小时候在农村里，春节时有客人来，大人就把盛着糖果和橄榄的盒子端出来请客人“食槟榔”，礼俗上叫作“请槟榔”或者“敬槟榔”。这个盒子也叫槟榔盒，或者槟榔鼓。

小孩子的我就纳了闷了：“明明是橄榄，怎么说是槟榔呢?”一度还误以为槟榔是橄榄的别称呢。后来长大了读了书，才知道槟榔就是槟榔，不是橄榄的代称。以前东南沿海和南洋诸岛都种植槟榔树并有嚼食槟榔的习惯，潮汕一带更把“敬槟榔”（请吃槟榔）当成礼俗之一，尤其是婚俗之一，并且一直沿袭不辍。[1] 民国之后，潮汕地区已经少见槟榔，但“敬槟榔”之俗继续保留，没有了槟榔，就以形似的青橄榄代替之，而槟榔盒、槟榔鼓之名，也至今保留，尽管此物已成“古董”。

据曹雨《一嚼两千年》[2] 一书研究，有可靠的史料可以佐证，南岛语族是一个吃槟榔的民族，距今约5500年了。他们其中的一支很有可能在华南沿海定居，嚼槟榔的习惯也逐渐传入岭南。说南岛语族的居民曾经在东南沿海居住，那是没问题的，黄挺教授《中国与重洋：潮汕简史》一书的第二章“蛮荒海畔：潮汕的土著文化”中便有“关于南岛语

① 许旭绵：《槟榔鼓：潮汕旧俗婚礼的礼盒》。

② 曹雨：《一嚼两千年》，中信出版集团2022年版。

族”一节谈了这个问题[①]。但有具体的汉字文献资料记载，得到汉代，司马相如的《上林赋》：“留落胥邪，仁频并闾，欃檀木兰。”“仁频”就是槟榔。汉代的杨孚在《异物志》中首次使用了“槟榔”一词。杨孚是广州人，他在《异物志》中把包括槟榔在内的岭南特产介绍到中原文化区，可以说是岭南影响中原文化的开始。

中原人对槟榔的第一个印象是有药用价值。当时中原人来到岭南后，对这里的感受就是瘴气遍布，容易致病，韩愈被贬潮州时，写《左迁至蓝关示侄孙湘》都以为到那个乌烟瘴气的地方来，必死无疑，才有了那两句充满悲凉的“知汝远来应有意，好收吾骨瘴江边”。但到了岭南的中原人又发现本地人在嚼槟榔，就认为槟榔有除瘴祛病的功效。汉代的医家张仲景、陶弘景和葛洪在医书里面都提及过跟槟榔有关的药，在药方中说槟榔能够“下一切气”，可以祛除所有恶“气”，比如反胃呕吐、肠胃不适等。

槟榔作为一种特殊的青果食品的记载更晚一些，南北朝的庾信《忽见槟榔》诗，有“绿房千子熟，紫穗百花开”的句子。唐代李白在《玉真公主别馆苦雨赠卫尉张卿二首》中写过“何时黄金盘，一斛荐槟榔”的句子（这个“黄金盘”是不是潮汕的槟榔盒的原形?）。宋代的苏轼专门写了一首《食槟榔》诗，描写了“北客初未谙，劝食俗难阻”的尝试经历。他在著作《格物粗谈》“卷上·果品”中，记载了槟榔的青果吃法：“槟榔同扶留藤，及瓦垄子灰，或蛎蚌灰食，则柔滑甘美。”“扶留藤”就是潮汕人的“荖”（也写作“蒌”）。“瓦垄子”潮汕人叫“蚶”，有血蚶、毛蚶等不同品种。用蚶、蚝（牡蛎）和蚌（车白之类）烧成的“灰”。可见用荖叶包裹贝灰嚼吃槟榔之俗，由来早矣。在草药诗中，苏轼还写道“两颊红潮增妩媚，谁知侬是醉槟榔”。在给他亲自培养的儋州第一位举人写的《题姜秀郎几间》诗中，还提到了槟榔：“暗麝著人簪茉莉，红潮登颊醉槟榔。”现在如果用苏东坡的这些诗句来形容台湾的“槟榔西施”，不也正好?

---

① 黄挺：《中国与重洋：潮汕简史》，生活·读书·新知三联书店 2017 年版，第 18－32 页。

岭南地区食用槟榔的习惯，宋·姚宽《西溪丛语》卷上有专门记载："闽、广人食槟榔，每切作片，蘸蛎灰以荖叶裹嚼之。"清初屈大均《广东新语》亦记载："以盐渍者曰槟榔卤，则广州、肇庆人嗜之。日暴既干，心如香附者，曰干槟榔，则惠、潮、东莞、顺德人嗜之。"可见当时广州、肇庆人喜欢吃盐渍槟榔；惠州、潮汕、东莞、顺德人喜欢吃干槟榔。广府童谣中也有一些跟槟榔有关的词句，例如脍炙人口的《月光光》唱道："月光光，照地堂，年卅晚，摘槟榔，槟榔香，摘紫姜……"潮语歌谣则用"嘴哺［bou⁷］槟榔面抹粉"来描写当时的女性时尚。

潮人吃槟榔的习惯，明清府志均有记载，澄海、普宁等各县县志也有所记载，应当是一种普遍的习俗，而且是待客之俗和婚姻习俗。饶宗颐主编的《潮州志·风俗志》记载："朋友往来，不具酒食，勿以为嫌；不设槟榔，便称简慢。"这种习俗，南宋·周去非《岭外代答》已有记载："福建下四州与广东……，皆食槟榔者。客至不设茶，唯以槟榔为礼。"由此可知，南宋时潮州已有用槟榔招待客人的习俗。

据老前辈们回忆，嚼吃槟榔时，必须以荖叶蘸贝灰泥然后包裹之食用。屈大均《广东新语》云："凡食槟榔必以蒌叶为佐，而以蚌灰为使，否则槟榔味涩不滑甘。"蒌叶，即"荖叶"。槟榔嚼后唇红齿也红，清·宋征璧《潮州竹枝词》云："新插芭蕉一两丛，女墙多种木芙蓉。朱唇轻染胭脂色，爱嚼槟榔玉齿红。"张对墀《潮州竹枝词》云："蜑船无数大江中，蜑妇如花倩倚风。多嚼槟榔当户立，一笑一迎玉齿红。"诗里描写的是韩江六篷船妓女边嚼槟榔边倚门卖笑迎客的情景。

其实，嚼食槟榔在清朝时应该不仅仅是在潮汕或者岭南地区，《红楼梦》中也有贾琏为引诱尤二姐而死皮赖脸地索讨槟榔吃的情节。直到现在，湖南省的一些地区，还有嚼食槟榔的习惯。

说到"荖叶"，过去的潮汕可能是有普遍种植的。荖字也写作"蒌"，是一种胡椒科藤蔓植物，叶片厚大，色泽浓绿，气味芳香。现在还有不少地名保留了"荖"字，如汕头市南澳县云澳镇有荖园村，澄海区东里镇名优水果林檎的出产地是樟林荖巷，昔年以种植"荖"而驰名遐迩。"荖"还被编入了群众的谚语中："爱就荖，勿就草。"或者说："爱你哩就荖，勿你哩就草。"意思是需要用时就是宝贝，不用时就当弃物了。

最有趣的是一种著名的潮汕小食叫“荖花”，就是以形似取名的，还真是像。荖花也称“喋奓”，“喋”（sah^4）是大口咬食的意思，“奓”［pan^3］是松软的意思，“荖花”吃起来有松软香甜的味道和口感，故名。但“喋奓”（sah^4 pan^3），也指人之怂软不中用，真有意思。

最后，再说说槟榔的“榔”字的特殊读音，它不读 lang^5（狼），而读 no^5（娜），这是古代的唐韵字失去后鼻音韵尾 -ng 的结果，同理的还有“狼犺”，不读 lang^5 hang^1，而读 lo^5 ho^1。在粤西的闽南方言雷州话里，这类唐韵字白读 -o 韵母的字就很多。

鸡翁·鸭母·鹅雄·狗牯·猪豭·猫娘

通常来说，普通话的偏正结构名词的语素顺序是“修饰成分 + 被修饰成分”。但在潮汕话中，却有一些词的语素顺序恰恰与此相反。其中表示动物性别的是一大类。普通话通常是表示性别的词素在前，潮汕话则在后，刚好相反。例如：

鸡翁——公鸡　　鸡母——母鸡

猫牯——公猫　　猫娘——母猫（小的）　猫母——母猫

鹅/鸭牯——公鹅/鸭　　鹅/鸭雄——公鹅/鸭

鹅/鸭母——母鹅/鸭　　牛/猪/狗母——母牛/猪/狗

牛/猪/狗牯——公牛/猪/狗　　猪豭——配种公猪

“翁”潮音 ang[1]（盎），指丈夫一义也读此音；“雄”潮音 hêng[5]（形）；“豭”潮音 go[1]，民间多写同音字“哥”。

那么，这个特点是怎么形成的呢？关于这个问题，岑麒祥先生 1953 年就在《从广东方言中体察语言的交流和发展》一文中指出：广州方言中的倒序词是广州话与侗、闽南语——特别是广东西南部至今使用的壮语“交流”的结果。① 袁家骅先生则只是客观地说：“有一些复音词粤方言与普通话在词素结合的次序上恰好颠倒。其中一部分接近闽客方言，同壮侗语族诸语言有类似的现象。”谈到闽南话的合成词的特殊构成方

① 岑麒祥：《从广东方言中体察语言的交流和发展》，《中国语文》1953 年第 4 期。

法时，他说："闽南话这一类构词方式，在北方方言中很少见，而在南方粤、客方言中可以找到。值得注意的是，这种构词法跟壮侗语族各语言（壮、黎、侗、水语等）是很接近的。"① 詹伯慧先生则更进一步说："在语法方面，最引人注目的莫过于粤方言有一批双音节词在构词上是修饰性词素，放在被修饰词素后面的了。例如把'客人'叫'人客'，把'干菜'叫'菜干'，把'公牛'叫'牛牯'。这在北方方言中不常见，而在壮侗语系统的各种民族语言中却是司空见惯的。修饰成分后置正是壮侗语中一个突出的语法特点，粤方言中存在这一构词方式，大概也是吸收壮侗语的结果。"②

我查阅了一些古籍与宋、元以来的话本、小说，从中发现了不少与潮汕话一样的倒序词例子，据此认为，潮汕方言与广东其他方言（其实可以扩大到南方诸方言）中的偏正式倒序词（即"被修饰词素＋修饰词素"）的现象可能是上古汉语的残留，而不是接受南方少数民族语言影响之后才有的。

举几个古汉语的例子来证明我的观点。

北魏·张丘建《算经·百鸡题》："鸡翁一，值钱五；鸡母一，值钱三。"北宋·李觏《惜鸡》诗云："吾家有鸡母，乘春数子生。"宋·陶谷《清异录·药品·火灵库》："昌黎公愈晚年颇亲脂粉。故事：服食用硫磺末搅粥饭唤鸡男，不使交。……公间日进一只焉。""鸡翁""鸡男"即"公鸡"，跟"鸡母"一样表示性别的词素后置。更早的例子还如《春秋·昭公二十三年》：秋七月"戊辰，吴败顿、胡、沈、蔡、陈、许之师于鸡父。""鸡父"虽为地名，但其构词结构也与"鸡母"相同。《说文解字·牛部》："牡，畜父也。""牝，畜母也。"又佳部："雄，鸟父也。""雌，鸟母也。"南朝·梁·顾野王的《玉篇》解释亦同。并不说"父畜""母畜"，或"父鸟""母鸟"。由此可见，表示性别的词素置于动物名称词素之后也是古已有之的。

此外，京广铁路所经湖北、河南省交界处，有座山名曰"鸡公山"。

---

① 袁家骅：《汉语方言概要》，文字改革出版社 1983 年版，第 206－267 页。

② 詹伯慧：《现代汉语方言》，湖北人民出版社 1981 年版，第 164 页。

在北方方言区里，竟保留有这样一个地名，十分难得。它可以说明，在很早的时候，这里的人是把公鸡叫“鸡公”的。西北的甘肃定西、会宁、通渭、秦安、清水、天水、陇西、武西、西和、武都、文县、镇原、敦煌、龙迭等地，也保留了“鸡公”“鸡婆”或“鸡母”的说法。①

以上的例子都可以证明，中国的北方地区，也曾经有过表示动物性别词素后置的现象，南方人现在还保留着的这种语言习惯，乃是古汉语的保留而已。

① 参阅甘肃师范大学中文系方言调查室：《甘肃方言概况》，1960 年，第 455 页。

颠倒·赶早·长短·干净·通·一地·且末

潮汕民间谚语云：“家己鼻头糊屎，颠倒怨通街市臭。”意思是说，自己身上不干净，反而怪别人没把卫生搞好，引申指不好好反省自己的错误，反而责怪别人这不好那不好。

这里我们要重点关注的不是这句谚语的意思，而是谚语里的“颠倒”一词。

颠倒，潮语文读为 diang^1 dao^2（癫岛），如“颠倒黑白”“是非颠倒”等。此“颠倒”是动词。但“颠倒”也可以白读为 ding^1 do^3（藤^{1}刀^3），意思是反而，如上面所讲谚语。潮汕方言里有一种特殊的语音和词义相关的现象，叫作“文白别义”，就是用文白异读来区别同一个词的不同词义。还如“东西”，读为 dong^1 si^1（忠司），意思是物件，如“什么东西”“买东西”等；但如果读 dang^1 sai^1（冬腮），就是方位名词了，如“东西南北”等。

“颠倒”作为表示转折的副词，近代汉语中常用。元·佚名《陈州粜米》第四折：“他指望着赦来时有处裁，怎知道赦未来先杀坏。这一番颠倒把别人贷。”元·高明《琵琶记》第十四折：“我的声名，谁不钦敬？多少贵戚豪家，求为吾婿而不可得。叵耐一书生颠倒不肯，反要辞官家去。”元·王实甫《西厢记》第三本第二折：“分明是你过犯，没来由将我摧残；使别人颠倒恶心烦。你不惯，谁曾惯？”《清平山堂话本·快嘴李翠莲记》：“分付你少则声，颠倒说出一篇来。”《古今小说·任孝子烈性为神》：“我被这贼揪住，你们颠倒打我，被这贼走了。”《醒世恒言·张廷秀逃生救父》：“玉姐听道这几句话，羞得满脸通红，颠倒大哭起来。”《初刻拍案惊奇》卷一：“文若虚其实不知值多少，讨少了，怕不在行；讨多了，怕吃笑。忖了一忖，面红耳热，颠倒讨不出价钱来。”

下面顺便再介绍潮汕话中来自近代汉语的一些副词。

赶早，有起早、趁早、及早的意思。如：“你赶早收了去”（你趁早滚蛋吧）。《西游记》第九十七回：“八戒道：‘吓出屎来了，如今不消说，赶早各自顾命去吧。’”《红楼梦》第三回：“你们赶早打扫两间房子，叫他们歇歇儿去。”两例词义及用法均与潮汕话相同，今江淮一带也保留此词。

长短，有反正、总之的意思，潮音 $deng^{5}$ do^{2}（肠倒）。如说：“你长短着去一下就猛去，勿伊在等你”（你反正得去一趟就早些去，别让他老在等你）。“长短”一词，唐诗常用。白居易《即事寄微之》：“饱暖饥寒何足道，此身长短是空虚。”李商隐《樱桃花下》：“他日未开今日谢，嘉辰长短是参差。”此言看花的日子老是与花期不合。罗隐《遣兴》：“何堪罹乱后，更入是非中；长短遭讥笑，回头避钓翁。”此言反正都受人讥笑，干脆避世当钓翁去。各例词义皆与潮汕话相同。

干净，指全部；尽，完全。如：“你撮书干净文科个”（你的书全部是文科的）。这是明清常用词。如《西游记》第十八回：“老高，你空长了很多年纪，还不省事，若专以相貌取人，干净错了。”《警世通言·苏知县罗衫再合》：“朱婆叹口气想道，没处安身，索性做个干净好人。”《金瓶梅词话》第八十一回：“这天杀，原来连我也瞒了，嗔道路上定要卖这一千两银子，干净要起毛心。正是人面咫尺，心隔千里。”以上诸例词义，用法皆与潮汕话相同。“干净”，在潮语中各地稍有变化，有说“干干”的，如：“水龙头开关无用去，流到通街市干干水”（水龙头坏了，流得到处都是水）。也有省略剩下“干”的，如说：“你干会食定”（你就会吃）！

通，指全部，作副词。如：“伊通身流汗流到漖漖”（他全身都汗湿了）。上面例子里的“通街市”的“通”也是。这是个很古老的副词了，《孟子·告子上》：“奕秋，通国之善奕者也。”通国，指全国。唐·王维《秋夜曲二首》之一：“秋逼暗虫通夕响，寒意未寄莫飞霜。”通夕，通宵，整夜。《古今小说·金玉奴棒打薄情郎》：“许公分付夫人取干衣代他通身换了，安排他后舱独宿。”通身，全身上下。诸例词义及用法皆与潮汕话相同。

一地，指一味、就。如：“你读书哩唔晓，一地晓食定”（你读书又读不懂，就懂得吃）。宋·无名氏《张协状元》戏文第二十出：“婆婆……才瞥见，一地欢喜。”金·董解元《西厢记诸宫调》卷一：“那作怪的书生……到来一地的乱道。”也作“一地里”，元·王实甫《西厢记》第三本第三折：“因姐姐闭月羞花，真假，这其间性儿难按纳，一地里胡拿。”“一地里胡拿”，即一味地胡闹。

且未，指慢一点才，暂且不要。如：“你且未去，我还有事爱个你呾”（你先别走，我还有话要跟你说）。《古今小说·明悟禅师赶五戒》：“（五戒）当晚分咐：‘我要出外间去乘凉，门窗且未要关。’”又同书《范巨卿鸡黍死生交》：“张劭笑容满面，再拜于地曰：‘兄既远来，路途劳困，且未可与老母相见。’”

浪险·狼戾·死父·死绝·全家死绝

“浪险”，程度副词，如说：“伊读书浪险强”（他读书好厉害）。“浪险”有个近义词——lang^{6} lih^{8}（通常写作“浪裂”）也是可以用来做程度副词修饰其他形容词的，如说“浪裂好”“浪裂强”等。

“浪裂”可能是古汉语“狼戾”一词的音转而讹写。“狼戾”本来是形容词，是残暴、凶残的意思。《战国策·燕策一》：“夫赵王之狼戾无亲，大王之所明见知也。”《文选·王褒》：“贪饕者听之而廉隅兮，狼戾者闻之而不怼。”吕向注：“狼戾，恶性也。”唐·李白《幽州胡马客歌》：“天骄五单于，狼戾好凶残。”从残暴之义而引申为指极端、非常之义。而“狼戾”潮汕话单独读为 lang$^{5-7}$ li^{6}，后面带有形容词后变调与“浪裂”的读音几乎相同，所以习非成是了。

由“狼戾”表示暴戾、野蛮而可以用来当副词，还联系到潮阳话的“野”，也是可以当副词的，如说“野好”（很好）、“野好食”（很好吃）、“野贵”（很贵）等。其词义的引申义理都是同出一辙，从形容人和事物极端的坏，转而引申用来作表示程度的极端。潮汕话有一套这样的副词表示方式，而且从所表示的感情色彩看，是有一定的级差的。如：

普通级：过（guê^{3}，本字可能是“怪”）——过好（很好），过雅（非常漂亮），过重（太重了）；潮阳话的“野［ia^{2}］”，还有海丰鹤佬话（闽南话）的“较（kah^{4}）”都是这样的级别。

比较级：死父［si^{2} bê^{6}］/无父［bho^{5} bê^{6}］/死人［si^{2} nang^{5}］/太死［tai^{3} si^{2}］/死绝［si^{2} zoh^{8}］/天追［tin^{1} dui^{1}］。如说：“死父/无父/死人/太死＋好/雅/重。”例子中的任何一个副词或者形容词都可以互相

取代，意思不变。用普通话翻译起来，无法体现跟“普通级”的级差，但在口语里，潮汕人自己是能感觉到不同的。

最高级，全家死绝［cuang^{5} gê^{1} si^{2} zoih^{8}］/死无父［si^{2} bho^{5} bê^{6}］/死棺材［si^{2} guan^{1} ca^{5}］/天追［tin^{4} dui^{1}］。如说：“全家死绝/死无父/死棺材＋好/雅/重。”

双音节以上的这些副词大部分除了放在形容词前面作修饰语之外，还可以放在形容词的后面，用一个“到”（gao^{3}）字串联起来，也是表示程度的极端、到顶了，其作用相当于补语。如说：

好/雅/重＋到＋死父/无父/死人/死绝/全家死绝/死无父/死棺材。

而单音节的“过/野/较”不能单独放在形容词后面做补语，要改用“死”“绝”，不必用“到”字来串联。如说：“好/雅/重＋死/绝。”

顺便说一下，从这些表示极端的副词里我们可以看到，潮汕人对父亲在家庭中的地位之重要的深刻认识。家里死了父亲就像大厦将倾，是件不得了的事情，从而引申指非常、极了。而几乎绝大部分的带有侮辱性的詈语（骂人话），侮辱对象却都是母亲。我们可以把父亲看成男人的代表，把母亲看成女人的代表，那么，从这些村野詈语，可以窥探到潮人重男轻女的封建意识之深层。

另外，无论如何，这些词语不少还是过于粗俗的，所以还是少用为宜。现在的年轻人，很多就直接用普通话的“很”“非常”了（当然是用潮音读的），我想也不错。澄海话中，有些地方就把“死父”发音转为 si^{2} ê^{7} 避开了“父”，这是一种口头的委婉表达，也可以说是避讳。

在写作上，有人就曾经谈到过对这些词语的取舍选择。北京大学中文系的著名潮籍学者陈平原教授在《六看家乡潮汕》一文中举了自己写作过程的例子：“我写《扛标旗的少女》时，曾再三斟酌‘雅死’与‘雅绝’，最后选择了后者，也是因为后者可以意会。”我想，不单单是“可以意会”，也文雅一些了。

孬过金章婆，气到鬃翘翘

潮汕方言中，口语化的俗语有不少是形象性很强的。群众总是会找一些生活中常见的具体的人或者事物来做比较，把本来词义抽象的形容词词义及其程度之强弱变得很具象化，还经常带有夸张的色彩。例如：

说不忙、有空，就说“闲过仙”（比神仙还休闲）。潮人不知道为什么总觉得神仙最休闲舒适了，整天云游四海，不用干活劳累。所以，平时也把不干活、终日游荡、什么事情也不打紧的人叫作“散仙”，形容之则为“只个人仙仙”或者“仙脚仙脚”。

形容人绝情、没有情义就说“枭过鲎母”（比鲎母还枭情绝义）。据说鲎经常是公、母双双行动的。母鲎被渔民捕捉了，公鲎会不离不弃，跟着被捕殉情；而公鲎被捕，母鲎却落荒而逃，弃公鲎而去。故潮人用其作枭情绝义的形象代表。

形容女人之“枭恶”，说其“孬过金章婆”（比金章的老婆还坏）。金章婆是潮剧《金花牧羊》故事中的坏女人形象，深入群众心中，故用以作为“枭恶”之典型形象。

形容女人之漂亮，则说“雅过苏六娘”（比苏六娘还漂亮）。苏六娘是潮剧《苏六娘》的主角，是美丽和善良、忠贞的化身，故云。

形容人之枭横，在一方食咸拍俏，说“俏过王莽”。王莽篡位，当然“俏”（横）了。比王莽还横，极言人之蛮横霸道。

这类俗语的构成公式是：

（名词＋）形容词＋过＋比喻对象（人或者事物）

用普通话翻译过来的句式是：比＋比较对象＋还＋形容词。

除了上面的几个例子之外，还有：

瘖过狗：比流浪狗还瘦。瘖，潮音 sang^{2}（双^{2}）。

肥过猪：比家养的猪还肥。

怵过猫：比猫还老实听话。怵，潮音 sug^{8}（术）。

韧过藤：比藤还柔韧。韧，潮音白读 rung^{7}（润^{7}）。

直过箭：比箭杆还直。

肭过蛇：比海蜇还软。肭，潮音 nab^{4}（纳^{4}）；蛇，也作“鱼”字旁，潮音 tê^{7}（宅^{7}）。

乌过墨：比墨汁还黑。

甜过蜜：比蜜还甜。

峞过天柱：比擎天柱还高。峞，也只作“危”，潮音 guin^{5}（跪^{5}）。

重过秤锤：比秤砣还重。

长过竹篙：比竹竿还长。篙，潮音 go^{1}（糕）。

橂过石牯：比石头还坚实。橂，doin^{7}（殿）；牯，潮音 gou^{6}（靠）；有些地方音转做 bou^{6}（部）。

滑过胡溜：比泥鳅还滑溜。胡溜，潮音 hou$^{5-7}$ liu^{1}。

软过粞粿：比刚印好的、还没有蒸的粿还软。粞，潮音 coi^{3}，指米粉末儿。

咸过卤胆：比盐卤还咸。

漖过水鬼：比水鬼还湿。水鬼整天泡在水里，够湿的了。

萧过狗宿：比狗窝还凌乱。宿，潮音 siu^{7}（寿），窝，窝里的稻草。

戇过只鸭：比鸭子还昏头昏脑。也有说“戇过水蠓”的。

皱过老柚：脸皮皱巴巴的，比放久了的柚子皮有过之而无不及。

长过阿嬷个脚缠：比奶奶的缠脚布还长，通常用来讽刺人说话时间太长。

如此等等，不一而足。

有时候，会在形容词前面加上名词，例如：

空门杂过胡椒瓮：极言关系之多和复杂。胡椒瓮，装胡椒面儿的小罐儿，上面有很多小孔儿。瓮，潮音 gong^{2}（公^{2}）。

卵事刴过招商局：极言事情多而杂乱。卵，潮音 lang^{6}，浪；卵事，事情的鄙俗说法。敍，多的意思，潮音 zoi[7]（节[7]）。

心事敍过夏雨来：计谋比夏雨来还多。心事，计谋，点子；夏雨来，系列民间故事中的主角形象，计谋多端，善于戏谑。

感情好过吊颔鬼：过去的殉情者经常双双上吊而亡，故云。

个面乌过破布：指生气时脸色铁青，比碎布片还难看。

另外一种具有形象性的俗语构成公式则是：形容/动词/名词 + 到 + 结果描写的词组，用“到”做介词，引出形容词的描写对象，意思是“形容词 + 得 + 描写对象”。例如：

衰到糜［mi[5]］：也说“衰到糜骹臁”“衰到煿糜［muê[5]］世［sua[3]］缀锅”，倒霉得连脚臁骨都糜烂了，或者连煮粥都烧煳了。缀锅，粥在锅底烧糊、烧焦了。缀，音 duê[3]（兑[3]），连着，粘住。世，此处读 sua[3]（徙[3]），连带着。

肥到流膀：肥得流油。

瘖到重皮缠重骨：瘦得皮包骨。瘖，潮音 sang[2]（双[2]）。

寒到脚寒手寒：冷得手脚发凉。寒，潮音 guan[5]（官[5]）。后面的两个“寒”潮音 ngang[5]（言），冷的意思。

热到汗流汁滴：热得浑身流汗。热，潮音 ruah[8]（而活切）。

好到头毛结相缀：多指俩人关系友好而密切，连头发都扎成一束了。

呐到鼻流唔知擤：蠢得鼻涕流出来都不懂得擤干净。呐，潮音 nah[8]（那[8]）。

欢喜到嘴笑鼻笑：高兴得眉开眼笑。

（头毛）滑到胡蝇歇唔缀：头发光滑得苍蝇都停不住。

（双转）恶到无尻仓：多指头上有两个头发旋儿的小孩都比较“恶”（脾气不好）。转，潮音 zeng[7]（庄[7]）。

除了形容词之外，“到”的前面还可以是动词或者名词。例如：

笑到嘴阔阔：也说“笑到嘴裂裂”“笑到嘴合唔冞”，都是笑得合不拢嘴的意思。

笑到目眯眯：笑得眼睛都眯上了。

气到鬚翘翘：气得吹胡子瞪眼睛，胡子都翘起来了。鬚，潮音 ciu[1]

（秋），现在也简写为“须”。

（乞人）激到面乌乌：被人气得脸色铁青。

咀到嘴边两堆哱：话说得太多了，嘴角边不断地往外淌口水。堆，潮音 duh4；哱，潮音 puêh8，这里指口水。

哭到目汁流目汁滴：哭得眼泪滂沱。

终须·终久·一日·不日·日逐

与表示程度的副词或者副词性词语的粗俗相比，表示时间的副词就文雅得多了。民间有一句很经典的生活谚语云：“老实终须在，积恶无久耐。”意思是老老实实的人最后会以好名声存身立世，而为非作歹者最终没有好下场。与普通话的“善有善报，恶有恶报”意思差不多。“终须”就是到头来、终究的意思，如说：“你此在唔读书，饲大终须着去拍工”（你现在不好好读书，长大了就只能去打工）。

这句谚语中的“终须”是表示时间的词语，“终须”是一个近代汉语词。《醒世恒言·十五贯戏言成巧祸》：“你我两人，下半世也够吃用了，只管做这没天理的勾当，终须不是个好结果。”《初刻拍案惊奇》卷三十五：“从来欠债要还钱，冥府于斯倍灼然。若使得来非分内，终须有日复还原。”

“终须”有个近义词——“终久”，有些地方也把“老实终须在”说成“老实终久在”。但“终久”与“终须”还是有细微差别的，它强调的意思是终究、毕竟。如说：“孥团终久是孥团，幺易呾话”（小孩子终究是小孩子，容易说话些）。这个“终久”，就是终究、还是的意思。这也是个近代汉语词。例如《警世通言·乔彦杰一妾破家》：“周氏虽和小二有情，终久不比自住之时两个任意取乐。”《醒世恒言·独孤生归途闹梦》：“遐叔答道：‘我朝最重科目，凡士子不由及第出身，便做到九棘三槐，终久被人欺侮。’”《初刻拍案惊奇》卷三十五：“两口儿见了儿子，心里老大喜欢，终久乍会之间，有些生煞煞。”王禹偁《送融州任巽户曹撰越王爱姬墓志得罪》：“君看咸通十司户，投荒终久是公卿。”

一日，意思是一旦、有朝一日。“日”字读轻声如阴入 rig^{4}，例如：“一日无钱，你正知惨”（一旦没了钱，你才知道什么叫苦头）。这是个很古老的词语，《战国策·秦策五》：“王之春秋高，一日山陵崩，太子用事，君危于累卵，而不寿于朝生。”《韩非子·五蠹》：“今之县令，一日身死，子孙累世絜驾，故人重之。”《左传·昭公二十九年》：“夫物，物有其官，官修其方，朝夕思之。一日失职，则死及之。”

“一日”又指成天，整天，如：“伊一日食饱无事作，食茶定”（他成天无所事事，就喝茶）。《水浒传》第四十五回：“又有那一等小百姓们，一日假辛辛苦苦挣扎，早辰巴不到晚。起的是五更，睡的是半夜。”《红楼梦》第九十七回：“宝玉一日家和我们姑娘好的蜜里调油。”此指成天、整天，“日”字不变调，读阳入。

不日，词义跟“一日”（有朝一日）相近。如说：“你唔听人呾，不日啰是着衰”（你不听人劝告，有朝一日终会自尝苦果）。古汉语也有这个词，例如《诗经·大雅·灵台》：“经始灵台，经之营之，庶民攻之，不日成之。”《北齐书·魏收传》：“侯景叛入梁，寇南境，文襄时在晋阳，令收为檄五十余纸，不日而就。”宋·吴曾《能改斋漫录·事始二》：“包孝肃公守庐州，岁饥，亦不限米价，而商贾载至者遂多，不日米贱。”《醒世恒言·独孤生归途闹梦》：“眼见这龙华寺不日建造起来，比初时越觉齐整。”但“不日”古汉语偏指不几日、没几天，与潮汕话词义稍有不同。“日”字不变调，读阳入声 rig^{8}。

日逐，指平日里，每天。如说：“伊日逐在店铺相辅，趁碗饭食”（他平时在饭店里帮手，换碗饭吃）。《京本通俗小说·错斩崔宁》：“潭州有几个寄居官员，见崔宁是行在待诏，日逐也有生活得做。”《古今小说·众名姬春风吊柳七》：“日逐车马填门，回他不脱。”《醒世恒言·两县令竞义婚孤女》：“潘华溢无顾忌，日逐与无赖小人酒食游戏。”《初刻拍案惊奇》卷三十八：“引孙是个读书人……只靠伯父把得这些东西，日逐渐用去度日。”各例的词义皆与潮汕话相同。

潮汕地名中的特殊用字及其词义

关于方言俗字，以前有过不同的名称。饶宗颐教授曾叫作“方文”，他说：《刘龙图戏文》中的俗字“皆字书所无者，不特可推究方音，且保存在‘方文’（此谓 local script，与方言实同样重要），可为俗字谱增添不少资料，言小学者不应以其鄙俚而轻视之也。”①

饶公讲的这个“方文”，是与“方言”相对而言的：“文”指文字，而“言”指有声的语言。此外，还有叫“方字”“土字”“俗字”“方域文字”的别名。本文采用“方言俗字”的叫法。

关于潮汕方言俗字的研究，以往的成果多数是以民间文学、文艺作品资料为对象的。其实，地名中也有一些方言俗字值得研究，因为它们也是比较稳定的、可以采信的资料。例如：

埕：意为庭院、广场，以它为地名的如汕头市金平区的“盐埕”“高埕”，潮阳区的“古埕”，惠来县的“新厝埕”，饶平县的“高埕”“东埕”，南澳县的“前埔埕”等。“埕”的本字是“庭”，指四合院中的露天庭院，引申指广场，乃是古义。《玉篇·广韵》：“堂阶前也。”这就是潮汕话所说的“外庭”。引申为室外的广场，如晒谷场叫“粟庭”，晒盐场叫“盐庭”等。但“庭”字群众多知其文读 têng^{5}，少知其有白读音 dian^{5}，所以，造了个方言字“埕”。

墘：潮音读 gin^{5}，指边沿。据有关资料统计，“福建省带‘墘’字

---

① 饶宗颐《抄本〈刘龙图戏文〉跋》，原发表于《欧洲汉学研究协会不定期报》，法国巴黎，1979；后收入《饶宗颐史学论著选》，上海古籍出版社，1993；《饶宗颐潮汕地方史论集》，汕头大学出版社，1996.

的地名有951处，广东省116处。”① “墘”是闽方言字，所以，广东省带此字的地名主要集中在粤东闽语区，如澄海区东里镇的“溪墘街”、龙湖区的“合仔墘”等。其实，它的本字是“船舷”的“舷”，潮汕话把船舷叫作“船坡舷（gin^{5}）”，引申泛指边沿。古音“晓匣归见溪群”，故声母读为g－；韵母读－in，则是鼻化后的变化使然，以“玄”为声旁的字如“弦絃”等字也读－in韵母。

蠘，潮音读sab^{4}，成堆的贝壳，可以用来烧成贝灰作建筑材料。堆蠘的地方叫“蠘堆”“蠘墩”，有的地方也用作地名，如“蠘墩脚”等。蠘字《广韵》《集韵》已经出现，但解释为“虫名”，或者“虫貌”，与贝壳无关，音也不对。“蠘”应该是潮人自造的俗字。

蠐，潮音读cih^{8}（齐^{8}），梭子蟹的一种，地名有“蠐仔坪（澎）”等。多数专家认为“蠐”本字是“蠘”，宋·洪迈《容斋四笔》卷六：“闽广……所识蟹属多矣，而所谓黄甲、白蟹、蟳蠘诸种，吕图（吕亢《蟹图》）不载。”《汉语大字典》解释为梭子蟹。

荖，潮音读lao^{2}，学名蒌藤，又名浮留藤，宋·姚宽《西溪丛语》卷上：“闽、广人食槟榔，每切作片，蘸蛎灰以荖叶裹嚼之”。由此可知，“荖”的本名是“蒌”，闽人不识而造“荖”字代表之。清·黄叔璥《台海使槎录》卷三云：“蒌藤，一作浮留藤，土人误做为‘荖’，字释无‘荖’字。”“浮留”也作“扶留”。汉·杨孚《异物志》：“古贲灰、牡蛎灰也，与扶留槟榔三物食，然后善也。扶留藤似木防。以扶留槟榔所生相去远，为物甚异而相成。俗曰：槟榔扶留，可以忘忧。”由此可见，种植荖叶（扶留）、以荖叶蘸贝灰吃槟榔的习俗最迟汉代已经有了。南澳县云澳镇有“荖园村”，据说村中过去有一块较大的园地种植“荖叶树”，叫“荖园”，后以“荖园”命村名。

堀，潮音读kug^{4}（屈），普通话正字写作“窟”，澄海区的月窟也写作“窟”，但汕头地名中多使用方言字“堀”，如澄海区的大埔堀、潮阳区的大堀洋、龙湖区的港堀等。其实，“堀”“窟”是异体字，“堀”字《诗经》时代就存在了，后来的古代文献两字并用。《现代汉语词典》把

① 李如龙：《汉语地名学论稿》，上海教育出版社1998年版，第75页。

"窟"当正字，"堀"当古文古字处理。但我相信，潮汕人用"堀"字是自己的创造。

个别与山区有关的地名则有个"畬"字，它的意思是放火烧山、以开山林，是山民的一种叫"山畬"的生产方式。如潮阳区的大畬、内畬、外畬等。这个地名用字被专家看作是客家话的专用地名字。邵宜《广东地名分布的特点及地名标准化问题》云："据考察，以'畬'作地名的主要集中在粤北和粤东的客家话地区。其余地区（潮汕话和粤方言地区）很少看到这样的地名。"[①] 这个"畬"字，在不少地方，写成潮语同音字"畲"或者"斜"。

厝，指房屋。粤东闽语与闽南方言的其他地区一样，称房屋为"厝"，因而地名中就有很多叫"厝"的。这个"厝"虽然古汉语中也有放置的意思，如我们熟知的《列子·愚公移山》"帝感其诚，命夸娥氏二子负二山，一厝朔东，一厝雍南"；但在福建、广东，却成了闽方言的特征词。据李如龙先生统计，福建省带"厝"字的地名有3643处。[②]潮汕属于闽方言区，因而地名中也多用"厝"字，光汕头市境内，就有60多个乡、村。如澄海的李厝宫、蔡厝寮、陈厝合；金平区岐山街道的张厝、李厝，鮀莲街道的赖厝，月浦街道的林厝寮；龙湖区的鸥汀街道陈厝寮，龙祥街道的周厝埕、林厝埕、陈厝葛、纪厝葛北，外砂街道的林厝、李厝、张厝弼、刘厝湖等。

有些聚落名称叫作"寮"。早期的"寮"字则可能与土著有关，他们搭竹木茅草为屋，称"打寮"。宋·朱辅《溪蛮丛笑》云："山瑶穴居野处，虽有屋以避风雨，不过剪毛叉木而已，名曰打寮。"后来汉语借用以指竹木稻草等搭成的茅棚木屋。金·董解元《西厢记诸宫调》卷一："几间寮舍，半亚朱扉。"古代很多民居都是"寮"而已，所以很多地名就叫"寮"。如汕头市澄海区的田寮、蔡厝寮，濠江区的新寮，潮阳区的蔡寮、龙寮、西寮、东寮、中寮、刘厝寮等。

潮汕是粤东滨海地区，所以地名中有很多带"海""港"字的，这

---

① 邵宜：《广东地名分布的特点及地名标准化问题》，《语文研究》2004年第4期。
② 李如龙：《地名与语言学论集》，福建地图出版社1993年版，第73页。

与全国的滨海城市一样，就不说了。粤东又有韩江、榕江、练江三江通大海，河流密布，居民滨水而居，因而不少地名与水有关，地名也多用带“氵”旁的。例如，与全国各地一样称“江”“河”的不多，除了三江之外，还有“濠江”“鮀江”等。但更多的是潮汕话的典型地名用字“溪”，三江在当地大多被称为“大溪”，支流被称为“北溪”“西溪”等，地名又多依聚居点在溪的地理方位，称为溪东、溪西、溪南、溪北、前溪、后溪等，各地同名很多。

小河小溪，潮汕话叫作“沟”，也可以用来做地名，如汕头市的龙湖区沟南、后沟，潮阳区的新沟、金沟、沟头、沟尾（沟美）、东沟、西沟、北沟等，澄海区的后沟、前沟、东沟、大沟、沟墘，等等。

有特色的还有一个“浦”字，原来是指江河，也指河边、水边的意思，如汕头市金平区的鮀浦、鳄浦（古地名），还有澄海区的西浦、东浦、后浦，潮阳区的司马浦、灶浦、沙浦、金浦，濠江的河浦，等等。

滨海而船只可以避风的地方，多叫“澳”，如汕头市的海岛县南澳县就有南澳、云澳、深澳、青澳、东澳、九溪澳、隆澳、三澳、贼澳、澳前等地名。

“土”字旁的地名特殊用字也不少。例如：

坝：汕头市澄海区有坝头、沙坝，龙湖区有坝尾，潮阳有上坝、下坝、大溪坝等。这个“坝”不是堤坝的坝，而是潮汕独有的“溪沙坝”的“坝”，即是河溪或者滨海的冲积沙脊。

“埭”：潮音读 do[7]（袋），指拦潮土坝。《玉篇·土部》：埭，以土堨水。”堨，同遏；阻止，阻拦。《正字通》也谓：“埭，壅土为堰。”既然是拦水堤坝，那么，叫“埭”的地方也肯定是滨海地区了，光汕头市澄海区就有“尾埭（美岱）、上埭（上岱）、上埭尾（上岱美）、下埭尾（下岱美）、埭头（岱头）、海埭（海岱）”等。

塭：原指滨海地区受海潮浸渍的田园，当地人称为“塭”（潮音 ung[3]）。凡地名带“塭”字者，也必定是在海边，如汕头市澄海区的东塭、老田塭、公塭，龙湖区的林厝塭、周厝塭、老田塭、新田塭、公塭等，潮阳区的塭头、塭尾、银塭等。

洋：字带“氵”旁，但指的却是田园、土地。田园潮汕话就叫“洋中”。“洋”的古义之一是广大，《诗经·大雅·大明》：“牧野洋洋。”就是说牧野这个地方的田野广阔。这也是闽粤两省地名的通用字。李如龙教授《地名与语言学论集》说：“正是从这个意义出发，南方许多地方凡大片平地都用‘洋’作为通名。闽方言里还可以说‘洋田’、‘田洋’。……在福建省，以‘洋’为前字的较大自然村就有300多个。”福建一带，有的地方把指田野的“洋”换成“土”字边，写成“垟”。但粤东闽语区仍以“洋”字指田野，少有改写成“垟”者，以致令外地人产生误会，以为“牛田洋”就是一片海，惊叹“潮汕一大怪，洋在内，海在外”。（见《潮汕十大怪》明信片）

说“鮀”道“汕”

汕头别称为“鮀城”“鮀岛”。“鮀”很多人不知指何物，不但外地人不懂，本地人多数也“一头雾水”。最近又有人问起：“鮀是什么?”那就说一说它吧！其实，这个问题我20多年前就写过一篇《说“鮀”》的短文在《汕头特区晚报》（1995年4月9日）发表过，这里再增加后来其他作者写的一些文章的资料，算是增订版吧。

以前有鮀江都、鳄浦都、蓬洲都三都，也叫“鮀浦三都”，一直隶属揭阳县，明朝嘉靖四十二年（1563）澄海置县后析归澄海。据《澄海县志》记载：鮀浦蓬洲所城建于明洪武二十七年（1394）。鮀浦一带有句俗语云：“未有澄海县，先有鮀浦城。”据韩山师范学院文学院吴榕青教授《“鮀浦”地名释名》一文考证，鮀浦之名先于鮀江、鳄浦：“宋元文献载有‘鮀浦’之名，未见有‘鮀江’及‘鳄浦’之称（原注：据现有资料），而明嘉靖《潮州府志》已载揭阳县下有鮀江、鳄浦两都。其中鮀江都辖下，有个叫鮀浦市的市集。‘鮀江’、‘鳄浦’可能具来自‘鮀浦’，由一名分拆而二。”① 现在，汕头别称鮀岛，金平区有鮀浦街道、鮀江街道、鮀莲街道等。

关于“鮀”字的原义，有些人根据《说文解字》《尔雅》等书，解释为“吹沙小鱼”鲨鱼或者鲇鱼。但我认为是鳄鱼，“鮀”是“鼍”的异体字，即扬子鳄，也叫“猪婆龙”“鼍龙”。《说文解字·黽部》：“鼍，水虫，似蜥蜴，长大。”《广韵》平声歌韵音“徒河切”，正与“鮀”字同音。鼍，《诗经》里就有记载了，《诗经·大雅·灵台》：“鼍

---

① 吴榕青：《“鮀浦”地名释名》，《汕头》1998年第2期。

鼓逢逢，蒙瞍奏公。”毛传：“鼍，鱼属。”孔颖达疏引陆玑疏云：“鼍似水蜥蜴，四足，长丈余，生卵如鹅卵，甲如铠甲……其皮坚可以冒鼓。”

由此可见，春秋时代人们已经懂得用鳄鱼皮蒙鼓了。金·元好问《涌金亭示同游诸君》：“云雷涵鬼物，窟宅深蛟鼍。”明·杨基《途次感秋》：“八阵云开屯虎豹，三江潮落见鼋鼍。”鮀，鼍的异体字（或谓同音假借字），《重修政和经史证类备用本草》卷二十一：“《图经》曰：‘鮀，生南海池泽，今江湖极多，即鼍也。形似守宫、鲮鲤辈而长一二丈，背尾皆有鳞甲。’”唐代刘恂的《岭表录异》就直接把恶溪的鳄鱼与“鼍”联系上了：“鳄鱼身上黄色，有四足，修尾，形如鼍，口森锯齿，往往害人。”

明白了“鮀”就是“鼍”的异体字，指的就是鳄鱼之后，再看看与“鮀”有关的地名就知道其实都与鳄鱼有关，“鮀浦”“鮀江”“鳄浦”其实都是指有鳄鱼的江河，韩江古名鳄溪，也同理。韩江古名“恶溪”，跟鳄鱼有关，唐代就有文献证明了。韩愈《泷吏》诗云：“恶溪瘴毒聚，雷电常汹汹。鳄鱼大于船，牙眼怖杀侬。”《太平寰宇记》卷一百六十《岭南道》：“梅州程乡恶水，即州大江，东流至潮州出海。……舟中鳄鱼，遇江水泛涨之时，随水至州前。”饶宗颐先生以为：“以地产鳄鱼，或称为鳄溪。”并引用《舆地纪胜》卷一百《潮州·景物》等史料做了充分的论证：“鳄溪以鳄鱼得名，旧传为恶溪。”从语音上看，“鳄”与“恶”官话相同，潮州话亦相近。饶宗颐先生《恶溪考》一文考证甚详，此处不赘。[①] 吴榕青教授《“鮀浦”地名考释》还认为：“同隶揭阳县的龙溪都（原注：今为潮安县庵埠镇地），其地在鮀江、鳄浦背面，三都地域连成一片，‘龙溪’之名也极可能源于鳄溪。鼍，一名鼍龙，又名猪婆龙，或称扬子鳄。……‘龙溪’即‘鳄溪’，这也符合地名命名中避俗就雅的惯例。”

综上所述，“鮀岛”“鮀城”“鮀江”“鮀浦”“鮀东”“鮀西”等地名中的“鮀”，都是鳄鱼的意思，记载的是韩江及其支流曾经有鳄鱼出

---

① 《恶溪考》原载于《禹贡》，1937 年第七卷 6 – 7 期；收录于黄挺编《饶宗颐潮汕地方史论集》，汕头大学出版社 1996 年版，第 172 – 183 页。

没的历史。

汕头的“汕”又是什么意思呢？其实，这个问题饶宗颐先生在20世纪40年代就写了《汕头释名》一文考释过了。他在文章中指出：“汕头原名沙汕头，在澄海蓬州都。《澄海李（书吉）志》云：‘沙汕头地邻大海，有淤泥浮出，作沙汕数道。’滨海村落，多以沙汕为名，海丰有汕尾，饶平海山有东汕头，澄海苏湾有汕头仔。汕头仔又名南砂。据《南砂林氏族谱·杂记》云：‘父老相传，其乡古为海底，平处名汕头仔（即南砂），高阜处名大汕头（即江墘、内厝、内蚁、外蚁、弓兜等乡）。亦为今之汕脚，高处为汕，深处为海是也。’”① 鮀浦有沙汕之名，始见于明·翁万达《与姚巡按书》：“（蓬洲）洲西二溪，夹而入海。岸有沙汕头，脊出激，巨浪滔涌拍天。”蓝鼎元《澄海县图说》《潮州海防图说》等著作也都有“沙汕头”之说。由此可见，“汕头”之名，是“沙汕头”之省略，“汕”字是冲积淤泥沙脊的意思，与《诗经》里的“南有嘉鱼，烝然汕汕”或者其他书里的“以簿取鱼”等词义没有多少关系。

至于“汕”字为什么在“汕头”一词里读阴平声 suan^{1}（山），在“汕尾”一词里读阴去声 suan^{3}（线），请教了比我年长的前辈，有不少人说，以前“汕头”的“汕”也是读阴去声的，尤其是在“沙汕头”一词中，绝对读阴去声。读成阴平声的原因可能是越来越多的人“秀才读字读半边”读同“山”字了，或者是受“沙”字的影响而后同化为阴平声。

---

① 《汕头释名》原载于《大光报·方志周刊》，1947年第33期；收录于黄挺编《饶宗颐潮汕地方史论集》，汕头大学出版社1996年版，第275－276页。

三

句句智慧

鼠年说“鼠”

2020年是庚子年，鼠年。鼠年说鼠，当然首先就要说到“鼠”这个大字。

潮汕话称老鼠为“ngiao^{6}鼠”，有的地方叫“niao^{6}鼠”。这个“ngiao^{6}”和“niao^{6}”难倒了我们这些做本字考证的人。有人认为是“ngiao^{6}”是“猫”，因为“猫”字的声母、韵母与“ngiao^{6}”完全一致，只有声调不同罢了，可以算是连读变调以后读走样的。猫与老鼠这对死对头就这样放在一起了。老虎，潮汕话也叫“老niao^{7}虎”，也跟老鼠的另一种名称相近。有人认为这也是“猫”字，“老niao^{7}虎”就是“老猫虎”。

有人则认为，“ngiao^{6}”和“niao^{6}”的本字是“老”字。“老”字也有读“liao”的实例。老鹰，也叫“liao鹰婆”（婆，音bo^{5}）。潦草，古代也写作“恅愺”，或直接就写作“老草”。“恅愺”字从心，原指心乱，迫促，草率。《玉篇·心部》：“愺恅，心乱。”宋·俞德邻《佩韦斋辑闻》卷三：“愺恅，迫促，苟简貌。”宋·吴曾《能改斋漫录》卷一：“文士以作事迫促者，通谓之愺恅。”愺恅，亦倒言之为“恅愺”。从苟简、草率之义引申而指字迹潦草。《通俗编·文学》引用朱子《训学斋规》：“写字未问工拙如何，且要一笔一画，严正分明，不可老草。”老草，愺恅之省写。清·梁章钜《浪迹续谈》卷七：“据此，则今人言潦草者，乃老草之讹，因音而转耳。”声母从l–变成ng–或n–也是有可能的。但“老”读liao^{2}，又不符合“老niao^{7}虎”的说法，总不能写成“老老虎”吧。

根据音近的原则，我们还是选择写作“猫鼠”吧。

有一种昼伏夜出的鼠类叫作“吱鼠”［zih^{4} ce^{2}］，俗语云：“卵面过吱鼠。”比喻脸面丢尽，大概因为老鼠只在夜里出没，被认为“不敢见人”，所以用来做“卵面”［lang^{6} ming^{7}］的比喻体。还有“青盲猫衔着臭吱鼠”，意为“瞎猫碰上死老鼠”，也是指“吱鼠”之低级。

老鼠虽然令人讨厌，但日夜与人同在一个屋檐下，是人生活中常常“数念”到的小动物。所以，各种词语也很多。例如：

猫鼠屎：一种用老香橼或者陈皮做的消食零食。

鼠贼囝：指小偷。

目鼠鼠：指看东西时瞄着眼儿看的样儿。

鼠鬼卵相：指人心胸窄小，行为猥琐。

猫鼠嫁走囝：比喻说悄悄话。

惰猫贪食死猫鼠：比喻懒人也不讲究生活质量了，能吃饱就行。

三斤猫衔四斤猫鼠：比喻小小孩抱大小孩。

猫鼠尾纵肿唔惊人：比喻人和事条件有限，再发展也大不到哪里去。

猫鼠心肝，又食又搬：比喻人的贪心不足。

家内无猫，猫鼠伸脚：比喻家里或者单位里没有具备权威的人来主持，下面的人就会出来乱说乱搞。“猫”在这里保留一个很少见的白读音 bha^{5}，闽语其他点也有把猫叫作 bha^{5} 的，如雷州闽语。也作“家内无猫，猫鼠上吊篮”。

棺柴底猫鼠——除死人：这是一个很通俗的歇后语，重点落在“除死人”，多指熊孩子调皮捣蛋，搞得大人筋疲力尽。

猫鼠跋落油缸——又喜又悲：老鼠掉到油缸里，喜的是能吃个够，悲的是出不来。

猫鼠跋落粟仓——倒好：老鼠掉到谷仓里，反而好了，比喻坏事变好事。

猫鼠拖葫芦——大橛在后：比喻后面的事情才是难搞的。

猫鼠入风筒——双头死：老鼠一不小心爬进风筒里，前面出不去，后面打着气也出不来，比喻只有死路一条。

猫鼠/见着猫——怵怵：老鼠见到猫，动都不敢动。这种猫被称作“有权”或者“有威”。我曾经看过屋梁上的老鼠被下面的猫“看”（吓）得都掉下啦。

牛年说“牛”

“牛”在潮汕，现在可以说是“牛气冲天”，几乎每一条街道上都有牛肉粿条、牛肉丸的店铺。全国人民，有没有哪一位没有吃过“汕头牛肉火锅”“潮汕牛肉丸”或者“牛肉粿条”的呢？就算没吃过，也应该听说过吧！反正，我在内蒙古的呼伦贝尔、新疆的乌鲁木齐、甘肃的敦煌、西藏的林芝都看过它们的身影。最耸人听闻的是那篇叫作《没有一头牛能够活着走出潮汕》的微信推文和那张赤裸裸的牛肉部位名称图，让你大快朵颐的同时，会不会心生不忍呢？

认真地搜查一下资料，发现潮汕地区吃牛肉火锅的历史，真的不是很长。我2010年到韩山师范学院工作，韩师的陶瓷学院校区马路对面就是潮汕牛肉火锅的发源地之一——官塘镇。有时候，我也和老师们一起去“焯”（cog[4]，潮音“促”，涮的意思）牛肉，所以我略知一二。不仅仅是潮州（府城）、潮安，饶平、澄海、汕头、揭阳的也都闻香而来，铁铺（潮州）高速出口下来不到十分钟就到官塘了，从哪个方向来都方便得很。官塘镇里就有屠牛场，牛肉新鲜着呢。据说，刚刚挂起来的牛肉还在抽搐抖动。官塘的这种繁荣，也说明别处的牛肉火锅店还不多，有的只是以前的牛肉粿条店，远远不如牛肉火锅“秒焯”的“鲜活”，所以食客们才会八方来聚官塘。

现如今十年过去，官塘牛肉火锅的这把火，在全国各地已成燎原之势，品牌的连锁店也接二连三涌现江湖，像八合里海记，直接营销或者加盟的连锁店已经遍布全中国。其官网宣称主要特点是其排酸工艺独特，现代庖丁解牛刀法一流，一头牛从被屠宰到进店完成分解，不超过四个小时。我跟一家牛肉火锅店的老板聊天，他说开店最难的事情就是找

“庖丁”——切牛肉的师傅，找到好的切肉师傅是开店成功的关键。所以，切肉师傅的工资很高，在广州，首席切肉师傅每月底薪都在一万元以上，外加全店的营业额分红的点数，最少年薪也是30万元左右。据说深圳、上海等地还要更高。真应了一句格言式的潮汕谚语所云：“教囝薄技随身，赢过乞囝万金。”牛肉切得好，买车买房娶嬷免烦恼［lo² （裸）］。

再说说牛肉丸，那粒传说掉地上能弹几弹、可以当乒乓球打的牛肉丸，常常被冠以潮汕、潮州，或者汕头的地名。大家好像都认可了它是潮汕人创造出来的食品。但这可能是错误或曰不准确的认识，因为牛肉丸的原创者是粤东北的客家人。客家人把牛肉丸拿到潮汕地区来卖，并在当地制作，让潮汕人偷了师，并后出转精，把这颗丸子锻打成今天这样的香脆爽口，并迅速地“滚”向全国各大市场和饮食店，脍炙人口。据汕头的文史学者文章记载，在清末及民国初期，卖牛肉丸的小贩还大部分是客家人，他们挑着小担在汕头老市区挨街串巷叫卖。尤其是晚上，在韩堤路八角亭至中山公园后面的韩江一带（即现在汕头小公园一带），常有穿梭小舟，船头挂着一盏小灯，专为停泊在那里的潮汕货船供卖夜宵，有专卖牛肉丸者。

说牛肉丸来自客家人，我是相信的，因为潮汕农村里，本来是忌讳吃牛肉的。牛是主要的畜力，也可以说是生产力，耕田犁地，糖寮（土糖厂）轧甘蔗等苦力活都是牛干的。而且一干就是牛的一辈子，直到干不动为止，是故潮汕俗语有“十二生相牛凄惨”之说。所以，农民绝大部分舍不得吃牛肉。我外婆一生都忌吃牛肉，并影响到她的下一代，我妈和她的姐妹们也都不吃牛肉。她们连牛的大名也不明叫，讳称为“大众生”“大生相”，牛肉则讳称“大菜肉”。是故，农村里拜老爷、拜祖宗的“三牲”，基本上是不用牛的。

涉及牛的俗语、谚语，也大多是赞牛夸牛的，像其他方言里的“吹牛”“牛掰”等粗俗的词语，潮汕话里没有。例如：

正月无妇孬做人，二月无牛孬作田：旧历过年前后拜神、拜祖宗，从腊月廿四送神一直到元宵后，各种民俗活动不断，忙坏了家庭主妇们。而二月好春光，村村种田忙，没有牛来帮助犁田耙地，很多农活都干不成。

作田无牛，行棋无车：谓种田如没有牛来助力，就像下象棋时没有车一样，这盘棋就难下了。意思是没有主力，干啥事都成不了。

牛角尖尖，唔敢过岭：比喻人没有真本事，就不敢出去闯荡世界。

饲虫饲鸟家伙了，饲猪饲牛家伙浮：饲养观赏的鸟虫宠物，既花费大，又玩物丧志；饲养猪、牛等牲畜，则能发家致富。这是一种原始的朴素的农业经济观念。

牛马有料人无料：牛马等牲口的身体好坏、听不听人使唤是可以预知的，但人的发展前途如何，却难以预料。

牛畏穿鼻，人畏无钱：比喻就怕关键之处出问题，人最不好过的日子就是身上没钱，想干什么都干不成，就像牛被用绳子穿了鼻子，受人控制了。

牵牛挽牛鼻：比喻干事情要抓住关键，解决主要矛盾。

拍嬷土蛮牛：打老婆的人就像一头只有蛮力气的牛。

牛团唔别虎：即初生牛犊不怕虎。例：“你敢个伊干，实在是牛团唔别虎”（你敢跟他斗，实在是初生牛犊不怕虎）。

虎年说“虎”

欢牧福牛送旧岁，喜迎祥虎接新年。农历壬寅年来了，我们就来说说与老虎相关的潮汕方言熟语，包括成语、俗语、谚语和歇后语。说来也奇怪，潮汕地区虽然曾经也有过老虎出没的记录，但毕竟少见，现在的青少年都要到动物公园才能一睹老虎真面目。但用老虎来做比喻的熟语却还有不少。例如：

虎：本身就有厉害的意思，鱼有“鱼虎”（靠吃别的鱼长大的鱼），连昆虫都有“胡蝇虎”（专门吃苍蝇的一种昆虫，亦称蝇子虎、苍蝇老虎等，学名跳蛛，Marpissa muscosa，属蜘蛛目，蝇虎科）。厉害了，我的“虎”！真的是“虎虎生威”。

狗吠虎声：指假传上级的话，但又装得不太像，很容易就被人识破。如说：“你免来只块狗吠虎声，人会别［bag⁴］你”（你用不着在这狐假虎威，大家都认得你）。

虎嘴挦肉：“挦”，潮音 zim⁵（斟⁵），从里面往外掏，虎口里掏肉，同“虎口拔牙”。例：“虎嘴挦肉，你敢哩就去试看”（虎口拔牙，你如果有胆量就去试试）。

虎尾缒珠：缒，潮音 tui⁷（槌⁷），坠着。比喻生了好几个女儿以后终于生了一个男孩。如说：“伊只个物个是虎尾缒珠，头前生了六个走囝”（他这个男孩是老虎尾巴上最后的珠子，前面生了六个女儿呢）。

老虎直目：潮人以为老虎的眼睛是只能看到前面，看不了左右的。用来形容人只顾前面，不看左右。例：“你个是老虎直目，块物在你脚头还看唔见”（你难道是老虎眼睛，只看前面，不看左右，那东西就在你旁边，还看不到）。

喝龙喝虎："喝"，潮音 uah[4]（活[4]），大声吆喝，吹牛。同"喝七道八"。如："终日喝龙喝虎个人不一定就有功课底"（整天吹牛说自己厉害的人未必就有真功夫）。

画龙画虎：信笔涂抹。如："伊细天时一日无事好画龙画虎，无想真实乞伊画成画家"（他小时候喜欢信笔涂鸦，没想到真的被他画成画家了）。

牛囝唔别虎：初生牛犊不怕虎。例："你敢个伊干，实在是牛囝唔别虎"（你敢跟他斗，的确是初生牛犊不怕虎）。

虎头铁钉尾：意即虎头蛇尾。如："做功课孬虎头铁钉尾，无做无件事成"（办事情不能虎头蛇尾，否则做不成一件事）。

畏过老虎屎：比喻厌烦。例："书头戏尾，读到三年，伊畏过老虎屎了"（读书开头，戏曲结尾才令人感兴趣，现在书都读三年了，他已经腻味了）。我至今不知道为什么用"老虎屎"来比喻厌烦，或者是"畏过食老虎屎"，倒是比较好解释。也作"厌过老虎屎"（厌，潮音 ia[3]）。

食蛇配虎血：比喻野蛮而胆大。例："个物食蛇配虎血，乜事啰敢做"（他真是胆大包天，什么事情都敢做）。

龙空通虎空：空，潮音 kang[1]（康），洞穴。比喻人脉关系广、消息来源多，如说："伊龙空通虎空，件事你去 cuê[7] 伊就会直"（他人脉关系广，这件事你找他就行）。

夜夜虎衔猪：比喻以为天天会发生这样的事，其实不然。如说："你勿想呾夜夜虎衔猪，去底块有者只好个事"（你别以为天天都这样，哪里有这样好的事儿）？近似的俗语有"猪囝好卖墟墟来"。

以上是成语和俗语，还有一些是谚语，包含有一定的生活哲理在里面的，是潮汕劳动人民的智慧结晶。例如：

爬上虎身就着骑：比喻一事当前，干上了，就得干到底。例："爬上虎身就着骑，一下乞人叫着，伊就着去物"（爬上虎身就要骑到底，一旦被人信任叫上了，他就得去干）。爬，音 bêh[4]（伯）。

人惊人，虎惊虎：指彼此互存害怕之心。例："人惊人，虎惊虎，你惊伊，伊也惊你，敢敢个伊干"（人怕人，虎怕虎，你怕他，他也怕你，你大胆地跟他打一架）。

唔惊老虎当面坐，上惊人后两面刀：比喻人当面一套、背后一套、“嘴舌团甜甜，尻川后敨支弯钩镰”者之可怕。例：“唔惊老虎当面坐，上惊人后两面刀，去遇着个笑面虎，我想着就惊”（不怕老虎在前，就怕两面三刀。要与那个笑面虎打交道，我一想就害怕）。

狼性会改，老虎好做枕头：犹“江山易改，本性难移”。例：“狼性会改，老虎好做枕头，你也想咀伊会改就着乞伊漏去”（狼改不了吃鸡的本性。你如果以为他能改过自新就可能上他的当）。

老虎起群，三年一次：比喻次数极少。起群，动物发情交配。例：“学墨字么着日日写，老虎起群，三年一次，去底块学会成”（学书法要天天练。像老虎发情，三年一次，哪里能学得成）？老虎真的是三年才发情一次吗？恐怕是“传说”的吧。

正月肚，饱过老猫虎：比喻逢年过节，家家户户肚子能吃得饱。例：“正月肚，饱过老猫虎，你怎得还好煮夜糜”（正月的肚子饱得很，你怎么还能做煮夜宵）？

做戏神仙老虎鬼，做桌靠粉水：说的是演员可以演神仙、老虎、鬼怪等，而做菜的就要靠“粉水”来提升口味。“涮粉水”，就是北方话说的“勾芡”。

还有一些歇后语，也是拿老虎来作比喻体的。例如：

老虎拍蠓——力出加个：老虎打蚊子（蠓，潮音 mang[2]），使的劲儿是多余的，也即白费力气。例：“撮钱本来免使许夥，老虎拍蠓——力出加个”（钱本来不用花费那么多的，白费力气了）。

老虎食蠓——有食当无。或作：有佮无平样。老虎吃蚊子，吃了跟没吃一样，比喻其他事情的有跟没有一样儿。例：“伊许内钱够堆，你只几百银乞伊是老虎食蠓——有食当无”（他家里有的是钱，你这几百块钱给他，他是不会当一回事的）。

老虎衔猪——有去无回：老虎叼了猪，不会再放回来了，犹：肉包子打狗——有去无回。如说：“你撮钱借伊，是老虎衔猪——有去无回，免想伊还你”（你借给他钱，就是老虎叼猪，有去无回的了，别想他还给你）。

棺柴头画老虎——惊死人：在棺材头前面画上一只大老虎，是吓死人的。“惊死人”是双关语，明指吓唬棺材里的死人，双关指把人给吓坏了。例：“伊个是在棺柴头画老虎——惊死人，你勿睬伊”（他是在棺材上画老虎，吓死人的，你别怕他）。

最后，还有一只钢铁般的老虎，潮汕人嘴里每天都要提到它的，那就是——硬虎！

祝大家：今年虎年，硬虎会直！

猴年说“猴”

热热闹闹、红红火火的春节过了，猴年也就来了。普通话里的“猴年马月”，说的是干支纪年中的年和月，表示要等的时间还得很长，犹如广州话说“有排等”，潮汕话说“有贪好等”“马字还长”。北方学者有的认为，“猴年马月”是“何年嘛月”的谐音。这大概是天津话吧，“何年嘛月”就是“何年何月”“哪年哪月”的意思，可以姑妄听之。不过，“猴年马月”不管有多难等，今年就终于到了。

潮汕方言里也有很多跟“猴”有关的“猴言猴语”，但其中有真“猴”，也有假“猴”，就如《西游记》中之“真假美猴王”。

“猴”做名词用，潮汕话跟普通话是一样的，如“派钱做猴戏”，“猴戏”就是耍猴表演或者以前的皮猴戏。大家一起派钱凑个伙儿请来表演一番，比喻大家一起合伙做某件事情。《西游记》中的美猴王被“人化”以后，潮汕话则冠以“老”的人称前缀，叫作“老猴”。“老猴”不是因为这只猴子被压在如来佛的五指山下时间很久，而只是通俗性的昵称。好色贪吃懒做的猪八戒，虽愚笨也可爱，也被称为“老猪”。

“猴”可以被用来做动词，指爬、绕、攀骑，如说：“个奴囝猴在伊阿爸身顶”（那小孩爬在爸爸身上）。《红楼梦》里也有一样的说法，例如：“宝玉听说，便猴向凤姐身上，立刻要牌。”（第十四回）又：“你是个尊贵人，同女孩儿一般人品，别学他们猴在马上。”（第十五回）攀爬墙壁等，叫作“猴墙爬壁”。如说：“你终日好猴墙爬壁，一日啰是着乞伊跋着”（你成天喜欢攀墙爬壁的，终有一天得摔伤的）。

猴子的脸很有特色，表情很丰富，用现在时尚的话来说，就是个“表情包”。所以“猴”字还常常被用来构成形容词。

像猴子一样瘦瘦的，就说："伊生来猴猴，你个是悦着伊底块"（他长得像猴子一样瘦瘦的，你这是看上他哪里了）？也说成"瘖猴瘖猴"。"瘖"潮音 sang^2（双^2），就是瘦的意思，如说"瘖骨落肉""黄酸瘦瘖""瘖猪激硬屎""瘖鹅大肝腱"等。

猴子的眼睛很灵，经常滴溜溜乱转，所以人如果眼神不集中、眼睛四处乱看被形容为"猴猴映（iang^1）"。如说："你双目猴猴映，个在看底个"（你眼睛滴溜溜乱转，是在看什么呢）？

如果长得瘦而尖嘴缩腮，而且连动作、举止都像猴子一样，就直接形容为"猴样猴像"。

哆哆嗦嗦地、不干脆、不大方形容为"猴赦猴冻"[gao^5 kiu^7 gao^5 dong^3]。如说："几百银呾到猴赦猴冻，我正勿伊个"（几百块钱说得好像那么大件事，我才不要他的）。

口里念念有词，但又听不清在念叨什么，形容为"猴猴叫"。如说："伊家己在块猴猴叫，唔知爱呾乜个"（他自个儿在那儿念念有词，也不知道要说些什么）。

自以为是，叫"猴叫好"，潮汕歇后语有"孙大圣喝彩——猴叫好"。如说："你勿趁有二个钱就猴叫好，葫芦大橛还在后"（你别赚了几个钱就自以为了不起，难搞的还在后头呢）。

但有一些词语，音是 gao^5，但本字是"胡""糊"不是"猴"。例如潮汕的一种著名小吃叫"面猴"，一些地方叫"面耳"，即北方的"面疙瘩""猫耳朵"。"猴"的本字则是"糊"，香糊（糨糊）的"糊"。"糊"字从"米"，"胡"声；"胡"字则从"月（肉）"，"古"声，声母原来就是"g－"，这是先秦古音。而韵母潮汕话文读为－u，白读为－ou，古音也读－ao。所以，"胡""糊"俩字潮汕话可以读为"gao^5"，这就与"猴"字同音了。"胡叫好"就是"胡乱叫好"，跟"胡说"的"胡"是一样的意思。"胡栗"，说明栗子原先可能是从西北胡地引种来的，跟"胡荽"（芫荽）、"胡麻"（芝麻）、"胡琴"等一样。大家不知道其中语音变化道理，就都以为都是"猴"字了。作为姓氏用的"侯"字，在不少地方也被读为 gao^5（猴），道理也与此相同。

鸡年好，好年鸡，年鸡好

一年一度，韩山师范学院田径场长廊的炮仗花又陆陆续续盛开了——寒假又到了！

放寒假是习以为常的快乐事情，但今年的寒假尤其特殊：因为这个春节一过，大圣一走，金鸡打鸣，就是我的甲子初度了！

想起上一个的鸡年，那时我48岁，虽然年近半百，但仍有玩心。我把家里鸡题材的画作都找出来：著名画家陈望前辈送我的一只高蹈树枝之上的雄鸡打鸣图、澄海老乡杜卓曙兄送我的一只雄冠英发的大公鸡的“大吉图”。我太太看了，不太乐意：光有公鸡，不行！她把著名古筝演奏家林毛根前辈送我的一只母爱满满的母鸡带着一群小鸡觅食图也找出来挂上了墙，这样就构成了“吉祥一家”了。我想了想，找块裱好的纸板，写上“鸡年好好年鸡年鸡好”，也挂上了。家里大鸡小鸡一大群，其乐融融、温馨吉祥！

日居月诸，时光如流水，12年悄无声息就过去了，又一个鸡年到来，难怪孔老夫子要临江慨叹：“逝者如斯夫！”我们现代人则感叹：“时间都去哪儿啦？”

年鸡，本来应该写作“年阶”，“阶”潮音文读为gai^1（皆），大家都知道；但白读为goi^1，音同“鸡”。“年阶”，意思是一年的运气、流年。如说：“今年是个好年阶”，或者说：“今年个年阶好”，就是今年流年大吉的意思。

“阶”字文读为gai^1（皆）、白读为goi^1（鸡）是潮音的一种文白异读对应规律。这个道理，我在《生黎熟黎·茼过粞葫》一文中已经讲清楚了，这里就不再啰唆了。

毛泽东主席曾经有《水调歌头·重上井冈山》词云："三十八年过去，弹指一挥间。"其实，60年也只不过是一弹指之间。"弹指"乃是佛家语录，佛家典籍《僧祇律》云："一刹那者为一念，二十念为一瞬，二十瞬为一弹指，二十弹指为一罗预，二十罗预为一须臾，一日一夜有三十须臾。"潮汕话谓一瞬间为"睻下目"，如说："睻下目过年就到了"（一眨眼间春节就到了）。正是因为时间过得很快、往往使人还来不及"回首往事"，人生的长河就一瞬即过，常使多少英雄好汉泪满襟，留下了"人生苦短"的概叹！

但说老实话，一弹指间的60年，却是人生百年的三分之二。如果按以前的"人生七十古来稀"来衡量，则60岁已经是"垂暮之年"了！不才如我，马齿徒增，好不容易吭哧吭哧地虚度了这60年，确实已经有了力不从心、老之将至的感觉和体会了。

于是，打油《六十初度》诗一首，不揣浅陋，与大家分享。这首不伦不类的东西，半普半潮、不论平仄，而且押潮音韵脚 - oi 的，类似以前的潮州民俗竹枝词，也有点像潮州歌册：

本命相鸡性随鸡，勤踩力啄脚嘴齐［zoi^5］；
黎明即起游会海，傍晚归巢浴书溪［koi^1］；
劳碌半生翎羽褪，墨干才尽笔开丝［soi^1］；
除冠洗面抱窝暖，鸡母鸡囝伴身前［zoin^5］。

这首打油诗中有几个词是方言词，得跟大家说清楚。"相鸡"，生肖属鸡，"相"读 sion^3（想^3）。"踩"，潮音 coin^2（千^2），鸡用爪翻地觅食的动作；潮汕谚语有"鸡母带鸡囝，力啄就有食"，化而为"勤踩力啄"。"齐"潮音白读 zoi^5（节^5），意为脚、嘴并用，比喻靠嘴巴教书传授知识，靠手脚勤快著书立说。"开丝"，"丝"文读为 si^1（尸），但白读可为 soi^1（洗^1），"笔开丝"指毛笔用得太久太多了，笔胆散了、锋毛不齐了，比喻江郎才尽，再无生花妙笔，不能出好文章了。另外，"前"字在此白读为 zoin^5，也跟普通话韵母不一样。

好了，该打住了。顾着家己［ga^1 gi^7］（自己）感叹，差点儿唔记得给大家拜个年，还是猛猛祝大家伙：

鸡年好，今年抱只金鸡母！

好年鸡（阶），春节团儿新妇来齐齐［zoi^5］！

猪年猪话：从暹罗诐到猪槽

猪是养了几千年的家畜，汉字的“家”字就是屋里有“豕”（猪）的会意字。过去的潮汕农村人也都是家家养猪，猪是农家的主要经济来源。有不少家庭，一年到头的现金，就靠这头猪。此所谓“饲虫饲鸟家伙了，饲猪饲牛家伙浮”（家伙浮，意思就是卖猪卖牛的钱可以用来购买农具和其他用具）。所以，会有“肚困思番薯，穷人想大猪”的梦想。穷人做梦也想着：家里有一头大肥猪，可以卖出去好多好多的钱。而家里如果被人打劫，值钱的东西都被抢走，就说是被“牵猪剥鼎”，猪被拉走了，做饭的铁锅也被端走了，这日子还怎么过啊？问题很严重！诸事顺利，潮人很实在地说“（猪母）顺顺生团十二只”。因而，猪几乎是农村人家中的成员，猪寮（猪窝）往往也盖在家的房前屋后或左右。而猪也就成了说话时经常提及的家畜，从泛称到猪的各个部位，几乎都用到了。

因为养猪的经验，生活中提炼了不少与猪相关的熟语。如：

憨猪憨大：憨，潮音 ngan[3]，愚蠢，比喻孩子像猪一样地能吃会睡的，容易养大。

白来猪，白来羊，无白来姿娘：比喻娶妻要靠自己工作赚“嬷本”（娶老婆的费用），自己“飞来”的不用钱的肯定不是好东西，而且要防止上当受骗。

鼾猪易大，鼾人好出外：比喻能打鼾睡觉的人，随时都可以休息，所以适合出差或者到外地工作。

猪母会肥猪团壮：这是育儿经，比喻母亲身体肥壮、奶水充足，婴儿就一定健康，能茁壮成长。

抭三年猪屎团唔耐一次海风潮：捡了三年猪粪攒下来的钱抵不过一场台风和海潮灾害的损失。比喻赚的钱少，经不起大的折腾。抭，潮音 $kioh^4$，捡，拾。

猪母窜河溪，人人着掌堤：这是气候谚语，说的是，如果母猪到处乱闯，都跑河里去了，可能要发大水（所以“人人要守护堤坝”）。

有些跟猪有关的熟语，则是拿来讽刺社会上、生活中的一些现象的。如：

死猪唔畏汤：唔畏，潮语合音 $muin^3$，不怕。意思是死猪不怕开水烫。汤，古汉语就是滚烫的热水的意思。比喻某些人脸皮厚，不怕丢人现眼。

瘖猪激硬屎：比喻人力量、水平、条件达不到却硬撑着去做某事。瘖，潮音 $sang^2$，瘦。

老猪母相咬——食支嘴：讽刺人只凭嘴巴说话，不实干；也作“扱支嘴”。扱，潮音 zah^4。

走水猪母——遛遛梭：走水猪母，指发情期的母猪，四处找公猪，多用来讽刺喜欢交际、游玩的女性。

断索猪哥——遛遛梭：则用于讽刺男人。猪哥，专门养来配种用的公猪。

猪团好卖墟墟来：讽刺人见到有好处就往上靠，而且一次都不拉。

个猪头下百外个宫：比喻把一样东西同时许诺给很多人，讽刺人说话、许诺没有诚信。下，潮音 $hê^6$，祈祷许愿。如：下老爷（给神祈祷许愿）。

火到猪头熟，钱到好办事：比喻要靠行贿、搞关系才能办事，讽刺社会的不良行政作风。

卵脬假猪肚，社员假干部：比喻小人物狐假虎威。卵脬，潮音 $lang^2$ pa^1。

猪肚反开净是屎：比喻把内幕揭开，实情不可见人的脏。

猪屎粪摜扎红绸：比喻不得体的过分的打扮。粪摜，潮音 $bung^3$ $guan^6$，捡猪屎的小篮子。

抗有猪屎咀有话：比喻占了便宜又卖乖。

人身猪哥头，缀人赴彩楼：长得猪头猪脑（一副猪一样的相貌），还跟人家一样去彩楼等选婿的富家小姐扔彩球，比喻不自量力。

当然，猪的特性就是好吃懒动，所以最多的熟语是被人用来作愚蠢、懒惰的比喻体：如“猪头猪脑”（头脑像猪一样笨）、“猪兄狗弟”（酒肉朋友）、“猪铺狗窦”（比喻睡觉的床乱七八糟，像猪窝狗窝一样）、“猪嘴狗喉咙”（比喻像猪一样贪吃，什么都能吃、爱吃），等等。

但有的时候，人也不能太“灵精”（精明、机警），“灵精狗有时会乞油车碶 koih^{4} 着”（聪明反被聪明误），像猪一样埋头死拱说不定也能拱出个什么宝贝来。

是故，仿乡间潮语“做四句”体做《猪年自祝》云：

猪年猪猪做二兄①，会食会瞀免用经②；
尛知行着猪屎运③，劳来撬去件件成④。

【注】

①二兄，即二师兄，指猪八戒；兄，此处潮音 hêng^{1}（胸）；“老阿兄”的“兄”也读 hêng^{1}。

②瞀，潮音 ngh^{8}/uih^{8}（黄^{8}/熨^{8}），睡觉；经，费心机，算计。如：经心事、经心设事。

③尛知，潮音 bhoi^{6} zai^{1}，说不定，难说；猪屎运，潮汕民间谓“屎正是财”，做梦踩着一脚的猪屎，乃是行好运的吉兆。

④劳，音 le^{5}，此处用作动词，像猪一样使劲用嘴巴拱；劳来撬去，四处拱，比喻人竭尽全力做事情。

廿四节气的潮语读音

春雨惊春清谷天，夏满芒夏暑相连。
秋处露秋寒霜降，冬雪雪冬小大寒。
每月两节不变更，最多相差一二天，
上半年来六廿一，下半年是八廿三。

我能够全部背诵廿四节气，是通过这首《廿四节气歌》背下来的，而且是到了高一学习地理知识才背诵的。那时候，我在澄海上华中学读书，地理教师是澄海中学名师周勤铭老师。周老师的课讲得非常精彩，还善于把地理知识编成潮语顺口溜或者口诀来教我们。这种教学方法我们很感兴趣，又容易记忆。除了这首《廿四节气歌》之外，我记得还有《全国各省简称歌》等。虽然地理课只是上了短短的一学期，但就凭借背诵下来的这些歌诀，竟然帮助我在 1978 年的全国高考统考地理科目中考出好成绩来，使得总分达到了进入中山大学的分数线。每次提起这件事情来，无不感念周老师的教泽师恩。

回过头来，我们再复习《廿四节气歌》前四句的潮语朗读：

Cung^{1} u^{2} gêng^{1} cung^{1} cêng^{1} gog^{4} tiang^{1},
Hê^{7} muan^{2} mang^{5} hê^{7} su^{2} siang^{1} liang^{5}.
Ciu^{1} cu^{3} lou^{3} ciu^{1} hang^{5} sang^{1} gang^{3},
Dang^{1} soh^{4} soh^{4} dang^{1} siao^{2} dai^{6} hang^{5}.

从潮语读音中，我们会发现廿四节气名称中有些字是跟它的常见读音不同的。例如：

“雨”字在“雨水”和“谷雨”两个名词中，都读成 u^{2}（羽），这是个文读音，就像“羽”也读 u^{2} 一样。俗语还有“糊涂糊涂，清明谷雨”，“糊涂”在这个俗语中变调读成 hu^{2} tu^{2}，“雨”读 u^{2} 与 tu^{2}（涂）押韵。“雨水”的“水”在老一辈人口中，也读 sui^{2}（穗^{2}）。“水”字表示美丽、漂亮，也读 sui^{2}，如：“个姿娘囝生来过水”（这姑娘长得可漂亮啦）。（千万不能读成 zui^{2}）。闽语用“水”形容漂亮，可能与水灵灵的气质有关。台湾歌曲《阿里山的姑娘》歌词中有“阿里山的姑娘美如水”之句，就直接用“水”来比喻美丽。

“惊蛰”的“惊”读 gêng^{1}（供）不读 gian^{1}（京），属于文读。我至今也仅仅收录到这个词有此读音。《诗经·小雅·小旻》：“战战兢兢，如临深渊，如履薄冰。”中的“兢”“冰”与“惊”是同韵部的字，也是文读 - êng 韵母，白读 - gian 韵母。不过不是每一个字均可文白两读，而是选择一个白读或者一个文读音。如“冰”字平时也读 bian^{1}（兵），但在此诗中，为了押韵就得读 bêng^{1}（并^{1}）。“惊”字平时白读为 gian^{1}（京），但在诗词或者潮剧唱段中用作韵脚，有时也得读 gêng^{1}（供）。

“芒种”的“种”读 zong^{2}（总），文读音，只见于此词。通常做动词用时读 zêng^{3}（众），白读音。潮语谚语：“种花分人插，种刺凿人脚”“种瓜得瓜，种豆得豆”中的“种”均读此音。

做名词“种子”用时读 zêng^{2}（肿），如：下种（播种），狗种囝（骂小孩的词，带有亲昵色彩）等。有一个词“种族”，通常在书面语中读 zêng^{2} zog^{8}（肿簇），如“种族歧视”等，但在口语中读 zêng^{2} zag^{8}（肿杂），指家族血统。如说：“伊只支旗号个种族过好，撮孥囝个个考着名牌大学”（他这个家族的分支血统优良，孩子们个个都考上名牌大学）。“种”字的声母还可以白读为 dêng^{3}（订），鲜薄壳的 dêng^{3}（订），即此字。骂人“断 [dêng^{3}] 囝”（断子绝孙），也是此字。

“白露”的“露”读音也有不确定现象。“露”在《广韵》中是个半浊音声母 l - + 去声字，与“路”字同小韵，本来读阳去声 lou^{7}（路）没有问题。但偏偏在“暴露”“揭露”等词中又读阴去声 lou^{3}。所以在“白露”一词中，有人读阳去 lou^{7}（路），有人读阴去声 lou^{3}。我建议读阳去声 lou^{7}，与“路”同音。《诗经·国风·秦风·蒹葭》：“蒹葭苍苍，白露为霜。”下文“寒露”的“露”，建议也读阳去声。这样也好跟“露出”“暴露”一义的读阴去声区分开来。以前编著字典时我虽然也注了阴去和阳去两个读音，但未能把读音与词义区分开来。

“寒露”的“寒”通常读 hang^{5}（韩），不读 guan^{5}（官^{5}），腊月的“小寒”“大寒”也读 hang^{5}（韩）。但在“一月寒死牛，二月寒死马……”中，要读 guan^{5}（官^{5}）。

“霜降”的“霜”此处读 sang^{1}，与“双”同音。上文《诗经·国风·秦国·蒹葭》的“蒹葭苍苍，白露为霜；所谓伊人，在水一方。”如果强调押韵，这个“霜”字也得读 sang^{1}（霜）。但“霜”字白读 seng^{1}（酸），“寒过冰霜”［ngang^{5} guê^{3} bian^{1} seng^{1}］、“霜支”（冰棍的旧称，也叫“雪条”）、“园霜”［kang^{3} seng^{1}］（冰冻）、“霜橱”（以前称冰箱，犹如粤语的“雪柜”）、“冻霜”（冰镇，如说：“撮鱼冻霜个。”）等。潮汕位于南海之滨，终年无雪，是故雪、冰、霜等词“傻傻分不清”。

最后还有一个问题，就是廿四节气中有三对“小”“大”相对的名称。“大”字文读 dai^{6}（怠），白读 dua^{7}（带^{7}）。我曾经听过有人读 dai^{6}，有人读 dua^{7}；甚至有人读“大暑”为 dua^{7}，“大雪”“大寒”为 dai^{6}。我建议最好还是统一起来，都读 dai^{6}，因为前面的“小”是文读音，后面的“大”最好也是读文读音与之相适应。

好了，回过头来，我们还是用潮语再读一遍廿四节气名称：

立春 lib$^{8-4}$ cung^{1}　　雨水 u$^{2-6}$ sui^{2}

惊蛰 gêng^{1} dêg^{8}　　春分 cung^{1} hung^{1}

清明 cêng^{1} mêng^{5}　　谷雨 gog$^{4-8}$ u^{2}

立夏 lib$^{8-4}$ hê^{7}　　小满 siao$^{2-6}$ muan^{2}

芒种 mang$^{5-7}$ zong^{2}　　夏至 hê^{7} zi^{3}

小暑 siao$^{2-6}$ su^{2}　　大暑 dai$^{6-7}$ su^{2}

立秋 lib$^{8-4}$ ciu^{1}　　处暑 cu$^{3-5}$ su^{2}

白露 bêg$^{8-4}$ lou^{7}　　秋分 ciu^{1} hung^{1}

寒露 hang$^{5-7}$ lou^{7}　　霜降 sang^{1} gang^{3}

立冬 lib$^{8-4}$ dang^{1}　　小雪 siao$^{2-6}$ soh^{4}

大雪 dai$^{6-7}$ soh^{4}　　冬至 dang^{1} zi^{3}

小寒 siao$^{2-6}$ hang^{5}　　大寒 dai$^{6-7}$ hang^{5}

正月正，新囝婿，上客厅

春节就快到了，家家户户送神上天、筅尘过年，忙着迎接新年的到来！而在这“千门万户曈曈日，总把新桃换旧符”（王安石《元日》）的迎新送旧的日子里，也催生了一些跟春节前后的年节民俗相关的熟语。下面就跟大家介绍几则。

正月初一借红缨：意思是根本借不到。所以也有人把它编成歇后语：正月初一借红缨——硬虎无个（类似的歇后语还有“开元寺里借虱篦——找块无个”）。这个俗语可能仅仅流行于我的家乡澄海一带，俗语中的“红缨”是什么东西？随着大年初一民俗的变化甚至消失，已经有点模糊了。请教了一些年岁比我还大的前辈，大家共同的说法是“大年初一化装游行时的一种饰品”。但是什么饰品？“饰”于何处？就说法不同了：有的说是帽子上的，有的说是鞋子上的，有的说是衣物上的。另一种说法是婴儿帽子上的饰品：正月初一，新生儿会被抱去向各位长辈拜年，都要戴上这顶上面缀有红缨的帽子。类似的俗语还有“廿九夜借无笼床”，过年时家家户户蒸甜粿（年糕），都要用到“笼床”（lêng^5 seng^5，蒸笼），所以借不到。

正月正，新囝婿，上客厅：这是一句拜年的礼俗谚语。按潮汕民俗，刚刚结婚不久的新女婿，大年初一就要到外家头（娘家）去给岳父、岳母大人拜年，不然会被视为不够尊重娘家。这“客厅”的“客”字，要按照白读音读 kah^4（卡^4）。通常来说，旧俗岳父岳母住潮式老屋客厅两侧的“大房”，客厅是节日里接见和宴请亲友的地方，故云“上客厅”。

有心拜年初一二，无心拜年初三四：在“神落天”（大年初四各路神仙从天上回到凡间）之前，大家忙于到长辈亲友家拜年。拜年的时候会分个亲疏厚薄、长幼有序：嫡亲长辈最重要，肯定排在初一，最迟也是初二，像上面那句“正月正，新团婿，上客厅”说的那样。但如果等到初三甚至初四才给他们拜年，会被认为对他们不够尊重。有时候，长辈们会打听家中比较有出息的晚辈究竟先去了哪家拜年，以此来猜度他对自己及家庭的尊重程度。所以啊，年轻人给长辈拜年，真的要事先考虑周详，最好把拜年的时间先排个队安排好。

食了七样羹，老人变后生：人日（正月初七）吃“七样羹”，是潮汕地区普遍存在的民俗。所谓的“七样羹”，就是七种蔬菜一起煮成的一道菜，通常用的是正月的时令蔬菜，大菜（大芥菜）、白菜、菠薐（buê[1] lêng[5]，菠菜）、菜头（萝卜）、茼蒿、芹菜、芫荽（香菜）、蒜囝、哥呖（go[1] lê[6]，包菜）等，任选7种，和而煮之。这是一种古老的节日饮食民俗，南朝·梁·宗懔《荆楚岁时记》：“正月七日为人日，以七种菜为羹。”正月初七吃七样羹，是一种很好的健康饮食习俗。春节期间大鱼大肉吃多了，到了初七，该改吃些蔬菜调节调节以休养肠胃。此所谓“食鱼食肉着菜佮”（肉，读 bhah[4]；佮，读 gah[4]，押韵）。人健康了，当然就显得“后生”（hao[6] sên[1]，年轻）了，故云“食老变后生”。

正月猜丈夫，八月猜姿嬷：这是对潮汕地区正月游神和八月观神的归纳性总结的节日谚语。“猜”，潮音读 siao[2]（小），发疯发狂、疯狂的意思，字也作“狷”，《玉篇·犬部》：“狷，狂病也。”《广韵》平声宵韵：“狷，狂也，出《文字集略》。”相邀切。《集韵》平声宵韵：“狷，狂也。”丈夫，潮音 da[2] bou[1]（打埠），男人也；姿嬷，潮音 za[1] bhou[1]（渣亩），女人也。正月里潮汕各地游神赛会，此起彼落，村村寨寨的男人们像西班牙斗牛里发疯的公牛一样的兴奋（有的地方也作“五月猜丈夫”，云是端午节赛龙舟，也是男子汉们发疯忙活的季节）。而女人们呢，要等到八月中秋前后才会有她们忙活的拜月娘和“观神”“落神”等一系列民俗活动，故云。

正月好戏班，七月好寺庵：正月里四乡八里都请戏班演出，所以戏班的生意很火。七月是鬼月，盂兰盆节前后有不少法事要做，所以寺庙里很忙。寺庵，即庵寺，这里是为了押韵颠倒过来说。潮汕地区不少地方称寺为庵，如潮州府城的叩齿庵、澄海东里的莲花庵、汕头鮀浦的长石庵等。好，意思是“好着”，这里用作动词，后面的名词指能得到好处的意思。

挐团爱年节，阿妳目汁夹：小孩子们都喜欢过年过节，有吃的有玩的。但妈妈们就辛苦了，忙坏了不说，对于过去并非富有的农村人来说，找钱过年过节也是个扎心的事。挐团，小孩儿；阿妳 a^{1} nên^{1}/nin^{1}，母亲。

清明时节话“挂纸”

今年的春天，风和日丽，繁花似锦，微信朋友圈里，无论男女老少，几乎人人都在晒花。

春分过后，下一个节气就该是清明了。对于骚人墨客们来说，是踏青赋诗的美好时节；而对于千千万万个寻常百姓家庭来说，则是上山扫墓、祭拜先辈的重要时节。正如左河水《清明》诗所描写的：

柳垂阡陌雨沉沉，千里子孙赶上坟。
处处青山烟雾起，焚香祭拜悼先人。

清明扫墓对于潮汕人来说，几乎跟春节回家团圆同样重要，给先辈扫墓祭拜的同时，就是对子子孙孙以感恩祖德、不忘祖宗的教育，家家户户都十分重视。君不见，从广州、深圳乃至全国回潮汕的飞机票、高铁票、动车票，甚至平时都不去乘坐的大巴票，都是一票难求。交通部门运力之紧张，不亚于春运。

清明扫墓，在大部分粤语地区，叫作“拜山”，但在潮汕地区，叫作“guê³ 纸”，guê³ 音同“过”，所以很多人就写作“过纸”了。清明节扫墓祭拜祖宗的习俗，唐前就已经有了，唐代已很风行，白居易有“风吹旷野纸钱飞，古墓垒垒春草绿”的清明诗流行。宋代高翥的清明诗描写得更清楚了：“南北山头多墓田，清明祭扫各纷然。”

扫墓为什么要叫“guê³ 纸”呢？“guê³”字写作“过”对吗？

我认为，应该是“挂”字，而不是“过”字。让我们先看看潮汕扫墓的习俗吧。

潮汕人上坟扫墓除了祭献三牲粿品纸镪外，还要用白色或黄色纸条置于坟头和墓地四周，用土块或石块压紧，附于坟场附近的土地神也同此。这种纸条，据称也相当于纸钱。这大概就是“挂纸”的由来。应该是源于古代的寒食禁烟火，清明是在寒食节期间，故不敢焚化纸钱而挂在墓上或者坟墓周边的树梢。宋·庄季裕《鸡肋篇》卷上：“寒食上冢，亦不设香火。纸钱挂于茔树。……而京师四方因缘拜扫，遂设酒馔，携家春游。”但不一定所有的坟墓周边都有树木（茔树），就因地制宜改为在墓堆上压一些纸钱。清朝时潮阳人陈作舟《潮阳竹枝词九首》[①] 之三云：

寒食家家扫墓还，相逢同过伏虎冈；
空山日落晚风起，飞挂纸钱多白杨。

由此可见“挂纸”之俗，源于古代，沿袭至今。但现在是一边烧化纸钱，一边“挂纸”，热钱冷钞，同时并献。

可为佐证的是粤东的客家人扫墓也称“挂纸”。客家人挂纸时，先修整墓场，铲除杂草，清刷墓碑，然后用石块将小张黄色草纸（俗称小脚）绕着半月形的墓周压紧划界，与潮俗略同。

再讨论一下“挂”字念 guê^3 的道理。

挂，潮音常读音为 gua^3（褂），如“挂念”“牵挂”等；读为 guê^3（过）是白读音，其实也不难理解：“挂”字繁体作“掛”，是个形声字：从“手（扌）”，“卦”声，“卦”字潮音就读 guê^3（过），如“八卦”“卜卦”等。“掛”字属于《广韵》的蟹摄合口皆韵字，“怪”字也在此韵部。潮汕话“怪”字文读为 guai^3（乖^3），如“奇怪”“难怪”等；白读也为 guê^3（过），如“怪无无怪少”“无怪”（难怪）等。

---

① 李来涛：《潮诗选粹》，第 262 页。

小满稻掼产

“小满稻掼产”［siao$^{2-6}$ muan^{2} diu^{6} guan$^{6-7}$ suan^{2}］的意思是水稻孕穗，再过两个节气，应该是“夏至稻好试”，再接着就是“六月六，新米饭，胀平目［dion$^{3-5}$ bing$^{5-7}$ mag^{8}］”了。这是潮汕农民的水稻种植谚语，属于农业谚语。它是水稻种植与节气关系的经验总结，是潮汕“老农”的智慧结晶。

“小满稻掼产”中的“掼产”，指孕穗。妇人怀孕，则叫“掼团”，或者“掼阿孥”“掼孥团”。所以，水稻“掼产”的说法，有可能是从妇人的身怀六甲引申开来的。

那么，为什么怀孕会被叫作“掼团”“掼阿孥”呢？“掼”是什么意思？

掼：潮音 guan^{6}（官^{6}），是个动词，把东西提溜起来的意思，被提的东西（物件）绝大多数是被装进有提梁儿的篮子里或者有提手的箱子里等，如说：“掼个花篮”“掼脚皮箱”“掼桶水”等。这是个常用的动词，用它组成的词语有不少。例如：

掼饭：提着装着饭菜的篮子给人送饭。著名的潮语歌谣《莿团花》唱道：

莿团花，开一枝，阿妹掼饭到田边；
保护［ho^{7}］阿兄年冬好，金花重重拍一枝。

莿团花，开一双，阿妹掼饭到田中；
保护阿兄年冬好，金花重重拍一双。

莿囝花，开一苞［pao¹］，阿妹撌饭到田头；
保护阿兄年冬好，金花重重拍一苞。

一唱三叹，充满期待与希望。

撌饭，也叫“撌篮饭”或者“撌饭篮”，就像现在的“盒饭”（便当）也被叫作“饭盒”一样，但又被引申指给人送礼，甚至行贿。也有作“撌花篮”者，就好听多了。

撌监饭：指给监狱里坐牢的人送饭去。

撌银：指说亲时男方给女方送订婚聘金（彩礼），所以也叫作“撌聘”。大概是彩礼旧时也是用花篮之类“提”到女方家里去的，所以用“撌”字。

著名的潮剧传统折子戏剧目有《绛玉撌粿》，用篮子“撌”的是潮汕人喜爱的著名小吃——“粿”。

牵撌：指提携，这是引申义了。如说：“伊么是顶畔有人牵撌正有进步只猛”（他是因为上面有人提携才能进步这么快）。

还有不少多音节的俗语和谚语。例如：

撌屐缀唔着人走庵：意思是看营老爷（游神）时把木屐脱下来提着跑也赶不上游神队伍，比喻比不上别人、跟不上形势。

亲情偷撌蟹：指亲戚偷了自家的东西。亲情［zian⁵］，亲戚。比喻自己亲友干了不利自己的事情。

痛脚撌近前：拐着伤腿，一步一步地往前挪，比喻得过且过，勉强挨日子。这个“撌”词义比较特殊，“痛脚”（受伤的腿）很难抬起来正常走路，必须像提着重物一样用力提它起来，一步一步地慢慢走，能走多少步算多少步，故云。

还有若干个歇后语也用了“撌”字。例如：

无耳粪箕——撌唔起：没耳朵（提耳）的粪箕，想提它也提不起来，比喻指没本事的人，别人想提携他也很难（义同“朽木不可雕也”）。与这个歇后语相同意思的一句谚语是：“粪箕爱撌着有耳。”意思是：想让别人帮助、提携，你自己得有足够的条件。

赤脚团掼猪肉——看有食无：（被使唤去买猪肉的）小婢女提着猪肉，看是看到啦，但想吃吃不上，比喻好处看得到但得不到。赤脚团，旧时称婢女。

猪屎粪掼扎红绸——假工夫：捡猪屎的竹篮子也扎上红绸，那是多此一举，多用以比喻不得体的打扮。“粪掼”的“掼”是用作名词了，同样用作名词的还有“肚掼”，即小孩子的“肚腰”，普通话叫“肚兜”。

龙船与粽球：潮人五月节的标配

粽子飘香金凤开，蝉鸣鼓响龙船来。

潮汕平原是个三江出海、河溪密布的水乡，因而赛龙夺锦的民俗活动（也可以看作民间群众性体育运动），四乡六里都有。村头的大池塘，村外的大江大溪，甚至内海的海墘，都是扒龙船的好地方。而粽子，就更是深入民间生活，成为节日的习俗，各种各样的粽子，制作的方式不同、味道各异、各有特色，丰富多彩。可以说，龙船和粽子就是潮汕地区端午节民间习俗的两个关键词。

今天我们就以这两个关键词为线索，去寻绎五月初五的种种美好生活印记。

端午节，潮汕人口语叫“五月节”，或者直说“五月初五”，在群众的口语中，几乎不说“端午节”。“五月初五扒龙船”是节俗，不管男女老幼，过了清明节就等着这一天了。赛龙舟跟别的节俗不一样，它持续的时间较长，需要有隆重的龙船出水/下水仪式，还要经过一个月左右的训练。而“五月初五”正日比赛之后，还有不少地方的老少爷们都不过瘾，与附近乡里约上，在声声蝉鸣中，在灿烂的金凤树下的江河里继续着男子汉的彪悍与疯狂。节日谚语云：“五月五，龙船团，满溪撸[lou^6]。”孩子们则早就唱着歌谣，等着“五月初五”的到来：“姚埔蚼，叫匀匀；五月节，扒龙船……”（姚埠蚼，蝉也；各地叫法不同，写法也不同）。

按传统的民俗，女人是参与不了“扒龙船”的，但可以穿上夏季薄如蝉翼的花衣裳，在熙熙攘攘的人群中，如蛱蝶穿花，去观赏壮硕的男人们的角力，也把自己“晒”出去，让后生团们一饱眼福。说不定呀，有缘的话，姑娘就看上了龙船上哪位身材魁梧、马甲线突出的帅哥呢，或者被哪位帅哥看上自己啦。所以呀，这首《五月初五扒龙船》的歌谣才会继续唱道：

姚埔蚼，叫匀匀；
五月节，扒龙船，
（龙船）扒对阿兄门脚过，
阿姐插红花，
阿妹戴金髻［guê³］；
金髻哒哒赤，嫁后壁；
……

就这样，赛龙夺锦也就成了民间自由恋爱、相亲的甜美场合了。

另一个关键词，就是“粽”了。

粽子，潮汕话叫“粽球”。粽子其实是六角形等不规则形，不是球形，但就这么叫了。歇后语有：“老妈宫粽球——食定正知”，原来指的是汕头市老妈宫（天后宫）旁的小吃店的粽子货真价实、越吃越觉得好吃，比喻事情要亲自经历过了，才知道真正的底细。

粽球，常常单说为“粽”。如：

竹叶包沙母——假粽（壮）：“粽”字潮音 zang³，与“壮”同音，故被用来做谐音相关的修辞：表面上说的是“假的粽子”，深层里说的是“冒充健壮”。天气很冷、大家都穿毛衣了，有人还穿着单衣，就可能会被人以此歇后语“鄙相”（嘲讽）他。

五月未食粽，破裘唔敢放：这是节候谚语，说的是农历四五月春夏之交、寒暑易节，气候变幻无常，阵［zung³］日阵雨，阵寒［ngang⁵］阵热［ruah^{8}］，寒衣暂时不敢轻易收藏起来束之高阁。“裘”，潮音 hiun^{5}（嗅^{5}），多指棉袄。全国各地都有类似的节候谚语，或作“破袄不敢放”“破袄未敢园”等。

其实，潮汕的“粽”还有不少，有的跟粽子好像已经没有多大关系了，也叫“粽”。如闻名遐迩的潮安凤凰山畲族栀粽［gi^{1} zang^{3}］，由于是微型枕头状，所以当地也叫“枕头粽”。据中央电视台第四套《远方的家》节目采访介绍，是用栀子树等枝叶和其他几种植物的枝叶烧成灰，然后用灰泡水，过滤后用来煮用竹叶把糯米包成迷你枕头形的“粽”，要煮足 6～8 个小时，使糯米全部烂透成泥。央视美女主持人品尝后赞不绝口，说有一股特殊的甘香味。她说：“这好像不像粽子，倒像糯米糕。”我觉得也是。

不是“粽”又被叫作“粽”的夏令小吃还有“豆粉粽”“凉粉粽”等，据网上的资料说，是用绿豆粉等做成的。小孩上下门牙掉落而成“豁牙”，潮汕话叫“无齿窗［lang^{3}］”。童言童语笑谓之：无齿窗，偷食外嫲个豆粉粽。

还有澄海的名产“猪头粽”，就更与“粽”没有半毛钱关系了，其实是一种五香猪头肉饼，驰名东南亚。

由此看来，潮语的“粽”还有糕、饼之类的词义。

五月荔果树顶红，六月蕹菜存个空

全国各地江河咚咚咚地响起了锣鼓声，一年一度的端午节来到了！

这情景使我想起了一些跟端午节和农历五、六月有关的潮汕俗语。

第一类是跟节候、天气有关的。例如：

五月龙教囝，六月天奔龙：这是个节候谚语。谓农历五、六月间多阵雨、雷阵雨，神话中是老龙王教小龙学习呼风唤雨吧，才会是这样的雷雨阵阵的样子。北方话也说“五月天，孩子脸，说变就变”，是同样的道理。

五月雷，雨相随；六月雷，酥过鉓：气象谚语，谓农历五月份天打雷，大雨相随；而农历六月打雷，有可能“旱天假雨意”，雷声大，雨点小。鉓，潮音 hui^5，方言字，指瓷器，本字未明。

五六西风灱如沙，七八西风毒过蛇：气象谚语，谓农历五、六月间刮西风，则干旱；七、八月间刮西风，则可能下大雨。也作“五六西风旱，七八西风祸”。灱，潮音 da^1，干燥。

五六最怕海底乌，七八最怕长脚雨：节候谚语，谓五、六月间最怕海边天际布满乌云，那一定是要下雷暴雨了；七、八月间如果连续下雨，也可能暴雨成灾。尤其是碰到台风，就更是灾难了。“长脚雨”，连续下个不停的雨。相近的谚语是“五六海底乌，七八山内朦”。山内朦，指山里面被水雾笼罩，也是水量充沛、随时会下大雨的征兆。

三四雷响骑马走，五六雷响断风吼：气象谚语，谓农历三、四月间打雷，必有大雨，所以要赶快“骑马走”（骑着马赶快跑）躲雨；五、六月间打雷，未必有雨，可能“光打雷，不下雨”。

三四东风旱，五六东风祸：气象谚语，农历三、四月间刮东风可能要干旱；五、六月间刮东风，则天气也不正常。

第二类是行业谚语。例如：

五月东北风，一刮鱼走空：渔业谚语，说的是农历五月如果刮东北风，鱼都钻海里了，捕捞不到。风，南澳话读 hong1；空，读 kong1，押韵。澄海等地则读“风”为 huang1，“空”读 kang1，也押韵。

五月犁蔗厢，六月穿蔗沟：农业谚语，讲的是种甘蔗的经验：五月份培土插种甘蔗苗，六月除草培土。厢，读 sion1/siên1，这里指培土而成小垄，“蔗栽”插栽其中；而后定期除草、培土、施肥，甘蔗才能长得好，多产糖。

第三类是时令物产谚语。例如：

三四人卖梅，五六煠草粿：谓农历三、四月间，杨梅熟了；到了五、六月间，街坊间到处都是煮卖凉粉草膏的担子。草粿，凉粉草熬制而成的夏令解暑小吃。“煠”，音 sah8（啥8），用水煮，熬。五、六月间天气多变，阵雨时至，故也有“草粿煠熟，天时变局”的气候谚语。

五月荔果树顶红，六月蕹菜存个空：谓农历五月枝头荔果已红，熟透了。而六月份的蕹菜（水蕹），茎大而中空，长老了。红，潮语白读音 ang5；空，白读音 kang1，押韵。

六月乌鱼存个嘴，苦瓜上市鰳鱼肥

赤日炎炎似火烧，
野田禾稻半枯焦；
农夫心内如汤煮，
公子王孙把扇摇。

小时候由于猜谜语的爱好和需要，也因为对水浒草莽英雄故事的喜欢，把《水浒传》读了个滚瓜烂熟，记得这是第十六回《杨志押送金银担，吴用智取生辰纲》中白日鼠白胜在黄泥岗上唱的歌谣。这也许就是宋代的民谣。在我们潮汕话中，则有很多跟农业和渔业生产有关的六月份的谚语、歇后语。例如：

六月鲤鱼肥到黐，六月鲫鱼存支刺：黐，潮音 ti[1]（体[1]）。“肥到黐”，肥得流油。潮汕地区的鲤鱼在农历二三月便开始产卵，产完卵后便开始大量吃食恢复产卵期的虚损，一直到六月就已经长得很肥美了。六月的鲫鱼则太瘦，不好吃，农民们通常不在此时抓捕鲫鱼。类似的歇后语有“六月鲫鱼——无春”（没有鱼子儿）。这个谚语有时候也不连在一起说，而是各自分开单句来说。我因为不喜欢吃这两种鱼，至今未知这则谚语的说法对不对。

六月乌鱼存个嘴，苦瓜上市鰳鱼肥：乌鱼，鲻鱼，夏天偏瘦，味道不鲜美。鰳鱼，曹白鱼，也叫“翘嘴鰳”。另外，有成语“寒乌热鲈”，说的也是同一个道理：乌鱼的当令时节是冬天，天寒地冻时打边炉吃乌鱼是潮汕家常菜美味之一。而鲈鱼、鰳鱼的当令时节则是夏天，韩江的鳓鱼用酸梅汁或者橄榄糁清蒸，夏日品赏，鲜美至极。用来做“鱼饭”也是人间美味。

潮汕人还利用一些时令的生产常识，创造了一些形象生动的具有文化内涵的歇后语。例如：

六月薄壳——假大头：指的是六月的薄壳肥美，大小可以和“大头”相媲美。“薄壳”和“大头”是学名“凸壳肌蛤”（拉丁文 Musculus senhousei，也叫“寻氏短齿蛤”）的两个不同品种：“薄壳”略小，而“大头”略大。成熟期的“薄壳”个大而接近“大头”，所以能“假”充“大头”。但“大头”也是指人好出风头的形容词，如“大头好脸”。所以这个俗语（歇后语）是双关讽刺人喜欢出风头。

六月大菜——假有心：大菜，大芥菜，通常是在春节前卷心成熟，经过霜冻以后收成，可以做蔬菜，也可以腌制成咸菜、酸菜。六月种的大芥菜因天气太热卷不了心，就是有也是不结实的，所有说“假有心”。双关指人虚情假意。

六月芫荽——假芹（勤）：六月里的芫荽茎长得又高又大，像是芹菜。“芹”与“勤”潮音相同，读 keng^{5}，假勤（芹），就是假装勤快，也作“假力”。

六月栀粿——假粽（壮）：栀，潮音 gi^{1}（机）。栀粿，用栀子枝叶煮汁和糯米面做成的夏令小吃。凤凰山畲族做的一种栀粿叫“栀粽”，所以有“假粽”之说。“粽”与“壮”潮音相同，都读 zang^{3}（脏^{3}）。“假壮”，通常用以嘲讽天气寒冷而不适时多穿衣服、硬挺着挨冻之人。类似的歇后语有“竹叶包沙母——假粽（壮）”。

六月番薯——松（双）死：“松”此处读 sang^{1}（送^{1}），指番薯煮熟后很粉很面，好吃。“松死”，非常的面。谐音双关指怎么做也只有死路一条。

六月土猴——居空也死，出空也死：土猴，潮音 dou^{6}（杜）gao^{5}，蝼蛄。空，潮音 kang^{1}（康）。六月天太热，蝼蛄闷在洞里会被热死，出洞也会被热死。比喻进退都是死，没有活路可走。

六月水牛——等搵（运）：搵，潮音 ung^{7}，这里指水牛泡在水里。“搵”与“运”同音，本来指蘸（作料）等，双关指等待运气的到来。

六月咀过年——啵兴：六月里聊过年的话题，说说高兴而已，比喻指说空头的好听话。

六月卖火熥——唔对时序：六月里卖暖手脚的炉子，不对季节。唔对时序，指不适时。序，音 su[2]（暑）。火熥，一种内装火炭、可用以暖手脚的小炉子。“熥”，潮音 tang[1]（桶[1]）。有些地方也作“六月戴毡簟——唔对时序”。毡簟，毡帽，通常是冬天戴以保暖的，夏天里根本戴不了，比喻在不合适的时间做某件事情。

当然，还有些只是直接描述气候的谚语而已。例如：

出门无六月天：意思是六月气候暖和，出门时不需要多带衣物。但老人家常常告诫年轻人出门时多带点衣物，有备无患。

六月三日无雨火烧埔：农历六月份“赤日炎炎似火烧”。如果连续三天以上不下雨，就会热得像火烧荒埔一样。

六月田螺田底煠：谓农历六月水田里的水热得烫人，田螺在里面就像在热水锅里煮一样，极言气候之炎热。煠，音 sah[8]（啥[8]）。类似的俗语有“六月田蟹塗底熻”，谓水田里的泥土太热，田蟹藏在里面就像在热锅里焖一样，也极言气候之闷热。熻，音 hip[4]。

七月初七阿婆生，新出鮢哥甜过虾

农历七月，潮汕各地都把它看成是“黑色七月”，俗称“鬼月”。因为“七月初一开孤门，七月三十关孤门”。所谓的开孤门，就是打开大门让孤魂野鬼到人间来接受祭品。而七月十五中元节，也叫盂兰盆节，是潮汕民间一个带有神秘色彩的大节日，俗称“七月半”。

“七月半”乃至整个七月的关键词是“普度”“施孤”“抢孤”和“孤棚”。潮汕各地的寺庙，会在七月搭建“施孤棚”（简称“孤棚”），举行“普度”。主持祭礼的法师会把祭祀后的包子、饼子等祭品，一个个扔到台下，名曰施舍孤魂野鬼，其实不少老百姓乘此活动抢夺祭品回家共享，俗云“食兴”，自祝家庭吉祥如意。这项民俗活动，就叫作“抢孤”。

民间的施孤并无固定之日，时间并不像寺庙一样在七月半。自七月初一开始，到七月底，各乡各里，道路两旁，街道两边，置放供桌“普度”众孤。善男信女沿路插上香火，指引孤魂野鬼前来接受祭品，俗称“布香”。我小时候最喜欢参加的，就是“布香”，觉得挺好玩的。

由于“七月半”“施孤”年年都搞，老百姓再熟悉不过了。由此也产生了一些与这项民俗活动相关的俗语、谚语。例如：

做鬼爬不上孤棚：民间传说孤魂野鬼出来后，因为太多了，每到一个“孤棚”，都必须爬上去哄抢，身单力薄的孤鬼爬不上“孤棚”，就“抢”不到“孤”（祭品）了。此俗语用来比喻人的不中用，要力气没力气，要技术没技术，竞争不过别人。

放掉面桃去抢饼：比喻放弃就要到手的东西跑去跟人争夺另一东西，

结果是两头落空。类似的俗语是“尖担担柴双头飃”（飃，音 piu[3]，脱落，落空。飃，非本字，音近借字而已）。这也是源于“施孤”的俗语。据说某村有一民妇，为人贪婪，七月半去“抢孤”，选了一盘“面桃”（做成桃子形的包子）占着。等到鞭炮声一响，民妇还觉得仅有这盘面桃太少了，又跑过对面路边另一个孤棚去抢一盘饼。谁知她跑到那边的孤棚时，饼已经被人抢走，民妇再想回头去拿刚才自己“看想”着的那盘面桃，一回头那盘面桃已落入别人手中了。于是，便有了“放掉面桃去抢饼”这句俗语，形象生动而又有点诙谐色彩。

农历七月里，除了“七月半”“施孤”之外，还有一个大日子就是“七月初七”。在全国各地，七月初七是牛郎织女鹊桥相会的七夕节，现如今已经被商家们演绎成为现代版的情人节了。七夕也叫“乞巧节”，是跟女红（女孩子的针线活儿）有关的节日。潮汕一带，好像没有这方面的隆重节日，但节候谚语中却有一句：

七月半，日头短条线：潮汕处于北半球地区，七月半（一般在阳历 8 月 14 日前后）是秋分前时间，由于这一时期北半球的太阳高度偏低，白昼偏短而夜间较长，故云。但这“短条线”的“线”是什么意思呢？有人认为，这与姑娘们的针线活儿有关。潮汕是刺绣、抽纱之乡，潮汕姑娘精通刺绣、抽纱，她们每天端坐在绣机（gui[1]，规）前埋头做针工，巧手翻飞，该做几条针线心中有数。一到农历七月半，白昼时间逐渐短，针线活儿还有一条线没做完天就黑了。我觉得这传说有点牵强附会，但附会就附会吧，故事美好且能传达正能量就行，民间传说又不是正史，不必太较真。

在潮汕地区，真正有地方特色的民间节日，是七月初七“阿婆生”。俗云：

七月初七阿婆生，新出鯐哥甜过虾：意思是农历七月开始，鯐哥这种鱼是当令季节，鲜美堪比海虾。“阿婆生”，一些地方或叫“公婆生”“婆团生”，就是“公婆”的生日。“阿婆”是谁？据民间传说，古时候潮汕有一位妇女，因爱惜四邻婴幼，并乐于为街坊看管小孩，且在哺儿育女和调教孩子方面有一套独特的本领，深受大家的爱戴，死后就成了孩子们的保护神，俗称“公婆”。其实就是一位虚拟出来的保护孩子们健康成长的神衹。所以，不少地方小孩满 15 岁（各地岁数略有不同）举行的成人礼——出花园，也在“阿婆生”举行，既是庆祝孩子走出阿婆保护着的“花园”，走向社会，也是选择在阿婆的生日（也是想象出来的）感恩阿婆 15 年来的悉心保护。

还有一个歇后语，说孩子有儿童多动症是因为“公婆拜蟹——骹手鼓”。螃蟹多螯足（脚手多），故云。所以，祭拜“公婆”神的时候，忌讳用螃蟹做供品。

还有一些谚语是跟季节、农作物生长相关的，应该属于农谚。例如：

三四桃李柰，七八余甘柿：说的是农历七八月份余甘子、柿子开始当令成熟。余甘的“余”潮音 iu^{5}（由），所以不少人写成“油甘”“尤甘”“犹甘”的。

七月七，多莄乌，龙眼鞑：多莄，即山稔子，学名桃金娘，属于桃金娘科、桃金娘属灌木，各地的异名也很多。山稔子夏日花开，灿若杜鹃，边开花边结果。农历七月果成熟，呈棕色，果可食，也可酿酒，也是鸟类的天然食源。潮汕各地山里都长。我在雷州半岛林场下乡时，上下班穿行林海之中，经常采食多莄果，既解渴又充饥，真的感谢天地的恩赐。龙眼，潮音 nêg$^{8-4}$ oin^{2}；鞑，潮音 big^{4}，因为胀满而破裂。“鞑”字非本字，同音借字而已。农历七月之后，龙眼开始成熟。如时间长而未采摘食用，则肉胀满而使果壳破裂。

更多的谚语是气候谚语。例如：

七月初七有风时，车囝吊在篱：这是说，农历七月份如果有风时雨（雷阵雨），旱情便可解除，车水抗旱的水车也可以挂起来不用了。因为风时雨一般是每天在接近的一个时辰下，时间逐渐迁移或者后移，一般会延续十天半个月。

七月秋风转凉哩，八月一雨便秋天：这是说，农历七月八月之交，秋风刮起来，一下雨天气转凉起来，“舨雨舨凉”（舨，潮音 bang^{3}，一次，一批。非本字，音近借用而已），很快便要进入秋天了。

七热八热热厝内：农历七、八月间，主要是闷热，在屋里最难受。厝内，屋里。

七热八热九踉凉：谓到了农历九月，天气尚有余热，秋老虎（暑气）没有全走。踉凉，乘凉。踉，潮音 la^7，失去鼻音韵尾 -ng。潮语形容人体或者物件笨大为 la^{5-7} ha^1 或者 lo^{5-7} ho^1，本字为“狼犺”，也失去后鼻音韵尾。这种现象在粤西闽语雷州话中是成规律现象。

小暑大暑唔是暑，立秋处暑正是暑：这是说，到了立秋、处暑，天气仍然还热。六月份形容天气热的谚语是“小暑大暑，皮肉孬相堵”。而到了农历七、八月份，却有了“立秋处暑，上蒸下煮”的谚语，极言秋老虎之闷热，像蒸桑拿一样。

七月秋风转凉哩，八月一雨便秋天

农历八月的潮汕谚语，主要是关于节气的谚语。例如：

八月天疏朵：农历八月，秋高气爽，云淡风轻。如说："八月天疏朵，上好出门去遏迌"（八月秋日，天高云淡，是外出游玩的最佳时节）。疏朵，状云彩疏淡、若有若无之景。著名的潮汕方言歌谣《月光歌》中有"月光月疏朵，照篱照壁照瓦槽"之句，意思相同。遏迌，游玩的意思，这里我找两个同音字来写，本字未明。生活谚语有"茶三酒四遏迌二"，谓喝茶三位、喝酒四位、游玩两位作伴最佳。"力食惰作好遏迌"，则指人好吃懒做、游手好闲。

白露水恶过鬼：时令到白露之时，河水就很凉了。如说："白露水，恶过鬼。你还敢去溪洗浴"（白露水，冻似霜。这个时候你还敢到河里去洗澡）？

月怕十五，年怕中秋：一个月过了十五，月底也就快到了；一年到了中秋，年底也就很快来到了，故云。如说："月怕十五，年怕中秋。你年底爱考研，还唔猛猛开始落力复习"（十五已过月底到，中秋一过年底来。你年底要参加考研，还不赶快努力复习）。

春分秋分，日夜平分：春分、秋分的这两个节气，昼夜的时间一样长，各为 12 小时。此后，黑夜的时间就逐渐开始变短（长）、白天将越来越长（短）。按《春秋繁露·阴阳出入上下篇》云："秋分者，阴阳相伴也，故昼夜均而寒暑平。"

一些谚语则是总结节气与气候之关系的，通常被归类为"气候谚语"。例如：

云盖中秋月，雨沃元宵灯：谓中秋夜如有浓云遮月，隔年元宵可能下雨，淋湿了元宵的纱灯。沃，潮音文读 og^{4}（屋），如“肥沃”“沃野”；在此谚语中潮音读白读音 ag^{4}（恶），浇灌、淋雨的意思，如“沃水”“沃肥”“沃着雨”以及“乞雨沃到一身漉漉”（被雨淋得浑身湿透）等。

七月秋风转凉哩，八月一雨便秋天：农历七月份有雨下，天气便逐步转凉，温度开始下降；而到了农历八月份下雨的时候，更是阵阵秋意浓了。转，潮音 deng^{2}（当^{2}），转到、转向的意思。

春雾雨，秋雾晴：也作“春朦雨，秋朦露”。春天起雾，说明天要下雨；秋天起雾，尤其是夜间的露水很重，却是晴天。

秋分过后无雷响：秋分之后，就很少有雷响了，即使下雨也听不到雷鸣。我国古代将秋分分为三候：“一候雷始收声；二候蛰虫坯户；三候水始涸。”“雷始收声”就是不再响雷了。到了明年的惊蛰期间下雨时春雷乍响。所以又有“惊蛰未到雷先响，三四十日雨涟涟”的谚语，如果惊蛰之前春雷早响，一定是春雨绵绵，要连着下个把月。

八月雨水定：意思与“秋分过后无雷响”差不多，也就是说，农历八月以后就很少有雨下了。

春寒有雨，夏寒断滴，秋寒雨至，冬寒雨止：春天寒冷天有雨，夏天寒冷没雨下，秋天寒冷雨快到，冬天寒冷雨就停。我们也可以倒过来看，春雨绵绵时，一定是乍暖还寒时节，尤其是在北方；夏天因为热，加上时有台风，所以经常是大雨滂沱，一旦天气突然冷下来，反而不下雨了；秋日天高云淡，很少下雨，一旦天气突然变冷起来，可能就要下雨了；冬天里可能因为暖气流北上、冷暖气流交锋而下雨，如果暖气流退却，冷气流独霸天下，就没雨下了。

有些谚语，还与农作物的成长、收成有关，就被归类为“农谚”了。如：

雷扣秋，窟下有收：早秋时天打雷，能有下雨，晚造水稻生长期水分充足，收成一定错不了。窟下，潮音 guin$^{5-7}$ gê^{6}，高低，反正。

春发东风水涟涟，夏发东风断半点，秋发东风禾结耳，冬发东风霜满天：春天里刮东风，雨水涟涟；夏天里刮东风，雨没半点；秋天里刮东风，禾苗结长虫茧；冬天里刮东风，冰霜满天。结耳，潮音 gig$^{4-8}$ hin^{6}，禾杆上长虫茧，意思就是长虫。

田怕秋夜雨，一点一声愁：这里的秋，应该是晚秋了。晚稻成熟期间宜日不宜雨，温度宜高不宜低，因而秋季多雨必影响水稻生长和收成，农民夜里一听到雨声就发愁、唉声叹气，睡也睡不着。也作“秋分落雨，点雨点愁”。

八月八，牵豆藤，摘豆荚：农历八月风，“长荚豆”（豇豆）即将成熟，把豆藤梳理好，就可以准备摘豆角了。荚，潮音 goih^{4}（鸡^{4}）。

也有一些谚语是关于中秋节节俗的，如：

正月猜丈夫，八月猜姿嬷：正月游神赛会，男人们抬神轿、表演秧歌舞等，搞得不亦乐乎；而中秋节到了，做中秋月饼、月糕，拜月娘都是女人们干的活儿；更重要的她们还要去“观神”。据说一到中秋夜，诸神也都出来游玩赏月。于是，妇女们往往在这一天开展请神活动，有“落老爷”“观亡魂”“观篮姑神”等多种。猜，潮音 siao^{2}（小），原指“猜狗”（狂犬），俗语有“猜狗吠东风”。引申指发疯、发疯了似的。也有作“五月猜丈夫”的，五月端午赛龙舟，女人一般不能上船，都是男人干的活。故云。

个别谚语与人生经验有关，应该归类“生活谚语”，已经具有一定的哲理性了。例如：

地怕秋来旱，人怕老来磨：秋天本来就少雨，容易造成干旱，各种农作物会因为缺水而生长不良；人一上了年纪，最怕劳累过度（因为容易生病）。磨，也作“拖磨”“磨勒”，长时间劳累。如说：“地怕秋来旱，人怕老来磨，你六七十岁了，草略有好食么就勿去拖磨”（田怕秋来逢旱灾，人怕老来多劳累。你都六七十岁了，如果基本上能吃饱穿暖，就别再去劳累了）。

霜降，橄榄囥落瓮

农历九月里，有廿四节气中的两个节气——寒露和霜降，还有一个节日——九九重阳节。两个节气和一个节日的名称用普通话读一点问题都没有，但用潮汕话读，因为文读或者白读选择的原因，问题就来了。

寒露：是读 hang$^{5-7}$ lou^{3}，还是读 guan$^{5-7}$ lou^{3} 呢？各地有所不同，但按照廿四节气名称多文读的规则，则读 hang^{5}（韩）好一些。12 月的“小寒”“大寒”也读此音。“露”则是有些地方读阴去 lou^{3}，有些地方读阳去声同“路”是阳入声 lou^{7}。没有谁对谁错的问题，因为古代的“来”母（声母）字，属于半浊音，这类声母字潮汕话几乎读阴调类和读阳调类各半。所以读阴去对，读阳去也没错，就是个约定俗成的问题。农历八月份里的节气“白露”的“露”也有这样的各地异读的现象。

霜降：文读 sang^{1} gang^{3}（双杠），白读 seng^{1} gang^{3}（酸杠）。按照选择文读的规律，就得读前者之音。“霜”读 sang^{1}（双），好像也就此一例。

重阳：几乎没有人会说错，都是 dêng$^{5-7}$ iang^{5}（亭扬）。但“重”字在别的词语中会因为文白异读的选择而造成误读。如“重庆”，本来就是“双重喜庆”的意思，应该读 dêng^{5}（亭）。宋孝宗淳熙十六年（1189），宋光宗先受封恭王，后即帝位，自诩“双重喜庆”，升恭州为重庆府，“重庆”由此得名。但不知道为什么有不少地方的潮汕人都读“重庆”为 dong$^{6-7}$ kêng^{3}，这是习非成是的典型案例，就像硬是把“行书”的“行” gian^{5}（惊^{5}）读作 hang^{5}（杭）一样。当然，也有不少地方读对的，读为 cong$^{5-7}$ kêng^{3}（从庆）。香烟名字有叫“大重九”的，就有人问我，读 dua^{7} dong^{6} gao^{2}，还是 dua^{7} dêng$^{5-7}$ gao^{2}？我们得知道这个香烟品牌的名字本来的意思然后才能做出判断选择。

据相关资料介绍，1911 年农历九月初九（公历 10 月 30 日），蔡锷将军领导的“重九起义”推翻了清王朝在云南的封建统治。同盟会成员庾恩旸先生是蔡锷将军的追随者。1918 年，庾恩旸先生遇刺身亡后，其四弟庾恩锡先生在昆明创办了亚细亚烟厂，并将生产的卷烟命名为“重九”，以纪念“重九起义”。1922 年云南省第一家烟厂——昆明亚细亚烟厂生产的一种卷烟，为缅怀著名将领蔡锷将军领导的护国起义中牺牲的先烈，以“999”为牌号。1949 年改“999”为“大重九”。这就是“大重九”得名的故事。那么，我认为还是读 dua^{7} dêng$^{5-7}$ gao^{2} 比较合适，“重”读 dêng^{5}。

还有诸多的潮汕谚语与农历的九月有关。

表示气候的有：

九月秋风转凉哩：意思是九月里秋风一起，天气凉起来了。

三九乱穿衣：农历三月、九月气候寒暖无常，穿多少衣服也不定。故云。

九月狗呐日，无用姿娘理唔直：从秋分开始，日夜时长平分。此后就黑夜越来越长，傍晚的时间很短，一不留神，日头就落山了。过去没有电灯，晚上要靠点油灯的微弱光线干活，所以说，手脚不利索的妇女家务活还没有干完（理唔直），夜幕就降临了。

表示民俗的有：

九月九，风禽团，动动走：九月里秋风送爽，天气不热也不冷，干燥少雨，正是放风筝的好季节。“风禽”也有写作“风琴”的，“风禽”与“纸鹞”相对，“风琴”则与“风筝”相合，难以选择取舍。“动动走”，本来指人到处走动，这里指风筝在天上飞。

一些谚语，是与农业生产有关的。如：

九月车水，脚底皮换粟：这是农业谚语。进入九月之后的秋天，干旱少雨，但水田需要灌溉，只好用人力脚踏水车把河里的水引上田，故云。粟，潮音cêg^{4}（侧），稻谷。

九月蕹菜蕊，食赢鲜鸡腿：谓农历九月正是通心菜最当令的时候，吃起来比鸡腿还鲜美。

九月三，十月四，堤埠委崩，刣猪做戏：夏天是洪水泛滥时节，到了九月、十月，堤坝完好无损，再也不会有洪水了，总算可以歇口气了。于是，便可杀猪演戏谢神、庆祝了。

寒露稻放膘，霜降稻弯腰：寒露前后晚稻扬花，霜降前后稻穗压弯了稻秆之腰。

霜降，橄榄园落瓮：指霜降时橄榄成熟，可以收获而贮藏了。瓮，指小陶罐，其透气性好，适宜用来装青橄榄。

十月十，新米饭，胀平目

“十月十，新米饭，胀平目”说起来容易，理解起来也不难，就是农历十月初十左右，水稻晚季收成，可以饱饱地吃一顿新米饭了（米饭都填到跟眼睛平齐了）。但是要写起字来，可不容易。

首先是个“胀”字，这个字在这句谚语里读“dion^{3}/diên^{3}”，是往里填装的意思，如说：“撮米个伊胀落布袋底”（把这些米装到布袋子里）。潮汕小吃有“猪肠胀秫米”。引申指人吃饭吃得太多，如说：“胀猪肥，胀狗瘖，胀人如纸囝”（瘖，潮音 sang^{2}，瘦；囝，潮音 gang^{2}，纸囝，小纸人）。也指填塞，堵塞，骂人情理不通曰“胀屎”；消化不良、肚子胀叫“胀肚”。“胀”字读 ziang^{3}（奖）是文读音，读 dion^{3}/diên^{3} 是白读音，是一对典型的文白异读对应，如“章张长丈”等皆有文白两读；“仗杖障瘴”等读文读音，“帐账掌”则基本读白读音。

其次是“平”字。这个字潮音文读 pêng^{5}（评），如“平安”“和平”等；白读 bên^{5}，如“平样”（一样）、“平重”（一样重）、“天生人唔平，有人无囝，有人双生”；又白读 pên^{5}（彭），如“路唔平，众人平（路有不平，众人来填平。前一个“平”读 bên^{5}，后一个“平”字读 pên^{5}）。但“平”字还有一音，少有人知道，那就是 bing^{5}，连读变调以后成为 bing^{7}。有一则戏谚说：“花旦平肚脐，小生平胸前，老生平下颏，乌面平目眉，老丑四散来”，这 4 个“平”字都读 bing^{5}，连读变调以后成为 bing^{7}。一开始我也按“bing^{7}”的读音去找本字，结果找不到。看了福建闽南话的记音资料之后，才恍然大悟，bing^{7} 原来不是单字音，而是连读变调后的读音。但是有另一个 bing^{7} 则是单字音了，那就是“百赊唔如五十现，五十现唔如廿五 bing^{7}”“食 bing^{7} 使现”。这个“bing^{7}”

字的本字也不明，就音义相近，暂时写作“便”吧。

农历十月的谚语，除了这句“十月十，新米饭，胀平目”之外，还有几句表达类似意思的谚语。如：

立冬过十日，无论生共熟：指立冬再过10天左右，晚稻便熟透可开镰收割。

立冬起，生稻无生米：指立冬过后，水稻已成熟。

另外一句，是讲甘蔗的：“立冬蔗，食委病痛。”指立冬的甘蔗也成熟了，吃了不上火，不生病。有一种解释则说是立冬时吃甘蔗可以防病。

农历十月里还有一个民俗节日，叫作“五谷母生”（各地叫法可能有不同）。我老家澄海话把其中的“谷”读作 gag^4（角），所以有村民不懂，写作“五角母”，因而不知所云。“五谷母生”，即“五谷母生日”，通常在农历十月十五日，也有在六月十五日的。五谷母，是潮汕农民创造出来的五谷之神。十月中旬，晚造水稻收割，新米入瓮后，家家户户便制米粿，还特别把粿品做成“尖担”（梭子形）、“粟箩”（箩形）、“粟穗”（谷穗状），作为祭拜五谷神的特有供品。有人认为祭拜的是神农氏，可备一说。但我更愿意认为，这是农民们收成以后，感恩大自然的恩赐、分享丰收的喜悦的一个娱乐节日，不必要太当真去考究他们拜的是什么神。农民们辛辛苦苦干了大半年，除了答谢神恩，也应该犒劳犒劳自己了。五谷母生，有的地方也叫作“五谷爷生”，可想而知，农民们连所祭拜的神祇都分不清性别，更不会太在意他是什么神了。有的地方，六月、十月，也即夏收、秋收后都进行祭拜，更是答谢保佑他们五谷丰登的“五谷神”无疑了。

“五谷母”这个名词中，“谷”字读 gag^4（角），是保留古音层次的白读音，只出现在这个特殊的词语中，通常只读 gog^4（国），“五谷丰登”“稻谷”“谷雨”中的“谷”也读 gog^4（国）。“谷（穀）”字《广韵》音“古禄切”，潮汕话对应读 gog^4（国）；但也有一些字读“－ag”韵母，如“木读曝瀑”等。－og/－ag 韵母，也是一对典型的文白异读对应规律。

由此而想起《潮州志》中《方言志》（未出版）的作者吴珏的“珏”字。饶宗颐教授用普通话跟我讲起吴珏先生时，读 guó（国），与其对应的话，潮汕话应该读 gog^{4}（国），但我在汕头大学任教时的两个学生：一位是汕头人，一位是潮州人，名字都叫作 gag^{4}（角）。在网络上的朋友圈中我做了调查，读 gag^{4}（角）的占多数，有个别读 gog^{4}（国）的，更有一例读 guag^{4}（决）的。“珏”，《广韵》音“古岳切”，属“觉”韵字，与“觉”“角”同小韵（同音），所以，读 gag^{4}（角）是最符合与古音对应规律的读音。“觉”韵字中也有读 -og 韵母的，如“朴捉琢啄”等；还有个别字读 -uag 韵母的，如“浊镯”等。所以，一字三音都没错，只是选择的问题。我还是主张依据从众原则——读 gag^{4}（角）。

末了，顺便跟大家说说另外一个字的读音，就是水稻有早晚两季，普通话叫“早造”“晚造”，潮汕话叫“早 guê^{3}”“晚 guê^{3}”。“guê^{3}”与“过”同音，多数人就写作“早过”“晚过”了。其实，“guê^{3}”是“季”的白读音而已，道理很简单。“季”字属于《广韵》的见母（g-声母）至韵字，这个韵母里有少量的字潮音读 -uê 韵母，如“帅 suê^{3}、寐 muê^{6}”等。“晚”字有些地方不读 mung^{2}（门^{2}）而读 ung^{2}（稳）。

冬节年脚边，家家挲甜圆

“月怕十五，年怕中秋”说的是中秋一过，农历年也就快到头了。而“月怕廿八，年怕冬节”说的是冬至一到，春节还会远吗？

潮汕人重视过冬至，就像要给春节做个预热一样。在这一天，节俗中有不少民俗活动项目，例如“拜老公”（祭拜祖先）、“挂冬纸”（扫墓）等。其中，搓汤圆、煮汤圆、吃汤圆为最具仪式感又最好玩，也最受小孩子们的欢迎。孩子们喜欢跟着奶奶（外婆）、妈妈等一起，围坐在“粞篘”（潮音 coi^{3} ou^{5}，装糯米粉末儿的竹编平底浅沿大筐箩）边搓汤圆。但孩子们常常拿捏不准，搓出来的汤圆有大有小，大人们也不怪责，戏称“父团公孙圆”。这时候，*N* 代同堂，家庭和睦，其乐融融啊！

从方言学的角度看，在这个节俗中，我们发现有几个有趣的语言现象值得说一说。

第一个疑问是汤圆的“圆”字读 in^{5}，与猪肉丸、牛肉丸、鱼丸、药丸的“丸”同音不同字。一开始我觉得奇怪，都是大小差不多的圆形的颗粒，为什么“冬节 in^{5}”写“圆”，而“肉 in^{5}”“鱼 in^{5}”“药 in^{5}”写“丸”呢？

有疑问就得寻求答案，查《广韵》等古代的韵书，“圆”是开口呼的“仙”韵字，韵母读 -in 是符合白读音规律的，如“鲜 cin^{1}、钱 zin^{5}、棉 min^{5}、沿 cin^{5}”等。“丸”是合口“桓”韵字，音“胡官切”，与“完”同一个小韵（同音），读 in^{5} 不符合规律，读 uang^{5}（员）就对了，是文读音，如“完 uang^{5}、端 duang^{1}、豌 uang^{1}、团 tuang^{5}、冠观 guang^{1}、宽 kuang^{1}、番 huang^{1}”。所以，我猜测，in^{5} 是“圆”字的读音，

uang^{5}是“丸”的读音，一 uang^{5}塗（一团泥巴）的 uang^{5}倒可以写成“丸”。而“肉 in^5”“鱼 in^5”“药 in^5”本来应该写作“圆”的。现在写作“丸”，但训读为 in^5（圆），张冠李戴、习非成是了。只有“秫米圆”“甜圆”的“圆”是写对了的。

第二个疑问是冬至为什么变成了“冬节”。这不是字音的问题了，这是偷换概念的“换字”问题了。冬至是个节气的名词，讲的是一年的“冬天即将过半”。冬节，说的是“冬天的节日”。什么节日呢？其实就是以前的“过年”，所以是大节日。殷周时以冬至前一天为岁终，所以潮汕一些地方还有“封冬”的习俗。在中国很多地方，民间有“冬至大如年”之说，粤语区也有“冬大过年”的说法。与潮汕人、闽南人的吃汤圆不一样，东北、河北、河南等北方地区则有冬至吃饺子“过小年”的习俗。冬至是过小年，是节日，因而叫冬节。

潮汕人“过小年”的最绝的民俗就是“食过冬节圆，就算大一年（岁）”。小时候年龄算“虚岁”，冬节一过，长辈们就为我们加一岁了。而家家户户，家中必定要留下“圆粞［coi^3］”，等因各种缘故未能回家过冬节的亲人回家时再“搓圆”，为他们煮上一碗甜甜的“圆”，这就意味着你终于回家团圆了！很有仪式感，也很温馨，让你觉得有一股浓浓的亲情贯穿全身的血脉。我在韩师任职时到香港去拜访过韩师杰出校友、著名摄影家陈复礼先生，还享受了这种至亲骨肉的待遇——一碗甜甜的汤圆还窝了一个鸡蛋。至今一想起来，心里还是暖洋洋的。

很多家庭除了在家里祭拜祖宗之外，还要上山去扫墓祭拜先人。与清明节的扫墓——“挂春纸”相对而言，民间称冬至扫墓为“挂冬纸”。（“挂”音 guê^3）。

冬节回家“过小年”的习俗，古已有之。所以，人在旅途、回不了家的骚人墨客就喜欢抒发思乡的愁绪。如白居易的《邯郸冬至夜思家》诗：

邯郸驿里逢冬至，抱膝灯前影伴身；
想得家中夜深坐，还应说着远行人。

如果在外头混得不怎么顺溜，生活过得比较艰苦，这“伤冬”的情绪就更加强烈了。如杜甫的《冬至》诗：

年年至日长为客，忽忽穷愁泥杀人；
江上形容吾独老，天边风俗自相亲；
杖藜雪后临丹壑，鸣玉朝来散紫宸；
心折此时无一寸，路迷何处见三秦。

关于冬节，还有一些潮汕谚语。如：

未食冬节圆，孬算过一年：强调的是回家吃冬节圆（团圆）的重要性，这是节俗谚语。

冬节乌，年夜元宵酥；冬节红，年夜元宵澉：这是预测气候的谚语，与“云盖中秋月，雨沃元宵灯”同类。这则谚语说的是“如果冬节天黑（乌）下雨，大年夜到元宵就可能是晴朗（酥，干爽）的天气了；反之，如果冬节出太阳（红），大年夜到元宵就可能要下雨（澉，音 dam^5，湿漉漉的）了”。

还有一则搞怪的歇后语与农历十一月有关：十一月十五日当头——无影。潮汕地区位于北回归线穿过的位置（桑浦山脉的鸡笼山上建有北回归线标志塔），冬至正午，太阳当空，照不出人影来。“无影”谐音双关指没有事实根据，也叫“无影迹”或“无影无迹”。例：“伊呾个话个是无影个，你孬相信伊”（他说的话是没根据的，你不能相信）。

父是天母是地，食着果子忆着枝

潮汕女人在外面芳名远播：相夫教子、贤惠温柔、尊老爱幼、勤俭持家，入得了厨房（做得一手好吃的潮州家常菜和潮式小吃），出得了厅堂（气质温婉优雅，待人礼貌周全）。不少外地青年做梦都想娶个潮汕姑娘做老婆。但潮汕男人的名声似乎不太好，大男子主义恶名昭著，搞得外地妹子与潮汕男青年谈恋爱，家长知道了都得劝其三思而后行。幸亏咱潮汕姑娘们深知潮汕男人“大男子主义”背后的“三昧”，还是很想嫁给“家己人”，不然潮汕的男青年光棍就多了去了。

其实，潮汕的男人成家立业之后，男人的家庭责任感是非常强的，爱老婆爱小孩是他们的义务，潮汕话叫作“惜嬷惜囝”。男主外、女主内的家庭分工是比较明确的：劳动生产和家务中的重体力劳动、跟外面打交道的事情，男人承包，潮汕男人通常是不会让女人到外面去风吹日晒干粗重活儿的，有怜香惜玉之意，其实是一种男人的担当；而操持家务、伺候长辈、培养孩子、圈养家畜家禽、抽纱刺绣、织网、做女红，甚至包括家庭理财的事情则由女人承包。俗语云：“无用姿娘看不见初三月。”说的就是家务繁重，手脚不利索的女人整天忙个没完没了。等到干完活儿了，连月亮都看不到了（初三的月亮比较早升起）。

所以，男人从外面干完活、办完事回家，就很少参与到家务中去，而是在沙发上“葛优躺”着，“阿父阿父”地看着报纸、电视（以前），或者玩着手机（说的是当下）。一般来说，妻子也不会让自己的丈夫干家务活儿，围着灶台转的男人有什么出息（大厨除外）！就是丈夫想帮一手，婆婆也不高兴，何必惹她老人家呢？

这大概就是潮汕男人“大男子主义”的由来，是家庭分工划界太清晰造成的，也可以说，是潮汕女人把男人给“惯”出来的！其实这是潮汕女人的智慧之处：用精心烹饪的家常潮菜的美味和花样常常翻新的各种小吃吸引着男人的胃口，也牢牢地拴住了男人的心，同时又给自家的男人长脸（在家从来不用干家务）！其实，潮汕男人疼老婆的是绝大多数，有“惜嬷大丈夫”（懂得疼老婆的才是男子汉大丈夫）、“拍嬷唔成祖”（打老婆的男人成不了器）的谚语为证。有一些丈夫还有做潮菜的必杀技，不少家庭如果要在家里请客吃饭，“养兵千日用兵一时”，丈夫这个时候就“闪亮登场”，掌起大勺来了（弱弱地声明：我不是这种男人，但我老师是），老婆只是洗葱剥蒜、端碗送碟当下手。

当然，在封建的男权社会里，父亲的社会地位是女人不可替代的，对于家庭和宗族来说，父亲的地位还是高于母亲的，这种封建思想的残余在潮汕社会里是有所反映的。最恶俗的就是女儿不是“丁”，不能上族谱。现在开明一些的宗亲族谱，女儿终于可以登记进去了，但出嫁后也就没有下文了。

在语言上，重父/男轻母/女的最突出的表现，就是潮汕人的惊叹语不像别的地方说“我的妈呀”，而说“我父哙”！哭爹喊娘，潮汕话可以说“哭父哭母”“哭父死母”“叫父叫母”“痛父痛母”等，也可以单说“哭父”，但从来也不单说“哭母”。

“哭父”的意思原来是父亲去世了，为其哭丧；引申指乱喊乱叫，或者提意见、控诉等。如果胡说八道，或者事情胡乱搞，可以说“四散哭父”（也省略为“散哭父”）。歇后语有“青盲把衣［ui¹］——散哭父”，字面上的意思是瞎子哭丧，把别的死者当成自己父亲给哭拜了，实际上是胡说或者乱搞的意思。如说：“你勿听伊在散哭父，无影个事”（你别听他胡说八道，没影儿的事）。又“你只生四散哭父物，去底块物会直”（你这样胡搞乱搞一气，哪能搞成呢）？

如果被人冤枉、欺负了而投诉无门，没有人帮助出面主持公道，则说“无父好哭”，或者“哭无父”，而不说“无母好哭”。如说：“你孬去惹伊，勿乞伊拍了无父好哭”（你别惹他，别挨打了都没地方诉苦去）。

另一个俗语叫作“无脸当死父”，而不说“无脸当死母”，也突出了父亲在家庭的顶梁柱地位：父亲死了，顶梁柱折了，家庭的大屋就可能会塌掉。而丢脸事有多大？就像家里死了父亲那么大件事！由此也可见潮汕人的“好脸”（死要面子），“失脸”（没面子）乃至“无脸”（脸面丢尽）真的要不得！

好囝免用加，加囝饿死父：这是一种优生优育的意识，在喜欢多生男孩的潮汕社会里能存在显得特别难得，意思是说优秀的孩子不用多，有一两个足矣，孩子太多了会饿死父亲的，就愣是不提饿死母亲。其实，家里缺吃少用的时候，母亲都会把饭让给丈夫和孩子们吃，而宁愿自己挨饿，这是过去年代潮汕农村里的普遍现象。从小在农村里长大的我，这种事情看多了，也深深感受到潮汕女人的平凡和伟大。生儿养老应该养的是双亲乃至祖父祖母，但成语里就只提男人了，省略女人。

三岁拍父父欢喜，饲大拍父无道理：孩子小时候和父亲打打闹闹那是“儿戏”，是天伦之乐；但长大了打父亲，那就有逆孝道，是不孝之举。母亲呢？孩子可都是母亲带大的呀，“儿是母亲心头肉”，但此处母亲免提。

父老囝细：男人娶妻太迟，四五十岁才娶妻生子，会被形容为“父老囝细”（父老子幼），但不说“母老囝细”。

在家听父兄，出门听鲋声：父亲是家庭的主心骨，男人在家里有绝对的话语权，所以家里的大事还是要听父亲或者长兄的；出门在外，就得听上级的命令了。鲋，螺号。潮音 bu^{1}（富^{1}），一种海螺。

食父兄，趁私家：吃着家里的饭，赚了钱归自己所有。这是一种现在叫“啃老”的行为，但谚语把家里的财物都归父兄（男人）了，好像没有女人（母亲）的事。其实，潮汕绝大多数家庭中，男人的财物是归母亲管理的，保险柜的钥匙掌握在母亲手里哩！

当然，潮人的社会意识里，更多的还是父母同权的。而且，儒家所讲的孝道，在潮汕社会里，是深入民心的。例如：

父是天，母是地，食着果子忆着枝：指父母养育之恩永世不忘。

天下无不是父母：“不是”，不对的，意即：天底下没有不对的父母，说成“天下无不是的父母”就好理解多了。这乍看起来好像是一种封建伦理观念，其实讲的是孝道。父母亲即使有不对的地方，做儿女的也要讲究用下对上的方法来跟他们讲道理，和颜悦色地指出他们的“不是”，而不能随意顶撞，更不能“瞒父骗母”，乃至“舍父头母骨”，给父母丢人。上面说了，无钱事小，无脸事大，大过“死父”！

家中团圆讲究的是“父儿母团”都齐全，教育孩子讲究的是父母做好榜样，以父母的一言一行来影响孩子，达到潜移默化、润物无声的效果。潮谚谓之：“临檐水，点点滴，滴滴无差池。”故云：“父母严条，囝弟粗臬。”父母教育手段太凶恶，常打骂孩子，孩子长大了也养成粗暴的恶劣习惯。还有更具体的：“父母斗咬，拏囝相捞”，谓父母整天吵架，孩子也学会斗殴。

看来，祖先遗传下来的东西，是“有好有孬”，泥沙俱下，优劣俱传。所以，如何根据社会的进步来分辨优劣，然后扬优汰劣，做到真正传承和弘扬优秀的传统文化，就是一件很有当代意义的事情了。

孥哙，你底天时开书？

在澄海老家，冷不丁听到一老一小这样的对话：

奶奶用潮汕话问："孥哙，你底天时开书？"

孙子半潮半普答："阿嬷（潮汕话），我们元宵后开学（普通话）。"

奶奶潮语自言自语："只回开书愈来愈慢，正月十五过正开书。"

我突然意识到：70多岁的奶奶是个听懂普通话的母语方言使用者，而读小学的10来岁的孙子则已经是个双语者了；而且，普通话是放在第一位了。潮汕话作为母语方言的重要地位，在孙子这代人身上已经动摇了！

由是，引起了我写这篇文章的冲动。

让我们以读书、上学及其相关的词语为主，来看看这祖孙两代人年龄差——60年来所发生的变化。

第一，是词语的更替。老一代词语被新一代的词语取代了，慢慢淡出语言生活的江湖了。如：

学堂—学校	开书—开学
上堂—上课	落堂—落课/下课
去学堂—上学	放下—放学
偷走书—逃课	歇假—放假
先生—老师	先生娘—师母
书册—书/课本	自来水笔—钢笔
膏笔—圆珠笔	墨笔—毛笔
树泥—橡皮筋	泥揊—橡皮擦

中学和大学里还把逃课叫“翘课”，大学里则把不及格叫“挂科”。

第二，是旧词语的消失和新词语的产生。过去使用的一些东西不用了，一些思想观念过时了，代表这些东西和思想观念的名词也就消失了；相反，随着社会的发展进步，一些新事物和思想观念产生，代表它们的词语也就相应产生了。如：

戒尺：旧式私塾教育，教书先生手中的戒尺是学生最害怕的“凶器”。但现在不能随便体罚学生了，戒尺也只能丢进历史的垃圾堆了。

农忙假：过去每逢夏、秋的水稻收割季节，学校都要放“农忙假”，师生们都要到农村参加生产劳动，小学生最常干的活儿就是拾稻穗（北方是拾麦穗）。一边拾稻穗一边捉小青蛙什么的，好玩得很。现在没有了我觉着有点惋惜，现在的孩子们五谷不分、农业知识很少，也没有得到体力锻炼。

敲钟人：这是以前学校里一个很神圣的岗位。敲钟人必须保持十足的精神来盯着时钟，准时敲钟以保持上课下课的正常进行。现在都以电脑设定指挥电铃了，敲钟人这个岗位和名词也就消失了。也许还有些学校仍在以传统的敲钟方式进行着，在韩山师范学院的西校区，还有一口挂在树杈上的铜钟，紧张工作之余，我常常沉醉在它那余音绕梁的悦耳的回响之中。

板书：过去是老师们必须练好的硬功夫。首先是要求写得一手工整（能漂亮更好）的黑板粉笔字，然后还得进行黑板版面的“板书设计”。但现在基本上是被电子课件（PPT）取代了。

新词语的产生就多了去了，如涉及读书的数码技术词语就可以举出一大串来，电子笔、电子游戏、数码屏幕、PPT、微课、慕课、网课等。

第三，是词语仍然存在，但读音发生变化了。这方面大家可能不太注意，但其实是一种正在悄悄地进行着的、向普通话读音靠拢的变化。如：

放假：我小时候，口语说 bang^3 gê^3，现在叫 bang^3 gian^2，其实都是“假”字。

锄头：现在多读 co^5 tao^5，因为“锄禾日当午”和“除草”的“锄”也读co^5。但很少人知道农民把锄头叫 de^5 tao^5。除草的农具叫

“草 te^{5}”，te^{5} 其实也是锄字。

整齐：现在读 zian^{2} ci^{5}，很少有人读 zian^{2} zoi^{5} 了。

唱歌：现在都读 ciang^{3} go^{1}，很少人把它与 cio^{3} gua^{1} 联系起来了。

那些作为姓氏用的旧读音，除了本人之外，很少有人保留旧读了。如：

戴（笠）：do^{3}（倒）—dai^{3}（贷）

高（玉宝）：go^{1}（糕）—gao^{1}（沟）

颜（真卿）：ngang^{5}（言）—nguang^{5}（元）

费（孝通）：bi^{3}（秘）—hui^{3}（废）

面对上面所述的种种变化，不少人忧心忡忡，惊呼潮汕话就要消亡了！我倒没有这么悲观，语音和词汇的变化、旧词的消亡和新词的产生、一个甲子新老两代人之间的“语言代沟”都属于正常现象。重要的是，要让孩子们把方言作为母语来学习和保持，学会流利地用母语方言作为交流和思维工具，也因此能够对方言所承载的文化，如戏剧、歌谣、小品、相声等感兴趣。要让方言区的青少年在成为双语人之后，能够保持母语方言和普通话各司其职的平衡性，而不是方言使用的逐步减少而让位于普通话，最后成为一个毫无根底的书面化普通话的单语人。

方言的本字及其考证方法

潮汕方言中有不少“无字可写”的音节，这种情况不是现在才发现的，张世珍先生在编著《潮声十五音》字典时就慨叹：“至有空音，或有音而未识其字，又或有音有字而录之未备者，皆留以待。”这段文字见于该书前言，时间是光绪三十三年（1907），是该书正式出版时间——民国二年（1913）的6年前，说明正是他在编著时的苦恼和遗憾。

民国三十二年（1943），考证潮汕方言本字的开山之作——翁辉东（子光）的《潮汕方言》面世。作为潮州籍贯的学者，他首次引用了当时学界绘制汉语方言地图的成果，采用了“潮汕方言”的名称。其《潮汕方言·自序》云：“纪元之廿二年，上海申报六十周年纪念，印行丁文江、翁文灏、曾世英《分省地图》，有言语区域页，题曰‘潮汕方言区’（潮州十属，及于厦门）。审潮汕方言，于国家版图，占一位置。”在这篇自序中，翁辉东先生也指出：潮语“因流俗相传，只存声音。执管操觚，不知所谓”。

但是，潮汕方言的一些音节，真的“无字可写”吗？答案是也对也不对，即一些音节，确实“无字可写”，需要我们造字或者借用现成汉字，如少数民族语言的底层词、外来借词、象声词等，但有不少音节是“本有其字”，只是由于几千年来汉字读音和词义的变化发展而使古今的读音和词义已经有了很大的差别，使得我们的读音和词义“对不上号”，不敢认亲。正如丁福宝在《潮汕方言·序》中所云：“古音古语多出自村夫竖子之口。……而潮之寡识者，不推原始，反自怪其语言为无字。外人不察，和而同之。”

那么，这些“有字”可写的“字”究竟是什么字呢？其实就是丁福宝先生所说的“古音古语”保留下来的古语词。这些字方言学上叫作“本字”，在方言写作上多叫作“正字”。

“考本字”是每一个方言研究者的必学课程，我在中山大学中文系读研究生的时候，恩师李新魁教授就手把手教我做《潮汕方言词考释》。他跟我讲，考本字要具备几个方面的知识。

一是对所要考本字的方言有一个比较全面的了解。最好有古代音韵学的常识，懂得古音与方言的语音对应规律，如古音的某某声母，在潮汕方言中读成什么声母；古音的某某韵母，在潮汕方言中读成什么韵母；中古音的平上去入四个调类，在方言中演变发展成多少个调类，变化的对应规律如何；等等。所以，我做的基础训练是：第一，把广韵 36 字母、205 韵部和 4 个声调做成韵表，并背诵熟悉；一些常用字的反切，也要背诵，并知道它们在《广韵》中的音韵地位；第二，把《广韵》的声母、韵母和声调与自己的母语方言列表做比较，把《汉语方言调查字表》中的几千个字全部列进表格里面。这样就能对方言与古音的对应关系一览无余了。

二是遍览古代文献，从文献资料，包括古代韵书中找到词义与方言词义相同或者相近的词语。换句话说，就是考证出来的本字，要有古代文献曾经出现过的例子。我们过去是通过读书，找到例字后用卡片抄录下来。所以，我做《潮汕方言考释》的纸质卡片有好几箱，应该有几千张。现在的古代经典著作多数都有电子书，大家可以利用电脑的搜索功能输入关键词进行检索，词语的出现频次及其所在的章节和例句，都可以得到，太方便了。当然，电子检索没有读书的文化积累效果，这又另说了。

三是最好有其他兄弟方言的相同例子来做旁证，例如闽语的其他方言点，或者同为南方方言的吴语、粤语和客家话。例如：

窦［dao^3］：猪、鸡、狗等的窝，如“猪窦”“鸡窦”“狗窦”，成语有“猪铺狗窦”，喻人床铺不整洁，像猪狗之窝。《说文·穴部》：“窦，空也。”段玉裁注：“空、孔，古今语，凡孔皆谓之窦。”空，潮音 $kang^1$（康），即洞穴。《广韵》去声侯韵：“窦，空也，穴也。”古人凿洞穴以为狗出入之路，故称“狗窦”。《世说新语·排调》：“张吴兴年八岁，亏齿，先达知其不常，故戏之曰：‘君口中何为开狗窦？’张应声答曰：‘正使君辈从此中出入。’”《乐府诗集·梁古角横吹曲·紫骝马歌辞》：“兔从狗窦入，雉从梁上飞。”潮汕话引申之而指狗窝，并扩而及之其他动物。又窦字作姓时音读 dou^6，与此音义皆异。

清［$cing^3$］：寒、冷。如：“天时清死（天气很冷）”“清糜清饭（冷粥冷饭）。”《说文·冫部》：“清，寒也。”《玉篇·冫部》：“清，七性切，寒也，冷也。”字亦作瀞，《说文·水部》：“瀞，冷寒也。楚人谓冷曰瀞。”《广韵》去声映韵：“清，冷也。”《世说新语·排调》“何乃清。”刘孝标注：“吴人以冷为清。”宋·程大昌《演繁露》六：“今乡俗状寒冷之状曰冷清清。”《广韵》映韵字潮汕话有读 ing 韵母者，故“清”潮音可读 $cing^3$。

以上三个条件中，一、二尤为重要。语音对应规律不驯熟，便会只顾找同义词或者近义词，而失之于语音，找出个词义相同或者相近而读音根本不同的字来；反之，只顾语音对应而找不到文献资料作为佐证，则容易误入同音字、音近字陷阱。举《潮汕方言》的几个例子说明一下：

浓：俗谓汤液之多滓者曰“罗”，应做“浓”。（卷二·释言·单字）“浓”字词义是浓厚，而不是浑浊，语音上由 $long^5$ 转 lo^5 也比较勉强。本字应该是“醪”，《广韵》平声豪韵音“鲁刀切”，音为“浊酒”，引申而为“浑浊”，有不少文献用例可作佐证，音义均合。

威风：清代官吏出衙，排列皂隶，……自呼曰“与阿”……。（卷三·释言·两字）“威风”俩字，与 e^1 o^1 读音相去甚远，词义也比较牵强。o^1 的本字应就是“阿”。《水经注·洧水》：“（孔）嵩字仲山，……贫无养亲，赁为阿街卒。”“阿街卒”就是潮语所说的 e^1 o^1（e^1 我怀疑就是个词头，也即前缀）。

本字的类型及其应用

上一篇文章，我们谈了考证本字的方法：语音和词义的对应规律、古代文献用例、兄弟方言的佐证。用这样的方法，我们考证出来的本字，大概可以分为两大类：

第一类，是常用字，只因为语音变化太大而不知其古代读音了，因而音义对不上号，通常我们只知其一，不知其二。例如：

潘：通常我们只知道是个姓氏用字，读 puan^{1}，如：潘光旦、潘懋元等。但它还有另外一个读音 pung^{1}（奔），指淘米水、泔水，如：“农民用潘饲猪”（农民用泔水养猪）。这是个很古老的词义，《左传·哀公十四年》：“遗之潘沐……”杜预注：“潘，米汁，可以沐头。”《礼记·内则》：“面垢，燂潘请靧。”《齐民要术·种蘘芹荷》：“芹……尤忌潘泔及咸水。”《说文·水部》：“潘，淅米汁也。”

下、矮、低：潮汕方言统称为 gê^{6}（家，阳上），群众谓“无字可写”。其实“gê^{6}”即“下”字。先从词义看，“下”有低矮义。《礼记·乐记》：“天高地下。”《尉缭子·天官》：“然不能取者，城高池深，兵器备具，财谷多积……；若城下池浅守弱，则取之矣。”宋·王安石《即事十五首》诗之七：“纵横一川水，高下数家村。”各例中之“下”均与“高”相对而言，指低矮无疑。现在仍用的成语“不分高下”的“下”也是此义。字义对上号了，读音又如何呢？表示低矮一义，潮音读 gê^{6}。“下”字中古为“匣”母字，“匣”母字上古归“见溪群”，因而潮音中多保留 g－声母的读法，如“糊（香糊）峡（三峡）挟黠滑猾”等均是。由此可证“下”能读 g－声母，就是 gê^{6} 的本字。

第二类，本字是难僻字，平时就少见的，所以真的是“以为无字”。例如：

豭［go¹］：猪豭，潮语指配种公猪，俗语有“牵猪豭，放绫索”。古汉语指公猪，《左传·隐公十一年》：“郑伯使卒出豭。”孔颖达疏：“豭谓豚之牡者。”《史记·秦始皇本纪》：“夫为寄豭，杀之无罪。”司马贞索隐：“豭，牡豕也。”《说文·豕部》：“豭，牡豕。”段玉裁注：“《左传》：‘野人歌曰：“既定尔娄猪，盍归吾艾豭。’”此豭为牡豕之证也。”豭原为公猪，后来引申指动物的雄性，《广雅·释兽》：“豭，雄也。”《史记·仲尼弟子列传》：“子路性鄙，好勇力，志伉直，冠雄鸡，佩豭豚。”豚者，猪也，豭豚，公猪也。潮汕话言之“猪豭”，犹言“猪公”。又“豭”上古音属鱼部，鱼、歌两部字潮音多混读，故“豭”字读同歌部字，音 go¹。

本字考证出来了，是不是方言写作时就一定能够用上呢？问题没有那么简单。

根据我自己的经验，可以分成五种情况。

一是本来就没有字写，考证出来的本字又不难写（字库里有字）、又不会与现行的词义产生误会的，那么就用这个字，没有问题，像上面的“潘”“下”，上一篇文章所考证的“醪”“清”等字，还如“呼”（kou¹，呼鸡呼狗）、“夫”（bou¹，轿夫）、“妇”（bu⁶，新妇）、“翁”（ang¹，丈夫：翁姐；公鸡：鸡翁），等等。

二是难僻字，电脑、手机里不容易打出来，平时又用惯了的方言字或者同音字，被高度认同的，恐怕难以用上了。例如上面的这个“猪豭”的“豭”字，整个闽南区域里方言写作都基本写作“猪哥”了，要让群众接受“豭”字，恐怕不容易。

又如，毛毛虫，潮语叫 ci³ 毛风虫，本字是“蛓”。《说文·虫部》：“蛓，毛虫也。”段玉裁注：“今俗云刺毛者是也……毛能蜇人。”《广韵》去声：“蛓，毛虫。”七赐切。与“刺”同小韵，音义皆与潮汕话相合。但现在更多的人恐怕愿意写作“刺毛风虫”了。

三是本字虽然是常用字，但因为原来用训读字习惯了，也很难再写回来了。例如：

“人类”“人民”的“人”读 nang⁵。但“人”不是“nang⁵”的本字，其本字是“侬”。“工人”“敌人”的“人”读 ring⁵，才是“人”的本音。

“一二三”的“一”读 zêg⁸，也不是“一”的本字，本字是“蜀”。“蜀”是“独”的古字，《尔雅·释山》：“独者蜀。”晋·郭璞注：“蜀者孤独。”独也是单一的意思。所以可用“一”来互相训释，《方言》卷十二：“一，蜀也。”又《广韵》入声烛韵“蜀”音“市玉切”，禅母字潮汕话有不少读 z 声母的，如“薯十石上拾什”等；又烛韵字多读 êg 韵母的，如“烛局玉踢”等。故“蜀”字潮音正好读 zêg⁸。“一”字《广韵》入声质韵的反切，潮音读 ig⁴（乙），“第一”“一流”等词读此音，是其本音。我看也只能继续写训读字“一”了。

四是有已经用习惯的方言字，你把本字找出来了之后，本字又是个有别的词义和读音的常用字，容易发生混淆，也只能继续使用方言字好了。例如：

tai⁵（台），意思是宰杀，方言字写作“刣”，已经人尽知之了。但其本字是“治”，《广韵》澄母平声之韵音“持之切”。“澄”母字读 t－声母的如“澄滞储柱痔锤槌”等；“之止志”韵字潮音读－ai 韵母的很多，如“狸狐里滓柿使驶”等。故“治”的“持之切”一音正与潮音 tai⁵ 相合。又“治”字从“台”得声，亦读 tai⁵ 也。“治”的宰杀义，文献也多有用例。《说文解字·刀部》：“刈，楚人谓治鱼也。”北魏·贾思勰《齐民要术·炙法》第八十“做饼炙法”：“取好白鱼，净治，除骨取肉，……”此为“治鱼”。又《齐民要术·炙法》第八十“衔炙法”：“取极肥子鹅一只，净治，煮令半熟……”《古小说钩沉·祥异记》：“（元稚宗被缚至一寺）一僧曰：‘汝好猪，今应受报。’便取稚宗皮剥脔截，具如治诸牲兽之法。”又，客家方言也保留“治”的这个音义，可为佐证。

五是本字有两个甚至两个以上的，也就是说，符合古今语音对应规律，而词义相同或者相近的字不止一个，甲先生考证了 A 本字出来，乙先生考证了 B 本字出来。那我们选用哪个本字往往带有主观性，也很难说谁对谁错。例如：

guin[5]，高的意思，福建闽语专家早先考证为“悬”。“悬”有高悬之意，再引申为高。“悬”字的声旁是“县（縣）”，音 guin[7]，与表示高的 guin[5] 语音相近。但我考证了另一个字——“危”。首先，从词义上看，“危”有高义。“危”字从人在厂（危崖）上，本来便是高而危险之意。文献也多有用例，如《国语·晋语八》：“拱木不生危，松柏不生埤。”危，高；埤，低下。《庄子·盗跖》：“使子路去其危冠，解其长剑。”陆德明释文：“李云：‘危，高也。’”危冠，即高冠。唐·李白《夜宿山寺》：“危楼高百尺，手可摘星辰；不敢高声语，恐惊天上人。”危楼，高楼也。唐·白居易《春日题乾元寺上方最高峰亭》诗：“危亭绝顶四无邻，见尽三千世界春。”危亭，即建于峰顶的高高的亭子。由此可见，“危”作高解是没有疑问的。那么，“危”在“危险”义项中潮音通常读 nguin[5]（伪，阳平），又能否读为 guin[5] 呢？我们认为也是能够的。“危”中古音属“疑”母，“疑”母同“见”母上古音关系密切，“疑”母本身就带有同部位的塞音成分，不少专家的拟音是 gng。因而“疑”母字有一些读 g－声母，可能是上古音的遗存。

但是，无论是“悬”还是“危”，现代汉语都是有其他读音的常用词，现在用来表示“高”的意思都不太合适，于是，我们又找到一个跟“危”读音相同而词义为“高貌”的“峗”字，觉得用它来表示“高”的意思更合适。

像这样的一个词考证出几个本字的例子还如表示多的 zoi[7]，有“夡”“济”“穧”等本字；表示站立的 kia[6] 有“徛”“企”等本字。像这样的情况，我们只能二选一或者 N 选一，但每一个人选的字都可能不一样。

综上所述，考证出来的本字在方言写作中并非一定能够使用，主要是考虑到学术性与群众性相结合的原则。使用本字而不造成词义误解和书写（打字录入）困难的尽可能用本字，但使用本字而群众不容易认识其词义和读音，反而词义容易产生误解的就只能不用了，毕竟考释本字是个学术问题，方言写作用字则是个应用问题，两者要协调好。写出来的字，字音和词义群众容易读懂，能够接受并广泛认可才是真的好。

方言的训读字及其在方言写作中的处理

方言的训读字，指“用方言口语常用词的字音去读另一个意义相同或相近的字”的现象，是一种字形、字义与字音之间张冠李戴的现象。训读，是个借自日语汉字读音的专门术语。

汉语方言中，训读字最多，或者说，读音张冠李戴最严重的是海南闽语。海南闽语读“首”为“头”，读“黑”为“乌”，读“思”为“想”，所以，“首次”就变成“头次”，“黑板”就变成“乌板”，让人哭笑不得的是“思想”变成“想想”。1984 年，我拜读梁猷刚老师的《琼州方言的训读字》① 时，觉得太不可思议了，琼州话中训读字居然在 100 个以上。我以为只是口语中这样说，难道书面语也会这样读吗？我真的有点怀疑。当时我正在撰写硕士论文《粤西闽语雷州话研究》，去雷州做田野调查的时候就顺便坐轮渡跨过琼州海峡去调查一下琼州话，才知道对着课本老师也是这么按训读音来教学生读书的。难怪能代代相传下来呢！

回到汕头大学工作以后，我就依样画葫芦调查了粤东闽语，果然发现也存在不少训读字，虽然比海南闽语少一些，但也只是五十步与一百步的关系而已。如读“夜”为“暝”[mên^{5}]，读“昔”为“早”[za^{2}]，读“亦”为“也”[ia^{7}]，读“打”为“拍”[pah^{4}]，读“人”为“侬”[nang^{5}]，读“脚”为“骹”[ka^{1}]，读“一”为“蜀”[zêg^{8}]，读“欲”为“爱”[ain^{3}]，等等。上面举例中的首个字就是训

① 梁猷刚：《琼州方言的训读字》，《方言》1984 年第 2 期。

读字，后一个字就是训读字读音的本字。也就是说，是前面的字（A）借了后面的字（B）的字音来读。然后，“荆州借久成已业”，大家就习非成是，以为就是这个字的读音了，B 就附体于 A 了。

按照我对训读字的研究和梳理，大概可以分成两大类。

第一类，训读字（A）和本字（B）都是常用字。如读“昔”为“早 za²”，“昔日”变成“早日”（本来应该读“色日”）；读“缓”为“慢 mang⁷”，“缓慢”变成“慢慢”（本来应该读“反慢”）；读“返”为“转 deng²（肠²）”，“返回”变成“转回”；读“航”为“帆 pang⁵”，“航行”变成“帆行”（本来应该读“杭行”）。这样的话，“返航”就变成“转帆”；读“欲”为“爱 ain³”，“欲望”变成“爱望”（本来应该读“育嫚”）；读“二”为“两 no⁶（努⁶）”，“二两”变成“两两”；读“丸”为“圆 in⁵”，“药丸”就变成“药圆”、“汤圆”就写成“汤丸”了。如此等等，不一而足。

第二类，训读字（A）是常用字，而本字（B）是古汉语字（词）。群众真不容易知道 B 和 A 之间的训读关系。例如：

读“夜”为“暝 mên⁵ 或 mên⁷”。《原化记·陆生》：“黑雾数里，白昼如暝。”《太平广记·陈鸾凤》：“（陈鸾凤）知无容身处，乃夜秉炬，入于乳穴之处……，三暝后返舍。”更早的古字是“冥”（“暝”是后起字）。《诗·小雅·斯干》：“哕哕其冥，君子攸宁。”汉·郑玄笺：“冥，夜也。”汉·枚乘《七发》：“冥火薄天。”“暝”字，南朝·梁·顾野王《玉篇·日部》有“莫庭、莫定”二切（释义为“夜也”），这两个读音正与潮音阳平、阴去二音相合。由此可见，把“夜”字读为 mên⁵ 乃是训读。“夜”字《广韵》音“羊谢切”，潮音切 ia⁷（也），与 mên⁵ 或 mên⁷ 之音相差几铺路。

读“涸”为“洘 ko²（可）”，潮州韩江边有“ko² 溪塔”，写作“涸溪塔”。其实，“涸”是训读字（A），“洘”才是本字（B）。俗语还有“水洘鱼相掟”（水位低了水少了，鱼在水里游时就互相碰撞，比喻人在条件不好时就会出现互相挤对等现象）。《广韵》上声皓韵：“洘，水干。”苦浩切。皓韵字潮音白读为 -o 韵母，如“抱讨脑（头脑）恼（烦恼）嫂倒草（草书）枣稿”等，故“洘”潮音 ko²。“涸”，《广韵》

入声铎韵音“下各切”，潮音读 hag[4]（喝），读 ko[2] 明显就是训读了。

读“糯”为“秫 zug[8]（卒[8]）”，《说文·禾部》：“秫，稷之粘者。”清·段玉裁注《九谷考》曰：“稷……其粘者黄白两种，所谓秫也……而他谷之粘者，亦假借通称之曰秫。陶渊明使公田二顷，五十亩种秫。稻之黏者也。崔豹《古今注》所谓秫为黏稻是也。”晋·陶渊明《和郭主簿》：“春秫作美酒，酒熟吾自斟。”（这是秫米酒）《世说新语·任诞》：“群尝与亲旧书云：‘今年田得七百斛秫米，不了曲糵事。’”按“秫”字《广韵》入声术韵音“食弗切”，与潮音 zug[8] 完全吻合。“糯”，古音“乃卧切”，潮音应该读 no[3]（努），读 zug[8] 就是训读了。

读“看”为“睇 toin[2]”，“四目相 toin[2]”，写作“看”，但读作 toin[2]。toin[2] 的本字是“睇”，与粤语相同。唐人《博异志·敬元颖》：“仲躬凝睇之，则红袂半掩其面微笑。”韦皋《云溪友议·杜牧》：“牧复凝睇良久。”白行简《李娃传》：“娃回眸凝睇，情甚相慕。”裴铏《传奇·孙恪》：“袁氏每遇青松高山，凝睇久之，若有不快意。”宋·佚名《李师师外传》：“帝子灯下凝睇物色之。”《广韵》去声：“睇，睇视。”特计切。浊声母去声字在潮汕话中有读上声者，故音义皆合。按“睇”原是古代楚语词，《楚辞·九章·怀沙》：“离娄微睇兮，瞽谓之不明。”《方言》卷二：“睇，眄也。陈楚之间、南楚之外曰睇。”《说文·目部》也云：“睇，目小视也。南楚谓眄曰睇。”粤方言和潮汕话保留了这个楚语词。“看”潮汕话应读 kang[1]（康）或者 kang[3]（抗），仔细看叫作“看相” kang[3] sion[3]，读 toin[1] 则肯定是“睇”字的训读。

类似例子还如读“熔”“溶”为“烊（炀）ion[5]（羊）”，读“竿”为“篙 go[1]（糕）”等。

好了，我们知道了这些训读字之后，在应用上又怎么来处理它们呢？

字典注音我好处理一些，就客观地注明其本来的读音（好多读者都只知道其训读音，反而不知道其本音了），再注明训读音（在我的《普通话对照（新编潮州音字典）》中是用“训”字加以说明的）。但如何应用，问题就复杂了。全部使用本字，不再使用训读字，如写“烊化”（熔化）、“漂水相逢”（萍水相逢）、“大海帆行”（大海航行）、“蜀侬两侬”（一人二人）、“日以继暝”，等等，恐怕群众还接受不了。所以，只能慢慢来，先写那些估计老百姓能接受的，如把“糯米”写成“秫米”，把“水涸”写成“水涍”，把“竹竿”写作“竹篙”。有些词，写成本字会造成误会，就推广正确读音（本来的读音），如把“昔日”的“昔”读 sêg^4（色）不读 za^2（早），“缓慢”的“缓”读 huang^2/huêng^2（反）不读 mang^7（慢），“航行”的“航”读 hang^5（杭）不读 pang^5（旁），“亦”读 êg^8 或者 iah^8 不读 ia^7（也），等等。

总之，方言读音和用字的问题，是个“随风潜入夜，润物细无声”、有年无月的问题，一部分人按正确的用字和读音先写先读，再影响其他人，有可能要到下代人才有所变化。我请教海南闽语研究的同仁，海南话里的训读字现在怎么样了。他幽默地回答说：“久久无见久久见，花自飘零水自流。”好有禅味。

赵州禅师说：“吃茶去！”哈哈……

同音字、方言字及其应用

在汉语方言中，有些音节被视为“无字可写”，在进行方言写作时，就不得不写同音字或者音近字，例如：“êng^{3} 菜”（通心菜）写作“应菜”，“日 dao^{3}”（中午）写作“日斗”，“buê^{1} lêng^{5}”（菠菜）写作“飞龙”，“鸡 ang^{1}”（公鸡）写作“鸡安”，“巴 lang^{1}”（鱼名）写作“巴浪”，“猪 go^{1}”（配种公猪）写作“猪哥”、“落汤 zin^{5}”（糯米糍粑）写作“落汤钱”，“鼠 kag^{4} 粿”（鼠耳草和米粉末做的饼食）写作“鼠壳粿”，“gi^{1} 粿”（一种饼食）写作“机粿”，“花 gui^{1}”（绣花用的圆圈架子）写作“花规”，“罗 gên^{1}”（罗盘）写作“罗庚”，等等。这些同音字，大部分是有本字的，只是大部分群众不知道而已。例如上面的这些词的本字分别就是：蕹菜、日昼、菠薐、鸡翁、巴鳞（硬鳞）、猪豭、落汤粢、鼠粬粿、栀粿、花机、罗经等。

同音字的存在，很早就有了。我们在《明本潮州戏文五种》中，就发现了不少使用同音字的例子。以《荔镜记》为例：

尾蝶［bhuê^{2} iah^{8}］：蝴蝶。例如：引惹黄蜂尾蝶寻香入绣房。（《荔镜记》第三出）“尾”本字应是“美”。

加川［ga^{1}/ka^{1} ceng^{1}］：屁股。例如：看见力去打你加川。（《荔镜记》第四十五出）“加”本字“尻”。

削骨落肉：瘦骨棱棱。例如：我君受只亏……削骨落肉得人畏。（《荔镜记》第四十五出）“削”潮音 sang^{2}，本字应是“瘤”。

爻［ghau^{5}］：能干，会。例如：媒姨，你向爻做媒人，共我做一个。（《荔镜记》第十三出）“爻”的本字应该是“嫯”。

孜娘仔：女孩子。例如：老人说：孜娘仔，十八客，不嫁放石压。

（《荔镜记》第十四出）“孜”，潮音 ze[1]，现在的同音字多写作“姿”，本字有可能是“珠”。

诸娘人：女人。例如：（丑）呵娘，昭君便是丈夫人诸娘人？（旦）昭君正是诸娘人。“诸”潮音 ze[1] 或 zu[1]，本字也可能是“珠”。

甲［gah[4]］：盖。例如：人说一厶强十被，十被甲也寒。（《荔镜记·无厶歌》）本字应该就是“盖”。

但是，并不是所有“无字可写”的音节都有同音字可以顶替。一些音节根本就找不到同音字，甚至连音近字都不好找，只好自己生造个字出来使用，方言学上把方言区人创造出来的书写方言中的某个有意义的音节的字叫作“方言字”。有些方言字，不是创造出来的，而是借用旧字典（现在的电脑字库）里的生僻字的。我们也归类在此而不视为“同音字”。

方言字的使用，在各个方言区中都有，但多寡不同。在广东省的粤、闽、客三大方言中，粤语的方言字最多，使用也最广泛。如“佢”（他，第三人称代词，“你我佢”），“啱”（正确，“你讲得好啱”），“嘢”（东西，“好嘢来嘅”），“踎”（蹲，“踎喺度”），“咁”（这么，“讲得咁好”），“噉”（这样，“噉我就唔去啦”），“唔”（不，“佢唔返来”），“嘅”（的，结构助词，“本书我嘅”），“嗰”（那，“嗰个人”），“啲”（助词，“行快啲啦”），“喺”（在，“佢唔喺度”），“咗”（助词，“我食咗啦”），等等。

潮汕方言的方言字不但数量多，而且出现的时间也比较早，我们同样可以从《荔镜记》中发现例子。如：

乜［mih[4]］：什么。例如：你叫亚公乜事？（《荔镜记》第十四出）

厶［bhou[2]］：妻子、老婆。例如：拙年无厶守孤单，清清冷冷无人相伴。（《荔镜记》第五回）今写作“妐”“媌”，或者借用音近字“嬷”，本字是“母”。

查厶仔［za[1] bhou[2] gian[2]］：小姑娘。例如：只一查厶仔不识物。（《荔镜记》第五出）现在的方言字多加“女”旁，写作“嗻妐”。

呾［dan[3]］：说，讲。例如：呾不出口。（《荔镜记》第二十六出）想不到吧，明朝就造了这个字出来，而且一直用到现在。

接着下来，就是海量的潮州歌册和潮剧剧本，也出现了很多同音字和方言字。常用的如：

啱［ngam1］：刚刚好，关系好等。例如：你来到啱啱好（你来得正好）。

唔［m6］：不，否定副词。例如：唔去、唔食等。有人认为本字就是“毋”。

墘［gin5］：边，边沿。例如：海墘、溪墘，船坡墘。有人认为本字是“弦”。

刣［tai5］：宰杀。例如：刣猪倒羊、刣鸡教猴、刣鸡杀鳖等。本字是“治”。

哱［puêh8］：相谈，聊。例如：哱话，有食哱（谈得来）等。也写作“诐”。

唚［zim1］：亲嘴。例如：相唚。

躡［nih4］：眨眼睛。例如：躡躡目、目悄悄躡。

刜［buh4］：刺。例如：刜个空（刺了个孔儿）。

媠［ai5］（母亲）：父媠，后媠：后娘。例如：本字是“姨”。

膀［la5］：动物体内的脂肪，多指猪油。例如：热火厚膀（大火多油）、膀饼等。本字是“膂”。

樣［suain7］：芒果。例如：樣核、樣脯。

挐［cua7］：娶，带。例如：挐妚（娶老婆）、挐你来去（我带你去）。本字可能就是“娶”。

抭［kioh4］：捡，拾。例如：抭猪屎，抭有猪屎咀有话（捡得到猪粪就有话讲，比喻事情做好了就有话讲了）。

焿［bu5］：煮。例如：焿糜（煮粥）、焿凉水（煮中药）等。

炣［ko1］：用文火煮。例如：炣鲫鱼。

焯［cog4］：涮。例如：焯牛肉。方言字也写作“炡”。

煠［sah8］：用比较多的水煮。例如：煠卵（煮鸡蛋）、煠面（煮面条）等。

炆［bhung1］：水放得少而煮。例如：炆饭、五花肉炆笋。也写作“焖”。

掼 [guan^{6}]：手提，潮剧有《绛玉掼粿》。例如：掼篮饭（指送礼）、相牵掼（提携）。

跍 [ku^{5}]：蹲。例如：跍在塗下（蹲在地上）。

戆 [gong^{5}]：晕，昏。例如：头戆戆（头有些晕）。

椪 [pong^{3}]：膨胀。例如：椪桶柑（一种柑子）。本字是“胮”。

冇 [pan^{3}]：虚而不实。例如：冇蟹（无肉的瘦螃蟹）、冇粟（不实的稻谷）。本字是“奅”。“冇”字里面有一点（丶）就是反义词 doin^{7}，本字“樍”。

呵啰 [o^{1} lo^{2}]：称赞，表扬。例如：人人呵啰好（大家都称好）。

甲甴 [ga^{1} zuah^{8}]：蟑螂，来自粤语。

蛤蚼 [gab^{4} giu^{2}]：小青蛙。

孬 [mo^{2}]：不好，不能。例如：孬人（坏人）、孬去（不能去）。

尜 [bhoi^{6}]：不会，不能。例如：尜咀话。有的方言区写作左右结构的“𫠡”。

嫑 [main^{3}]：不要，别。例如：嫑去（别去）、嫑咀（不说）。

𡘙 [muin^{3}]：不怕。例如：𡘙你（不怕你）、𡘙死（不怕死）。

如此等等，不一而足。在没有找到本字，或者即使本字找到了也写不了（例如表示妻子的 bhou^{2}，本字是“母”）的情况下。方言俗字，尤其是已经为群众所喜闻乐见的，我觉得但用无妨。

方言写作的乱象需要有所规范

最近若干年，“方言热”突然火了起来，用方言写作的人越来越多，手机短信、微博、微信文章、歌谣、歌曲、段子、小品、相声……我越看越高兴，因为现在这些用方言写作的人，基本上都是年轻人，方言式微并逐步走向消亡的焦虑起码减弱了不少。但从这些方言书写的文字看来，用字五花八门，存在的问题还有很多。因为潮汕话的许多音节被认为“有音无字”，说起来容易写起来难。于是，大家“八仙过海，各显神通”。写得出来的字未必能统一用同一个字；写不出来的字就写同音字；连同音字都写不出来的，随便找个音近字顶上，或者干脆自己造个方言字来用，真的是乱象百出，给读者造成了一定的阅读和理解障碍。

把这些现象归纳一下，有如下几种：

（1）有字可写，但一个音节、一个词有两种甚至两种以上的写法。例如：

ga^1 gi^7 nang^5（自己人）一词，就有“胶己人”“交己人”和“家己人”三种不同写法。

guin^5（高）有“悬”“危”和“巘”三种写法。

tig^4 to^5（游玩）也有“踢跎”“逿跎”“佚佗”“佚陶”等多种写法。

guê^2（饼食），有“粿”“馃”“粿”等三种写法，北方只写作“果”。

ce^2 kag^4（一种草本植物），写作“鼠壳”“鼠曲”“鼠粬”等。

甚至连“工夫茶”，至今还有人还写成“功夫茶”。

（2）有字可写，但故意不写正字（本字），而写成同音字。大家觉得好玩，也被接受了。例如：

le^{2}（你）、wa^{2}（我）写成“吕”“瓦”。

oi^{6} zai^{1}（会知）、main^{3}（不要）写成“鞋灾”“迈”。

ziah^{8}（食）、gah^{4}（合/佮）写成“呷”“甲”等。

（3）有些音节确实难以确定用什么字来写合适的，也不知道它们的词源。例如：

dag^{4} neng^{7}，浪费。

ga^{1} lo^{5}，距离远、加倍，也作“ga^{1} 里 + lo^{5}”。

ga^{1} neng^{5}，完整。

pah^{4} puh^{8}，虚软，如“pah^{4} puh^{8} 肉”。

in^{2} aon^{2}，说话吐音不清。

如此等等，例子俯拾皆是。我的舅舅土名阿 ua^{6}、儿时乡下的小伙伴土名阿 bha^{6}，我至今不知道当时生产队里记工分是怎么写这俩名字的。

（4）真的“无字可写”的音节，可以分为以下两类：

一类是土著少数民族语言的底层词，例如：

la^{5} ghia^{5}，一种长脚的蜘蛛。

diang^{2} guain^{2}，蝌蚪。

澄海称知了（蝉）为 ong^{6} ên^{1}（别的地方有多种不同的叫法），我怀疑也不一定是汉语的叫法。另外一些土著语言的底层词，大家已经创造了方言字来书写，或者用同音字代替，基本达成共识的，如“唔”（m^{6}，不，否定副词）、“个”（gai^{5}，的，结构助词）、“摆”（bai^{2}，次，一次叫“一摆”，以前叫“先摆”，最近叫“只摆”。粤语写作“排”）等。

另一类是象声词，本来就是象声音节，跟汉字无关，后来才造方言字或者用同音字替代的。例如：

in^{1} uain^{1}，推门声。

kig^{4} kog^{4}，桌椅家具相碰的声音。

zi^{7} za^{7} la^{7}，炒菜声。

ding^{6} dong^{6}，物体落入水里的声音。

朋友半亩兄告诉我一则搞笑的对联云：

若无昔日 hih^4 huh^4 tih^4 tuh^4 kig^8 kog^8 $kiag^8$，

哪有今朝 han^7 hu^5 di^1 du^5 $long^7$ $dong^7 zan^7$。

翻译过来的大致意思是：如若没有以前拼命拉风箱打铁干苦力活赚钱，哪有今天的唢呐箫笙锣鼓喧天闹喜庆。

这些象声词，如果要写成汉字，也只能写一堆同音字，或者是用口字旁生造的方言字。

（5）两个以上的音节合成一个音节，也“无字可写”，于是造字。例如：

$main^3$，$m^6 + ain^3$（唔爱）的合音音节，意思是不，不要。

$muin^3$，$m^6 + uin^3$（唔畏）的合音音节，不怕的意思。

min^6，$m^6 + si^6$（唔是）的合音音节，不是的意思；方言字有的用“不爱”“不畏”“不是”上下结构合成；有的则是用“勿爱”“勿畏”“勿是”左右结构合成。

综上所述种种，造成了潮语写作用字的诸多困难。因而，我们必须做一些正音正字的规范工作，以方便方言文学和民间文学工作者的创作。

源远流长而亟待规范的方言俗字

潮汕方言的方言俗字源远流长，就目前所能看到的文献，出现数量较多方言俗字的文献，最早的应该是明本潮州戏文。广东人民出版社1985年出版了《明本潮州戏文五种》（杨越等辑，吴南生、饶宗颐序），收录五种刊于明代的潮州戏文：《全像南北插科忠考正字刘希必金钗记》（不分卷　附残文一卷）、《蔡伯皆（琵琶记）》（残二册）、《重刊五色潮泉插科增入诗词北曲勾栏荔镜记戏文》（一卷　附颜臣一卷）、《新刻增补全像乡谈荔枝记》（四卷）、《重补摘锦潮调金花女》（一卷　附苏六娘一卷）。

在这五种戏文中，就出现了不少方言俗字。我曾经对这五种戏文中的方言词做过计量统计，作《潮汕方言与潮剧的形成》一文，认为：“《金钗记》还不是真正的潮音戏演出本。只有到了嘉靖四十五年（1566）的《荔镜记》，才是真正的潮音戏演出本。”主要依据就是方言词语和俗字越来越多。如《荔镜记》中就有“孜娘仔”（姑娘）、“诸娘人”（女人）、“丈夫人”（男人）、“向爻”（那么有能耐）、“力”（掠，抓捕）、“加川”（屁股）、“呾”（说）、“乜事”（什么事）、“无厶”（没老婆）、“查厶仔”（女孩子）等方言词和方言俗字。其他各种戏文，也有“起厝”（盖房子）、“孥 奻”（娶老婆）（见《荔枝记》《金花女》）等。曾宪通、黄文杰、林道祥诸先生都对此问题做过专题研究。

接下来大量使用到方言俗字的文献，就是潮州歌册了。潮州歌册名列第二批国家级非物质文化遗产代表作名录，是流行于粤东闽语地区，用潮州方言诵唱的民间说唱形式。是以七字叙事民歌为基础，吸收弹词、词话、戏曲等形式的文体以及大量的故事，以潮州话的词语、音韵演唱。

在海量的潮州歌册中，也出现了不少潮汕方言俗字，如“刣人”（杀人）、“侥恶”（凶恶）、“肚妖”（肚子饿）、“反祥”（反常）“生仔”（生孩子）、“鬃”（发髻）、“蜡蜡梭”（四处游逛）、“走水猪母”（发情母猪）等。吴奎信《潮州歌册》一书和仲崇山《潮州歌册俗字选释》一文对此问题有专门的研究。

方言歌谣中也必定会使用到方言俗字，清代屈大均《广东新语·粤歌》中就有潮州歌谣的记载。《澄海县志》（清嘉庆十九年）“风俗·声歌”篇就有“畬歌”（畲歌）的记载，并记录了8首歌谣。1923年3月《歌谣》第11号第一次发表了潮汕歌谣《渡头溪水七丈深》。此后，一大批潮汕歌谣被收集起来并通过《歌谣》杂志介绍到全国各地。1927年，中山大学民俗学会创办的《民俗》周刊第48、49、50、65期中，先后发表了黄昌祚搜集的潮汕歌谣81首。1929年，丘玉麟辑成《潮州歌谣（第一集）》交付出版。这是第一本正式出版发行的潮州民谣专集。在我们整理出《全本潮汕方言歌谣评注》之前，各种版本的歌谣方言俗字“百花齐放”，各写各的。例如1930年出版的徐鋕蘼的《潮俗儿歌》就有“奾”（老婆）、“縻”（粥）、“埕”（庭）、“铺枋”（床板）、“攲”（歪斜）、“新妇”（儿媳妇）、“处边”（邻居）、“敇桃”（游玩）、“鸡归”（原注：鸡雏的小肠胃）等。所以，我们不得不在《全本潮汕方言歌谣评注》书中附录了《本书使用字表》。

晚清以来，方言小说流行起来。所谓的方言小说，是指用汉语方言来写作的小说。特点就是：故事的叙述语言和人物对话语言都大量应用方言。潮汕的第一部长篇方言小说是民国时期的《长光里》，原是张美淦和钟勃（笔名“凤祠客”和“亿”）轮流为报纸的专栏撰写的连载方言小说，从1932年6月至10月在当时潮安《大光报》上连续发表，1933年结集出版。在这部小说里，通篇都是方言词语和俗字，就连人物的名称也然。如“腰龟叔公、大舌姆、塞屎婆、炉底炭店财主、翘嘴陆、金目仙、曲手伯、独目盛、缺嘴三爷、流涎秦、咸藻初、大脚冯”等。

直到2009年，澄海林永锐还出版《作田人琐事》（中国文联出版社）。这本小说的叙事和对话，也几乎全是澄海话。例如第一章《补破衫》：

蛇蚤婶见伊大走仔个衫裾破了，叫伊褪落来补。大妹呾："正一个空仔定，覔吂。"伊娘呾："破衫佮破网平样：空仔唔补，大空叫苦。褪落来，猛仄，我只回有闲。"

方言俗语的集大成者应该是十五音类方言字典等工具书。十五音类的同音字表式字典，本来就有把"有音无字"的俗字收录在书中，以供写名字记账等的作用。《潮声十五音》的编著者就声明"商人张世珍"。所以，不论是哪个版本，都出现了不少方言俗字，其中一些至今还使用，一些现在基本不用了。

当然，使用方言俗字的文学或者民间文艺作品还有方言小品电视连续剧脚本，如汕头电视台的《厝边头尾》、潮州电视台的《牌坊街的故事》等；还有方言相声、民间故事、文学名著的方言故事脚本等。这里篇幅所限，不能一一举例。

总之，方言俗字，是源远流长的文化产物。由于方言及其文化媒介作用的继续存在，方言俗字也得继续使用，就有其继续存在的价值，就像饶宗颐教授所云："不应以其鄙俚而轻视之也。"但当前的使用情况不容乐观，可以说是：咋一个乱字了得！也就需要有人来整理它和规范它。

馃·粿·䴹·果：用哪个字呢？

在潮汕各地乡村，逢年过节“闹热”时，都必须拜祖宗、敬神祇，各种祭品也由此而生。在这些祭品中，以“馃”品最为普及，而且各乡各里就地取材、各具特色、各自精彩，常见的有：

馃桃（或曰“桃馃”）、碗糕馃、龟馃、糕馃……以上的馃，是以馃的形状命名的。

鼠曲馃、朴籽馃、青叶馃、米豆馃、栀馃、无米馃、韭菜馃、麦馃、芋馃、甘茼馃、菜头馃、鲎馃、虾馃……以上的馃，是以制作馃的材料命名的。

酵馃、油馃、油炸馃……以上的馃是以制作方法命名的。

甜馃、咸水馃……是以味道命名的。

乒乓馃，揭阳的这种特产，据说是因为爆米花做馅儿而得名的。

还有“草馃”等，根本就不是“馃”，也挤进来用“馃”字命名，给我们为“馃”定义时增加了不少麻烦。

还有“馃”的各种“亲戚”，如“馃条”“馃条卷”“馃汁”等；制作“馃”的材料名称如“馃粞” “馃馅”，制作“馃”的用具名称如“馃印”“馃架”“馃帕”等。

与“馃”相关的熟语也有不少，如：

做雅馃：比喻会说漂亮话、做表面文章。如说：“伊做雅馃上强”（她最会做表面文章）。

咬破馃：也只作“咬破”，指事情没办好，或者事情败露。

草馃煠［sah^8］熟，天时变局：天气谚语，指夏天“风时雨”多，刚刚天气还好好的，天气一变，大雨说下就下。

“馃”字有多种写法。南北朝时的字典已经有“馃”字了，南朝·梁·顾野王《玉篇·食部》：“馃，古火切，饼子。”宋朝的同音字典《集韵》上声果韵：“馃，饼也。”字也从“麦”作“粿”，《广韵》上声果韵：“粿，饼粿食。”古火切。音义皆与潮汕话相合。《广韵》上声果韵还有“粿”字，但释为“粿，净米。”与潮汕话不合。但今天借用之表示馃品也行。可以理解为：北方多产麦子，做馃多用面粉，所以字从“麦”作“粿”；南方多产稻米，做馃多用米粞，所以从米作“粿”。

这样，潮汕话指各种米、面制作成的饼食 guê^2（果）就有了“馃”“粿”“粿”三字，我们只能三选其一以统一之。我主张选用“馃”，因为“馃”从“饣”表示食品，不管是米制品，还是麦（面）制品。

其实，“馃”字最原始的本字就是“果”，现在北方不少地方还叫一些点心、糕点为“果子”，如“油炸果子”“煎饼果子”等，字也只写作“果”。如：“过了两天，吃完饭的时候，他（冯世澄先生）宣布，那糖三角的上联（糖三角三角无糖），有了下联了，那就是‘蜜四果四果有蜜’。果者，果子，即糕点也。如今北方一些农村就将糕点称为果子，日本也是；‘四果’即四样糕点，‘蜜四果’是指用蜂蜜制作的四样糕点，什么萨其马、糖耳朵、糖枣儿什么的。旧时过年过节走亲戚，送的礼物就是一盒蜜四果。”① 陆俭明先生是北京大学著名语言学家，其作品材料可做铁证。“馃”“粿”“粿”等字当是后起的增益字。

那么，潮汕话的 guê^2 也只写作“果”行吗？恐怕不行了，因为大家都习惯了“馃”或者“粿”，如果再写作“果”，那么，“水果”是指“植物果实”还是指“一种米制品点心”（也称“咸水果”）？“果汁”是指“水果的汁”还是指“一种米制食品”？不但语音分不清，连字形也分不清了。

“馃”中最有特色、最为人称道的当属“鼠粬馃”。“鼠粬”本是一种野草，也叫“鼠耳草”“茸母草”，潮汕人常采之和米粉末做饼食，称

① 陆俭明：《鲤鱼洲生活点滴》，载陈平原主编《鲤鱼洲纪事》（修订版），北京大学出版社 2018 年版，第 141 页。

为“鼠粬馃”。早在南北朝时就已经有食用鼠粬的记载了。南朝·梁·宗懔《荆楚岁时记》三月三日：“是日，取鼠粬菜汁做羹，以蜜和粉，谓之龙舌料，以厌时气。”“料”即是饼子的意思，粤西闽语雷州话叫作 bua，本字正是此字。客家话的“粄”，也与此字同源，与潮语的“馃”同义。李时珍《本草纲目·草·鼠粬》亦云：“（鼠粬）原野间甚多。……茎叶柔软，叶长寸许，白茸如鼠耳之毛。……故邵桂子《瓮天语》云：北方寒食，采茸母草和粉食。”

又“粬”，字亦从“麦”作“麯”“麴”，即酒粬（大粬、二粬）是也。“粬”字潮音读 kag^4，音同“壳”，所以有不少人误写作同音字“壳”，因为“粬”的简体字作“曲”，通常读 $k\hat{e}g^4$（卿[4]），绝大多数人不知道它可以读为 kag^4 了。所以，我建议“鼠粬馃”的“粬”还是写成这个米字旁的“粬”，以免与“歌曲”的“曲”混同。

“有”字句和“有”字词

潮汕话的“有”字句，作为一种特有的语法现象，很早就受人关注，并加以研究了。

在潮汕方言中，表示过去完成时经常是在动词之前加个“有”字来表示。如：

甲：你有去看电影抑无？
乙：我有（去看了）。
甲：你有做作业抑无？
乙：我有做了。

由于这种“有”字句在潮汕人心中的根深蒂固，所以说普通话时，常常不由自主地便把它直译过来。用普通话说的“我有（去）看”“我有做（了）”这类句子我们常常能听到。

按照普通话的语法规则来衡量，“有”字句是一种不规范的句式。普通话通常是用“了”附加在动词之后来表示完成时，或者在动词之前加上副词“已经”来表示。如说：

甲：你去看电影了吗？
乙：我（已经去）看了。
甲：你做没做作业/你作业做了吗？
乙：我已经做了。

所以，潮汕人说普通话时一定要注意使用普通话的句式，不要使用“有”字句。

潮汕话不仅仅存在“有”字句，还有不少“有”字组成的词语，光“有”字打头（表示存在或者拥有）的词语至少有几十条，下面选择词义特殊一些的介绍一下。

有参详：参详，商量；也作“有参有详”，做事情之前互相有个商量沟通的过程，这是彼此之间关系融洽的表现。例如说：“合做生理爱做决定就着有参详，无就恶做长久”（合作做生意就得互相沟通商量，不然就难以持久）。

有茶色：工夫茶的茶汤讲究“茶色”的浓淡适中，茶色太淡近乎“无”，表示茶太稀薄了，不好喝。有茶色就是茶汤浓度正好，茶好喝，用来比喻事情干得漂亮。例如：“伊只件事物来过有茶色，个个呵呿”（他这件事干得漂亮，个个都夸他）。

有和算：也只作“有和”，划得来的意思。例如：“伊啰是看着有和算正有去作”（他肯定是觉得划得来才去干的）。

有影迹：也只作“有影”，有事实、有根据的意思。例如：“件事看着有影迹个，人唔是在四散传个”（这件事看来是真的，人家不是乱传的）。

有能为：有本事，有本领。例如：“你有能为趁乞全家人食抑无”（你有本事养家糊口吗）？

有脸面：也只作“有脸”，有面子的意思。例如：“伊个孥囝考着清华，过有脸面”（他的孩子考上清华大学了，脸上有光哦）！

有密实：指大米等粮食能够煮出更多的饭或者粥。“密”潮音 mag^{8}（目）。例如：“撮米过有密实，筒米煮着成七、八碗饭”（这些米很能出饭，一斤米可以煮七、八碗饭）。

有名色：名色，也作“名头”，名声、名气的意思；也作“有名有色”。例如：“你个是有名色个人，着注意家己个言行”（你是个有名气的人，得注意自己的言行举止）。

有成总：成总，潮音 sian$^{5-7}$ zang^{2}（城棕^{2}），指百分比。有成总，就是百分比高。例如：“只撮粟砣米砣过有成总，着有七成”（这些稻谷碾米的比例高，得有七成）。

有身份：特指怀孕，也直接说“有阿孥”（有孩子）。例如：“伊许底有身份，你着照顾好伊”（她怀孕了，你得照顾好她）。

有食诐：谈得来。诐，潮音 puêh[8]（胚[8]），谈话；食诐，边喝茶（吃饭）边聊天，比喻关系融洽，谈得来。例如：“個（ing[1]）二人过有食诐，是老哥弟”（他们俩很谈得来，是铁哥们儿）。

还有一些是四字结构的成语，通常是并列结构。“有”在成语里都是动词，也表示存在或者拥有。例如：

有量有福：这是潮汕人的口头禅，指心胸宽广气量大，容得了别人的冷嘲热讽甚至错怪、辱骂，最后一定会有好运气到来的。例如：“有量有福，你勿佮伊者人计较”（有气量就会有福气，你别跟他这种人计较）。

有时有序：指在一定的季节里才会出现、发生的事。例如：“果子个是有时有序个，着会对时序熟个正好食”（水果是有季节的，当令成熟的才好吃）。

有时有阵：也作“有时有节”，指在一定的时节才会出现、发生的事。例如：“伊个有时有阵正有转来，平时幺少来”（他是逢年过节才回来的，平时很少回来）。

有头有面：指人有一定的身份、有头有脸。例如：“伊个是有头有面个人，唔是你一下叫了就着来”（他是有一定身份的人，不是你一叫就得来的）。

有食有穿：指衣食无忧。例如：“只下许内有食有穿，了你还烦恼乜个”（现在家里丰衣足食，你还担心什么呢）？

有个别“有”字词语是 5 个字以上的，例如：

有食万事足：能吃饱肚子就满足了。这是饿肚子的年代留下来的令人心酸的词语，记录的是不堪回首的往事。这个词语的关键词是“有食”，过去的农村在青黄不接的时候，“无食”（三顿揭不开锅）是常有的事。所以生产队里集体出工割稻子等，中午有集体饭可以吃，“食有顿饱”，喜大普奔，就叫“日昼有食”。而每天三餐能正常开饭，也叫“有食”。吃得饱穿得暖，叫作“有食有穿”。对于广大老百姓来说，温饱问题解决了，甚至小康，也就心满意足了，此之谓“有食万事足，眠床半身福”。

“无”字句和“无”字词

跟普通话不同的“无”字句其实只是“无”字词义的不同而已，并没有跟“有”字句一样明显的语法差别。例如：

你有去看《哪吒》抑无？——你去看《哪吒》了吗？

我无（去看）。——我没（去看）。

“无”就是一个否定副词，动词省略时也表示没做的行为动作。普通话有时候回答未发生的行为动作也说“没呐”（你去看《哪吒》了吗？——没呐）。

“无”用作副词，有时是表示相反、否则的假设。例如：

你抑是唔闲，无哩我来去。——你如果没空，要不我去吧？

这个“无”也可以替换成“唔”，说成“唔哩我来去”，就可知它的意思了。后面加个“哩”是舒缓作用，表示一种提出来商量的口气。

关于“无”字词语，我检索一下电脑里的资料，竟然有近百条之多。无法全部介绍，就挑有趣的给大家讲一讲。

双音节的“无”字词，有不少是文化内涵或者语法作用、语义比较复杂的，非本地人“隔重皮绌一呙”（呙，潮音 uê^{5}，一半），难以理解。例如：

无无：不是“无”的简单重复，而是“否定之否定”，表示虽然看不出来，但却存在的事实。如说：“我只段无无瘖掉十外斤去”（没想到我最近瘦掉了十多斤）。又：“你勿看着伊细细，无无有卅外岁哇”（你别看他很年轻的样子，没想到有30多岁了）。

无味：本义是没有味道、不够味道。如说："撮物食着无味，着落加滴团盐"（这些东西吃起来没味，得再加点盐）。但有个引申义，表示不在话下，能胜任，与味道没有任何关系。如说："包红毛灰二百斤伊擎了无味"（那包水泥两百斤，他扛起来一点事儿都没有）。还有个歇后语，叫作"老人洗浴——无泅（味）"，表面意思是：老人家到河里洗澡，再也不能（像年轻人一样）游泳潜水了。"泅"与"味"同音相关。也作"无味无素"。素，潮音 sou^{3}（$苏^{3}$）。

无彩：没彩头，倒霉。如说："今日过无彩，出去遇着人扛棺材"（今天运气不好，出去时碰上抬棺材送葬的）。引申指浪费："个衫你个伊铰做只生，无彩人块好布衰"（你把这衣服裁成这样，白白浪费掉了人家的一块好布料）。

无勿：如果没有就不要了（就是要的意思），是一种俏皮的说法。如说："你爱乞我，我无勿呶"（你送给我，我当然要啦）。

无用：没有用处。如说："只个橱放来只里［lai^{6}］无用，搬出去乞人好"（这只柜子放在家里没用，搬出去给别人好了）。引申指人没本事、没能力，百无一用："个物无用人，你勿去叫伊"（那家伙没用，你别去叫他）。也作"无中用"（中，潮音 $dêng^{3}$，凳），粗俗一点作"无卵用"（卵，潮音 $lang^{6}$，浪）。

无定：没定下来，不一定。如说："爱去北京抑是上海还无定"（要去北京还是上海还没决定）。也指没有结果，如说："斗棋红赢抑是乌赢还无定"（这局棋是红方胜还是黑方胜还没定呢）。也作"无定着"，但如果是"无定无着"，则多指人朝三暮四、经常改变主意。如说："伊个人呾话无定无着，你孬相信伊"（他那个人说话不靠谱的，你可别信他）。

无预：没有防备。如说："伊绌我无预对我踢落去"（他趁我没防备就踢了我一脚）。也可以重复说成"无预无预"。引申指没有料到。如说："我无预伊有来"（我没有想到他会来）。

无胶黏：比喻没有人情味。如说："伊个人过无胶黏，孬呾话"（这家伙没有人情味，很难说话）。也作"无胶无黏"。

无加：没有多余的，不多。加，潮音 $gê^{1}$（家）。如说："只里个米无加，下礼拜着再去买了”（家里的米不多了，下星期得再去买了。）但是如果是“无加无减”，就是不多不少、正好的意思。如说：“只条钱无加无减，一万银堵堵”（这笔钱不多不少一万块）。

无怪：怪，潮音 guê^{3}，与“过”同音，难怪的意思，粤语讲“唔怪得”。如说：“伊去香港啾，无怪只次同学聚会伊无来”（他是去香港哦，难怪这次同学聚会他没有来）。另有一个俗语，叫作“怪无无怪少”（怪，也读同“过”），说的是出钱做好事时，出得少没人责怪，但一个子儿不出，就要受责怪了。责怪，潮汕话则颠倒过来说“怪责”。

无和：划不来，也作“无和算”。如说：“条生理伊看着无和，无想爱做”（这笔生意他觉得划不来，不想做）。

无下无落：下，潮音 hê^{6}（夏^{6}），没有结局、没有下文的意思。如说：“件事物了无下无落”（这件事就没有下文了）。

无花字：没有做出像样的结果来，也作“舞无花字”“无花无字”。如说：“件事做了过无花字，无怪会乞人呾”（这件事办得实在不怎么样，难怪有人批评）。

无回飞：没有得到事情的消息，也作“无回无飞”。如说：“件事物了无回无飞，个是做呢”（这件事怎么没有消息，是因为什么呢）？

无影：没有根据的，不靠谱的，也作“无影迹”“无影无迹”。如说：“伊呾撮话个无影个，你孬相信”（他说的话是没有根据的，你不能相信）。

无痕无影：与“无影”意思不同，指看不到人，跑得无影无踪。如说：“伊走到无痕无影，唔知在底块”（他跑得无影无踪，不知道在哪儿）。同义词是“无身无尸”。

无巧：连……都来不及。巧，潮音 ka^{3}（脚^{3}）。如说：“我听着伊喊，无巧衬鞋就走出来看个是做呢”（我听到他喊，没来得及穿鞋就跑出来看是怎么回事）。

无铃无刹：本指自行车车铃不响、刹车不灵。如说：“只车无铃无刹，了你敢踏”（这辆自行车车铃不响、刹车不灵，你怎么敢踩出去）？引申比喻人说话口无遮拦，说起来就没个停。如说：“个物无铃无刹，一下呾话就呾唔歇”（那个人嘴上没开关，一讲开就没完没了）。

无粕：本指没有渣的。如说："只撮杨桃酥甜无粕"（这些杨桃又脆又甜，一点渣儿都没有）。引申比喻指没有根据、胡编的。如说："伊学做撮无粕古，听了笑一下就好，孬相信伊个"（他在讲一些胡编出来的故事，听了一笑了之即可，不能当真）。

无施为：没有办法才……。如说："我个是无施为了正个你借钱"（我确实是没办法了才跟你借钱的）。

无谓：没有必要的。如说："你无谓来只块呾撮者个话"（你真没必要来这里说这样的话）。

无成：指成分比例不高。成，潮音 sian^5（城），也作"成总（zang^2）"。如："撮粟礁过无成，担粟正60斤米定"（这些稻谷出米的比例较低，一担谷子才60斤米）。比喻指人脑子有问题，低智商。如说："个物无成团，你佮伊计较做呢"（那家伙是个傻瓜，你跟他计较什么）。

最后要说的是"无 biang^3/bieng^3"，不能够、不行的意思。但至今不知道这个"biang^3（汕头音、揭阳音）/bieng^3（潮州府城音）"字应该怎么写。大部分人就写同音字"变"，但我敢肯定不是"变"字。我曾经写成"便"，连读变调后读音倒是很接近，词义也说得过去。但拆开来说"无伊便"，粗话甚至说"无伊卵便"又不太合适。只好暂且存疑，以待高明教我。

有来无物燃：
“有……无……”词语

单独的“有”“无”可以造词连语，“有”和“无”还可以当成对比的两面，造出一些特殊的词语和有一定思想内涵的谚语。

最简单的就是一些四字、五字的成语，一般都是并列结构：前面俩字是“有+名词宾语”，后面两三字是“无+名词宾语”。例如：

有年无月：指时间很久。如说：“件事过久了，有年无月，我险险乞伊唔记得去”（这件事有些年头了，过去太久了，我差点都忘记了）。

有头无尾：指事情只开了头，但没见下文。如说：“个项目物了有头无尾，无便结题”（这个项目开了头，但没有做下去，结不了题）。

有嘴无心：指说话不经过头脑，胡说一气。如：“伊个有嘴无心四散呾，你勿佮伊计较”（他是有嘴无心胡说一气，你别跟他计较）。

有天无日头：指阴天多云。例如：“今日者天有天无日头，孬曝粟”（今天阴天多云，晒不了谷子）。

有少数的成语看起来像是这种并列结构的词语，但仔细分析却不是。例如：

有相无干：无关紧要的意思，“相干”是一个双音节词，这里被拆分出来了，但不好说“相”和“干”是“有”和“无”各自的名词宾语。这里偏重的是“无（相干）”，“没什么”的意思。如说：“件事伊看着有相无干，无向着切着热”（这件事好像与他不太相干，没那么热切）。

有切无要：“切要”也是双音节词，这里也跟“相干”一样被拆分了，意思是“无（切要）”，即没那么紧要。如说：“件事伊看着有切无要，无向落力”（这件事他觉得没那么要紧，不太下功夫做）。

有不可无不可：有，也可以；没有，也可以的意思。如说："我个有不可无不可，别人爱你就先分伊"（我是可有可无，别人要你就先给他吧）。

这种"有……无……"的结构，更多的是用来创造谚语，通过辩证的对比，说明生活中的一些道理，有一些甚至是达到哲学的高度，是劳动人民智慧的结晶。例如：

人心不足高，有酒嫌无糟：这是指人心不足，得陇望蜀。

有惰人，无惰田：只有懒的人，没有懒的田。意思是说只要勤劳，就能有好收成。

有官无印，有锤无秤：有官没实权，好似有秤砣没秤。

有齿无猪脚，有猪脚无齿：表面说的是年轻时牙齿好，但没钱买猪蹄子吃；等老了有钱买得起猪蹄子了，牙齿却掉光了，吃不了了。比喻人与事物的不同阶段所发生的矛盾性的变化。

有的"有……无……"结构的谚语，则只是用来描写社会中的一些现象，通常都比较生动、形象，一些还带有诙谐的色彩。例如：

有钱无块使，买龟放落海：本来指的是买乌龟放生的事情，比喻指有钱人随意花钱。

有钱金囝银囝，无钱涂翁囝：有钱人家里的孩子娇生惯养，是金娃娃；穷人家的孩子从小玩泥巴长大，是泥娃娃。涂翁囝，潮音 tou^{5-7} ang^{1} $gian^{2}$，小泥人，这里指泥娃娃。

有钱稚鸭姜，无钱蕹菜茄：有钱人吃姜炖稚鸭（荤的），没钱人只能吃通心菜和茄子（素的）。

有钱钱凑数，无钱倥脚翘：有钱的因钱生钱，没钱的一个子儿都难找。

有米无物燃，爱死哩唔情：指家里穷困潦倒，好不容易找到米下锅了，却没有燃料来做饭。燃，潮音白读 $hian^{5}$（烧）。晋·陶潜《搜神后记》卷五："（端）于篱外窃窥，见一少女自瓮中出，至灶下燃火。"燃火，与潮汕话完全相同。物燃，指稻草等柴火燃料。情，潮音 $zian^{5}$，情愿。唔情，不情愿。

有钱算，无钱园：账面上算起来好像是赚了钱，但实际上是没有多少利润的。

有食艰苦无食闲：有机会做顿好饭吃，就得买菜做饭、洗碗洗碟等，有很多家务事做；没好饭菜吃反倒清闲了。

有食嫌臭臊，无食哩怨无：指有些人好挑别人的毛病，这也不好，那也不好。

有嘴咀别人，无嘴咀家己：比喻只会对别人横挑鼻子竖挑眼地说三道四，对自己从来不自我批评。

有钱买蠓香，无钱买蠓帐：有钱买蚊香，没钱买蚊帐。这句谚语描写的是贫穷。

有样倚样，无样学相：指小孩子善于把比他大的人作为榜样来模仿学习。

有脚行无路：指没地方去。

有目哭无目汁：指自己不听人劝告而去干某种事，最后失败得很惨，想哭都哭不出来。

有一些“有……无……”句的谚语是跟历史传说有关的。例如：

有鸥汀，无国姓：传说清末时郑成功手下的船队曾经血洗鸥汀，跟鸥汀人结下了梁子，故云。

有千年池厝渡，无百年郑大进：传说郑大进做了大官，乡里人想请他出面压制长年欺负本乡的邻乡。郑大进好言相劝，以和为贵，留下了这句名言。

偶尔，也有“无”字在前，“有”字在后的俗语，但多数是负面的：

食无支拍有：支，潮音 poh^4，敲打的意思；此处音 pu^2，借字。“支拍”，教训、怪责的意思。整个俗语的意思是：犒劳（给饭吃）没有，有的是教训和怪责。

成绩哩无，责承就有：指事情的结果不好，没有成绩，反而会被怪罪。

“正” “倒” “正倒” 和 “倒倒”

“正”字在潮汕方言中有 3 个读音：①白读阴平声 zian[1]（晶）；②白读阴去声 zian[3]（晶[3]）；③白读失去鼻音成分阴去声 zia[3]（蔗）。

潮语读第一个读音阴平调 zian[1]（晶），与普通话的 zhēng 相对应，潮语说错的很少，但普通话对应的阴平声读音，很多人说普通话时错说成去声。

有关“正月”的潮汕话词语有不少，如：

正月正头：指正月上旬的时间，如说：“正月正头，遇着孥囝拜年你着分红包”（正月刚刚开头，碰到小朋友给你拜年你得给红包）。

正月初一借红缨：比喻在大家都需要用它的时候去向别人借用同一件东西，表示难以借到的意思。“红缨”是什么东西，在我的另一篇文章中大家有讨论，有的说是鞋子上的饰物，有人说是衣服上的饰物，有人说是游神用具的专用饰物。莫衷一是，未有定论。

正月正，新囝婿，上客厅：这与另一句谚语——“有心拜年初一二，无心拜年初三四”有关。因为拜年的习惯往往是最先去给最受尊敬的长辈拜年，初一一早，当然是给男方家里的长辈们拜年：祖父祖母、父亲母亲、伯父伯母、叔父婶母……初二就得到岳父岳母家里去拜年了，故云“正月正，新囝婿，上客厅”。

与“正月”有关的谚语还有：

正月无妇孬做人，二月无牛孬作田：正月是农村的喜庆日子，客人来往频繁，家里没有个能干的主妇照应，家不像家。二月好春光，人人耕种忙，没有牛则干不了犁地耙田的活儿。

正月肚，饱过老猫虎：比喻逢年过节，家家户户饭饱酒足，肚子饱得很（比老虎肚子还饱）。

正月大，秧种贱；正月小，秧种少：农历正月大，天气暖和，又多一两天，所以秧苗长势通常较好；正月小，日子短，秧苗长势差一些。

正月寒死牛，二月寒死马，三月寒死老枋枷：正月冻死牛，二月冻死马，三月冻死体弱者。指农历正月、二月寒冷，到了三月仍然还有倒春寒。"枋枷"，这里读 $lê^{6-7}$ $gê^{2}$，我怀疑是 $lê^{5-7}$ $gê^{5}$一词的变调，因为要与"马"字同调押韵的缘故。$lê^{5-7}$ $gê^{5}$，就是不牢固、不靠谱的意思。在这句谚语里，指身体弱多病者。"枋枷"二字也许不是本字，我这里是借音近字书写而已。

"正"字的第二个读音是阴去调的 $zian^{3}$（晶^{3}），与其相关的词语很多，这里找一个跟普通话不同的介绍一下。

正庄：指正宗，也叫"正斗"（dao^{2}，岛），指货物时，也多只说"正"，如说："只批货会正"（这批货物正宗）。粤语形容人也可以说"正"，潮汕话以前没听说过，现在的年轻人可能受粤语影响，偶尔也听说过"个姿娘团过正"的说法，老话得说："个姿娘团生来四正雅"（这姑娘长得眉清目秀，漂亮）！

"正"的第三个读音 zia^{3}（蔗），（有些地方也保留鼻化音读 $zian^{3}$），做副词用，表示"才"，仔细辨析一下，还可以细分为两个义项：

①表示不是现在，要经过一段时间后才行动。如说："我食日昼了正走"（我吃过午饭才走）。"老妈宫粽球——食定正知"（汕头市天后宫旁边小吃店的粽子，吃过了才知道好吃）。

②仅仅、只是。如说："只个处长今年正三十岁定"（这位处长今年才三十岁）。这是古代汉语中常见的一个义项。如《古小说钩沉·裴子语林》："孔坦尔时正琐臣尔，何与国家事？""正琐臣尔"，只是个小官儿而已，犹如潮语说"正个小官猴定"。又《幽明录》："汝算录正余八年，若此限竟，死便入罪谪中。""正余八年"，只剩下八年了。"正"字在古文献中也写作"政"，如《冥祥记》："问工人：有几人来？答曰：政一人耳。""政一人耳"，才来了一个人，潮语云："正一人定。"《世说新语·规箴》："殷觊病困，看人政见半面。""政"字与"正"字通用，

也常见于题写作品送人时的用语“××先生斧政”。

“正”字往往与“倒”字构成反义词，再构成很有趣的谚语等。

“倒”字潮汕方言也有3个读音：①白读阴去声 do^3（$刀^3$）；②阴上声 do^2（$刀^2$）；③文读阴上声 dao^2（岛）。

读 do^3（$刀^3$）的词语最多，例如：

倒手：左手，相对“右手”而言。这大概与中国传统文化中以右为尊的理念相关。如果是左撇子，被称为“倒手偏”，“偏”字可见对“左”的轻视。也因此，右边便被叫作“正手畔”，左边称“倒手畔”。

倒名：花名，与“正名”（指大名、学名）相对应。

倒窍：指不寻常的思维方式或者思路。与“正窍”（从正面的、普遍的规律方面做正常的思考的能力）相对应；如说：“约谜着用倒窍、斜窍”（猜谜语必须用各种各样的非典型思维方式）。

倒想：指想歪了，往不对的方向考虑问题。与“正想”（往正常思路、好的方面去考虑问题）相对应，故云：“正想千丁，倒想绝种。”千丁，原指很多孩子，人丁兴旺；这里比喻事情往好的方面发展；绝种，原指一个孩子都没有，这里比喻事情发展走进了绝路。佛家谓“一念天堂，一念地狱”。

“正”与“倒”有时候可以连在一起，变成了一个词。常用的义项有二：

①指这样……，那样……如说：“你呾做呢物就做呢物，正倒好”（你说咋办就咋办，怎么干都行）。

②反正、总之的意思。如说：“正倒着来去一下，还是先来去好”（反正都得去一次，晚去不如早去）。

“倒”的第二个读音是阴上声 do^2（$刀^2$），“打倒”“倒下”“不倒翁”等词读此音。

“倒”的第三个读音是文读阴上声 dao^2（岛），把条状物件的一头掉过来叫作“倒”。如说：“只头唔着，着倒过来正着”（这一头不对，得倒过那头来才对）。

“倒”的文白异读造成了两个很特殊的词，一个是“颠倒”，一个是“倒倒”。

颠倒，文读为 diang^{1} dao^{2}，“黑白颠倒”“神魂颠倒”“颠三倒四”“倒辚颠倒”（东歪西倒）、“老颠倒”（老糊涂）等读这个文读音。白读为 ding^{1} do^{3}，反而、反转过来的意思。如说：“伊乞人撞跋，我扶伊起来，伊颠倒呾个是我撞跋伊”（他被人撞倒了，我扶他起来，他反而说是我撞倒了他）。这个义项古汉语已经存在了。如：元·高明《琵琶记》第十四折：“我的声名，谁不钦敬？多少贵戚豪家，求为吾婿而不可得。叵耐一书生颠倒不肯，反要辞官家去。”《清平山堂话本·快嘴李翠莲记》：“分付你少则声，颠倒说出一篇来。”《古今小说·任孝子烈性为神》：“我被这贼揪住，你们颠倒打我，被这贼走了。”

颠倒，还有个近义词“倒转”，读 do^{3} deng^{2}，本指往回走，如说：“伊行倒转去内”（他走回家了）。引申虚化为“反而”，词义与“颠倒”一样：“你偷掠鸡我无揭发你，你倒转爱拍我”（你偷鸡我还没揭发你呐，你反而要打我）！

倒倒，读 do^{3} dao^{2}，颠倒的意思。如说：“张画挂倒倒了”（这幅画挂倒了）。这是同一字的两个不同历史层次的文读音和白读音组成了一个特殊的词，构词学上叫作“内部屈折”法。这个词也可以说成“颠倒倒”，读 ding^{1} do^{3} dao^{2}。

但如果是普通话的“福倒了”，潮语恐怕只能读“福 gao^{3}（到）了”，因为前面的 3 个读音，哪一个都不合适。而 gao^{3}，应该不是“到”或者“倒”的读音，因为声母离得太远，到现在专家们也找不到 gao^{3} 字的本字。

形容词的四种重叠式

你能区别这些词的词义吗？红 gao^5 红 gao^5、红 ghê^7 红 ghê^7、红 hong^5 红 hong^5、红 mên^5 红 mên^5、红 neng^1 红 neng^1、红 tang^1 红 tang^1。

下面再介绍形容词的其他几种特殊的重叠式。

(1) AABB 式。

四正—四四正正（端端正正的）
斯文—斯斯文文（斯斯文文的）
峜大—峜峜大大（高高大大的）
凄惨—凄凄惨惨（悲悲戚戚的）

(2) ABB 式。

上面的 4 个词语基本上都可以变成“ABB 式”的“四正正”“斯文文”“峜大大”“凄惨惨”。还如：

艰苦—艰苦苦（辛辛苦苦的）
乌暗—乌暗暗（黑乎乎的）
客气—客气气（客客气气的）
光滑—光滑滑（又光又滑）
欢喜—欢喜喜（高高兴兴的）
四直—四直直（干净利落的）

“ABB 式”是双音节词 AB 的第二个音节 B 重叠而成。如：

凄惨惨　“伊个日子过到凄惨惨，恁有便就相辅伊一下”（他的日子过得有些凄凉，你们有能力的就帮他一下吧）。

艰苦苦　“你许件事伊作到艰苦苦，换你无句好话”（你那件事他好不容易才办好，你却对他没有一句感谢的话）！

欢喜喜　“伊唱歌唱到欢喜喜，你么就勿去混伊”（她唱歌唱得很嗨，你就别去打扰她了）。

四直直　“条钱还伊了四直直，免伊来只块在吱啧”（把那笔钱还给他算了，免得他来这里吵闹）。

乌暗暗　“一间乌暗暗，看唔见物件”（房间里黑乎乎的，看不到东西）。

客气气　“伊坐了客气气，底个啰唔敢食”（他坐在那儿，客客气气的，什么都不敢吃）。

光滑滑　“块石磨到光滑滑，雅死”（这块石头被磨得光光滑滑的，很漂亮）。

闹热热　“撮人做一下讨论闹热热，爱分做二组做呢”（大家在一起讨论热热闹闹的，要分成两组干嘛）？

但有些 AB 式不能转换成 ABB 式：

肥圆圆 ×	裤塞塞 ×	崑灯灯 ×
衰疲疲 ×	瘖猴猴 ×	疲灯灯 ×
病瘕瘕 ×	活头头 ×	力落落 ×
黐膏膏 ×	大只只 ×	樸铁铁 ×
樸踏踏 ×	四散散 ×	

大部分的 ABB 式，是可以转换成 AABB 式的。如：

四正—四正正—四四正正

斯文—斯文文—斯斯文文

崑大—崑大大—崑崑大大

凄惨—凄惨惨—凄凄惨惨

艰苦—艰苦苦—艰艰苦苦

欢喜—欢喜喜—欢欢喜喜

四直—四直直—四四直直

(3) A×A×式。

与ABAB式相似的一种形式是A×A×。例如：

红gao^{5}红gao^{5}（红中带棕的）

红ghê^{7}红ghê^{7}（脸色红而有光泽的）

红hong^{5}红hong^{5}（红红的）

红mên^{5}红mên^{5}（红中略带灰色的）

红neng^{1}红neng^{1}（嫩红嫩红的，多用于形容婴儿的皮肤）

红tang^{1}红tang^{1}（通红通红的，红得通透）

这种形式的形容词，特点是单音节后面的语素词义不明，因此要找字来写都很难，所以我们暂时用拼音来拼写它，并用×来表示它。×跟A结合之后，不是双音节形容词，所以不同于AB式形容词，重叠前不能单独使用。有时候，要辨别是AB还是A×，也就只能通过是否能不重叠而单独作为形容词使用这一条来辨别。其他的例子俯拾皆是：

白mêh^{4}白mêh^{4}（白中略带灰色的）

白siaoh^{4}白siaoh^{4}（白而无光的）

黄li^{1}黄li^{1}（鹅黄色）

乌hng^{5}乌hng^{5}（黑中带浅棕色的）

乌liu^{1}乌liu^{1}（黑而发亮的）

青liao^{1}青liao^{1}（青中带灰色的）

青ning^{1}青ning^{1}（嫩绿色）

酸giuh^{8}酸giuh^{8}（酸酸的味道）

甜ni^{5}甜ni^{5}（甜丝丝的）

甜cih^{8}甜cih^{8}（不太甜）

苦 dag^4 苦 dag^4（苦苦的）

苦 mêh^4 苦 mêh^4（微苦的）

(4) AXYAXY 式。

有时候，形容词 A 的后缀还可以是双音节的，我们暂时记为 XY，绝大多数也是不明词义的。例如：

长 go^1 lo^5 长 go^1 lo^5（椭圆形的）

圆 ba^1 lao^1 圆 ba^1 lao^1（圆鼓鼓的）

白 cih^8 coin^5 白 cih^8 coin^5（多指脸色灰白）

矮 buh^8 ciag^8 矮 buh^8 ciag^8（又矮又胖的）

阔 long^2 tong^2 阔 long^2 tong^2（空空旷旷的）

甜 ci^1 go^1 甜 ci^1 go^1（微微有点甜的）

这类形容词的功能在于表示同一形容词的细微差别。如上举第一例的“红”带上不同的后缀再重叠后，便表示不同的颜色了。平时我们使用惯了，张嘴就说出来，但要翻译成普通话，体现这些词的微细差别，还真得仔细斟酌一番。上面的这些例子的意思，也许我还有解释得不甚准确的，就请大家指正了。

在结构上，这些特殊的形容词有如下特点：

第一，A 和 AXY 通常不能单独运用，不能说“张纸红 mên^5”或“间内阔 long^{2}tong^2”，因为 A × 不同于 AB，AXY 不同于 ABC，它们不是双音节或三音节形容词。

第二，×和 XY 没有类化作用，哪些形容词带哪些×或 XY 是约定俗成的，并无规律可循。

就是在潮汕方言区域内，各县区的×和 XY 一致性也不高。

第三，×或 XY 离开形容词 A，多数没有实际意义，不能独立自由运用。严格地说，这些形容词不能算是形容词的重叠式，但其语法功能却跟其他重叠式形容词一致。

有些多音节的形容词，仔细分析后才知道，其后面的 *N* 个音节也是凑上去的词义不明的后缀。例如：

乌蓝 di[6] du[6]（深蓝色的）
乌咸 zih[4] zab[4]（衣物脏不拉几的）
轻 ba[1] li[1] siao[1]（很轻的，重量很小的）
阔 mong[2] dong[6] se[6]（空旷的，广阔的）

问题来了：这些词义不明的音节，书写时怎么办呢？

我想，既然词义都不太明白，那就找同音字写好了。普通话也是这样处理的，如“酸不溜丢”“甜不拉几”“灰不溜秋”等。

三音节的形容词

潮汕话三个音节构成的形容词，大概有如下的几种：

(1) A＋B＋C 式。

普通话有三音节并列式形容词，如：白富美、高富帅、酷帅拽、高大上……潮汕话也有，但数量不多。如：

富雅僫　“个姿娘囝富雅僫，介绍分你好孬”（那姑娘是个漂亮又聪明的富家女，介绍给你行不行）？僫，潮音 ghao[5]，聪明能干。

酥啸甜　“只撮杨桃酥啸甜，好食死”（这些杨桃味道清甜、口感爽脆，好吃极了）。啸，此处读 saoh[8]，酥脆有声。

缺疕裂　“只撮粿做了个个缺疕裂，拜老爷孬用”（这些粿个个皮儿都开裂了，不能用来拜神）。缺疕裂，音 kih[4] big[4] lih[8]，崩口、有裂缝的，指有缺陷，不漂亮。

胕肿瞎　“伊坐在边块胕肿瞎，个是做呢”（他坐在边上生闷气，是为了什么）？胕肿瞎，音 bu[6] zêng[2] hag[4]，嘟着嘴生闷气的样子。

乌炟瘖　“个物只段许底乌炟瘖乌炟瘖，个是做呢”（那家伙最近又黑又干瘪，是怎么啦）？炟，音 da[1]，干；瘖，音 sang[2]，瘦。

有时三个音节，却是两个词并列的，例如：

四正雅　“个物生来四正雅，你还嫌伊底块”（这姑娘长得端正漂亮，你还嫌她哪里不好呢）？四正，端正；雅，漂亮。

(2) A××式。

A××式，也就是单音节形容词附加重叠的后缀。例如：

红 pa[5] pa[5]　“伊一身穿到红 pa[5] pa[5]，了还想做个雅”（她浑身穿得红艳艳的，自以为很漂亮）。

乌 kang^5 kang^5　“你一身穿到乌 kang^5 kang^5，出去号小影无若合适”（你穿这一身黑，出去拍照不太合适）。

老 kag$^{8-4}$ kag^8　“老人家在里单人老 kog$^{8-4}$ kog，惨绝”（老人家一个人孤孤单单的，很凄凉）。

灱 deng$^{6-7}$ deng^6　“北风吹了一间灱 deng$^{6-7}$ deng^6，舒服死”（北风吹过后，四处干干爽爽的，好舒服）。

冻 kiu^{7}kiu^7　“伊呾到许底冻 kiu^{7}kiu^7，你勿物掉伊个”（他说得宝贝得不得了，你可别搞坏他的）。

咸 dag^4 dag^4　“撮杂咸咸 dag^4 dag^4，你只手勿落去动伊”（这些咸菜咸不拉几的，你不要用手抓它）。

A××式形容词不同于 ABB 式形容词，后者是由双音节形容词的后一音节重叠而成，而 A××是单音节形容词跟上重叠的无义音节。

(3) ××A 式。

××A 式是单音节形容词前加重叠的词缀，这个“××”绝大多数很难说清楚是什么意思，不能单独用作为形容词使用，其本字多数也不明。例如：

渌渌淖 [log^4 log^4 ciêh^4]　“件事插到渌渌淖，只下孬收拾”（这件事搞得一团糟，这回难以收拾了）。

硞硞酥 [kog^4 kog^4 sou^1]　“只里硞硞酥，咋有钱乞你去买汽车”（家里穷得叮当响，哪里还有钱给你去买汽车）。

哈哈拢 [hah^4 hah^4 long^2]　“个物做事哈哈拢，你着知检查伊”（那家伙做事情不细心，你得常检查他）。

辚辚圆 [ling^3 ling^3 in^5]　“珍珠辚辚圆，阿舍读书赴科期”（童谣）。

哈哈吼 [ha^7 ha^7 hao^2]　“撮人在块在哈哈吼，个是做呢”（那些人在那吼叫，究竟是怎么回事）？

邋邋梭 [lah$^{8-4}$ lah^4 so^1]　“伊一日四处邋邋梭，唔好读书，也无去做工课”（他每天游手好闲、四处晃荡，不读书，也不干活）。

相相好 [sion^3 sion^3 ho^2]　“只猫在墙边曝日曝着相相好”（那只猫在墙根儿晒太阳晒得很舒服）。

缒缒重［tui^{7} tui^{7} dang^{6}］　“脚箱掼着缒缒重，许底个园撮乜个”（这只箱子提起来很重，里面装了些什么东西）。

哒哒顿［dag^{4} dag^{4} dung^{3}］　“我听伊学撮鬼古，听了心肝头哒哒顿，惊死”（我听他讲鬼的故事，听得心儿噗噗直跳）。

蹴蹴跳［cog^{4} cog^{4} tiao^{3}］　“三十蹴蹴跳，四十正开窍”（民谚，讲男孩懂事晚）。

匆匆跳［cong^{7} cong^{7} diê^{5}/dio^{5}］　“伊气到匆匆跳，你哩来只块笑”（他气得直跺脚，你却躲在这笑）。

动动戏［dong$^{6-7}$ dong$^{6-7}$ hi^{3}］　“个姿娘囝动动戏，唔然人”（那姑娘疯疯癫癫的，没规矩）。

嘬嘬砐［zuh^{4} zuh^{4} ngaih^{8}］　“老师个课讲来过好，撮学生听到嘬嘬砐”（老师的课讲得很精彩，学生们听得聚精会神）。

卟卟跳［bog^{4} bog^{4} tiao^{3}］　“我走一下猛心肝头就卟卟跳，唔知会做呢抑不会”（我一快跑心就噗噗噗地跳，不知道会不会有问题）。

楝楝煛［noin^{1} noin^{1} sih^{4}］　“伊气到双手许底楝楝煛”（他气得双手直发抖）。

忽忽擦［huh^{4} huh^{4} cuah^{4}］　“你哷勿忽忽擦，坐落来慢慢写好孬”（你别急急忙忙的，坐下来慢慢写行吗）？

倥倥咔［kong^{6} kong^{6} kah^{4}］　“你乞人漏到倥倥咔，了还唔知”（你被人欺骗，鬼迷心窍，自己还不知道）。

旺旺滚［uang$^{6-7}$ uang$^{6-7}$ gung^{2}］　“个大楼穿落去到一身烧到旺旺滚”（这大衣一穿，浑身热得直冒烟儿）。

膏膏溶［go^{1} go^{1} ion^{5}/iên^{5}］　“山脚条涂路囝一下落雨就膏膏溶”（山脚下那条小土路一下雨就一片泥泞）。

非非扬［hui^{1} hui^{1} ion^{5}/iên^{5}］　“伊许件事在口传到非非扬，个个啰会知”（他那件事外面传得沸沸扬扬的，谁都知道）。

huainh^{4} huainh^{4} 索　“个奴囝坐了 huainh^{4} huainh^{4} 索，无时恬”（那小孩坐在那儿老是动，没一会儿能安静）。

ian^{6} ian^{6} 青　“伊双目 ian^{6} ian^{6} 青，四散看来看去”（他眼睛滴溜溜地四处乱看）。

猴猴映　“伊双目猴猴映，唔知在看乜个”（他瞪大了眼睛，不知道在看什么）。

钉钉定　“只几个银钉钉定，唔敢买较贵个”（一共就这几块钱，不敢买贵的）。

hain[1] hain[1] 呛　“伊痛到长 hain[1] hain[1] 呛，听着艰苦死”（他痛得直哼哼，听起来怪难受的）。

浮浮瘕　“我走到只底浮浮瘕，无便拍电话”（我跑得上气不接下气，打不了电话）。

后 记

今日立冬了！

本来应该跟《乡愁入梦》一起在春天里诞生的这本《乡音萦耳》却拖到冬天里才定稿。让关注的读者们、朋友们久等了！说声“孬意思”啦！

究其原因，最根本的是退休以后心理上的放松状态，真的是“一失篙漂［piu^3］去到三河坝”（一放松就一泻百里）。

其次是“六杂”事还是多，没有了主业，不用坐班，也不能终日在家里“坐书斋，呵烧茶”。

于是，一不小心就沦落为“华威先生”，这里开开会，从省里到村镇；那里讲讲课，从大学到幼儿园。还有看看老祠堂、大宅院、破厝斗；写写序言和评论，从大学教授的学术著作到乡下文人的内部出版物。人家一招呼，就“三节腰三节腰”地说：“好，行。”

于是，“收起衫包转潮汕”，还“不亦乐乎”！

家里的领导委婉地“叨叨念”［do^7 do^7 $niam^7$］：“你会幺轻易啾！”

余唯诺之，但不以为然（虚心接受，难以改造）。

余本一乡下文人，省城里的首席专家、高校里的文科二级教授那是工作，不用上班这两顶高帽就可以不用戴了。布衣旧履到乡下去做田野调查，做个輶轩使者才是我最喜欢做的事情，这辈子也希望能“吾道一以贯之”——方言调查和研究“永远在路上”。

再次就是这本《乡音萦耳》还真的难弄，不像《乡愁入梦》以散文、杂文为主。《乡音萦耳》里收集的是“林伦伦方言茶话”里潮汕方言的科普文章，奇离古怪的难僻字比较多，豆芽韭菜的拼音满本都是，一篇一篇写的时候没觉得难，但统起稿来真的不容易。一忙“放下”来之后，等有空再弄要搞半天才能理清头绪。讲语音、词语、谚语的时候，有时候分别举例，到统稿时才发现重复出现的例子不少。有的方言字在不同的文章里还写了不同的字形。虽然我做了努力，删去一些重复的例子，尽量统一用字，但有一些好像还删不了或者统一不了。就留着吧，读者如有发现，敬请见谅。

好了，还是把《乡音萦耳》的主要内容跟大家讲一讲吧，也许对您的选择性阅读有帮助。

第一部分“声声化石”主要是讲语音常识：文白异读、连读变调讲得最多，例子也丰富多彩；第二部分“词词典雅”，主要介绍一些本字的考释和词语的出处；第三部分“句句智慧”，主要是介绍一些谚语和语法知识。

交稿了！算是“有头有尾”（一本在春头，一本在年尾）。

希望此书能在春节前出版，成为我给大家拜年的礼物！老爷保护[ho^{7}]！

林伦伦
壬寅立冬于广州
时新冠正紧

补　记

由于2022年11月的疫情，出版社的帅哥靓女编辑多数“阳”了，一度几乎无人上班。加上此书排版、校对的难度较大，出版时间便延迟了。但无论为何，我要对她们说声：谢谢啦！她们是拖着“杨过”后的虚弱躯体为我编校这本书的。

希望在祥和的阳春三月能看到这本书。

2023年2月18日